스파이 세계사

제Ⅲ권

모세부터 9·11까지 정보활동 3000년의 역사

스파이
세계사

제 III 권

모세부터 9·11까지
정보활동 3000년의 역사

크리스토퍼 앤드루 Christopher Andrew 지음

박동철 옮김

옮긴이의 글

/

이 책의 원서 제목은 『비밀의 세계: 정보활동의 역사(The Secret World: A History of Intelligence)』(2018)다. 현대 역사, 특히 정보 역사 연구에 천착한 저자 크리스토퍼 앤드루(Christopher Andrew) 교수는 숨은 정보활동을 발굴하고 재구성해 원서의 부제처럼 정보활동의 세계 역사에 대해 썼다. 국제관계와 정보활동에 관한 저자의 많은 저술 중에서 『KGB 내부 이야기(KGB the inside story)』(1990) 등 그가 서방으로 망명한 전직 KGB 간부들과 함께 작업한 다수의 KGB 관련 문헌은 독보적이다. 또 그는 영국 국내정보기관 '보안부(MI5)' 백년사를 다룬 『왕국의 방위(The Defence of the Realm)』(2009)를 집필한 사학자로도 유명하다. 케임브리지대에서 사학과 교수단장과 코퍼스 크리스티 칼리지(Corpus Christi College) 학장을 역임한 저자는 현재 명예교수로서 이 분야 전문가들과 함께 '케임브리지 정보학 세미나'를 정기적으로 주재하면서 《정보·테러 연구 저널(Journal of Intelligence and Terrorism Studies)》의 편집인으로 활동하고 있다.

이 책은 전 시대와 전 지역을 망라하는 통사(通史)로서 모세가 가나안 땅에 스파이를 보낸 이야기부터 9·11 테러 공격까지 서술하고 있으며, 나아가 장기 역사적인 관점에서 21세기 정보활동을 꿰뚫고 있다. 정보의 성공과 실패가 국가나 정권의 흥망으로 이어진 역사상 사례는 허다하다. 우리는 이러한 역사에서 敎訓을 학습하고 특히 정보 ·실패를 반복하시 않으려고 노력한다. 그러나 저

차 례

제24장

제1차 세계대전(1)

대전 발발부터 치머만 전문까지

제1차 세계대전이 시작된 초기 몇 주 동안 러시아는 전전에 해외정보 활동과 군사정보 활동을 조정하지 못한 대가를 톡톡히 치렀다. 러시아의 외교암호는 다른 나라 암호해독관들이 (지금까지 알려지기로는) 풀지 못한 세계 최고였다. 이와 대조적으로 1914년 8월 말 동(東)프로이센에서 타넨베르크(Tannenberg) 전투가 벌어지기 전과 도중에 러시아 무선통신사들은 너무 혼란스러운 군사 암호를 사용하지 않았다. 독일군 승리의 주역인 제8군 작전 차장 막스 호프만(Max Hoffmann) 대령은 전후 이렇게 기록했다. "우리는 한 우군을 만나 승부가 끝났다고 [이제는] 말할 수 있다. 우리는 적의 계획을 모두 알았다. 러시아군이 무선통신을 평문으로 했다." 독일군은 동프로이센에 주둔한 러시아의 2개 군 위치를 그들의 무선통신을 도청해 파악한 후 하나씩 포위해 압승했다. 거의 섬멸당한 러시아 제2군 사령관이 자살했다.

타넨베르크 전투는 제1차 세계대전에서 거둔 독일의 최대 승리였다. 또 그 전투는 독일 정보활동 역사에서 전환점이 되었다. 통일 이후 처음으로 독일에 신호정보(SIGINT) 기관이 생겼다. 타넨베르크 전투 이후, 에리히 루덴도르프(Erich Ludendorff) 대장이 지휘하는 동부전선의 독일군은 계속해서 러시아의 무선통신을 가로챘다. 러시아 통신이 대체로 암호화되었지만, 쾨니히스베르크(Königsberg)대학교 철학 교수 루트비히 도이브너(Ludwig Deubner)가 이끄는 언어 전문가 그룹이 성공적으로 해독한 경우가 많았다. 막스 호프만은 언어 전문가들을 '암호해독의 진짜 천재들'이라고 불렀다. 그러나 도이브너의 초보 암호해독관 팀이 깬 러시아 군사 암호는 아주 기본적인 형태였다. 1915년 봄 러시아군은 2,000년 전 율리우스 카이사르가 처음 사용한 '카이사르 암호'를 사용하고 있었다. 위대한 이슬람교도 암호학자 알-킨디가 9세기에 성공적으로 해독한 그 암호는 16세기 이후 대부분의 유럽 암호학자들에게 잘 알려져 있었다. 루덴도르프는 전전에는 신호정보에 아무런 관심이 없었으나 전시에 수취한 러시아 해독물에는 대단한 주의를 기울였다. 독일의 또 다른 주요 신호정보 출처는 스위스에 있었다. 러시아 총참모부는 스위스 베른(Bern) 전신국을 통해 들어오는 서유럽 주재 무관들의 모든 전문을 약탈당했다. 베른 주재 독일 무관 부소 폰 비스마르크(Busso von Bismarck) 소령은 스위스 연방정부 내 친독일 동조자들의 도움으로 모든 전문 사본을 입수했다. 독일군이 1915년 1월의 러시아군 공세 계획을 미리 알고 2월 러시아 제20군단의 궤멸로 끝난 반격을 가하게 된 것은 이 출처 덕분이었을 것이다. 이와 대조적으로 동부전선의 독일 스파이들이 공급한 정보는 거의 쓸모가 없었다. 독일의 군사정보 수장 발터 니콜라이(Walter Nicolai) 대령에 따르면, "러시아 전장의 스파이활동은 아주 제한된 국지 전술 성공에 쓰인 자료만 공급할 수 있었다". 그러나 신호정보는 동부전선에서 대전 내내 전략적으로 중요했다. 막스 호프만의 후일 주장에 따르면, 독일군이 기습을 당한 것은 1917년 1월 러시아군이 티룰(Tirul) 습지와 아(Aa)강 사이의 라트비아(Latvia)에 진입했을 때뿐이었는데 이는 주로 신호정보 덕분이었다.[1]

제1차 세계대전 발발 시 러시아의 군사정보 활동은 한 세기 전 나폴레옹의 러시아 침공 직전과 비교해 효과성이 훨씬 떨어졌다. 차르 알렉산드르 1세가 1810년 전쟁장관으로 임명한 미하일 바르클라이 데 톨리(Mikhail Barclay de

---

[1]　1916년 6월 알렉세이 브루실로프(Alexei Brusilov) 장군의 공세(대전 중 가장 성공적인 러시아 공세) 기간에 오스트리아군은 훨씬 더 큰 규모의 기습을 당했다.

Tolly)는 푸틴 시대인 지금도 러시아 군사 정보활동의 창설 시조로 기억되고 있다. 당대 유럽의 전쟁장관들 가운데 바르클라이보다 더 세련되게 신호정보와 스파이활동을 이해한 사람은 없었다. 그의 무관 중에서 가장 성공적으로 활약한 알렉산드르 체르니셰프(Alexander Chernyshev)는 나폴레옹 침공 전 파리에서 뛰어난 스파이망을 운용했으며, 나중에 전쟁장관(1827~52년)과 국무원·각료회의 의장(1848~56년)으로 장기 재직했다. 이와 대조적으로, 완벽하게 기병대 사령관 복장을 한 블라디미르 수호믈리노프(Vladimir Sukhomlinov) 장군은 정보에 대한 이해가 거의 없었으며, 1909~15년 니콜라이 2세의 전쟁장관으로 봉직했으나 바르클라이나 체르니셰프와 같은 등급은 아니었다. 그의 주된 명성은 이른바 '수호믈리노프 효과'라는 용어 때문인데, 이것은 어떤 장군이 자신의 복장에 기울이는 관심과 군사적 기량 사이에는 역의 상관관계가 있다는 원칙을 말한다. 수호믈리노프는 자신이 참모총장의 그늘에 가리지 않도록 확실히 하고 싶어서 참모총장 직책을 감당할 수 없는 세 사람을 연속으로 그 자리에 임명했는데, 이는 전쟁 발발 시의 러시아 군사계획에 재앙적인 결과를 초래했다. 니콜라이 2세는 수호믈리노프를 개인적으로 총애했으며 자신이 정독한 외교 해독물을 그와 만나는 자리에서 틀림없이 언급했을 테지만, 전쟁장관은 신호정보에 가시적인 관심을 전혀 보이지 않았다. 한 세기 전 차르 알렉산드르 1세였다면 니콜라이 2세의 통치를 특징짓는 외교정보와 군사정보의 분리를 전혀 용납하지 않았을 것이다.

　제1차 세계대전에서 러시아 군사 암호가 지녔던 약점은—독일의 군사정보 활동에 의해 성공적으로 활용되긴 했지만—동부전선에서 러시아가 패배한 부차적인 원인에 불과했다. 훨씬 더 심각한 것은 극심한 군수품 부족과 우월한 독일 장군들이었다. 1915년 5월 남서부 전선에 있는 15만 명의 러시아 병사들에게는 소총이 없었다. 1916년 1월까지도 서부전선에서 28만 6,000명의 병사들이 아직 소총을 갖지 못했다. 1915년 5월 독일군 공세 기간에 영국 무관이 보고한 바에 따르면, 러시아군은 포탄이 바닥나서 독일군의 포격을 받았을 때 후퇴 외에 대안이 없었다. 1915년 봄과 여름 러시아가 맞닥뜨린 군사적 재난은 전년도 가을의 재난까지 퇴색시켰다. 5월부터 9월까지 러시아군은 매월 평균 30만 명의 사상자를 냈고 20만 명이 생포되거나 항복했다. 또 독일·오스트리아 군대를 맞이한 러시아가 '대(大) 후퇴'를 단행하는 바람에 적어도 300만의 난민이 생겼다. 당시 영국 정부는 러시아의 전쟁 수행에 관해 최근 정보는 고사하고 일부 기본적인 사실조차 힘들게 파악했다. 1914년 8월 29일 애스퀴스 수상은 러시아가 백해(白海)의 아르한겔스크(Archangel) 항을 통해 3~4개 군단을 서부전선으로 보낼 수도 있다는 생각을 자신의 딸 바이올렛(Violet)에게 적어 보냈다. "이것은 좋은 생각 아니냐?" 수상은 근자에 러시아 지도를 본 적이 분명 없었다. 이틀 후, 아마 러시아 지도를 보았을 그는 생각을 바꾸었다. "러시아군은 올 수 없음 ―그들이 아르한겔스크까지 가는 데만 약 6주가 걸릴 것임." 애스퀴스는 이 지리적 계시 윗부분에 '극비'라고 적었다.

제1차 세계대전 기간 러시아의 군사 암호는 종종 수준 이하였지만, 상트페테르부르크 '검은 방'은 여전히 세계 최고였다. 그 기관은 적국뿐 아니라 동맹국인 영국과 프랑스의 외교 전문을 해독하는 데에도 역량의 대부분을 쏟았다. 이것은 1916년 주로 새로운 암호를 푼 해독관들에게 수여된 고액의 비밀 포상금 리스트에 반영되어 있다.

에른스트 페테를레인: 2,400루블(페르시아와 프랑스 암호해독에 성공)

지글러: 2,300루블(영국과 그리스 암호해독에 성공)

라밍: 1,150루블(일본 암호해독에 성공)

폰 베르크: 1,100루블(오스트리아와 독일 암호해독에 성공)

나네르스키: 1,000루블(이탈리아 암호해독에 성공)

스트루브: 900루블(영국 암호해독에 성공)

이러한 금전적 포상 외에, 전시 '검은 방'에서 근무한 궁정 참사관 유리 파블로비치(Yuri Pavlovich)에게는 미상의 공로에 대해 2등 '성 스타니스라우스(St Stanislaus) 훈장'이 수여되었다.[2] 러시아와 영국이 전시 동맹국이 되자 영국 대사관에서 암호 서기를 포섭하려는 전전 오크라나의 시도가 완전히 중단되지는 않았어도 전보다 훨씬 덜 공격적이었다. 상트페테르부르크 '검은 방'은 스파이 침투 없이도 영국 암호를 풀 수 있었던 것 같다. 사실 영국 암호가 너무 단순해서 독일 암호해독관들도 영국 외교 전문을 풀 수 있을 것이라는 우려가 있었다. 러시아어를 구사하는 하원의원 새뮤얼 호어(Samuel Hoare) 경이 1916년 상트페테르부르크 주재 MI1c(후일의 MI6) 거점장이었을 때, 한 러시아 정보관이 "영국 외무부에 거의 신문처럼 쉽게 읽을 수 있는 암호를 변경하도록 요청하라고 나에게 동맹국의 친구로서 애원했다". 아이러니하게도 호어는 차르 체제에서 '성 안나(St Anne) 훈장'과 '성 스타니스라우스 훈장'을 모두 받았는데, 둘 다 동맹국 암호를 푼 '검은 방' 요원들에게도 수여된 것이었다.

영국 대사 조지 뷰캐넌(George Buchanan) 경과 수석 무관 존 핸버리 윌리엄스(John Hanbury Williams) 장군은 과거 평시의 일부 전임자들을 분노케 했던 오크라나의 대사관 침투가 더는 없자, 런던으로 보내는 자신들의 전문이 해독되고 있을 가능성에 대해 생각해 보지 않은 것 같다.[3] 러시아 외무부는 영국 해독물

---

2   '검은 방'에 근무한 귀족 보리스 오를로프(Boris Orlov)는 3등 '성 스타니스라우스 훈장'을 받았다. 그러나 이것은 특별한 공적에 대한 포상이라기보다는 무사고 장기근속에 대해 다수의 문관과 무관에게 수여된 통상적인 포상이었다.

3   그들의 공식 발송물이나 현존하는 사신(私信) 가운데 그들이 러시아의 절취 가능성을 의식했다는 흔적은 전혀 보이지 않는다.

을 대부분 읽고 틀림없이 안심했을 것이다. 뷰캐넌과 핸버리 윌리엄스는 둘 다 러시아와의 동맹을 확고하게 지지했으며 차르는 그들과 즐겨 어울렸다. 그러나 니콜라이 2세는 독일 태생의 알렉산드라 황후가 인기 없다는 그들의 전문 보고와 황후와 방탕한 성직자 그리고리 라스푸틴(Grigory Rasputin)의 관계에 관한 소문에 대해 그들이 보고한 것을 읽고 괴로웠을 것이다. 실제로 결백했던 황후는 라스푸틴이 아들 알렉세이의 혈우병을 고칠 수 있을 것이라고 믿었다. 1915년 8월 뷰캐넌은 외무장관 그레이 경에게 이렇게 보고했다. "황후가 여전히 사생활이 난잡한 라스푸틴 수사와 만나는 것으로 알려짐으로써 심각할 정도로 황후의 인기가 없다." 두 달 뒤 뷰캐넌은 이렇게 보고했다. "황후에 대한 감정을 표현할 유일한 단어는 증오다." 황후와 라스푸틴은 차르의 '악질 상담역'으로 간주되었다. 그러한 해독물이 어느 수준까지 차르에게 전달되었는지는 결코 알 수 없을 것이다. 1915년 8월 니콜라이 2세가 스스로 총사령관에 취임한 후에는 그에게 전달되는 외교 전문 절취물이 줄었을 것이다. 그는 상트페테르부르크에서 800km 떨어진 모길료프(Mogilev)에 있는 스타프카(Stavka, 총사령부)에서 대부분 시간을 보냈다.

상트페테르부르크 '검은 방'으로서는 독일 대사관 폐쇄 이후 독일 외교통신 입수가 대폭 감소한 것이 전시의 가장 큰 문제였다. 영국의 전시 암호해독관들과 달리, 러시아 측은 무선이나 유선으로 보내는 독일의 외교 발송물에 규칙적으로 접근할 수 없었다. 대전 발발 시부터 1916년 4월까지 20개월 동안 러시아 '검은 방'은 겨우 60건의 독일 외교통신을 해독했는데, 이는 오스트리아와 불가리아 해독물의 10% 수준이었다.[4] 1915년 상트페테르부르크 '검은 방'의 일

---

4   대전 발발 시부터 1916년 4월까지 러시아 '검은 방'은 오스트리아 588건, 불가리아 606건, 이탈리아 457건 및 터키 225건의 외교통신을 각각 해독했다.

부 전문가들이 독일과 오스트리아 군사통신을 해독하는 업무로 재배치되었다. 1915년 1월 스타프카가 전투에서 노획했을 독일 암호 자재를 사진으로 찍어 '검은 방'에 보냈다. 이후 2년 동안 러시아가 중부유럽 강국들의 군사 부호와 암호를 성공적으로 해독했다는 기록은 아주 단편적인 자료로만 현존한다. 러시아 외무부 파일 속의 기록에 따르면, 1915년 4월 독일과 오스트리아 육군 장교들이 베를린, 빈, 루마니아에 보낸 8개 전문이 성공적으로 해독되었다. 또 다른 기록에 따르면, 8월 수 미상의 오스트리아 군사 전문이 해독되었는데, 이들 전문은 오스트리아뿐 아니라 독일의 군사작전에 관한 정보도 제공했을 것이다. 이러한 해독물은 독일군이 동부전선보다는 서부전선에 주력하기로 방침을 결정했다는 증거가 되었을 것이나 확실하지는 않다. 1915년 8월 독일군 참모총장 에리히 폰 팔켄하인은 동부전선에서 독일이 연승하긴 했지만 러시아에 대한 결정적인 승리는 당분간 거둘 수 없다는 결론을 내렸다. "적군이 수적으로 훨씬 더 우세하고 탁월한 통신선과 함께 충분한 시간과 공간도 확보하고 있으므로 그런 적군을 정면 공격을 통해 섬멸한다는 것은 불가능하다." 그의 1916년 전략의 중심은 프랑스의 베르됭 요새에 대한 대규모 공세였다. 팔켄하인의 결정에 따라, 1915년 가을부터 1916년 봄까지 동부전선은 비교적 잠잠했다. 1916년 2월 러시아에서 아마도 가장 유능한 암호해독관인 에른스트 페테를레인(Ernst Fetterlein)이 '군사적으로 대단히 중요한 특명을 수행한 공로로' 귀족 신분이 부여되는 2등 '성 안나 훈장'을 받았다. 그 '특명'이 현존하는 것 같지는 않지만, 동부전선에서 적군 작전에 관한 신호정보와 관련된 것만은 분명하다.

1914년 8월의 타넨베르크 전투에서 주된 정보 교훈을 학습한 첫 러시아 장군은 1916년 4월 남서부 전선의 총사령관으로 임명된 알렉세이 브루실로프(Alexei Brusilov)였다. 그를 만난 전임자 니콜라이 이바노프(Nikolai Ivanov) 장군은 '완전히 실의에 빠져' 있었다. 그는 러시아 군대가 '어떤 공격도 수행할 수 없는 오합지졸'이라고 흐느끼며' 말했다. 그러나 6월 4일부터 오스트리아 제4군과 제7군을 궤멸시킨 브루실로프의 공세는 대전에서 가장 성공한 러시아 공세였다. 그 공세가 성공한 것은 브루실로프의 탁월한 용병술과 처음으로 정보와 기만에 중점을 둔 세심한 준비 덕분이었다. 오스트리아군을 기만하기 위해 러시아의 거짓 군령이 평문으로 타전되었는데, 오스트리아군은 이 거짓 군령을 과거 타넨베르크 전투에서와 똑같이 러시아 무선통신사들의 보안 누설이라고 생각했을 것이다. 브루실로프의 진짜 군령은 러시아군 사령관들에게 직접 전달되었다. 그는 또한 적의 공중정찰을 기만하기 위해 가짜 포대를 설치하는 등 여러 가지 형태의 기만술을 사용한 첫 러시아 장군이었다. 브루실로프는 소련 시대 러시아 군사교리에 포함된 기만술의 선구자였다. 그는 또한 차르의 장군 출신으로서 '붉은 군대(Red Army)'에서도 계속 복무한 드문 사례였다.

브루실로프의 공세 이전에 러시아가 겪은 참담한 패배는 독일이 러시아군의 부대 이동을 사전에 알았다는 증거와 더불어 거대한(그러나 존재하지 않는) 독일 스파이망 탓이라고 널리 여겨졌다. 스파이 열병에 중독된 러시아인들 다수는 독일의 동부전선 성공이 스파이활동이 아니라 신호정보(SIGINT)에 기반한 것임을 꿈에도 생각지 못했다. 1915년 5월 말 모스크바에서 폭동이 이틀 동안 발생해, 소유주가 독일인 이름을 가진(또는 독일인처럼 들리는) 상점, 사무실, 공장 등이 공격을 받았고 700명의 이른바 독일인들이 구타당해 일부가 죽기까지 했으며 207채의 아파트가 약탈당했다. 영국 대사 조지 뷰캐넌 경은 독일 스파이들의 위협을 확신한 나머지, 독일인들이 러시아의 전쟁 수행을 저해하고 이미 부족한 군수품 생산을 교란하기 위해 스스로 폭동을 사주했다는 자신의 생각을 외무부에 보고했다.

널리 퍼진 음모론에 따르면, 러시아의 군사적 재난을 설명할 수 있는 것은

적과 내통한 '장군들의 반역행위'뿐이었는데, 특히 전쟁장관 블라디미르 수호
믈리노프가 지목되었다. 1915년 3월 수호믈리노프의 부하였던 세르게이 미아
소이도프(Sergei Miasoiedov) 중령이 야전 군법회의에서 반역 혐의(결백했음이 거
의 확실하다)로 사형을 선고받았다. 6월 차르가 마지못해 수호믈리노프 전쟁장
관 해임 압력에 굴복했다. 니콜라이 2세는 스타프카에서 황후에게 다음과 같
은 편지를 보냈다. "사악한 도당이 미아소이도프 사건에 [수호믈리노프를] 연루시
키려고 하지만 성공하지 못할 것이다." 그러나 그 도당은 차르의 예상보다 훨
씬 많은 지지를 받았다. 1915년 7월 러시아 의회 두마(Duma)는 비밀회의에서
군수품 위기의 책임자로 여겨지는 수호믈리노프 등에 대한 기소를 245 대 30
으로 가결했다. 그가 포탄 생산을 방해하도록 독일로부터 돈을 받았다고 믿는
사람들이 많았다. 한 의원은 이렇게 요구했다. "미아소이도프는 처형되었지
만, 그의 후견인[수호믈리노프] 머리는 어디에 있는가? 별이 박힌 그의 어깨 위에
아직도 달려 있다." 몇 달 동안 수호믈리노프 부부는 사람들 눈에 띄지 않는 작
은 아파트에 살았다. 그러나 1915년 4월 그가 체포되어 대중들의 환호 속에 페
트로파블로프스크 요새(Fortress of Peter and Paul)에 수감되었다.

수호믈리노프의 젊고 매력적인 아내 예카테리나(Ekaterina)는 남편을 감옥에
서 꺼낼 최선의 희망은 그리고리 라스푸틴을 설득해 황후에게 탄원하는 것임
을 깨달았다. 라스푸틴을 감시한 경찰 스파이(차르 부부가 모르는 사람임이 거의 확
실하다)의 보고에 따르면, 1916년 여름과 가을에 걸쳐 예카테리나는 라스푸틴
의 집을 두 차례 방문하고 라스푸틴을 69회 이상 자기 집에 들였다. 라스푸틴
은 개인적으로 수호믈리노프를 아주 싫어했음에도 그를 위해 탄원하기로 승낙
했다. 그가 요구한 대가는 섹스였을 것이다. 그는 다른 귀족 애인들이 많았지
만, 예카테리나에게 특별히 반해 그녀가 "세상에서 내 마음을 훔친 두 여자 중
하나"라고 친구에게 털어놓았다. 1916년 9월 알렉산드라 황후가 스타프카에

있는 니콜라이 2세에게 편지를 썼다. "우리의 친구 라스푸틴은 수호믈리노프 장군이 옥사하지 않도록 그를 석방하는 것이 필요하다고 말했습니다. … 수호믈리노프는 이미 6개월 동안 감옥에 있었는데, (그가 스파이가 아니기 때문에) 이걸로 충분합니다." 얼마 후 차르는 수호믈리노프를 감옥에서 비교적 안락한 가택연금으로 옮기는 아주 인기 없는 결정을 내렸다.

1916년 11월 수호믈리노프는 변론을 준비하라는 통보를 받았다. 그러나 그 재판은 1917년의 2월혁명으로 러시아 왕정이 무너지고 몇 달이 지나서야 시작되었다. 깨알 같은 글씨의 116쪽짜리 기소장은 부분적으로 스파이 마니아들이 지어낸 초현실적인 내용으로서 러시아군의 군수품 공급과 관련된 그의 개인적 부패와 부정행위뿐 아니라 스파이 행위와 반역 혐의로도 그를 기소했다. 1917년 8~9월에 걸쳐 한 달여 동안 계속된 재판에서 일부 망상을 가진 자를 포함해 증인 100여 명이 증언했다. 수호믈리노프는 법정에서 "모든 실패를 그 무엇보다도 반역 탓으로 돌리는 것이 이 전쟁의 심리적 특징"이라고 진술했다. 전쟁장관으로서 그는 엉망인 무능력을 드러내고 부패한 수의계약을 통해 축재했는데, 검찰은 그런 사실들을 그가 독일인들에게서 돈을 받았다는 증거로 삼았다. 수호믈리노프의 무능함은 군사정보 취급에서도 드러났다. 그의 반역 재판을 최고로 연구한 윌리엄 풀러(William C. Fuller) 교수의 결론에 따르면, 수호믈리노프는 모든 반역 혐의에서 결백했으며 '기밀 자재 취급에 관해서는 도저히 이해할 수 없을 정도로 아랑곳하지 않는 태도'를 보였다.

수호믈리노프의 유죄 증거는 그가 한 행위뿐 아니라 그가 진술하지 않은 것 때문에도 유명했다. 그는 타넨베르크 전투에서 적군 사령관들이 입수한 정보가 스파이들에게서 나온 것이 아니라 러시아군이 무선 메시지를 평문으로 보낸 사실에 기인한 것임을 폭로했더라면 대전 발발 시 자신이 거대한 독일 스파이망에서 주도적인 역할을 했다는 터무니없는 주장을 반박할 수 있었을 것이다. 수호믈리노프가 신호정보를 언급하지 않은 것은 러시아의 정보 비밀을 보호하려는 애국적 결심에서 연유한 것이 아니었다. 왕정이 전복된 마당에 그는 자신을 반역 혐의로 공개재판에 부친 공화정 임시정부에 충성할 아무런 이유가 없었다. 2월혁명 직후, 나중에 임시정부 수반이 될 신임 법무장관 알렉산드르 케렌스키(Alexander Kerensky)는 주머니칼로 수호믈리노프의 외투에서 장군 견장을 공개적으로 떼어냄으로써 모욕을 주었다. 수호믈리노프는 타넨베르크 전투 시 독일이 입수한 군사정보의 진짜 출처를 자신이 언급할 경우 러시아군이 쓸 만한 암호 시스템을 결핍했다는 사실이 무능함의 추가 증거가 되기보다 계획된 배반 행위라는 주장으로 바뀔 것을 우려했을 가능성이 크다. 판사들은 그에게 반역죄를 포함한 대부분 혐의에 대해 유죄를 인정했다. 사형은 오직 전선에서 저지른 범죄에 대해서만 선고될 수 있었기 때문에 수호믈리노프는 사형 대신 무기 중노동 형을 선고받았다.[5]

제1차 세계대전 참전국들은 모두 다양한 방식과 수준에서 스파이 광풍을 겪었으나 러시아보다 심하지는 않았다. 새뮤얼 호어 경이 1916년 상트페테르부르크 주재 MI1c(후일의 MI6) 거점장으로 부임했을 때, 그는 러시아의 현행 스파이 소동을 '대전 첫해 영국을 휩쓸었던 스파이 광풍'과 비교했다. 독일과의 전쟁으로 인해 러시아뿐만 아니라 영국에서도 전례 없는 수준의 스파이 광풍이 불었다. 영국이 참전한 날인 1914년 8월 4일 런던 경찰청의 차장보 겸 특수부 부장인 바질 톰슨(Basil Thompson)은 비밀 파괴공작원(saboteur)들이 올더숏(Aldershot) 인근의 지하 배수로와 켄트(Kent)의 철교를 폭파했다는 보고를 받았다. 다음날 조사한 결과, 둘 다 멀쩡했다. 톰슨의 후일 기록에 따르면, 스파이 광풍은 "불치의 망상증이 동반된 악성 전염병 양상을 띠었는바, 그것은 모든

---

5   볼셰비키 혁명 후 몇 달 만에 사면된 수호믈리노프는 국외로 탈출해 1926년 베를린에서 죽었다.

계층을 무차별 공략했으며, 심지어 제정신의 둔감하고 진실한 사람들 속에서 가장 번성한 것처럼 보였다". 현존하는 MI5 파일 가운데에는 전쟁 발발 후 내무부와 전쟁부에서 전달받은 소수의 편지가 들어 있는데, 그 발신자들은 에드워드 7세 시대(1901~10년)에 스파이 소동을 벌였던 사람들보다 훨씬 더 망상에 빠진 사람들이었다. 한 육군 장교는 전쟁장관 홀데인(Haldane) 자작이 '단연코 제1의 스파이'라고 신고했다. "그는 침실 벽장 뒤에 무선통신 세트를 숨겨두고 있어 그의 자택을 급습해야 한다." 다른 발신자들은 켄트 탄광의 독일인 광부들이 전시 파괴용으로 쓰일 일련의 땅굴을 몰래 팠으며 그중 하나는 캔터베리 대성당 밑을 지난다고 주장했다.

제1차 세계대전의 스파이 광풍은 모든 참전국 대중들이 대개 스파이 소설에 의해 오도되어 정보활동의 역할에 관해 얼마나 무지했는지를 보여주었다. 때때로 스파이 소동에 말려들기도 한 각국 정부가 스파이활동에 관한 대중의 히스테리를 거의 이해하지 못한 것은 정보활동 문제 일반에 대해서와 마찬가지로 역사적 관점을 결핍했기 때문이다. 예를 들어, 제1차 세계대전 시의 스파이 광풍은 그 강도 면에서 한 세기 전 프랑스 혁명전쟁 시에 미치지 못했다. 특히 1792년 '9월 대학살' 기간에 피해망상적인 폭도들은 파리 감옥들을 습격해 그곳에 수감된 죄수들이 수도를 침략군 수중에 넘기려고 준비하는 거대한 제5열의 일부라고 신빙성 있는 증거도 없이 주장하며 그들을 도륙했었다.

대전이 발발했을 때 서부전선에서 중요한 정보 혁신이 일어났는데, 바로 공중정찰이었다. 공중정찰은 반세기 전 미국 독립전쟁에서 열기구 부대(Balloon Corps)가 처음 시도했지만 성공하지 못했었다. 대전 초기 서부전선에서는 부대 이동에 관한 가장 소중한 작전 정보가 전쟁 역사상 최초로 항공기에서 나왔다. 갓 창설된 영국 육군항공대(RFC)는 1914년 8월 1일 모뵈주(Maubeuge, 벨기에 국경 쪽에 있는 프랑스 북부도시_옮긴이)에 4개 편대의 68대 항공기, 105명의 장교와 755명의 사병으로 편성되었다. 그러나 공군력은 아직 초창기였다. 대전 발발 시 영국은 항공기 엔진 산업이 없어서 6개월 동안 엔진 공급을 전적으로 프랑스에 의존했다. 그렇더라도 이 6개월 동안 항공기 조종사들은 멋지게 하늘의 자유를 만끽했다. 당시 루이스(Lewis) 또는 비커스(Vickers) 기관총을 장착한 항공기는 독일이 1915년 5월 포커(Fokker) 단엽기를 도입할 때까지 희소했다. 대전 초기 단계의 공중전은 항공기 사수들이 서로 소총과 카빈총을 발사하는 수준에 불과했다.

RFC는 8월 19일 최초로 정찰 출격했으나 적군 부대의 대규모 유입을 보지 못했다. 그러나 다음날 루뱅(Louvain, 브뤼셀 남쪽에 있는 도시_옮긴이)을 지나가는 부대 행렬이 '맨눈으로 볼 수 있는 데까지 길게 뻗어 있는' 것을 관측했다. 21일 아침 짙은 안개로 비행기가 이륙할 수 없었지만, 마침 오후에 날씨가 개고 RFC 정찰대는 니벨(Nivelles, 벨기에 남부의 도시_옮긴이) 남동쪽에서 대규모 기갑부대와 함께 보병과 대포 행렬을 관측 보고했다. 그 보고를 재확인한 한 정보부대 장교는 독일 기갑부대가 도착했을 때 실제로 니벨에 있었으며 자동차로 간신히 탈출했다. 주로 이러한 보고를 바탕으로 영국 원정군(BEF) 총사령부의 정보국장 조지 맥도노(George Macdonogh) 대령(나중에 장군으로 진급했다)은 모든 독일 병력의 행렬이 브뤼셀에서 남쪽 몽스(Mons)로 빠르게 진군하고 있다고 정확하게 추론했다. 작전국은 그의 정보 평가가 '다소 과장'되었다고 고자세로 선언했다. 공중정찰은 9월 마른 강 전투에서 훨씬 더 중요한 역할을 했다. 그 정찰로 파리 남동쪽으로 진군하는 독일군이 포착됨으로써 파리 수비대가 마른 강에서 큰 성공을 거둔 반격을 가할 수 있었다. 조프르(Joffre) 원수는 프랑스 항공대와 함께 영국 원정군이 생산한 정보의 품질에 대해 과도할 정도로 감동적인 찬사를 보냈다.

영국 항공대가 매일 우리에게 제공하는 서비스에 대해 [영국군 총사령관] 프렌치 육군 원수에게 가장 특별한 나의 감사를 전달하라. 그들이 제공하는 뉴스의 정밀성, 정확성과 규칙성은 그들이 조직적이며 조종사와 관측병들이 완벽하게 훈련받았다는 증거다.

공중의 포병대 관측병들은 다음과 같은 무선 메시지를 통해 포격이 표적을 향하도록 안내했다.

오후 4:02 아주 조금 짧음. 발사. 발사.

오후 4:04 다시 발사. 다시 발사.

오후 4:12 조금 짧음. 방향 좋음.

오후 4:15 짧음. 길게, 길게, 그리고 약간 왼쪽으로.

오후 4:20 두 포대 중간에 떨어졌음. 마지막 발사에서 양쪽으로 200야드씩 이동. 거리 좋음.

오후 4:22 정조준.

오후 4:26 명중. 명중. 명중.

오후 4:30 약 50야드 짧으며 오른쪽으로.

오후 4:37 마지막 포탄이 가동 중인 세 포대 중간에 떨어졌음. 마지막 발사에서 300야드 내 사방으로 이동해 정조준.

오후 4:42 현재 귀환 중.

서부전선에서 참호전이 벌어지는 동안의 공중정찰은 대전 초기의 부대 이동에 관한 공중정찰보다 덜 긴요했으나 사진술이 향상되면서 그 중요성이 커졌다. 1915년 1월 더글러스(W. S. Douglas) 중위(나중에 공군 중령이 되었다)는 단지 어린 시절 상자형 사진기(box camera)를 갖고 있었다는 이유에서 RFC 제2중대 공중 사진사로 임명되었다. 그는 조종석 바닥에 구멍을 뚫고 스프링식 주름상자 사진기를 그 속에 들이밀어 지상의 적군 위치를 촬영했다. 그는 매번 사진 건판을 손으로 교체해야 했으며, '언 손가락으로 거칠게 다루는 바람에 많은 건판이 손상되었다'. 3월 약간의 개선이 이루어졌는데, 손턴-피카드(Thornton-Pickard) 사진기가 도입되어 사진사가 비행기 측면 너머로 사진기를 들고 촬영하게 되었다. 제임스 마셜(James Marshall) 중위(나중에 장군이 되었다)는 후일 "독일군 기관총탄이 뿌려지는 250m 상공에서 조종석 밖으로 사진기를 붙잡고 있었다"라고 회고했다. 여름에 사진기를 비행기에 고정하는 방법이 고안되었으며, 건판 교체도 반자동화되었다. 그러나 1915년 가을 공중정찰이 훨씬 더 위험해진 것은 독일의 포커(Fokker) 단엽기가 서부전선에서 제공권을 장악했을 때였다. 그 단엽기는 프로펠러 궤도를 뚫고 사격할 수 있는 경기관총을 장착했다. RFC가 여러 대의 비행기를 잃은 후, 1916년 1월 더글러스 헤이그(Douglas Haig) 대장(1915년 12월 영국군 총사령관이 되고 나중에 육군 원수가 되었다)이 RFC가 '첩보를 위해 공중전'을 벌여야 하므로 '일상적인 일일정찰 보고를 중단'하라는 지시를 각 군에 하달했다. 곧이어 RFC 본부도 다음과 같이 지시했다.

RFC가 독일 포커기만큼 우수하거나 더 나은 비행기를 보유할 때까지 전술 변경이 필요한 것으로 보인다. … 정찰을 수행하는 비행기를 적어도 3대의 전투기가 호위해야 한다는 규칙을 엄격하고 신속하게 시행해야 한다. 이 전투기들은 근접 대형으로 비행해야 하고 이들 중 하나라도 추락하면 정찰을 중단해야 한다.

1916년 2월 21일 독일군이 베르됭에서 대공세를 시작했을 때 그들은 완벽한 기습공격을 가했다. 악천후, 독일군의 기만, 포커 단엽(Fokker Eindekker) 전투기의 제공권 등이 복합 작용해 프랑스군은 그 전투에 앞서 효과적인 공중정찰을 할 수 없었다. 서부전선의 주요 전투 초기에 처음으로 독일군이 제공권을 장악했다. 그러나 1916년 봄 포커기의 제공권은 파만 익스페리멘털(Farman Experimental) 복엽기와 드 하빌랜드(De Havilland) 정찰기의 도전을 받기 시작했다. 그해에 RFC는 서부전선에서 영국군 담당 전선의 바로 건너편 지역인 '훈-랜드(Hun-land)'의 사진 지도를 완성했다. 그러나 그 지도는 1916년 7월 솜(Somme) 전투를 앞두고 작전 정보에 별 도움이 되지 않았다. 헤이그 총사령관의 정보참모 존 차터리스(John Charteris) 준장은 솜 전투의 첫 몇 주가 지나서 맥도노 대령에게 서신을 보냈다. "우리는 첩보전 수단으로서 공중정찰에 실패했습니다. 이제 비행기가 성과를 내려면 아주 높이 올라가야 합니다. 어쨌든 비행기 수는 한정되어 있고 비행기가 생산하는 첩보는 미미하고 엉성합니다." 공중전뿐 아니라 공중정찰도 점차 위험해졌다. 1916년 7월 1일부터 시작되어 11월 19일 끝난 솜 전투 기간에 RFC는 782대의 비행기와 576명의 조종사를 잃었다.

대전의 마지막 2년 동안 공중정찰은 서부전선에서 동맹군의 더 큰 자산이 되었다. 그러나 대전 중간에 공중정찰은 중동에서 가장 큰 효과를 발휘했는바, 터키군과 싸우는 작전에서 그리고 1916년 6월 메카에서 시작된 터키 통치에 반대하는 아랍의 봉기를 지원하는 일에서 중요한 역할을 했다. 중동의 사진 정찰이 대체로 순조로웠던 것은 맑은 하늘과 적기의 부재 덕분이었다. 따라서 적진 깊숙이 침투하는 전략적 정찰을 서부전선보다 훨씬 더 많이 수행할 수 있었다. 1916년 7월 말과 8월 초 이집트군 총사령관 아치볼드 머리(Archibald Murray) 경이 전략적으로 중요한 홍해의 아카바(Aqaba) 항과 그 주변 산들을 사진으로 조사하도록 지시했다. 9개월 뒤, 이 정찰에서 나온 정보가 '아라비아의 로렌스'

로 불리는 로렌스(T. E. Lawrence)가 수립한 야심적인 계획에 핵심적인 역할을 담당했다. 그의 계획은 아랍 동맹군과 함께 육로로 터키군을 기습 공격함으로써 아카바를 차지하는 것이었다. 오늘날 로렌스는 게릴라전의 대가로 가장 많이 기억된다. 그러나 그는 후일 영상정보(imagery intelligence: IMINT)라고 불리는 활동의 주요 선구자이기도 했다. 그는 비행기 착륙장 건설을 주도하고 사진 정찰을 독려했으며 아랍군의 작전 소요를 충족하기 위해 비행 계획을 조정했다. 이집트 주둔 비행기가 대전 발발 시 3대에서 1917년 3개 중대로 증가했는데, 그 주된 목적은 정보수집이었다.

공중정찰이 유럽과 중동에서 군사정보에 새롭게 공헌했지만, 제1차 세계대전은 지상보다 해상에서 훨씬 더 크게 정보활동을 변혁시켰다. 영국은 주로 신호정보(SIGINT) 덕분에 역대 어느 전쟁의 어느 강대국보다 많은 해군 정보를 입수했다. 고대부터 해군 정보는 매우 희소한 재화였다. 무선시대가 열릴 때까지 수평선은 해상 정보수집의 넘을 수 없는 장벽이었다. 영국 해군이 17세기 말까지 세계 최강이었지만, 이후 두 세기 동안 영국 해군은 전투보다 적 함대를 찾아 별 성과도 없이 바다를 수색하는 데 훨씬 더 많은 시간을 보냈다. 예를 들어, 로드 하우(Lord Howe) 제독은 1794년 '영광의 6월 1일' 대승을 거두기 전에 근처의 공격 대상인 139척의 프랑스 상선단(商船團)을 찾는 데 8일 걸렸다. 나폴레옹전쟁 기간에 바다의 넬슨보다 육지의 웰링턴이 훨씬 더 좋은 정보를 입수했다. 이와 대조적으로 제1차 세계대전에서 영국은 사상 처음으로 육군 정보보다 더 좋은 해군 정보를 보유했다.

영국이 선전포고한 1914년 8월 4일 자정 직후, 영국의 해저전선부설선(cable ship) 텔코니아(Telconia) 호가 독일의 해외 전신선을 절단하기 시작했다. 그 결과, 독일은 절취될 수 있는 무선 메시지를 발송하거나 적이 도청할지도 모르는 타국 전신선을 사용해야 했다. 무선은 또한 독일 해군본부가 해상 함대나 U-보트와 통신하기 위한 실제적 방안으로서 유일했다. 결과적으로 독일 절취물이 매일 영국 해군본부에 도착했다. 무선으로 송신된 독일 해군의 암호 메시지를 해독하려는 시도는 70년 동안 공백이었던 영국의 암호해독이 재탄생하는 주된 계기가 되었다. 대전 발발 후 첫 2주 동안 과묵한 해군정보국장(DNI) 헨리 '더미' 올리버(Henry 'Dummy' Oliver) 해군 소장(나중에 해군 원수가 되었다)은 자신의 책상 위에 쌓인 독일 절취물을 어떻게 처리할지 전혀 몰랐다. 이후 8월 중순 어느날 올리버가 해군 교육국장 앨프리드 유잉(Alfred Ewing) 경과 오찬을 위해 가는 길에 유잉이 '바로 내가 찾던 사람'이라는 생각이 퍼뜩 떠올랐다. 올리버의 견해에 따르면, 키가 작고 부드러운 말씨의 스코틀랜드 사람인 유잉은 '아주 뛰어난 두뇌를 가졌으며 실제로 똑똑한 사람들 가운데서도 특출한 사람'이었다. 유잉은 도쿄, 던디(Dundee, 스코틀랜드 동부의 항구도시_옮긴이) 및 케임브리지 대학교에서 공학 교수로 재직하는 동안 '무선전신에 관한 전문가적 지식'을 획득했으며 부호와 암호에도 잠시 손을 댔었다. 올리버는 평소처럼 까놓고 유잉에게 '앞으로 몇 달 동안 교육은 중요시되지 않을 테니까' 절취된 적의 신호에 매달리는 게 좋겠다고 말했다. 유잉은 승낙했다.

영국 정부의 암호해독은 (인도의 북서 변경에서 이루어진 것을 제외하고는) 70년 전에 중단되었기 때문에 유잉은 뭐든 있는 것으로 처리해야 했다. 백지상태에서 출발한 영국의 전시 암호해독이 세계 최고가 되었다는 사실은 그런 임시변통이 이룬 쾌거였다. 해군 교육국장 유잉은 잠재적 암호해독관을 물색하는 일을 다트머스(Dartmouth)와 오스본(Osborne)에 있는 해군대학에서 시작해 거기에서 네 명의 어학 교수를 받았다. 그중 가장 유능한 사람은 스코틀랜드 출신의 하키 선수 '앨러스테어' 데니스턴(A. G. 'Alastair' Denniston)이었다. 체구가 작아 팀 동료들에게 '작은 사람'으로 불린 그는 나중에 1차 세계대전 후 신호정보(SIGINT)

담당 실무책임자가 되고 제2차 세계대전 때는 블레츨리 파크(Bletchley Park)의 초대 수장이 되었다. 그러나 데니스턴 등 유잉이 제1차 세계대전 시 채용한 사람들은 독일어 지식과 '신중하다는 평판' 외에는 암호해독의 자격을 갖추지 못했다. 모두가 암호술에 관해 전혀 몰랐다. 데니스턴이 나중에 기술했듯이 "우리가 아는 한, 암호 전문가는 없었다".[6] 영국은 암호분석 전문지식을 보유한 지가 너무 오래되어 인도의 소수 신호정보 전문가를 제외하고는 모든 기억이 사라지고 없었다.

도제 암호해독관들은 여러 차례의 대단한 행운을 만났다. 그 첫 번째 행운은 러시아의 해군 무관이 해군장관 처칠에게 가져온 뉴스였다. 독일의 경순양함 마그데부르크(Magdeburg) 호가 발트 해에서 난파당했다는 그 뉴스에 따르면, "몇 시간 뒤 러시아인들이 익사한 독일 하사관 시신을 인양했는데, 죽어서 굳어진 그의 팔이 가슴팍에 움켜쥐고 있었던 것은 독일 해군의 암호·신호 책들이었다". 10월 13일 처칠과 해군참모총장 배턴버그의 루이스 공(Prince Louis of Battenberg)은 "우리의 충실한 동맹국으로부터 바닷물에 젖은 이 귀중한 문서를 받았다". 처칠의 기술은 아주 근사하게 묘사되어 있다. 영국 국가기록원에 보관된 『독일 해군 신호서(Signalbuch der Kaiserlichen Marine: SKB)』는 바닷물에 젖은 흔적이 없으며, 아마도 처칠이 믿게 된 것보다 더 평범하게 마그데부르크 호에서 회수되었을 것이다. 10월 말 해군본부는 8월 11일 호주 해군이 노획한 『상업통신서(Handelsverkehrbuch: HVB)』 한 권도 뒤늦게 전달받았다. 그것은 독일 해군본부와 전함이(때로는 '대양함대'가) 상선과 통신할 때 사용하는 것이었다. 11월 30일 영국의 한 트롤선이 [네덜란드 북쪽의] 텍셀(Texel) 섬 부근에서 조업하

---

6   데니스턴이 대전 발발 시 영국의 암호술 전문지식에 관해 전혀 몰랐다고 한 그의 진술은 공개적으로 자기 정당화를 의도한 것이 아니었다. 그 진술은 기밀문서에서 이루어졌으며, 그는 그 문서가 공개되더라도 자신의 생전에는 공개되지 않을 것이라고 기대했다.

던 중 그물에 걸린 납땜 상자를 발견했는데, 그것은 영국 해군에 의해 격침된 독일 구축함에서 나온 것이었다. 그 상자에서 회수된 문서들 중에는 『통신서 (verkehrsbuch: VB)』 한 권이 들어 있었는데, 이것은 독일 해군의 3대 암호 중 세 번째에 해당하는 것이었다.

이러한 횡재와 해군본부 암호해독관들의 초기 성공에 고취된 처칠은 신호 정보에 대한 열정을 평생 지니게 되었다. 11월 8일 처칠은 배턴버그의 후임 해 군참모총장인 존 피셔(John Fisher) 제독과 공동으로 서명한 한 각서를 작성했는 데, 이때 그는 (영국 최고의 보안등급을 표시하기 위해) '절대 비밀(Exclusively Secret)' 이라는 단명했지만 독특한 형식을 고안했다.

과거와 현재의 모든 해독된 절취물을 조사하고 그 해독된 절취물을 실제로 발생한 것과 연속적으로 비교함으로써 독일인들의 생각과 행동을 파악하고 보 고하도록 전쟁부, 특히 정보국에서 장교 한 사람을 선발해야 한다. 이 모든 절 취물은 그 해독물과 함께 자물쇠를 채운 책 속에 기록하며 기타의 모든 사본은 수거해 소각한다. 모든 새 메시지를 그 책 속에 기재해야 하며, 그 책은 참모총 장의 지시를 받아야 취급할 수 있다.

선발된 장교는 당분간 다른 업무를 하지 않는다. 앨프리드 유잉 경이 이 업 무에 계속해서 관여하면 고맙겠다.

처칠은 애스퀴스의 전시 내각에서 신호정보의 잠재적 중요성을 파악한 첫 장관이었다. 그와 대조적으로 애스퀴스는 지능과 정치적 수완이 뛰어났음에 도 불구하고 신호정보에 아무런 관심을 보이지 않은 것 같다. 만일 그가 1588 년 스페인의 침공 시도부터 나폴레옹전쟁까지 과거의 분쟁에서 신호정보가 수 행할 역할을 알았더라면, 1914년 그는 분명 신호정보에 더 큰 관심을 보였을 것이다.

애스퀴스 수상은 자신이 수취한 주요 외교 발송물의 통상적인 카본지 사본('전사지')을 보안에 유의하지 않고 처분했다. 8월 15일 애스퀴스는 자신보다 마흔 살 어린 정부 버니샤 스탠리(Venetia Stanley)와 함께 마차를 타고 남서 런던의 로햄턴(Roehampton) 거리를 지나가면서 일부 전사지들을 그녀에게 보여준 후 찢어서 종이 뭉치로 만들었다. 버니샤가 만류했음에도 그는 그 종이 뭉치를 마차 창밖으로 던졌다. 그가 버니샤에게 쓴 편지를 보면 다음과 같이 되어 있다.

경찰이 그 전사지 조각들을 세인트 제임스 공원에서, 고링(Goring) 인근의 옥스퍼드서에서, 그리고 다른 한두 군데서 발견한 모양이야. 경찰이 열심히 수집한 이 종이 쪼가리들이 오늘 아침 상자에 담겨 나한테 돌아왔네. 기밀 사항을 그토록 함부로 다룸으로써 외무부 암호가 노출될 위험에 대한 그레이 장관의 심한 책망과 함께 말이야! 세인트 제임스 공원과 고링과 관련해서는 내 양심상 매우 깨끗했어. 그래서 단순히 '결백함'이라고 적어 보냈지. … 그러나 당신이 무슨 빌어먹을 증거를 주었을지도 모르잖아!⁷

애스퀴스는 군사기밀에 대해서도 똑같이 느슨했다. 그는 8월 18일 각료회의 후 버니샤 스탠리에게 편지를 썼다. "모두가 원정군의 순조로움과 비밀유지에 관해 매우 만족했다네." 8월 24일 존 프렌치 경이 키치너 경에게 보낸 비밀 전문은 영국 원정군(BEF)이 마른 강으로 후퇴한다는 세부내용 및 영국 원정군과 프랑스 제5군이 독일군 모르게 취할 계획인 방어선에 관한 정확한 세부사항

---

7   1914년 8월 수상과 그레이 외무장관 외에 외교 전사지를 받은 다른 각료는 키치너 전쟁 담당 국무장관, 처칠 해군장관 및 루이스 하코트(Lewis Harcourt) 식민지 담당 국무장관이었다. 경찰이 발견한 찢어진 전사지를 부주의하게 버린 범인은 행실이 나쁜 하코트였을 가능성이 가장 크다.

을 담고 있었다. 애스퀴스는 즉시 사본을 버니샤 스탠리에게 보내면서 적었다. "우리도 전문에 사용하는 암호 같은 것이 있으면 좋겠다. 예를 들어, 오늘 아침 나는 무슨 일이 일어났고 일어나고 있는지를 누구보다도 먼저 당신에게 알리고 싶었거든."

처칠의 신호정보에 대한 열정은 애스퀴스의 무관심과 매우 대조적이었다. 그러나 40호실의 장교 한 명이 과거와 현재의 모든 해독된 절취물을 조사하고 그것을 '실제로 발생한 것과 연속적으로' 비교할 수 있다는 1914년 11월 처칠의 생각은 그도 장래의 전시 신호정보 분량을 예측하지 못했음을 보여준다. 그가 지시한 '자물쇠를 채운' 한 권의 절취물 책은 곧 실행 불가능한 것으로 판명되었고, 처칠은 추가된 해독물 사본을 밀봉된 봉투에 넣어 참모총장(COS)과 해군정보국장(DNI)에게 보내도록 재가했다.

1914년 11월 초 '더미' 올리버가 참모총장으로 승진함에 따라 그의 해군정보국장 직을 승계한 사람은 44세의 해군 대령(나중에 제독이 되었다) 윌리엄 레지널드 '눈깜박이' 홀(William Reginald 'Blinker' Hall)이었다. 그는 불확실한 건강 문제로 인해 순양전함 퀸 메리(Queen Mary) 호의 지휘권을 포기하고 사무직을 선택해야 했다. 홀은 펀치처럼 생긴 인물로서 매부리코에 조숙하게 대머리였다. 작가이자 MI1c(SIS, 즉 MI6의 전신) 전시 요원인 콤프턴 매켄지(Compton Mackenzie)는 홀이 자신의 상관인 맨스필드 커밍(Mansfield Cumming)과 닮았다고 보았다. "홀의 코가 더 부리 모양이고 볼도 더 튀어나왔다. 그렇기는 하지만, 나는 그 두 사람을 볼 때 둘이 서로 상대의 캐리커처라고 상상했다."

홀은 해군 암호해독관들을 위해 두 가지 중요한 일을 빠르게 처리했다. 첫째, 홀은 그들에게 해군본부 구관 40호실의 널찍한 사무실을 마련해 주었다. 암호해독관들의 수가 증가함에 따라 그들은 인접한 여러 방으로 넘쳐 들어갔으나 단체로 '40호실 친구들'로 계속 불렸는데, 이는 그들의 활동을 전혀 암시하지 않는 아주 무해한 이름이었다. 둘째, 홀은 호프(W. W. Hope) 해군 중령(나중에 제독이 되었다)에게 독일 절취물을 분석하고 암호해독관들에게 부족한 직업 해군의 전문지식을 제공하는 직책을 맡겼는데, 홀은 호프에게 맡긴 직책을 "메시지를 채로 거르고 진액을 추출하는 일"이라고 표현했다. 40호실이 크게 성공하자 그 통제권을 둘러싸고 유잉과 홀 사이에 분쟁이 생겼다. 유잉은 암호해독관들에 대한 개인적 통제를 유지하고 싶었지만, 홀은 그들이 정보국에 통합되기를 바랐다. 종국에는 홀이 이겼다.

1914년 말까지 영국 해군의 암호분석관들은 독일이 무선통신에 의존한 덕분에 신호정보의 과거 역사에 유례가 없는 규모로 작전 정보를 제공하고 있었다. 40호실의 최대 업적은 독일의 기습공격을 불가능하게 만든 것이었다. 암호해독관들이 탄력을 받기 전까지 영국의 '그랜드 함대(Grand Fleet)'는 불편하게 스코틀랜드 북쪽에 있는 오크니 제도(Orkneys)의 스캐퍼 플로(Scapa Flow) 항에 기지를 두고 적을 찾으러 북해를 샅샅이 뒤지면서 대부분 시간을 보내야 했는데, 기습공격을 당하지 않을까 계속 두려워했으며 적을 발견하지도 못했다. 그러나 1914년 12월 이후로는 줄곧 독일 '대양함대(High Seas Fleet)'의 주요 이동이—1918년의 일시적인 이동을 제외하고는—암호해독관들의 예고를 벗어난 적이 없었다. 독일의 주요 출동에 대한 40호실의 첫 경보가 1914년 12월 14일 발령되었다. 그날 '대양함대' 총사령관 프리드리히 폰 잉게놀(Friedrich von Ingenohl) 제독은 프란츠 폰 히퍼(Franz von Hipper) 제독이 지휘하는 순양전투함 함대에 요크셔(Yorkshire) 연해에 기뢰를 부설하고 영국 동해안 도시들을 습격하라는 명령을 내렸다. 같은 날 저녁 '그랜드 함대' 총사령관 존 젤리코(John Jellicoe) 제독은 독일의 순양전투함들이 다음날 동해안을 향해 출발할 것이라는 경보를 받았다. 그러나 올리버 참모총장은—40호실과 상의하지 않고—불완전한 정보를 근거로 독일 전함들이 '나타날 가능성이 거의 없다'고 잘못 추론했다. 영국 해군본부는 독일 '대양함대'가 북해 한복판에서 히퍼 제독의 습격을 지원하라는 명령을 받은 줄 몰랐으며, 따라서 '그랜드 함대'의 일부만 스캐퍼 플로 항에서 남쪽으로 내려와 독일 순양전투함들을 기다려 덫을 놓으라는 명령을 내렸다.

12월 16일 오전 8시 30분 처칠 해군장관이 욕조에 몸을 담그고 있을 때, 문이 벌컥 열리더니 장교 하나가 뛰어들었다. 처칠은 그가 갖고 온 선박신호를 '물이 뚝뚝 떨어지는 손으로 받았다'. 그 선박신호에 따르면, '독일 순양전투함들이 하틀풀(Hartlepool)을 포격 중'이었다. '고함을 지르며' 욕조에서 튀어나온 처칠은 아직 젖은 몸에 옷을 걸치고는 아래층 전쟁 상황실(War Room)로 뛰었다. 그는 흥분 상태에서 피셔 및 올리버와 상의한 후 덫을 놓아두라고 명령했다. 이후 그날 벌어진 일을 나중에 돌이켜보면, 양측이 모두 대승을 거둘 기회를 아깝게 놓친 것으로 보인다. 서로 대적하는 함대 간의 첫 조우는 해군 중장 조지 워렌더(George Warrender) 경의 제2 전투 중대와 '대양함대'를 외곽에서 경비하는 작은 함정들 사이에서 발생했다. 잉게놀은 젤리코의 전력 일부가 아닌 전체와 맞서고 있다고 잘못 판단해 도망쳤다. 이에 따라 그는 우세한 전력으로 '그랜드 함대'의 파견대와 교전할 절호의 기회를 놓쳤으며 그런 기회는 다시 오지 않았다. 티르피츠(Tirpitz, 독일의 해군 제독·정치가_옮긴이)의 후일 기록을 보면 "12월 16일 잉게놀이 독일의 운명을 자신의 손아귀에 쥐고 있었다. 나는 그걸 생각할 때마다 속에서 감정이 끓어오른다"라고 되어 있다.

오전 11시경 자신의 임무를 완수했지만 '대양함대'의 엄호를 거부당한 히퍼 제독은 데이비스 비티(David Beaty) 제독의 순양전투함들과 워렌더의 전함 여섯 척이 놓은 덫을 향해 덫이 있는 줄 모르고 가고 있었다. 11시 25분 양측의 경순양함들이 마주쳤다. 비티는 나중에 티르피츠와 같은 분노의 감정을 기록했다. "우리는 적 순양함부대를 전멸시킬 찰나에 있었다. 그러나 실패했다." 영국의 경순양함들이 적군과 마주치자마자, 비티의 부관이 신호를 잘못 보내는 바람에 충돌이 갑자기 중단되었다. 이후 히퍼는 시계가 흐린 데다 영국 해군본부가 40호실의 해독물을 '대양함대'가 북해에 있다고 잘못 해석한 덕분에 살았다. 해군본부는 적 전함들이 그동안 줄곧 거기에 있었다는 사실을 몰랐기 때문에, 잉게놀이 철수하기보다 전진하고 있다고 잘못 추정하고 비티에게 히퍼를 너무 멀리까지 추격하지 말라는 경보를 보냈다.

피셔는 화가 나서 "관계자 모두가 일을 망쳐버렸다"면서 적이 '죽음의 문턱에서' 탈출했다고 적었다. 젤리코 역시 "몹시 언짢으며", "우리에게는 생애 최고의 기회였다"라고 말했다. 그러나 히퍼의 탈출에 따른 심한 좌절감에도 불구하고 독일의 습격 결과는 궁극적으로 안심을 가져왔다. 40호실이 독일의 해군 신호를 해독할 수 있는 한, 해군본부는 항상 독일군의 어떠한 북해 진입도 미리 알 수 있었다. 1914년 말 해군 참모부가 다음과 같은 결론을 내렸다.

결과적으로, 그랜드 함대가 전쟁 계획에 명시된 대로 북해를 계속해서 쓸고 다니거나 항상 완전한 대기 태세를 유지할 필요성이 더는 없게 되었다. 이제는 휴식과 훈련을 필수적인 일상 과제로 간주할 수 있게 되었다. 종합적으로 보아, 그랜드 함대는 전쟁이 터졌을 때보다 덜 시달리고 더 안전하게 되었으며 더 강해졌다.

해군 제독 아서 윌슨(Arthur Wilson) 경은 은퇴했다가 처칠의 부름을 받아 그를 자문하게 된 인물이었다. 1915년 1월 23일 윌슨이 예고도 없이 해군본부의 처칠 방에 들어섰을 때, 40호실의 최신 해독물을 읽은 그의 눈이 아직 상기되어 있었다. 그가 "장관님, 이놈들이 다시 쳐들어오고 있습니다!"라고 외치자 처칠이 물었다. "언제?" "오늘 밤입니다. 우리는 비티를 그곳으로 보낼 시간이 충분합니다." 오후 5시 45분 히퍼 제독이 네 척의 순양전투함을 이끌고 야데(Jade)

강 어귀에서 출발했다. 히퍼 제독은 적군이 자신의 계획을 알고 자신의 움직임을 추적하고 있다는 것을 모르고 있었다. 그 적군은 히퍼 제독의 신호를 절취해 더 큰 해군력으로 북해에서 매복하려고 계획하고 있었다. 처칠로서는 "오직 한 가지 생각만 맴돌았다—새벽에 전투하라! 사상 최초로 막강한 수퍼-드레드노트급(super-Dreadnought) 전함 간의 전투! 게다가 맹수가 덫 안으로 시시각각 꾸준히 이동하는 긴박감이 넘쳤다".

처칠은 24일 새벽 일찍 일어나 피셔, 윌슨 및 올리버와 함께 해군본부 전쟁 상황실에서 노심초사하고 있었다. 오전 8시 직후 도거 뱅크(Dogger Bank, 영국 북쪽 북해 중앙부의 얕은 해역_옮긴이)에서 적군이 목격되었다는 뉴스가 들어왔다. 처칠은 긴 생애 동안 극적인 사건을 숱하게 겪었지만, 전쟁 상황실에서 그 전투의 경과를 지켜보면서 보낸 침묵의 시간보다 '냉정한 흥분이 더 가득했던, 순전히 정신적인 경험은 거의 없었다'. 10시 47분 비티가 각 함정에 신호를 보냈다. "모든 포를 장전한 상태에서 최대한 빠르게 적군에 접근하라." 수적으로 압도된 히퍼의 순양전투함 블뤼허(Blücher) 호가 피격되어 가라앉기 시작했다. 비티는 다른 세 척도 격침할 수 있다고 자신했다. 그러나 10시 54분 우현 전방에 잠수함이 나타났다는 보고가 들어왔다. 비티는 잠망경을 보았다고 생각해서 좌현으로 90도 전환을 명령했다. 이에 따라 그의 배들이 적의 후미에 놓이게 되었다. 40호실 해독물에 따르면, 실제로 가장 가까운 U보트는 몇 시간 떨어져 있었지만, 이 중대한 정보를 해군본부가 비티에게 전달하지 못했다. 비티와 그의 부관이 잇달아 판단 오류를 범했지만, 해군본부가 12월과 마찬가지로 계속해서 신호정보(SIGINT)를 해군작전에서 충분히 활용하지 못한 것이 히퍼의 순양전투함 세 척이 탈출한 주된 요인이었을 것이다. 비티가 한 친구에게 쓴 편지를 인용하면, "그 실망스러운 날은 차마 생각하기도 싫다".

1914년 12월과 1915년 1월의 '실망'에도 불구하고, 제1차 세계대전 기간에 신호정보가 영국의 정책 결정에 미친 영향은 영국 역사상 과거 어느 전쟁 때보다 컸다. 신호정보는 해전에서, 특히 대서양에서 U보트와 싸운 해전에서 전략적 중요성이 컸다. 신호정보는 무제한의 U보트 전쟁 채택에서부터 새로운 전시 동맹국을 찾으려는 시도에 이르기까지 다양한 이슈에 관해 독일의 의도를 파악하는 데, 그리고 미국의 참전이 영국 정책의 사활적 목표였을 때 미국의 정책을 모니터하는 데 공헌했다. 참전국 가운데 영국에 비견될 만큼 신호정보가 중요한 역할을 한 국가는 없었다. 1915년 5월 윈스턴 처칠이 어쩔 수 없이 해군장관직을 사퇴하지 않았다면 그는 제2차 세계대전 때처럼 신호정보 활용을 감독하는 주도적인 역할을 했을 것이다. 사임한 처칠 대신에 그 주도적 역할을 맡은 사람은 다른 각료가 아니라 '눈깜박이' 홀('Blinker' Hall)이었다. 처칠 자신은 1915년 11월까지 영향력 없는 자리인 '랭커스터 공작령(公爵領) 대법관(Chancellor of the Duchy of Lancaster)'을 맡았고 1917년 7월부터는 내각 밖의 군수장관직을 맡았다. 홀은 제1차 세계대전 기간에 가장 영향력이 큰 정보수장이었으며 영국 역사상 프랜시스 월싱엄 경 이후 가장 강력한 정보수장이었다. 홀은 정책을 결정하기 전에 귀찮게 각료들과 항상 상의하지는 않았다. 처칠이 해군장관직을 사임하기 전인 1915년 다르다넬스(Dardanelles) 해전 기간에 그는 콘스탄티노플에 밀사를 파견했다. 그 밀사는 영국 해군의 해협 통과를 확보하는 조건으로 최대 400만 파운드까지 제의할 수 있는 권한을 받았다. 홀은 그 후속으로 처칠과 해군참모총장 피서 경과 나눈 대화를 다음과 같이 기록으로 남겼다.

[처칠이] 얼굴을 찡그리고 있었다. "누가 이 일을 승인했소?" 그가 물었다.

"제가 했습니다, 장관님."

"그렇지만—내각은 아무것도 모르지 않소?"

"네, 모릅니다."

숨소리까지 들릴 정도로 침묵하는 순간이 흘렀다. 그때 처칠 장관이 피서 경에게 시선을 돌렸다. … "당신, 이 사람이 뭘 했는지 들었소? 이 사람이 평화 로운 통과를 돈으로 사려고 400만 파운드를 주어서 사람을 보냈소! 독단적으 로 말이오!"

장관의 승인 없이 행동하는 홀의 성향은 부분적으로 그가 내각보다 정보(특 히 신호정보)를 훨씬 잘 이해한다는 그의 신념에서 비롯되었는데, 대체로 근거 있는 신념이었다. 홀은 또한 국가이익, 특히 전시 국가이익을 이해하는 자신의 방식을 정치인들 대부분은 이해할 수 없다고 확신했는데, 이는 정당화하기 어 렵다. 홀이 해석한 대로, 국가이익이 다른 모든 고려를 압도했다. 독단적으로 일을 추진할 수 있는 홀의 비범한 능력의 중심에는 자석처럼 사람을 끄는 그의 개성이 자리하고 있으며, 이 점에서 그는 20세기 정보 역사에서 최고에 속한 다. 전시 런던 주재 미국 대사 월터 하인즈 페이지(Walter Hines Page) 박사는 홀 의 존재감에 문자 그대로 넋을 빼앗겼다. 페이지 박사가 윌슨 대통령에게 쓴 편 지를 보면,

우리는 그를 필적할 만한 사람을 소설에서나 실제에서나 찾을 수 없습니다. 이 사람은 천재이며, 천재의 분명한 사례입니다. 다른 비밀기관 사람들은 그에 비하면 모두 아마추어입니다. … 나는 그와 같은 사람을 또다시 만나지 못할 것입니다. 만나길 기대할 수도 없지요.

홀은 우리와 이야기할 때 우리를 꿰뚫어 보고 불멸의 우리 영혼이 힘차게 움 직이는 것도 볼 수 있습니다. 그 사람이 그런 눈을 갖고 있다니!—이것이 다행인 것은 그의 머리에 머리카락이 하나도 없고 그의 입속에는 이빨이 하나도 없기 때문입니

다. …… — 각하! 저는 이 엄청나고 끔찍한 전쟁 업무를 담당하는 이 사람들을 여기서 열심히 탐구하고 있습니다. 이들 중의 아주 비범한 사람들에 관한 이야기를 우리 후손들이 학교 역사책에서 읽을 것입니다. 이 비범한 사람들 가운데서도 가장 특출한 인물이 바로 이 해군 장교인데, 우리 후손들은 아마 그의 진면목을 알지 못할 것입니다.

홀은 자신의 심중을 털어놓음으로써—또는 그러는 체함으로써—영향을 미치고 싶은 사람의 마음을 얻는 재주가 있었다. 페이지 대사가 윌슨 대통령에게 보고한 바에 따르면, 홀은 페이지와 에디 벨(Eddie Bell, 군사·정보 연락업무를 담당하는 런던 주재 미국 외교관) 두 사람에게 '자국 정부에도 말하지 않는 어떤 것들을' 드러내는 습관이 있었다. 페이지는 대통령에게 "이것이 내가 특별하다고 주장하는 점"이라고 보고했다. 페이지로서는 홀이 영국 정부도 모른다는 비밀을 자신에게 말하면서도 자신이 국무부와 주고받는 전문을 해독해서 읽고 있다는 것을 까마득하게 몰랐다. 홀은 미국과의 정보 '특수 관계'를 창설한 사람 중의 하나였지만(홀은 이 관계에 대한 진정한 신봉자였다), 그는—국가이익을 위해서라고 생각해서—어쩔 수 없이 기만과 협업을 혼용했다. 홀은 2,000년 전의 손자(孫子)처럼 '모든 전쟁은 기만에 입각'한다고 믿었다. 제1차 세계대전 발발 시에는 미국의 정보활동이 후진적이었기 때문에 영국이 미국을 기만하기가 제2차 세계대전이나 미국독립전쟁 때보다 더 쉬웠다. 홀로서는 우드로 윌슨보다 조지 워싱턴을 기만하기가 훨씬 더 어려웠을 것이다.

40호실은 독일의 해군 신호를 해독했을 뿐 아니라 독일의 외교암호도 풀었다. 1915년 가을 주로 독일 절취물을 취급하는 외교암호해독 부서가 40호실 내에 창설되어 홀에게 직접 보고했다. 유잉은 계속해서 해군 암호해독에 주력하다가 1916년 10월 글래스고(Glasgow)대학교 부총장이 되어 떠났다. 유잉은 암호 전문가로서의 기량은 한계를 드러냈으나 양차 세계대전에서 영국 암호해독에 지속적인 영향을 끼쳤다. 데니스턴은 유잉이 블레츨리 파크 초창기 40호실에 충원한 사람들을 '교수 풍의 사람들'이라고 불렀다. 그러한 민간 지식인들이 해군 문제에 개입할 것이라고는 제독들은 대부분 상상조차 할 수 없었다. 양차 세계대전 시 '교수 풍의 사람들'을 공급한 가장 중요한 단일 출처는 유잉이 다녔던 케임브리지대 킹스 칼리지였다. 유잉은 특히 선임연구원인 사위를 통해 킹스 칼리지와 강한 유대관계를 유지했다. 유잉이 공학을 전공했음에도 불구하고, 40호실에 충원된 학자들 가운데 상당한 수학적 재능을 가진 사람은 일부 있었으나 수학 전문가는 아무도 없었다. 40호실은 문과 졸업생들의 전통적인 의심, 즉 최고의 수학자들은 숫자 다루는 재주와 관계없이 대체로 내성적이고 말이 별로 없는 성격이어서 실천적 문제를 협업해서 해결하는 데에는 부적합하다는 생각을 공유한 것으로 보인다. 미국의 참전 후에 창설된 최초의 미국 암호해독기관이 나중에 올바른 인재 채용에 관해 동맹국인 영국 측에 조언을 구했을 때, 수학자들을 조심하라는 말을 들었다. 필요한 것은 '적극적이고 잘 훈련된 학구적 마인드, 즉 수학적이 아닌 고전적 마인드'였다.

1915년 초에 유잉이 채용한 킹스 칼리지의 고전학자 앨프리드 딜윈 녹스 (Alfred Dillwyn Knox)가 바로 그러한 인물이었다. 49호실의 '가장 똑똑한 직원'이라는 평판을 들은 '딜리(Dilly)' 녹스는 맨체스터 주교의 뛰어난 네 아들 중 둘째였다. 장남 에드먼드(Edmund)는 주간지 ≪펀치(Punch)≫의 편집인이 되었고, 3남 윌프레드(Wilfred)는 영국의 가톨릭 신학자로서 나중에 케임브리지대 펨브룩(Pembroke) 칼리지의 선임연구원이 되었다. 막내 로널드(Ronald)도 한때 40호실에서 근무했는데, 그의 세대에서 가장 영향력이 큰 가톨릭 개종자였으며 ≪데일리 메일(Daily Mail)≫ 지에 따르면, "영국에서 가장 재치 있는 청년"이었다. '딜리'는 킹스 칼리지에서 자신의 친구이자 위대한 경제학자인 메이너드 케인스(Maynard Keynes)가 대학 재무관을 비판하는 운동을 벌였을 때 그 운동을 특출하게 지지한 괴짜로서 명성을 얻었다. '딜리'는 킹스 칼리지의 학보 ≪바실레온(Basileon)≫에 연재한 글에서 대학 재무관에게 선임연구원들 방에 있는 쥐들을 조사해서 그 쥐들을 습기를 따라 올라오는 물쥐로부터 보호하라고 촉구하고, 나아가 물쥐들의 '심한 기침'이 젊은 선임연구원들의 휴식을 방해하기 때문에 물쥐 퇴치방안을 강구하라고 요구했다. '딜리' 녹스는 40호실에 근무하면서 자신의 최고 업적 가운데 일부를 53호실 욕조에 누워 성취했는데, 그는 비누 거품과 수증기 속에 있을 때 가장 쉽게 암호가 풀린다고 주장했다. 목욕의 창조적 힘에 대한 그의 믿음은 제2차 세계대전 때도 계속되었다. 그의 블레츨리 파크 동료 한 명은 그에 관해 다음과 같은 글을 썼다.

한번은 숙소에서 ['딜리'가] 욕실에서 너무 오래 나오지 않는 바람에 동료 하숙인들이 결국 문을 밀쳤다. 그는 얼굴에 희미한 미소를 머금고 시선은 허공을 향해 고정한 채 욕조 옆에 서 있었는데, 욕조 마개는 빼고 수도꼭지 두 개를 한껏 틀어놓고 있었다. 그때 그의 머릿속에서 돌아가고 있던 것은 한 전투의 승리를 가져올 문제 풀이였을 것이다.

유잉은 또한 케임브리지 등 여러 대학교에서 여러 차례에 걸쳐 다른 학자들도 채용했는데, 대부분이 고전학자와 독일어 학자들이었다. 그들 가운데에는 녹스 외에 케임브리지대 킹스 칼리지의 선임연구원 출신이 두 명 더 있었다. 프랭크 애드콕(Frank Adcock, 나중에 기사 작위를 받고 케임브리지대 고대사 교수가 되었다)은 '딜리'와 거의 같은 시기에 입사했다. 이튼(Eaton) 학교 출신의 킹스 칼리지 사학자 프랭크 버치(Frank Birch)는 1916년 입사했다. 화술이 뛰어난 희극배우 버치는 나중에 런던 팔라듐(London Palladium) 극장에서 팬터마임을 공연했으며 40호실 역사를 희극『25과의 앨리스(Alice in ID25)』로 썼다. 그 희극 속에 녹스의 목욕 명상을 기리는 일화도 들어 있다.

> 53호실 선원은
>
> 사실 바다에 나가본 적이 없다네.
>
> 배를 탄 것은 아니지만
>
> 그래도 물에 떠서 일했네,
>
> 해군본부 욕조 속에서.

버치와 애드콕은 제2차 세계대전 때 킹스 칼리지의 선임연구원들 1/3을 블레츨리 파크로 영입하는 일을 주도했는데, 그 가운데에는 블레츨리 파크 최고의 암호분석관 앨런 튜링(Alan Turing)이 포함되었다. 킹스 칼리지의 괴짜들이 제1차 세계대전 때 암호해독에 공헌한 경험이 없었다면, 1939년 튜링이 채용되지 않았을 것이다.

유잉처럼 홀도 해군 정보국장(DID)이 된 순간부터 40호실 충원에 적극적으로 관여했다. 홀은 이튼 학교 출신들에게 사족을 못 쓴 것으로 보인다. 1914년 12월 홀은 40호실의 초창기 입사자인 이튼 학교 출신의 허셜(Herschel) 경(조지 5세 국왕의 시종 출신)을 자신의 개인 보좌관으로 발탁했다. 해군본부나 화이트홀에서 제공하는 것보다 '더 넓은 세상 경험을 가진 사람'을 얻었다고 확신한 홀은 이튼 학교 출신의 증권 중개인 클로드 세로콜드(Claude Serocold)를 제2의 개인 보좌관으로 발탁했다. 그는 프랭크 버치에게 '검은 콧수염(나중에는 깎았다)에 호리호리하고 단정한 사람'이라는 인상을 주었다. 홀은 허셜과 세로콜드를 통해 다양한 직업군에서 독일어 자원을 영입했는데, 대부분이 연줄이 든든한 사람들이었다. 이튼 학교를 나온 출판인 출신의 나이절 드 그레이(Nigel de Grey)는 버치의 『25과의 앨리스』에서 '겨울잠쥐(Dormouse, 매우 조용하고 잠자는 듯이 보이는 쥐)'로 묘사된 인물인데, 그는 같은 이튼 학교 출신의 '딜리' 녹스와 40호실의 가장 유능한 암호분석관을 놓고 경쟁했다.

대전 발발 시 독일의 대서양 횡단 케이블이 영국에 의해 절단된 후, 공식적으로는 중립국이지만 친독일 성향인 스웨덴이 독일 측에 자국 케이블을 사용해 신대륙의 외교공관과 통신하도록 허락했다. 1915년 여름 영국이 항의하자 스웨덴은 독일의 자국 케이블 사용을 중단시키기로 동의했으나 사실상 독일 메시지를 계속 전송했다. 스웨덴은 스톡홀름에서 부에노스아이레스를 거쳐 워싱턴으로 가는 우회 경로를 이용하면서 독일 메시지를 스웨덴 암호로 다시 암호화해 위장했다. 이러한 우회 여정에는 영국도 포함되었으며, 1916년 봄 40호실이 스웨덴의 책략을 탐지했다. 그러나 이번에는 영국이 항의하지 않았는데, 그것은 '스웨덴의 우회'가 독일의 외교통신을 들키지 않고 절취할 기회를 제공했기 때문이었다. 1916년 말 독일은 더욱 직접적인 제2의 통신선을 확보했다. 워싱턴 주재 독일 대사관이 베를린과 통신하기 위해 미국의 대서양횡단 케이블을 사용할 수 있다면 윌슨 대통령의 평화 제안이 더 빠르게 진전될 것이라는 주미 독일대사 베른슈토르프(Bernstorff)의 주장이 성공했다. 이 케이블도 영국을 경유했으며, 40호실은 '아주 기꺼이' 미국 외교통신 속에서 독일 암호를 발견했다. 당시 미국의 암호통신은 윌슨 대통령과 페이지 대사 모르게 일상적으로 절취되고 있었다.

독일의 외교 전문은 또한 프랑스 전쟁부의 암호과(Section du Chiffre)에 의해 규칙적으로 해독되었다. 그 암호과는 프랑스의 주된 신호정보(SIGINT) 기관으로서 전전에 활동했던 케 도르세와 쉬르테의 '검은 방'들을 대체했다. 전쟁 기간에 암호과는 독일의 군사·해군 통신 외에도 2만 8,000건 이상의 적국과 중립국의 외교 절취물을 해독했다. 가장 규칙적으로 절취된 외교통신은 독일과 중립국 스페인이 각각 마드리드와 베를린에 주재한 자국 대사관과 통신한 것이었다. 프랑스 전쟁부는 해독물을 통해 마드리드 주재 독일대사 막스 폰 라티보르(Max von Ratibor) 공이 스페인 언론에 제공한 뇌물 명세를 알 수 있었다. 1915년 2월 라티보르는 다수의 주요 마드리드 신문이 "이제 더욱더 열정적으로 우리 편을 들 것이며 다른 언론도 친독파가 되도록 설득할 것"이라고 베를린을 안심시켰다. 라티보르는 프랑스 사람들도 스페인 신문에 뇌물을 주고 있으나 자신들만큼 성공적이지 못하다고 보고했다. 영국과 프랑스의 암호해독관들이 해독한 독일 외교통신의 양이 사상 처음으로 러시아 측이 해독한 양을 능가했다.

이와 대조적으로 독일은 영국, 프랑스 또는 러시아의 외교통신을 전혀 해독하지 못했다. 독일 외무부는 1917년 3월 치머만(Zimmermann) 전문이 전 세계에 공개됨으로써 자신들의 외교암호가 풀렸음이 드러났을 때 눈에 띄게 깜짝 놀랐다. 이와 비슷하게 독일 해군본부도 자신들의 해군 암호가 취약함을 전혀 파악하지 못했다. U보트 암호를 풀 수 있는 40호실의 능력이 1917년 대서양 전투에서 독일이 패배한 주요인이었다. 1916년 독일 북부도시 노이뮌스터(Neumünster)에 설립된 육군 암호해독 기관 '감청국(Abhorchdienst)'의 기록이 현존하지 않지만, 서부전선에서 참호전이 벌어지던 기간에 '감청국'이 상당한 성공을 거두었다는 증거가 전혀 없다. 그러나 참호 속 영국군의 허술한 전화 보안 덕분에 독일군 정보활동이 성과를 낼 수 있었다. 1915년 32세의 한 독일 전신 조사관이 영국군의 야전 전화 메시지를 절취할 수 있는 '모리츠(Moritz)' 장치를 고안했다. 그것은 무인 지대 땅을 신호의 귀환 경로로 사용하는 단선 전송 시스템에서 그 전류를 증폭시키는 장치였다. 영국군 총사령부는 독일군의 모리츠 장비 사용을 1916년 3월 처음 알았지만, 그 효과성을 크게 과소평가했음이 몇 달 뒤 솜(Somme) 전투에서 드러났다.

독일군 전시 정보공작의 두드러진 특성은 사보타주(sabotage)에 우선순위를 둔 것이었다. 1914년 11월 독일 해군 참모부는 해군 무관들과 그 협조자들에게 '적국으로 향하는 선박을 폭파할 요원들'을 물색하라는 훈령을 하달했다. 거의 동시에 독일 육군 정보기관은 루돌프 나돌니(Rudolf Nadolny) 대위 휘하에 사보타주 부서인 'P과(Sektion P)'를 설치했다. 나돌니는 페트로그라드(Petrograd, 전시에 개명된 상트페테르부르크) 외곽의 오흐타(Ochta)에 있는 러시아 화약 공장을 폭파한 공로로 팔켄하인으로부터 철십자(Iron Cross) 훈장을 받았다. 1916년 봄 독일 해군 정보기관은 알프레트 라센(Alfred Lassen) 해군 소령 휘하에 사보타주 전담 부서인 'NIV'를 설치했다. 나돌니 또는 라센은 영국과 프랑스에서 사보타주 실행에 성공하지 못했다.[8] 독일의 사보타주 공작은 중립국 미국에서 최대의 성공을 거두었다. 윌슨 대통령의 전기 작가 아서 링크(Arthur S. Link)의 기술에 따르면, 독일이 "현대 들어 전례가 없는 우호국끼리의 음모, 스파이활동과 사보타주 공세를 미국 땅에서 대대적으로 감행했다". 이러한 공세는 틀림없이 비스마르크의 악명 높은 프로이센 정보수장 빌헬름 스티버(Wilhelm Stieber)로부터 일부 영감을 받았을 것이다. 스티버의 국내외 공작은 '선동, 뇌물, 기만, 문서 절취, 위조, 위증' 등을 포함했으며, 누구보다도 카를 마르크스가 1850년대에 런던에서 스티버의 공작활동에 관해 불평했었다.

독일이 전시 미국에서 벌인 비밀공작의 주된 목표는 미국 산업이 영국과 그 동맹국에 군자금을 공급하지 못하게 막는 것이었다. 영국은 제해권과 (미국의

---

8   그러나 다수의 산업 사고가 독일의 사보타주라고 잘못 규탄되었다.

대출로 늘어난) 외환보유고에 힘입어 중유럽 강대국들보다 엄청 더 많은 물량을 미국으로부터 수입할 수 있었다. 미국의 대(對)영국·프랑스 수출이 1916년 27.5억 달러로 증가했으나, 미국의 대(對)독일 수출은 단 200만 달러로 위축되었다. 종래의 강대국 간 전쟁에서는 불가능했을 독일 사보타주 공작이 다이너마이트와 티엔티(TNT)의 발명으로 가능해졌다. 1915년 5월 21일 영국 상선 '베이로피아(Bayropea)' 호는 프랑스 북부 르아브르(Le Havre) 항으로 가는 도중에 영국인들이 독일제 '시한폭탄'이라고 부르는 것이 폭발한 후 불이 났다. 이듬해까지 일어난 일련의 비슷한 사보타주 공작에도 불구하고, 독일이 신대륙에서 벌인 비밀전쟁은 전략적 패배로 끝났다. 1915년 5월 독일이 영국의 정기여객선 '루시타니아(Lusitania)' 호를 침몰시켜 128명의 미국인 생명을 앗아간 사건처럼, 미국 내 독일의 비밀공작이 점차 드러남으로써 독일의 대의명분은 대민홍보 면에서 재난을 맞이했다. 영국의 정보기관이 그러한 재난을 교묘하게 이용했다. 영국 정보기관은 독일의 실수와 미국의 무지에 힘입어 분열된 미국 정보공동체뿐 아니라 윌슨 대통령의 신뢰를 점차 얻는 데에도 성공했다.

유럽에서 대전이 발발했을 때, 미국 법무부의 수사국(FBI의 전신)이나 재무부의 비밀경호실(Secret Service)은 아직 방첩활동 경험이 부족했다. 양 기관은 서로 상대와 협력하기를 꺼림으로써 문제를 더욱 악화시켰다. 이에 따라 독일과 영국의 정보기관은 전쟁으로 갈라진 유럽보다 중립국인 미국에서 공작하기가 더 쉬웠다. 독일의 정보공작에 관한 첫 실질적 증거가 백악관에 보고된 것은 1914년 12월이었다. 법무부 수사국의 보고서에 의해 독일대사 요한 하인리히 폰 베른스토르프(Johann Heinrich von Bernstorff) 백작이 미국 여권의 대량 위조에 개입한 사실이 드러났다. 그 여권 위조는 미국 내 독일인 예비역들이 중립국 항구를 통해 독일로 귀환할 수 있도록 하기 위한 것이었다. 1915년 5월 윌슨의 지시로 비밀경호실이 미국의 중립성을 침해한 것으로 보이는 다른 사건도 조사하기 시작했는데, 일부 사건에는 독일 상무관 하인리히 알베르트(Heinrich Albert) 박사가 연루되었다. 7월 23일 알베르트가 뉴욕에서 6번대로고가 전차에 올라탔을 때, 그를 미행한 비밀경호실 요원 프랭크 버크(Frank Burke)는 상무관의 불룩한 서류 가방을 주시하고 있었다. 알베르트가 50번가에서 깜박하고 가방을 두고 내리자, 버크는 자신에게 주어진 행운을 믿을 수가 없었다. 알베르트는 자신의 서류 가방을 가지고 달아나는 버크를 보고 뒤쫓았다. 버크는 서둘러 다른 전차에 올라타서 차장에게 한 미치광이가 쫓아오고 있다고 말했다. 버크의 보고서에 따르면, "미친 듯한 눈매의 박사 모습이 나의 진술과 부합했으며, 차장은 기관사에게 그 미친놈이 타지 못하도록 다음 정거장에 서지 말고 통과하라고 요구했다".

훔친 서류 가방 속에는 미국 언론에 게재할 친(親)독일 뉴스 스토리, 독일계 및 아일랜드계 미국 단체와 매체에 지급되는 보조금, 동맹국으로 가는 군수품 생산을 막기 위해 독일 자금으로 대형 군수품 공장을 매입하는 것 등 미국 여론에 영향을 미칠 여러 가지 비밀계획에 관한 상세 문서가 들어 있었다. 윌슨의 심복이자 수석보좌관인 에드워드 하우스(Edward M. House) 대령, 로버트 랜싱(Robert Lansing) 국무장관, 윌리엄 맥아두(William J. McAdoo) 재무장관(윌슨의 사위) 등은 모두 알베르트의 서류 가방 속의 선별된 문건을 그 출처를 노출하지 않는다는 조건으로 뉴욕 바닥에 공개하기로 동의했다. 그 공개로 인해 언론이 들고 일어났는데, 이는 예상된 일이었다. 뉴욕 《네이션(Nation)》지는 "독일 편을 드는 신문이나 연사에게 재앙"이라고 선언하면서 이렇게 보도했다. "'당신, 독일인들에게서 얼마나 받고 있어?'라는 질문이 불가피해질 것이다." 1915년 8월 윌슨 대통령은 하우스 대령에게 서한을 보냈다. "나는 이 나라가 독일 음모의 온상이며 독일 스파이들이 들끓고 있다고 확신합니다. 이런 것들의 증거가 매일 쌓이고 있습니다."

윌슨의 주된 우려는 독일의 사보타주 공작이었다. 초기에 사보타주를 기획한 주요 인물은 독일 대사관의 무관 프란츠 폰 파펜(Franz von Papen) 소장(나중에 수상이 되고 히틀러의 부수상이 되었다)과 해군 무관 카를 보이-에드(Karl Boy-Ed) 해군 대령이었다. 1915년 4월 무관들의 초기 성과에 불만을 품은 것이 분명한 독일 전쟁부가 비밀전쟁의 속도를 높이기 위해 현란한 국제은행가이자 퇴역 해군 장교인 프란츠 린텔렌 폰 클라이스트(Franz Rintelen von Kleist)를 파견했다. 린텔렌은 빠른 성과를 약속했다. 그는 "나는 살 수 있는 것은 사고, 살 수 없는 것은 날려버리겠다"라고 해군본부에 말했다. 수개월 만에 그는 성공적인 사보타주 망을 구축했는데, 대서양횡단 출항을 앞둔 군수품 적재 선박에 시한폭탄을 몰래 설치할 부두 노동자들과 하역부들을 활용했다. 그 과정에서 린텔렌은 파펜과 보이-에드의 분노를 불러일으켰다. 그들은 린텔렌의 비밀공작이 자신들의 것을 방해하고 있다는 이유로 그의 베를린 소환을 요구해 성사시켰다. 린텔렌은 "대단한 침입자"라고 거창하게 자칭한 자신의 회고록에서 터무니없는 전시 허풍 일부를 회상하고 있다. "혈혈단신으로 나는 … 미국 48개 주에 대한 공격을 감행했다! … '두려움'이라는 단어는 나의 사전에 존재하지 않았으며 지금도 존재하지 않는다. …"

홀은 독일의 미국 내 비밀공작이 폭로됨으로써 영국의 영향력 공작을 위한 선전 기회가 제공되었음을 재빨리 간파했다. 호주 태생의 외향적인 영국 해군 무관 가이 곤트(Guy Gaunt) 해군 대령(나중에 제독으로 승진했다)은 뉴욕 주재 영국 영사관 밖에서 활동하면서 자신이 말한 '정보 겸 선전 라인'에서 홀과 긴밀하게 협력했다. 대전이 발발한 직후 곤트는 영국 대사 세실 스프링 라이스(Cecil Spring Rice) 경에게 자신은 비밀공작에 집중하겠다고 씩씩하게 보고하면서, "대사님이 '그 바보가 무얼 하는지 몰랐다'—그 바보는 바로 나다—라고 말해줄 수 있으면 좋겠습니다"라고 부탁했다. 곤트의 사교 범위에는 전 대통령 시어도어 루스벨트(Theodore Roosevelt), 해군 차관보(겸 미래의 대통령) 프랭클린 루스벨트 (Franklin D. Roosevelt), J. P. 모건(Morgan)사 파트너(겸 미래의 국무장관) 에드워드 스테티니어스(Edward Stettinius), 윌슨의 최측근 보좌관 에드워드 하우스 '대령' 등이 포함되었다. 곤트는 하우스에게 자랑했고 영향력 있는 다른 친구들에게 도 자랑했을 것이다. "영국 정보기관은 기막히게 훌륭하다. 그들은 베를린에 서 일어나는 모든 것을 보고받고 있다." 하우스는 곤트가 미국 내에서 은밀한 영향력 공작을 펼치고 있는 줄 전혀 몰랐다. 하우스는 처칠 후임으로 1915년 5 월 해군장관이 된 아서 밸푸어(Arthur J. Balfour)에게 서한을 보냈다.

곤트 해군 대령에게 깊은 존경과 감사를 표하고 싶습니다. 그가 우리 양국 에 이바지한 큰 공로를 당신이 아시는지 모르겠습니다. 그는 시야가 아주 넓으 며 생각도 매우 공정하고 자립적이기 때문에, 나는 항상 그를 찾아서 당신과 논 의하는 것처럼 편하게 그와 현안을 논의할 수 있었습니다.

'정보 겸 선전 라인'에서 곤트와 가장 긴밀하게 협력한 미국 언론인은 ≪프로 비던스 저널(Providence Journal)≫ 지 편집인 존 래덤(John R. Rathom)이었다. 래 덤 역시 호주 태생으로 확고한 친영파였다. 곤트는 래덤과 거의 매일 만나면서 독일의 비밀공작에 관한 정보를 건넸으며, 래덤은 그 정보를 자신의 신문에 게 재하고 때로는 과거 자신이 근무했던 ≪뉴욕 타임스≫ 지에 기고했다.

1915년 8월 3일 베를린으로 귀환하라는 명령을 받은 프란츠 린텔렌이 '에밀 빅토르 가셰(Émile Victor Gaché)'라는 가명으로 네덜란드로 가는 배에 올랐다. 홀이 40호실의 해독물을 통해 린텔렌의 귀환을 미리 알고 준비해서 8월 14일 램즈게이트(Ramsgate, 영국 동남부의 항구도시_옮긴이) 부근에서 그가 탄 배를 수색 한 뒤 그를 체포하고 그의 수하물에서 독일의 미국 내 비밀공작을 밝히는 서류들을 압수했다. 홀이 본국으로 전달하도록 미국 대사관에 건넨 서류에는 린텔렌 외에 파펜과 보이-에드가 불법적인 비밀공작에 개입한 증거가 들어 있었다. 곤트는 홀의 승인하에 에마누엘 보스카(Emmanuel Voska)를 우두머리로 하는 체코계 미국인 스파이망을 운용했다. 그 일부는 오스트리아 대사관에서 근무하는 오스트리아 시민이었는데, 그들은 독일과 오스트리아 관리들이 가끔 미국 언론인 제임스 아치볼드(James F. J. Archibald)를 유럽으로 보내는 비밀 심부름꾼으로 쓴다는 사실을 알아냈다. 리텔렌이 체포된 직후 곤트는 아치볼드가 극비의 오스트리아 문서를 소지하고 네덜란드 배로 유럽 출장을 갈 예정이라고 홀에게 알렸다. 그 배가 팰머스(Falmouth, 영국 서남부의 항구도시_옮긴이)에 정박했을 때, 아치볼드가 체포되고 문서는 압수되었다. 홀이 밸푸어 장관의 승인 없이 미국 대사관에 전달한 그 문서에 의해, 미국의 무기 공장에서 일하는 헝가리계 노동자들의 파업을 사주하려는 워싱턴 주재 오스트리아 대사관의 기도가 드러났다. 그 결과, 1915년 9월 오스트리아 대사 콘스탄틴 둠바(Constantin Dumba)가 기피인물(persona non grata)로 추방되었다. 린텔렌과 아치볼드 문서로 독일의 비밀공작 증거가 드러남에 따라 3개월 뒤 파펜과 보이-에드가 소환되었다. 파펜이 탄 배가 팰머스에 정박했을 때 홀의 지시로 그가 소지한 문서역시 압수되었다. 독일의 비밀공작을 더욱 적나라하게 드러낸 그 문서도 미국 대사관을 통해 워싱턴으로 전달되었다.

해군본부는 전체적으로는 홀이 가진 것과 같은 정보 솜씨가 결핍되었다. 해군본부가 신호정보로 입수되는 새로운 첩보 일부를 처리하지 못한 이유는 올리버 제독이 참모총장의 직무 위임을 꺼리고 과로했기 때문이었다. 그는 전쟁 상황실에서 잠을 자고 낮에도 거의 자리를 뜨지 않았으며, 신호정보에 근거한 지시 전문도 종종 직접 기안했다. 비티는 40호실에서 올리버에게 "귀중한 첩보를 주었는데도 그는 해상전력이 조치하기에 너무 늦을 때까지 그 첩보를 뭉개고 있다"라고 불평했다. 40호실의 근본적인 문제는 해군 전통이 주는 중압감—종종 대단한 중압감—이었다. 오랫동안 해군 참모부 창설(1912년이 되어서야 처칠이 강행했다)에 저항했던 해군본부는 훨씬 더 신기한 40호실에 대해 하루아침에 적응하지 못했을 것이다. 전통적 마인드를 가진 해군 장교들은 민간인의 해군 문제 참견을 미심쩍은 눈초리로 보기 마련이었다. 적어도 그 초창기에는 신입 암호해독관들의 미숙함이 해군본부 작전국의 편견을 강화했다. 깨인 작전국장이라면 40호실을 해군 경험이 없더라도 엄청난 잠재력을 가진 조직으로 보았을 것이다. 그러나 토머스 잭슨(Thomas Jackson) 해군 소장은 깨인 사람이 아니었다. 은행원 출신의 40호실 신입직원 라이오넬 프레이저(Lionel Fraser)의 후일 회고에 따르면, '예비역 해군 장교 제복을 대충 걸친' 교수 풍 직원들이 고위 장교들에게 경례하는 것을 잊거나 복장 규정을 어긴 '이상한 사건이 많이' 발생했다. 딜리 녹스의 목욕 명상에 관해 나온 이야기나 프랭크 버치의 작품에 등장하는 실무적 농담처럼 잭슨 제독의 불신이 틀림없이 더 깊어졌을 것이다. 변호사 출신의 40호실 신입직원 윌리엄 클라크(William F. Clark)의 회고록에 따르면,

> 토머스 잭슨 제독은 ⋯ 40호실의 업무에 대해 극도의 경멸을 표시했다. 그가 40호실에 들어온 것은 두세 번밖에 없었다. 한 번은 그가 자물쇠로 잠근 보고용 첩보 상자에 손을 베였다고 항의하러 왔다. 독일군이 새 암호책을 도입했을 때 그가 와서는 "아이, 고마워라. 내가 이제 그 지저분한 것을 안 봐도 되는구나!"라고 말했다.

40호실은 정보를 직접 해상의 사령관들에게 보내는 것이 허용되지 않았을

뿐 아니라 해독된 신호를 완전하게 해석하는 데 필요한 첩보도 받지 못했다. 40호실은 1917년 5월 해군정보국에 '25과(ID25)'로 완전히 통합될 때까지 적 해군의 이동을 깃발로 표시하는 차트를 볼 수 없었다.

해군본부가 제1차 세계대전 최대의 해전인 1916년 5월 31일과 6월 1일의 유틀란트(Jutland, 덴마크령이 대부분인 독일 북부의 반도_옮긴이) 해전에서 승리하지 못한 것은 40호실을 충분히 활용하지 못했기 때문임이 거의 틀림없다. 케이스 제프리(Keith Jeffery) 교수에 따르면, "당대의 가장 강력하고 기술적으로도 앞선 전함들이 대체로 한 세기 전의 넬슨 제독에게 친숙했을 아주 낡은 방식으로 교전했다". 독일 해군의 새 총사령관이 된 라인하르트 셰어(Reinhard Scheer) 제독의 계획은 그랜드 함대의 일부를 전투하도록 유인해 갑자기 대양함대 전체로 반격하는 것이었다. 5월 30일 40호실은 다음날 일찍 출항하려는 셰어의 의도를 드러내는 신호를 해독했다. 그러나 해군본부가 신호정보를 소홀하게 다루는 바람에 그랜드 함대의 총사령관 젤리코와 스코틀랜드 북부의 로시스(Rosyth)에 있는 순양전투함 함대사령관 비티가 40호실을 불신하게 되었다. 5월 31일 아침 잭슨 제독이 오래간만에 40호실을 방문해 독일의 호출부호 'DK'의 의미를 물었다. 그는 그 질문과 관련된 설명을 부연하지 않았으며 그것이 셰어 제독의 호출부호라는 말만 들었다. 잭슨이 추가로 캐묻거나 질문을 부연 설명했더라면, 그는 셰어가 출항할 때 자신의 이동을 은폐하려는 시도에서 다른 호출부호를 사용하고 빌헬름스하펜(Wilhelmshaven, 북해에 면한 독일의 항구도시_옮긴이) 무선국에는 'DK'를 전송한다는 말을 들었을 것이다. 그러나 잭슨은 이러한 첩보 없이 40호실을 떠났으며, 따라서 호출부호 'DK'가 들어 있는 빌헬름스하펜의 절취된 신호를 셰어가 아직 출항해야 한다는 의미로 잘못 읽었다. 정오가 지나서 해군본부는 젤리코와 비티에게 처참하게 잘못된 신호를 보냈다. "12시 현재 우리 기지국에 따르면, 독일함대 기함이 야데 강 어귀[발트 해 기지]에 있음." 이 소식으로 인해 젤리코는 긴박감을 상실한 채 비티와 합류하기 위해 스코틀랜드 북쪽의 스캐퍼 플로(Scapa Flow) 항을 떠나 남쪽으로 항해했다. 그는 도중에 항해를 멈추고 중립국 배들을 조사해 적군 정찰함이 아님을 확인했다. 오후 2시 20분 비티가 독일함대와 마주쳤을 때, 젤리코는 아직 112km 이상 떨어져 있었다. 그러나 비티는 승리를 확신했다. 그는 오로지 히퍼의 순양전투함들과 맞서고 있고 셰어는 아직 출항해야 한다고 믿었다. 전투 상황이 시작부터 안 좋았다. 겨우 30분 만에 탄약고가 섬광에 노출된 비티의 순양전투함 두 척이 침몰했으며 그의 기함은 심하게 손상되었다. 그리고 뜻밖에도 대양함대의 전함들이 수평선에 나타나 전세가 기울었다. 분명히 북쪽으로 달아나던 비티가 셰어를 전체 그랜드 함대 쪽으로 유인하는 데 성공했다. 갑자기 셰어의 눈에 수적으로 우세한 영국해군의 승리가 보였다.

그러나 젤리코는 자신이 "양편 중에서 오후에 패전할 수 있는 유일한 사람"(처칠의 표현)임을 통절하게 인식했으며, 그랜드 함대에 대한 적 어뢰의 위협을 깊이 의식했다. 유틀란트 해전 도중 그랜드 함대로부터 포격 세례를 받은 셰어는 두 차례나 교전을 중단하고 함대를 돌려야 했다. 그 두 차례 모두 단호하게 추격했더라면 영국의 결정적인 승리를 가져왔을 것이다. 매번 젤리코는 어뢰 공격의 위험 때문에 추격을 거부했다. 5월 31일 밤이 되었을 때 젤리코는 여전히 대양함대와 그 발트 해 기지 사이에 있었으며, 다음날의 승리를 기대했다. 그러나 셰어에게는 기지로 돌아갈 두 가지 대안 항로가 있었다. 안타깝게도 젤리코는 가로막을 항로를 잘못 선택했다. 그 책임의 일부는 젤리코 자신에게 있었다. 그는 자신이 가지고 있는 첩보만으로도 셰어가 야음을 틈타 덴마크 연안의 '혼 리프(Horn Reef)' 항로를 따라 귀항하고 있음을 추론할 수 있었을 것이다. 그러나 훨씬 더 큰 책임은 해군본부에 있었다. 40호실이 셰어의 탈출 루트를 알려주는 일련의 해독물을 생산했지만, 이 중요한 정보 대부분이 젤리코에게 전달되지 않았다. '혼 리프' 항로를 가리키는 한 절취물이 오후 10시 41분 젤리코에게 전달되었으나 그에게 각인되지 않았다. 그 부분적인 이유는 그보다 약간 먼저(오후 9시 58분에) 온 해군본부 신호가 자신이 알기에도 부정확한 위치를 통보한 데 있었지만, 주된 이유는 해군본부 정보에 대한 그의 신뢰가 심하게 무너진 데 있었다. 젤리코의 불신은 그날 일찍 셰어가 아직 기지에 있다는 해군본부 신호를 받은 데서 비롯되었다. 비티가 나중에 따졌다. "내가 그 전문을 받고 3시간 후에 바다 한복판에서 독일함대 전체와 마주쳤을 때, 어떤 생각을 하겠나?" 젤리코는 셰어의 탈출 루트를 알려주는 모든 신호정보를 자신이 받지 못한 것이 '절대적으로 치명적'이었다고 주장했다. "해군 참모부 쪽에서 이처럼 특별히 생략한 것을 이해하기는 불가능하지만, 대양함대가 대낮의 교전을 피해 혼 리프를 따라 탈출한 것이 바로 이러한 태만 때문임은 의심의 여지가 전혀 없다."

유틀란트 해전 이후, 해군본부의 주된 정보 우선순위는 그 해전에서 대양함대가 입은 피해가 어느 정도인지 파악하는 것이었다. 신호정보는 그 답을 줄 수 없었는데, 독일의 피해 평가가 신호정보에 걸리지 않았기 때문이었다. 제1차 세계대전 해전에서 첫 사례겠지만, 스파이활동이 40호실의 능력 범위를 넘어서는 중요한 해군 정보를 제공할 수 있게 되었다. MI1c(후일의 MI6 또는 SIS)의 가장 성공적인 전시 스파이로서 암호명이 TR/16인 해군 엔지니어 카를 크뤼거(Karl Krüger)가 그 답을 줄 수 있었다. 크뤼거는 11월 헤이그 주재 영국 공사관에 서비스를 제의한 후, 커밍 휘하의 로테르담 거점장 리처드 틴슬리(Richard Tinsley)에 의해 스파이로 채용되었다. 그의 동기는 탐욕과 복수심이 혼합된 것이었다. 전후의 SIS 보고서에 따르면, 그는 "매우 큰 금액의 돈 때문에 일했으며, 항상 돈 욕심이 많았다". 또 크뤼거가 독일 해군에서 복무했을 때 그는 '카이저의 친척 가운데 한 사람을 모욕'한 사건으로 '군법회의에 회부되어 강등되었는데, 그 때문에 조국에 대해 몹시 원통한 감정을 가지게 되었음'이 드러났다. 현존하는 그의 전시 보고서 60건을 보면, 그는 1915년부터 1919년 1월까지 한 달에 한 번꼴로 독일의 조선소들을 둘러보고 보고했다. 유틀란트 해전 후 6월 3~20일 기간에 그는 킬(Kiel), 브레멘(Bremen), 로스토크(Rostock), 단치히(Danzig) 등의 조선소 열 군데를 방문했다. 홀은 크뤼거의 종합적인 피해 평가를 '100%'라고 칭찬했다. 크뤼거는 주요 함정 여덟 척이 최소한 3개월 동안 가동될 수 없다고 보고했다.[9] 두 번째 MI1c 스파이(암호명: D.15)는 덴마크에서 활동했는데, 독일군 사상자에 대한 아주 정확한 추정치를 포함해 상세한 보고를 추가로 생산했다.[10]

크뤼거와 D.15의 성공은 영국 조선소와 비교해 독일 조선소의 전시 보안이 취약했음을 보여준다. 중립인 미국의 항구 보안은 훨씬 더 취약했다. 1916년 7월 30일 이른 아침 독일의 파괴공작원들이 뉴욕 항 자유의 여신상 반대편에 있는 블랙 톰(Black Tom) 철도 부두에서 대전 최대의 성공을 거두었다. 50톤의 티엔티(TNT)가 적재된 바지선과 1,000여 톤의 탄약이 실린 69개의 화물열차가 모두 동맹국으로의 운송을 기다리던 중에 폭발로 파괴되었다. 그 폭발의 강도는 리히터 척도로 진도 5.5의 지진에 상당했으며 9·11 이전의 폭발 중 최대였다. 브루클린과 맨해튼의 마천루에서 수천 장의 유리창이 폭포처럼 거리로 쏟아졌다. 또 그 폭발로 저지시티(Jersey City)의 창문 대부분이 날아갔다. 자유의 여신상의 횃불이 심한 손상을 입었으며 그 내부 계단—그때까지는 방문객들이 그 계단으로 올라가 장관을 즐길 수 있었다—이 나중에 폐쇄되었다.

---

9   크뤼거는 제1차 세계대전에서 가장 성공적으로 활동한 영국 스파이로서 1939년까지 독일 당국에 의해 발각되지 않았다.
10   D.15가 추정한 독일군 사상자는 사망 2,477명과 부상 490명이었다. 공식적인 최종 수치는 각각 2,551명과 507명이었다.

독일의 사보타주 공작의 성공은 미국의 방첩활동이 취약하다는 것을 매우 명백하게 드러냈다. 국무부의 랜싱(Lansing) 장관과 정보 담당 참사관 프랭크 포크(Frank L. Polk) 두 사람은 법무부 수사국과 백악관 비밀경호실의 부족한 자원과 때때로 지나친 양 기관의 경쟁 관계로 인해 야기되는 여러 문제점을 대통령보다 훨씬 잘 파악했다. 1916년 여름 랜싱은 포크를 나중에 'U-1'으로 알려진 신설 부서의 수장으로 임명했는데, 그 부서는 '정보처리센터(Clearing House)' 또는 '최소한 여러 출처에서 수집되는 첩보의 저장소' 역할을 함으로써 정보수집을 조정하기 위한 조직이었다. 랜싱이 나중에 윌슨에게 말했듯이 수사국과 비밀경호실은 '국무부에는 기꺼이 보고했으나 서로 보고하지는 않았다'. 윌슨은 정보조정 문제를 직접 처리하거나 랜싱에게 위임할 기분이 들지 않았다. 국무장관의 답답하고 관료적인 방식이 점차 대통령의 신경에 거슬렸다. 랜싱을 비판하는 사람들의 불평에 따르면, 그는 '따분하게 일하는' 사람처럼 보였다. 윌슨은 대체로 스스로 국무장관 역할을 했으며 국무부와 해외공관보다 하우스 대령의 미숙한 외교를 더욱 신뢰했다. 그러나 정보수집·평가의 문제점에 대한 랜싱의 이해는 조지 워싱턴에는 미치지 못했으나 윌슨과 하우스를 크게 능가했다.

독일의 미국 내 사보타주 공작이 절정에 이른 1916년의 블랙 톰 공격은 시기적으로 영국이 대전 중 가장 피비린내 나는 공세를 펼친 솜(Somme) 전투와 일치했다. 영국의 육군 정보기관은 전쟁부와 프랑스 주둔군 총사령부 간의 관할권 분담으로 자체 혼란을 겪고 있는 상황에서, 커밍(Cumming)의 MI1c와의 통합이 여전히 지지부진했다. 당시 MI1c는 대전 마지막 해에 서부전선에서 중요한 역할을 할 예정이었다. 1915년 말 서부전선 총사령관직을 존 프렌치(John French) 경으로부터 이어받은 더글러스 헤이그(Douglas Haig) 경은 어떻게 정보를 자신의 군사계획에 반영해야 하는지 거의 이해하지 못했다. 솜 전투 이전과 도중에는 헤이그 자신의 희망적 관측(wishful thinking)이 진지한 정보 평가를 대체했다. 1916년 2월 총사령부 참모 회의에서 헤이그의 정보참모 존 차터리스(John Charteris) 준장은 '모든 정보장교가 피해야 하는 큰 함정들' 가운데 첫 번째로 '기쁘게 하려는 욕구'를 꼽았다. 그는 자신의 조언에 따르지 않았다. 차터리스의 부하 마셜-콘월(Marshall-Cornwall)이 그의 '활기찬 낙관론'에 경악했다. 차터리스의 정보 요약은 "적의 병력과 전투력을 진실하게 묘사하기보다 우리 편의 사기를 북돋우려는 의도로 보였다". 차터리스는 의식적으로 정보를 조작하지는 않았지만, 헤이그에게 그가 듣고 싶어 하는 것을 보고하는 경향을 보였다. 7월 1일 솜 전투가 시작되었을 때 독일군의 6개 예비사단은 모두 사기가 충만한 상태에서 서부전선의 영국군 구역과 대치하고 있었다. 차터리스는 3개 사단만 있으며 모두 사기가 형편없다고 보고했다. 독일군 예비사단에 대한 심각한 과소평가는 9월 말까지 계속해서 총사령부의 정보평가를 왜곡시켰다.

솜 전투가 시작되었을 때 영국의 정보 장교들 가운데 가장 유능한 그룹은 프랑스 주둔군 총사령부가 아니라 카이로의 아랍국(Arab Bureau)에 있었다. 아랍국의 성공에 비추어 볼 때, 프랑스에 더 나은 리더십과 인재가 있었더라면 성과가 컸을 것이다. 이집트 군대에서 복무한 아랍국 국장 길버트 클레이턴(Gilbert F. Clayton) 준장은 차터리스가 결여한 상상력과 새 아이디어 수용태세를 높은 수준으로 갖춘 사람이었다. 아랍국의 가장 유명한 구성원인 로렌스는 옥스퍼드대 고고학자로서 자신의 경력을 시작했는데, 그는 자신의 고전적 회고록 『지혜의 일곱 기둥(Seven Pillars of Wisdom)』에서 클레이턴에 관해 다음과 같이 기술했다.

클레이턴은 우리 같이 거친 사람들에게는 완벽한 지도자였다. 그는 침착하고 공정하고 명석했으며 책임을 질 때는 무심결에 용기를 냈다. 그는 부하들에게 공개경쟁을 시켰다. 그의 지식이 보편적이었듯이 그의 견해도 보편적이었다. 그는 큰 소리로 지시하기보다 영향력을 발휘함으로써 일을 처리했다. 그의 영향력은 알아보기가 쉽지 않았다. 그는 물이나 스머드는 기름과 같이 모든 일을 조용하고 꾸준하게 서서히 추진했다. 클레이턴이 어디에 있는지 없는지 말하기란 가능하지 않았으며, 정말로 그가 얼마나 관여하는지 말하기도 불가능했다.

아랍국의 정보관들은 '거칠다'라기보다 비정통적인 경향이 있었다. 그들은 민·군의 다양한 출신 배경을 가진 사람들이 창조적으로 결속한 집단이었으며 고고학, 정치학, 언론, 터키 군대, 수단총독부(Sudan Service), 영국군 공병대 등 아주 광범위한 지역적·직업적 전문지식을 갖춘 집단이었다. 1916년부터 아랍국은 중동의 맑은 하늘 덕분에 프랑스 주둔군 총사령부보다 나은 영상정보(IMINT)를 공급받았을 뿐 아니라 취약한 터키 암호 덕분에 신호정보(SIGINT)도 더 나았다. 1916년 말 영국의 동인도·이집트 주둔 해군 총사령관인 로슬린 웨임스(Rosslyn Weymss) 제독은 어떠한 터키군 진격에 대해서도 신호정보가 충분한 경보를 제공할 것이라고 해군본부를 안심시켰다. "시나이 반도와 아라비아 반도의 기지국을 통해 전송되는 다수의 적군 무선 메시지가 우리와 육군 기지국에 의해 절취되어 [카이로 육군] 정보국에 의해 해독되고 있다. 이렇게 입수된 뉴스는 매우 소중하다."

아랍국은 카이로 육군 정보국과 협업해 영상정보, 인간정보 및 공개출처정보를 수집·분석하고 일일 정보회람을 생산했으며, 정부에 상보하고 부서 간에 배포하기 위한 정보보고서를 작성했다. 이 보고서들은 서부전선 총사령관 헤이그가 받는 보고서와 비교해서 장기적인 시각을 포함했을 뿐 아니라 정치정보를 더 강조했다. 아랍국의 가장 유명한 비밀 정보보고서는 매월 여러 번 배포되는 ≪아랍 회보(Arab Bulletin)≫였다. ≪아랍 회보≫를 받는 25개 고위 수신처에는 외무부, 해군본부, (전쟁부의) 군사정보국장, (인도의) 외무장관, 수단의 수도 하르툼(Khartoum)에 주둔하는 이집트군 사령관, 이집트 고등판무관(High Commissioner) 및 기타 중동지역 고위 관리들이 포함되었다. 비공식적인 독자층은 훨씬 더 넓었을 것이다. ≪아랍 회보≫ 각호는 제1차 세계대전과 그 이전의 전쟁 기간에 생산된 정보보고서 가운데 가장 재미있는 동시에 가장 학구적이었다. 로렌스처럼 초기 편집진의 일원이었던 고고학자 호가스(D. G. Hogarth)는 1917년 다음과 같이 기술했다.

≪아랍 회보≫를 대충 작성하기보다 제대로 된 영어로 작성하기가 더 쉽고 훨씬 더 기분 좋은 일이었기 때문에, 첫 호부터 정보 요약서에 흔치 않은 문학적 향기가 가미되었다. ≪아랍 회보≫의 첫 번째 목표는 주로 헤자즈(Hejaz, 메카와 메디나가 있는 홍해 연안 지방)와 [터키의 지배에 대한] 아랍 반란 지역에 관해 논리정연하고 최대한 확실한 정보 요약을 제공하는 것이다. 두 번째 목표는 직할하는 지역의 정치적 상황과 문제를 권위 있게 평가하는 것이다. 세 번째 목표는 아랍인과 아랍어 지역에 관해 모든 신규 역사 자료를 기록해 보존하는 것이며, 부수적으로는 실제 상황을 설명하는 데 도움이 될 옛 사실들을 망각에서 구해내는 것이다. 이는 현재 우리가 아랍 제국에 침투하는 전쟁을 벌이면서 햇빛을 보게 될 흥미로운 지리학적·과학적 자료에도 해당한다. 첫 호부터 모든 ≪아랍 회보≫가 앞으로 공식적인 용도를 위해 지난 3년 동안의 아랍 역사, 아랍 지역 정보 편람(Intelligence Handbook)이나 아라비아 지도를 편찬할 사람들에게 필수 불가결한 파일이 되도록 제작하는 것도 편집자의 목적 가운데 하나다.

로렌스는 호가스가 "지칠 줄 모르는 사학자로서 우리에게 역사의 비유와 교훈을 가르쳤다"라고 기술했다. 1916년 11월 로렌스의 보고에 따르면, "나는 여러 번 [베두인족으로부터] 초기 아랍인들의 행적에 관해 들었으며 추장과 그의 아들들이 한 말 속에 아랍의 고위층 애국자들이 바라는 전부가 들어 있었다. 그들은 이슬람 율법(Sharia)을 회복하려고 했다".

아랍국은 견해를 달리하는 다른 제휴 정보기관들을 비판할 때 놀랍도록 솔직한 경우가 더러 있었다. 예를 들어, 로렌스는 이라크의 바스라(Basra) 항에 주재한 영국 정보기관 거점장이 "매우 뛰어나나 터키에 가본 적이 없거나 터키에 관해 읽은 적이 없으며 아랍어도 모른다. 이것이 꼭 중요한 것은 아니지만, 불행히도 그의 직원들은 필요한 지식을 공급하지 않는다"라고 묘사했다. 아니나 다를까, 아랍국은 '권력자에게 진실 말하기'에서 보인 솔직함과 아랍 반란에 대한 전폭적 지원으로 인해 인도 정부, 메소포타미아 군사정부, 이집트군 고위 사령부, 런던의 인도청(India Office) 등의 적이 되었다. ≪아랍 회보≫가 전쟁부의 군사정보국(DMI)에도 들어갔지만, 헤이그나 차터리스가 ≪아랍 회보≫를 보았다는 증거는 없다.[11] 그들은 ≪아랍 회보≫를 탐탁하게 여기지 않았을 것이다.

독일의 군사 정보기관이 영국군의 야전 전화 메시지—서부전선에서 독일군의 가장 중요한 작전 정보였을 것이다—를 절취할 수 있었던 것이 헤이그가 솜 공세를 개시하기 전에 기대했던 기습 요소를 거부하는 데 도움이 되었다. 공격 전날 밤 헨리 롤린슨(Henry Rawlinson) 장군의 통화 메시지를 절취한 것이 행운이었다. 1916년 7월 1일 30kg의 군장을 진 영국군 병력이 짝수 줄을 지어 적 참호를

---

11   예를 들어, 비치(Beach)가 쓴 『헤이그의 정보활동(Haig's Intelligence)』에는 아랍국이나 그 구성원에 관한 언급이 전혀 없다.

향해 행군 속도로 전진했는데, 이는 독일군 기관총 사수들에게 대전 중 가장 좋은 표적을 제공하는 것이었다. 병력 한 줄이 쓰러지자 규칙적으로 90m 간격을 띈 다음 줄의 병력이 차례로 다가왔다. 첫날의 전투 끝에 영국군은 6만명의 사상자가 발생했는데, 이는 영국 육군의 역사상 하루 피해로서 최대였으며 제1차 세계대전에서 각국 군대의 하루 피해 중에서도 최대였다. 헤이그는 참상의 정도를 파악할 수 없었던 것 같다. 그는 다음날 일기에 이렇게 적었다. "적군이 틀림없이 심한 피해를 받았다. 따라서 우리의 정확한 진로는 되도록 조금도 지체하지 않고 적군을 강하게 압박하는 것이다." 2주 뒤까지 엄청난 피해가 계속되었음에도 헤이그의 낙관론은 줄지 않았다. 그는 7월 14일의 전투를 '우리가 이번 전쟁에서 최고로 승리한 날'로 묘사했다. 넉 달 반 뒤 황량한 진창 속에서 전투가 끝났을 때, 여기저기서 최전방 라인이 약 8km를 전진했지만, 헤이그가 전투 첫날의 목표로 설정한 수준에도 일부 미달했다. 그러나 헤이그는 적 사상자에 관해 부풀려진 정보 추정치를 보고받고 성공적인 소모전을 벌였다고 확신했다. 그는 "솜 전투의 결과는 우리가 적의 저항력을 제압할 수 있다는 믿음을 충분히 정당화한다"라고 적었다.

그러나 차터리스와 헤이그는 공세 도중에 노획한 독일군 정보문서에 의해 드러난 자신들의 통신 보안 실패에 경악했다. 그 정보문서에는 영국군이 야전 전화로 보낸 메시지들을 절취한 기록물이 들어 있었다. 차터리스는 약간의 과장을 섞어 독일군이 '이 출처로부터 엄청난 분량의 첩보'를 획득해 영국군의 공세를 저지하는 데 도움을 받았다고 주장했다.

1916년 9월 전쟁포로 신문 결과를 요약한 보고서에 따르면, 견장의 'T'자 표시로 식별되는 '어학 전문 특수 인력'이 영국군의 전화 통화를 도청했다. "이 사람들은 생포될 가능성을 줄이기 위해 맨 후방에 배치된다. [영국군의] 메시지 청취를 촉진하기 위해 긴급 메시지를 제외하고 전화사용이 시간대별로 금지된다고 한 포로가 말했다."

제국참모총장(CIGS) 윌리엄 로버트슨(William Robertson) 육군 원수가 1916년 7월 29일 헤이그에게 경고한 바에 따르면, 일부 각료들이 영국군 사상자 수에 관해 '약간 불편해하기 시작'했다. 헤이그의 회고에 따르면, 로버트슨은 "내가 가령 30만 병력의 손실로 정말로 좋은 결과가 나올 것으로 생각하는지 나에게 끈질기게 캐묻고, 만일 아니라면 우리가 그보다 적은 손실로 만족해야 하기 때문이라고 부연했다'. 로버트슨은 각료들의 비판을 억제하려는 시도에서 솜 전투에 관한 나쁜 소식과 비관적인 정보가 내각으로 들어가는 것을 차단했다. 7월에 전쟁 담당 국무장관이 된 로이드 조지(Lloyd George)는 10월 헤이그에게 불평했다. "전쟁부의 총참모부는 나에게 모든 것을 알리지 않으며 오로지 내가 알아도 무방하다고 생각하는 것만 나에게 제공합니다."

로버트슨이 무엇을 총리와 내각에 알려야 할 것인가를 결정할 수 있었던 것은 애스퀴스 수상이 정보에 대한 개인적 관심을 결핍한 탓이 컸다. 애스퀴스의 전전(戰前) 정부가 비밀정보국(Secret Service Bureau)을 창설해 켈(Kell)이 수장인 그 국내부서가 MI5가 되고 커밍(Cumming)이 수장인 그 해외부서가 MI1c(후일의 MI6 또는 SIS)가 되었지만, 전시 수상으로서 애스퀴스는 어느 쪽에도 관심을 보이지 않았다. 터키 겔리볼루(Gallipoli) 반도 원정이 실패한 후 1915년 5월 사임해야 했던 처칠을 제외하고, 애스퀴스와 그의 각료들 모두가 영국의 정보 역사에 관해 거의 전적으로 무지했다. 예를 들어, 애스퀴스는 월싱엄이 스페인과의 전쟁 기간에 엘리자베스 1세 여왕과 벌리(윌리엄 세실) 국무장관을 거의 매일 만났다는 사실이나 프랑스 혁명전쟁의 중대한 국면에서 소(小) 피트의 정보수장인 윌리엄 위컴(William Wickham)이 최신 정보를 전달하기 위해 런던의 수상 관저로 밤늦게 피트를 찾아가 '종종 그의 옷방에서 만나거나 두어 번은 침실에서 만났었다는 사실'을 전혀 몰랐다. 애스퀴스가 정보수장과 회동한 유일한 경우는 1914년 말 한 하원의원의 제보로 홀과 만났을 때였다. 그의 제보에 따르면, 홀이 장관의 승인 없이 안보를 이유로 그의 우편물을 포함해 해외 우편물 개봉을 조직했다. 나중에 홀이 한 말을 인용하면, [다우닝 가] 10번지에서 수상과 만나는 동안 "내가 일종의 이상한 무대 연극을 보고 있다는 생각을 떨칠 수가 없었다. 갑자기 사태가 너무 이상해졌다". 애스퀴스는 전시 우편검열의 명분을 수용했지만 그때나 이후에나 홀과 정보를 협의하는 데 관심을 보이지 않았다. 애스퀴스가 영국에서 70년의 공백을 거친 후 전쟁 수행을 위해 40호실에서 재탄생한 암호해독의 중요성을 파악했었다면, 그는 틀림없이 정보에 관심을 기울였을 것이다. 그러나 아마 그는 40호실을 알지도 못했을 것이다. 애스퀴스가 해독물을 직접 보았다는 기록은 전혀 없다. 기록이 있는 유일한 경우에도 그는 한 해독물의 내용을 보고받았을 뿐이다. 애스퀴스가 10번지 주인 자리를 로이드 조지에게 넘겨주기 3주 전인 1916년 11월 20일, 전쟁위원회(War Committee) 서기로서 곧이어 영국의 초대 최장수 관방장관(Cabinet Secretary)이 될 모리스 행키(Maurice Hankey, 나중에 남작이 되었다)가 한 독일 절취물이 매우 중요하다고 생각해 수상에게 그 내용을 알렸는데, 그가 보기에 그 절취물은 '독일 수상이 미국의 중재를 구하려고 한다는, 신빙성이 높지만 매우 은밀한 첩보'를 담고 있었다.

서부전선에서 육군 중령으로 잠시 복무한 후 당시 뒷전에 물러나 있던 처칠이 장관직을 유지했었더라면, 처칠은 솜 전투 기간에 로버트슨 제국참모총장이 애스퀴스 내각에 공급한 군사정보의 정확성에 대해 틀림없이 이의를 제기했을 것이다. 8월 1일 처칠의 친구인 스미스(F. E. Smith) 법무장관은 헤이그의 공세가 헛고생이라는 처칠의 맹렬한 공격을 각료들에게 유포하면서(스미스가 개인적으로는 이 공격을 지지하지 않았다) 그 공세를 중단하라고 요구했다. "인원 면에서 작전 결과는 재앙이었고, 땅 차지 면에서도 작전 결과는 아무런 소득이 없었으며 … 따라서 모든 관점에서 영국의 공세 자체가 큰 실패였다." 로버트슨은 제1차 세계대전 기간 중 가장 부정확했을 정보를 영국 정부에 제공해 대응했다. 그는 독일군이 7월에 125만 명의 사상자를 냈다고 주장했다. 실제로는 솜 전투가 진행된 넉 달 반 동안 발생한 독일군 사상자는 50만 명이 못 되었다.

유틀란트 해전에서는 해군본부 작전국이, 그리고 솜 전투에서는 프랑스 주둔군 총사령부가 정보를 어설프게 사용했지만, 이와 대조적으로 '눈감박이' 홀은 정보를 정교하게(가끔은 파렴치하게) 다루었다. 홀은 유잉이 퇴임한 후 40호실의 해군 암호해독을 감독했을 뿐 아니라 미국과 독일의 외교 신호정보를 활용하는 일에서도 주도적인 역할을 확보했다. 전쟁부의 군사 신호정보 기관 MI1b는 해군본부 40호실의 카운터파트로서 해독된 미국 외교 전문을 홀에게 보냈다. 처음에 MO5e라고 불렸던 그 기관은 격동의 대전 초기에 프랑스 전쟁부의 암호과(Section du Chiffre)와 협업해 독일군 무선 메시지를 절취하는 임무를 맡았었다. 참호전이 시작되면서 이러한 무선 메시지가 말라버리자 그 대신 MI1b는 워싱턴과 유럽 간의 미국 외교통신을 해독하려는 시도에 집중했는데, 미국 외교통신에 사실상 완전한 접근을 확보했다. 미국 부호와 암호가 비교적 취약했는데도, MI1b 암호해독관들의 진전 속도는 느렸다. MI1b의 공식 역사는 이렇게 인정하고 있다. "업무가 모든 직원에게 완전히 생소한 데다 지침이 될 만한 과거 기록도 없었으며, 두꺼운 암호책을 어떻게 풀 것인지의 문제를 처음부터 고민해야 했다." 그러나 그 공식 역사는 MI1b가 과거 적국의 메시지를 절취했을 때는 경험이 많은 프랑스 암호과에 도움을 요청했지만 중립국인 미국의 부호와 암호를 공략할 때는 그렇게 할 수 없다고 느껴서 진전이 느렸던 사실을 언급하지 않고 있다.

1915년 말 미국 부호와 암호에 대한 공략이 마침내 성공했다.[12] MI1b와 40

호실은 (나중에 데니스턴이 비난했던) '공직자들의 단순한 질투'로 인해 1917년 봄까지 서로 협업하기를 거부했지만, 홀은 MI1b의 미국 해독물을 공급받았다. 가장 중요한 해독물은 윌슨 대통령의 수석 외교정책보좌관 에드워드 하우스 대령의 보고였는데, 그는 평화회담에 동의하도록 영국·프랑스·독일 정부를 설득하는 자신의 활동에 대해 보고했다. 하우스는 1916년 초 거의 두 달 동안 런던(그의 주된 기항지)과 파리·베를린 사이에서 셔틀 외교를 벌였다. 평화회담 제안에 강력히 반대한 홀은 하우스의 활동을 저해하기 위해 해독물을 선별해 비양심적으로 이용했다. 모리스 행키 관방장관은 홀이 보내준 해독물을 보고 '이것은 대단히 소중한 첩보'라고 적었다.

1916년 말 MI1c의 미국 거점장 윌리엄 와이즈먼(William Wiseman, 케임브리지 대 권투선수 출신) 경이 홀의 묵인하에 하우스 대령의 친구가 되는 데 성공했다. 와이즈먼은 12월 17일 하우스를 처음 만났을 때 '근래 방문한 사람 중에서 가장 중요한 인물'이라는 인상을 그에게 주었다. 와이즈먼은 주미 대사 세실 스프링라이스(Cecil Spring Rice) 경이 공화당에 동조하고 분별력 없이 행동하는 바람에 윌슨 대통령에게 인기를 잃었음을 알았다. 와이즈먼은 대담하게도 자신의 진정한 역할을 속임으로써 라이스 대사를 대신해 자신이 미국 내에서 가장 영향력 있는 영국 대표가 되겠다는 계획에 착수했다. 와이즈먼의 매력과 오랜 준(準)남작 지위에 유혹된 하우스는 순진하게도 그가 데이비드 로이드 조지(David Lloyd George) 정부—와이즈먼과 하우스가 처음 만나기 열흘 전에 집권했다—와의 직통 채널이 될 자격이 충분하다는 결론을 내렸다. 1917년 1월 26일 하우스가 윌슨에게 서면으로 보고했다.

---

12   현존하는 미국 외교 전문 해독물 가운데 가장 이른 것이 1915년 9월 25일인데, 불완전하다. 그다음으로 현존하는 해독물은 1916년 1월부터인데, 완전하고 정확하다. 이는 암호해독관들이 몇 달 앞서 부딪쳤던 문제들을 충분히 해결했다는 증거다.

[와이즈먼은] 내가 이미 짐작하고 있던 극비사항을 나에게 말했습니다. 그것은 그가 [영국] 외무부와 직접 소통하고 있으며 대사를 비롯한 대사관 직원들은 그 사실을 모른다는 것입니다.

나는 이번에 그를 만나고 기쁘기 짝이 없습니다. 왜냐하면 그가 자국 정부의 견해를 대변한다고 보기 때문입니다.

사실 와이즈먼은 영국 정부의 대변인이기는커녕, 로이드 조지와 각료들 대부분이(어쩌면 전부가) 그의 존재조차 몰랐다. 와이즈먼은 자신이 주장했던 것처럼 '외무부와 직접 소통'하지는 않았다. 대신에 그는 MI1c의 수장인 맨스필드 커밍(Mansfield Cumming)에게 보고했으며, 커밍은 적절하다고 판단되는 모든 정보를 외무부와 기타 화이트홀 부처에 전파했다. 와이즈먼은 매력과 기만을 섞어 하우스의 환심을 산 다음, 그의 신뢰를 이용해 자신이 백악관과 직통할 수 있다고 화이트홀을 설득했다. 후일 1950년대 초반 영국 비밀정보부(SIS 또는 MI6)의 미국 거점장인 존 브루스 록하트(John Bruce Lockhart)는 와이즈먼이 20세기 전반기에 그리고 어쩌면 그 이후에도 영국의 '가장 성공적인 영향력 공작원'임이 거의 틀림없다고 생각했다.

와이즈먼은 자신의 미국 내 역할에 관해 윌슨과 하우스를 기만했을 뿐만 아니라 그 두 사람이 결단코 용납하지 않았을 일련의 창의적인 비밀공작을 지휘했다. 가장 창의적인 공작 사례는 와이즈먼의 뉴욕 주재 부하 노먼 스웨이츠(Norman Thwaites)가 롱아일랜드(Long Island)의 한 하우스 파티에서 독일대사 요한 하인리히 폰 베른스토르프(Johann Heinrich von Bernstorff) 백작의 사진을 훔친 것이었다. 독일대사가 목욕 가운을 입은 젊은 두 여인을 양팔로 감싼 그 사진은 아무런 문제가 없었지만, 스웨이츠는 그 선전 가치를 재빨리 간파했다. 그는 그 사진을 뉴욕으로 가져가 복사하고는 그 주인공 여자가 없어진 걸 알아채기 전에 그녀 사진첩에 다시 끼워놓았다. 이후 스웨이츠는 매우 낯 뜨거운 그 사진을 확대해서 러시아 대사 사무실에 눈에 띄게 걸리도록 조치함으로써 베른스토르프를 워싱턴 외교단의 조롱거리로 만들었다. 스웨이츠에 따르면, "곧장 그 소식을 들은 불쌍한 베른스토르프는 모스크바 사람들을 욕했으며, 러시아 돈을 받은 어떤 파렴치한 비밀 하수인이 그 사진을 훔쳤다고 확신했다". 그 사진이 언론에 등장했을 때, 하우스 대령과 윌슨 대통령은 그 출처가 러시아 대사관이라고 생각했을 것이다.

로이드 조지 정부의 초기 몇 달 동안 와이즈먼이 하우스와 윌슨의 신뢰를 얻으려고 노력하면서 직면한 최대 장애물은 신임 수상이 미국 해독물에 대해 보인 분노의 반응이었다. 로이드 조지는 처음에 신호정보(SIGINT)에 관해 거의 몰랐다가 점차 적극적인 관심을 나타냈다. 그는 9월 말 한 해독물을 읽은 후, 미국과 독일이 영국의 이익에 반해 평화안 도출을 위해 협력하고 있다는 잘못된 결론으로 비약했다. 로이드 조지는 한 미국 기자와의 인터뷰에서 윌슨 대통령을 직접 거명하지 않으면서 윌슨에게 개입하지 말라고 경고했다. "현 단계에서 외부의 개입은 있을 수 없습니다. 싸움의 결판을 내야 합니다. KO승으로 말입니다." 그는 당시 한창 대통령선거 운동을 벌이고 있던 윌슨이 그 메시지를 알아듣도록 확실히 하기 위해 인터뷰 기사가 직접 백악관에 전달되도록 조치했다. 외무장관 그레이(Grey) 경을 비롯한 다수의 각료가 그 인터뷰에 분개했다. 로이드 조지는 자신이 잘못 해석한 미국 해독물 사본을 제시해 대응했다. 그는 그레이 경에게 "당신이 'MI1b의 비밀첩보를 읽은 후에도 같은 견해를 유지할지 궁금하다"라는 서한을 보냈다.

로이드 조지는 해독물을 하원에 공개하지 않았지만, 미국에 대한 자신의 경고가 비밀정보에 의해 촉발된 것임을 하원의원들에게 암시했다. ≪데일리 메일(Daily Mail)≫ 지 보도에 따르면, "의원들이 귀를 쫑긋 세우고 비밀 이야기 공개를 기다렸지만, 로이드 조지 수상은 그들의 욕구를 만족시키지 못하고 자극만 하고 말았다". 로이드 조지는 ≪맨체스터 가디언(Manchester Guardian)≫ 지 편집인에게 자신이 근거했던 정보의 성격을 보다 분명하게 암시했다. 로이드 조지는 독일인들이 윌슨에게 '윌슨이 중재를 제의해야 한다는 제안'을 했다는 '문서 증거'가 있다고 말했다. 로이드 조지가 수상이 된 후 며칠 사이에 문맥을 이해하지 못해 잘못 해석한 미국 해독물이 두 건 더 있었는데, 그것 때문에 독일과 미국이 여전히 공모하고 있다고 로이드 조지는 확신했다. 개인적으로 로이드 조지는 12월 20일 발표된 윌슨의 평화 제안을 '독일의 획책'이라고 폄하했다. 그는 ≪맨체스터 가디언≫ 편집인에게 말했다. "그 제안은 독일이 사주해서 나온 것임을 우리는 알고 있었으며, 확실히 알고 있었다." 로이드 조지는 설득을 받아들여 공개적인 분노 표출은 하지 않았지만, 윌슨에 대한 깊은 불신이 오래갔다.

그때까지 홀은 40호실이 독일의 부호와 암호를 성공적으로 해독하고 있다는 사실을 미국인들에 숨겼었는데, 그것은 미국인들에게 자국 통신이 취약함을 일깨워줄까 봐 겁났기 때문이었다. 그는 로이드 조지의 무분별함이 이미 그러한 취약성을 일깨워줄 위험이 있다고 틀림없이 걱정했을 것이다. 그러나 1917년 1월 17일 아침 홀은 어려운 딜레마에 처했다. 이튼 학교를 나온 출판인 출신의 주임 암호분석관 나이절 드 그레이(Nigel de Grey)가 야간 조 근무를 마치고 극적으로 그에게 물었다. "미국인들을 전쟁에 끌어들이고 싶습니까?" "그럼, 당연하지. 왜?" 그러자 그레이는 "마침 딱 좋은 물건이 여기 있습니다"라고 말하면서 미완성 해독물을 홀에게 건넸다. 그것은 독일 외무장관 아르투르 치머만(Arthur Zimmermann)이 멕시코시티로 전달하도록 워싱턴 주재 대사관에 보낸 전문을 절취한 것이었다.

이른바 '치머만 전문'에는 독일과 미국 사이에 전쟁이 벌어질 경우 멕시코와 동맹하자는 독일의 제의가 들어 있었으며, 그 동맹으로 '멕시코가 텍사스, 뉴멕시코 및 애리조나의 실지를 회복하도록 독일이 지원한다'는 내용을 담고 있었다. 그 전문은 매우 중요해서 베를린에서 '스웨덴 우회경로'와 미국의 대서양횡단 케이블을 통해 전송되었다. 미국은 전례 없는 외교적 무례이자 속임수에 넘어가 통신 채널 하나를 독일에 제공했었는데, 독일은 그 채널을 통해 미국과 전쟁을 벌이도록 멕시코를 설득하려 했던 것이다. 홀은 그 해독물의 공개가 가져올 이점뿐 아니라 잠재적 위험도 빠르게 인식했다. 만일 그동안 영국이 미국의 대서양횡단 케이블을 도청해 독일뿐 아니라 미국의 외교통신도 절취했다는 사실을 미국이 깨닫는다면 치머만 전문은 40호실의 개가가 아니라 엄청난 정보 재앙이 될 수 있을 터였다. 따라서 홀은 그 절취물을 활용해 윌슨 행정부와 미국 여론을 격분시키려면 먼저 그 출처를 위장하는 방안을 강구해야 했다.

홀은 미국이 전문을 공개하지 않더라도 참전하기를 바라면서 거의 3주 동안 치머만 전문의 비밀을 자신과 40호실에 가두어두었다. 1917년 2월 1일 독일이 무제한의 U보트 전쟁을 개시했다. 이에 대응해 윌슨은 이틀 뒤 독일과의 외교 관계를 단절했으나, 평화가 여전히 유지될 수 있기를 바란다고 선언했다. 2월 5일 홀은 '워싱턴의 독일 대사관에서 멕시코 주재 독일 공사에게 보낸 1월 이후의 모든 전문을 입수하도록' 뉴욕 주재 해군 무관 가이 곤트(Guy Gaunt)에게 타전했다. 홀의 주된 목적은 멕시코시티에 도착한 치머만 전문 버전을 입수해 그 중간에 영국 정보기관이 가로챘다는 사실을 감추는 것이었다.[13] 홀의 그러한 시도는 성공했다. 곤트가 홀의 요청을 멕시코시티 주재 영국 총영사 에드워드 더스턴(Edward Thurstan)에게 전달했고, 더스턴은 전신국의 한 출처로부터 독일

---

13 홀이 정확히 예상한 대로, 멕시코시티의 독일 공사관은 베를린에서 워싱턴 대사관으로 보내는 메시지에 사용하는 (더 어렵게 변형된) 외교암호를 가지고 있지 않았다. 그래서 또한 홀이 정확히 예상한 대로, 멕시코시티의 공사관으로 전달된 전문 버전은 40호실이 전체를 해독하기에 더 쉬웠다.

외교 전문 사본들을 입수했다.[14] 또 홀은 2월 5일 곤트에게 타전한 직후 마침내 치머만 전문의 미완성 해독물을 들고 외무부에 나타났다. 2월 19일 40호실은 멕시코시티에서 입수한 치머만 전문 사본의 도움을 받아 완전한 버전을 생산했는데, 이것이 정보 역사에서 가장 유명한 공개 해독물이 되었다.

> 1917. 1. 19.
>
> 우리는 무제한의 잠수함 전쟁을 2월 1일 개시하려고 합니다.
>
> 이 전쟁을 벌이더라도 우리는 미국의 중립국 유지를 위해 노력할 것입니다. 이 노력이 성공하지 못할 경우, 우리는 다음과 같은 조건으로 멕시코에 동맹을 제안합니다.
>
> 전쟁을 함께 벌이자.
>
> 평화를 함께 이루자.
>
> 우리 측에서는 멕시코가 텍사스, 뉴멕시코 및 애리조나의 실지를 탈환하도록 관대한 재정 지원을 약속합니다. 세부사항 타결은 귀하에게 맡깁니다.
>
> 귀하는 미국과의 전쟁 발발이 확실해지자마자 가장 은밀하게 위의 사항을 [멕시코] 대통령에게 알리고, 그가 자발적으로 일본에 즉각적인 동조를 요청하는 동시에 우리와 일본 사이를 중재하는 방안을 그에게 제시하기 바랍니다.
>
> 이제 우리가 잠수함을 무자비하게 사용함으로써 영국이 몇 달 후에는 화친을 강요받게 될 것이라는 사실을 꼭 대통령에게 강조하기 바랍니다.
>
> 치머만(ZIMMERMAN)

---

14 더스턴은 흔히 멕시코시티 주재 영국 외교사절로 언급된다. 1915년 11월 23일 자 ≪런던 가제트 (London Gazette)≫ 지는 그가 총영사임을 밝히고 있다. 그는 MI1c를 위해서도 일했을 것이다.

40호실에 의해 해독된 치머만 전문의 일부. '애리조나'는 독일 해군의 암호책에 없었기 때문에 음성으로 분절되었다.

홀은 그 해독물을 받고 몇 시간 후 미국 대사관의 에디 벨(Eddie Bell)에게 전화했다. 30분 뒤 해군본부에 도착한 벨이 치머만 전문을 읽었다. 나중에 홀은 벨처럼 솔직담백한 태도로 울분을 터뜨린 사람을 본 적이 없다고 말했다. "멕시코가 '실지를 탈환'한다니! 텍사스와 애리조나? 이왕 탈환할 거면 일리노이와 뉴욕은 왜 안 해?" 벨은 전문이 거짓일 가능성을 잠깐 제기했다가 포기한 후 미국 정부에 공식적으로 전문을 줄 수 있는지 물었다. 홀은 아직 외무부에서 결정해야 한다고 답했다. 그는 벨에게 외무부 상임 차관 하딘지(Hardinge) 경은 전시일지라도 영국의 암호해독 활동을 인정하는 방안을 싫어한다고 말하지 못했다.

댄 라슨(Dan Larsen) 박사의 최근 연구에 따르면, 로이드 조지 수상은 페이지 미국 대사에게 워싱턴과의 외교통신이 영국인들에게 노출되고 있다고 경고함으로써 치머만 전보를 이용하려는 홀의 계획을 거의 의도적으로 방해했다. 1917년 2월 페이지 대사가 워싱턴에서 온 장문의―다수의 질문이 포함된―메시지를 전달하기 위해 다우닝 가 10번지로 갔다. 페이지가 질문을 던질 겨를도 없이 로이드 조지가 먼저 '자신이 준비했던 모든 질문에 대한 답'을 길게 설명해 페이지는 다소 당황했다. 나중에 페이지가 윌슨 대통령의 또 다른 메시지를 가지고 다우닝가를 찾았을 때, 로이드 조지는 다시 과시하고 싶은 유혹을 이기지 못해 이미 윌슨의 메시지를 읽었노라고 말했다. 수상은 그 메시지가 워싱턴에서 유출되었다고 주장했다. 페이지는 윌슨 대통령에게 보낼 보고서 초안을 작성했다. "[로이드 조지에] 의하면, 나에게 보내는 각하의 지시가 왠지 워싱턴에서 새어 나가 영국 대사관이나 영국 스파이기관의 누군가가 여기로 타전했습니다. 이것은 그들[스파이]기관에는 찬사가 되겠지만, 그는 다른 사람들도 도청할 수 있을지 모른다고 걱정합니다." 페이지 대사는 이제 영국인들이 독일 암호를 풀었다는 것을 알았기 때문에 이 메시지에 내포된 분명한 함의는 영국인들이 미국 암호 또한 풀었다는 것이었다. 그러나 페이지는 열렬한 영국 예찬자였으며 홀을 '천재의 표상'으로 생각했다. 그는 영국이 자신과 대통령 사이의 통신을 절취했다는 로이드의 조지의 폭로가 영-미관계, 나아가 미국의 참전 가능성에까지 미칠 악영향을 인식하고 자제했다. 페이지는 그 보고서를 대통령에게 보내지 않고 X 줄을 그어 지운 다음 자신의 개인 파일 속에 넣어두었는데, 거의 한 세기 동안 발견되지 않았다. 로이드 조지의 분별없는 행동은 정보에 대한 무지 때문이었다는 것이 가장 타당한 설명일 것이다. 그는 수상이 될 때까지 절취물을 본 적이 없으며 그것이 어떻게 입수되는지도 몰랐을 것이다. 재직 중 신호정보에 대한 그의 이해도는 다른 영국의 지도자들, 특히 벌리 경, 올리버

크롬웰, 월폴, 대(大) 피트, 소(小) 피트 등에 비해 떨어졌다.

로이드 조지 수상은 치머만 전문의 활용에 관해 상의를 받은 적이 없었던 것 같다. 그의 외무장관 아서 밸푸어(Arthur J. Balfour)는 이전 내각에서 해군장관으로 재직해 홀과 40호실을 잘 알았으며 전문을 미국 정부에 넘겨주는 데 반대한 상임 차관 하딘지 경의 의견을 묵살했다. "내 생각은 이 문제 처리를 홀 해군 대령에게 맡기는 것입니다. 그는 누구보다도 요령을 잘 알고 있습니다." 미국 대사관에서는 홀, 벨, 페이지 간에 장시간 토론이 벌어졌다. 페이지 대사는 외무장관이 직접 자신에게 전문 사본을 교부한다면 대통령에게 가하는 충격이 크게 제고될 것이라고 고집했다. 밸푸어는 귀족적인 침착성을 좀처럼 흐트러뜨리지 않는 사람이었다. 그러나 그는 2월 23일 외무부에서 페이지를 맞이했을 때 흥분을 억제하기 어려웠다. 후일 밸푸어는 페이지에게 전문을 수교할 때가 "내 전체 인생의 기억 중에서 가장 극적인 순간이었다"라고 회고했다.

윌슨 대통령이 2월 25일 전문을 읽고 받은 충격과 분노는 홀과 페이지가 기대한 대로였다. 그가 신념을 가지고 전쟁을 종식할 방도에 관해 독일과 협상하고 있던 바로 그 순간에 독일은 미국을 공격하도록 멕시코를 유인하고 있었다. 그러나 신호정보를 처음 접한 윌슨은 다음 며칠 동안 그 해독물을 다루는 데 아주 낯설어 했으며 갈피를 잡지 못했다. 조지 워싱턴이었다면 능숙한 신호정보 사용자로서 쉽게 처리했을 것이다. 2월 25일 윌슨의 첫 직감은 즉시 치머만 전문을 공개하는 것이었다. 랜싱(Lansing) 국무장관이 짧은 휴가를 마치고 27일 화요일 워싱턴으로 돌아왔을 때 대통령은 다시 생각했다. 그는 랜싱에게 전문이 어떻게 워싱턴의 베른스토르프에게 도달할 수 있었는지 의아했으며 이제는 "그것이 진짜인지 약간 의심스럽다"라고 말했다. 랜싱은 윌슨에게 미국의 대서양횡단 케이블을 통해 워싱턴 주재 대사관과 통신하도록 베를린 측에 허락한 사실을 상기시키고, 어떻게 전문이 먼저 베른스토르프에게 보내져서 그에

치머만 전문의 공개로 신호정보가 최초로 대서양 양쪽에서 신문의 1면 머리기사가 되었다.

의해 멕시코시티로 전달되었는지 설명했다. 랜싱이 설명하는 동안 윌슨은 여러 번 "맙소사!"라고 외쳤지만 그 설명으로 납득이 되었다. 2월 28일 그는 다음 날 신문에 전문을 공개하기로 결정했다.

3월 1일 치머만 전문이 공개된 것은 독일의 벨기에 침공이나 '루시타니아(Lusitania)' 호 침몰보다 훨씬 더 큰 센세이션을 일으켰다. 아서 링크(Arthur S. Link)의 서술에 따르면, "대전 기간에 이보다 더 미국 국민을 경악시킨 사건은 없었다". 독일의 사보타주 등 비밀공작이 과거에 폭로된 적이 있었기 때문에 대부분의 신문 독자들은 전문이 진짜라고 생각했다. 3월 3일 치머만 본인이 모든 의심을 해소했다. 치머만은 "나는 부인할 수 없다. 사실이다"라고 인정했다. 그 뉴스를 들은 랜싱 국무장관에 따르면, "크게 놀라고 깊이 안도했다. … 치머만이 진실임을 인정함으로써 큰 실수를 했는데, 이는 국제음모에 개입한 사람으로서 아주 놀라운 대응 방식이었다. 물론 전문 메시지 자체도 어리석은 행보였지만, 그것을 인정하는 것이 훨씬 더 나빴다". 윌슨처럼 치머만도 처음 접한 신호정보에 대해 갈피를 잡지 못했으며 어떻게 대응할지 몰랐다. 만일 치머만이 전문이 영국의 위조물이며 영국은 미국 통신을 불법으로 도청하고 있다고 주장했었다면, 영국은 반박하기 어려웠을 것이다. 다수의 독일계 미국인을 포함해 미국의 참전을 반대하는 사람들이 그의 말을 믿었을 것이다. 그러나 치머만이 사실을 인정한 것이 그들의 발목을 단단히 잡았다.

런던과 카이로의 암호해독관들은 치머만 전문이 전 세계에 공개됨에 따라 영국이 암호를 해독한다는 비밀이 새어 나갈까 봐 걱정했다. 전문이 공개된 시기는 마침 중동에서 신호정보가 대단히 중요할 때였다. 이집트군 총사령부는 헤자즈 원정군(HEF)이 메디나에서 철수하도록 명령하는 콘스탄티노플 발신 터키의 무선 메시지를 가로챘다. 이집트군 총사령관 아치볼드 머리(Archibald Murray) 경은 전쟁부의 제국참모총장(CIGS) 윌리엄 로버트슨(William Robertson) 경에게 타전했다. "이제 아라비아에서의 터키 군사작전이 실패했으며 헤자즈 원정군이 팔레스타인으로 철수할 계획임이 아주 확실합니다." 치머만 전문을 염두에 두었을 머리 경은 터키군의 무선통신 절취를 절대 비밀에 부치고 헤자즈 원정군의 철수를 의회나 언론에 성급하게 발표하지 않도록 조심할 필요성을 강조했다. 머리는 이집트 고등판무관 레지널드 윈게이트(Reginald Wingate) 경에게도 터키 해독물을 외무부에 누설하지 않도록 당부했다. 외무부에 알리는 것이 꼭 필요하다면, 로버트슨이 최고의 보안 유지를 조건으로 그렇게 할 터였다. 머리는 "내가 프랑스인들에게 말하지 않은 이유도 명백하다"라고 부언했다.[15]

홀이 기뻐한 사실은(그리고 머리가 안도했을 사실은) 대부분의 미국 언론이 치머만 전문의 입수를 영국 암호해독관들이 아니라 미국 비밀 요원들의 공으로 돌

---

15 헤자즈 원정군 사령관은 지시받은 대로 신속히 철군하기를 꺼렸던 것으로 드러났다.

린 점이었다. 홀은 런던 주재 미국 기자들을 기만함으로써 40호실의 행적을 감추는 '적지 않은 재미'를 맛보았다. 특히 스웨덴 외교문서 트렁크를 중심으로 많은 '재미'를 보았는데, 그 트렁크는 2월 독일-미국 간 외교 관계가 단절된 후, 베른스토르프가 탄 대서양횡단 선박에 실려 있었다. 홀은 그 트렁크에 베른스토르프의 비밀서류 일부가 들어 있다는 소문을 퍼뜨렸다. 그는 신이 나서 뉴욕 주재 해군 무관 가이 곤트(Guy Gaunt)에게 편지를 썼다.

[기자들은] 미국 비밀기관이 치머만 전문을 그 트렁크에서 꺼냈다고 아주 확신하고 있습니다. … 어제 그들이 내게 캐물었지요. 나는 모든 증거가 우리가 상자를 열기 전에 부순 그 봉인을 가리키고 있다고 인정했습니다. 우리의 도청 라인은 매우 안전하며 계속 사용할 수 있다고 생각합니다.

1917년 4월 2일 양원 합동회의에서 독일에 대해 선전포고를 요청한 윌슨 대통령의 연설은 미국 정치사에서 가장 위대한 연설 가운데 하나였다. 그 연설은 '정치적 자유의 토대를 시험해 건설된' 평화와 더불어 '민주주의를 위해 더욱 안전해진' 전후 세계를 제시한 윌슨의 비전으로 가장 유명하다. 미국을 참전시킨 책임은 '인류에 대한 모든 고려를 내팽개치고 미쳐 날뛰고 있는 독일의 무책임한 정부' 측에 있었다. 독일이 '미쳐 날뛰고' 있다는 증거에는 독일의 미국 내 비밀공작이 포함되었다.

프로이센의 독재국가가 우리의 우방이 아니며 우방이 될 수도 없다는 것을 우리가 확신하게 된 하나의 근거는 현재의 전쟁이 개시될 때부터 그 독재국가가 우리의 순진한 공동체와 심지어 우리의 정부 사무실을 스파이들로 채웠으며 우리의 국론통일, 우리의 국내외 평화, 우리의 산업 및 우리의 통상을 해치는 범죄적 음모를 곳곳에서 진행했다는 사실입니다. 사실 그 스파이들은 전쟁이 시작되기 전에도 여기 있었다는 것이 이제 명백합니다. … 멕시코 주재 독일 공사에게 보낸 절취된 전문은 바로 우리 집 앞의 이웃을 적으로 만들려는 독일의 의도를 웅변하는 증거입니다.

치머만 전문이 없었더라도 미국은 틀림없이 독일에 대해 선전포고했을 것이다. 그러나 홀과 40호실은 그러한 결정을 앞당겼으며, 미국 국민이 독일계 미국인들과 중립주의 압력단체로부터 상당한 항의를 받지 않고 단합된 국민이 되어 참전하는 데 일조했다. 4월 6일 미국은 독일에 대해 선전포고했다. 그날 밤 홀과 드 그레이는 샴페인을 터뜨렸다.

제25장

제1차 세계대전(2)

미국의 개입부터 연합국 승리까지

해독된 치머만 전문이 대중에게 엄청난 충격을 준 덕분에 '눈깜박이' 홀이 기사 작위를 받았다. 전시 정보활동 관점에서 더 중요한 것은 그 덕분에 홀이 처음으로 '40호실'의 외교·해군 부문을 직접 관장하게 된 것이었다.[1] 1917년 5월 '40호실'은 공식적으로 해군정보국(NID) 25과(ID25)로 통합되었다. 25과를 새로 지휘하게 된 윌리엄 '버블스' 제임스(William 'Bubbles' James) 해군 중령의 초상화는 영국 역사상 다른 여느 정보수장보다 더 널리 유별나게 전시되었다. 그의 별명 '버블스(비눗방울)'는 유명한 화가인 그의 할아버지 존 밀레이(John Millais) 경이 그린 초상화 때문에 붙었는데, 그림 속의 그는 금발의 곱슬머리에 녹색의 벨벳 정장을 입고 공중으로 불어서 날린 비눗방울들을 천사처럼 바라보는 어린아이였다. 그 초상화를 사들인 피어스 비누(Pears Soap) 회사의 광고 캠페인으로 다년간 방방곡곡의 광고탑은 신임 25과 과장의 천사 같은 이미지로 도배되었다.

40호실이 25과로 개편된 시기는 해전에서도 중대한 고비를 맞이한 때였다. 1917년 봄 영국은 2월에 시작된 무제한 U보트 전쟁에 대해 답이 없는 것 같았다. 4월 한 달 독일의 U보트들이 83만 5,000톤의 연합국 화물을 수장시켰다. 젤리코 해군참모총장이 미국 해군의 심스(Sims) 제독에게 말했다. "우리가 이

---

[1]   1917년 5월 홀이 40호실을 직접 관장하게 된 이유에 관해서는 문서상의 직접적 증거가 없다. 그러나 그 시점을 보면 홀이 치머만 전문을 탁월하게 처리한 업적이 밸푸어, 행키 등에 의해 공식적으로 인정된 시기와 분명히 겹친다. 특히 그의 업적은 유틀란트 해전 당시 올리버와 잭슨이 독일 절취물을 가지고 우왕좌왕했던 것과 비교되었다.

러한 손실을 막을 수 없다면, 그리고 빨리 막을 수 없다면, 독일이 이 전쟁에서 이길 겁니다." 심스가 무슨 해결책이 있느냐고 물었지만, 젤리코는 '현재 우리가 찾을 수 있는 것은 전혀 없습니다"라고 대답했다. 젤리코가 찾지 못한 그 해결책은 호송선단이었다. 독일이 전면적인 잠수함 공격을 개시했을 때, 영국해군과 상선대 내의 압도적인 견해는 여전히 호송선단 시스템에 반대했다. 영국의 신문업자 비버브룩(Beaverbrook)은 로이드 조지 수상이 4월 30일 해군본부를 기습 방문해 스스로 해군참모총장 의자에 앉아 호송선단 시스템 도입을 지시하는 모습을 서술했는데, 유명한 그의 서술은 분명히 과장해서 쓴 것이다. 그러나 로이드 조지에 의해 초대 관방장관이 된 행키의 촉구로 전시 내각은 해군 제독들보다 먼저 분별력을 찾았다.

호송선단이 하룻밤 사이에 U보트 위협을 물리친 것은 아니지만 감당할 수 있는 비율로 그 위협을 감소시켰다. 대전이 끝날 때까지 남은 19개월 동안 어떤 원인으로든 호송선단의 선박 손실은 1% 미만이었다. 1917년 5월 이전에는 40호실이 독일 해군에 관해 정보를 수집한 해군정보국(NID) 독일과(ID14) 및 U보트를 추적한 적잠수함과(E1)와 거의 차단된 상태에서 일했었다. 전후의 '해군 참모부 평가'에서 내린 결론에 따르면, 40호실은 독일과와 적잠수함과에 '아주 귀중한 첩보'를 제공할 수 있었지만 허용되지 않았다. 25과(ID25)가 창설되면서 모든 것이 바뀌었다. 호송선단들이 U보트로부터 멀리 떨어지도록 안내하고 '회피 항로'를 설정하기 위해 1917년 6월 해군본부 호송선단과가 창설되었는데, 25과의 정보가 호송선단과에 특별히 중요했다. "처음으로 우리는 호송선단의 위치와 나란히 적 잠수함에 관한 최신 첩보를 볼 수 있었다. 해군 준장이 탄 호위함에는 항상 무선장비가 있었으므로 호송선단이 위험지역에서 벗어나도록 즉각 방향을 전환할 수 있었다." 호송선단의 손실은 감소했지만, U보트의 손실이 증가했다. 1917년 1분기에 10척, 2분기에 다시 10척의 U보트가 침몰했다. 대체로 기뢰, 폭뢰 및 수중청음기(수중 음향 청취 장비)의 사용 덕분에 U보트 침몰이 3분기 22척, 4분기 21척으로 급증했다.

대서양 해전에서 독일이 지고 있던 바로 그 순간에 동부전선에서는 독일이 유럽 역사상 과거 어느 전쟁 때보다 더 많은 땅을 정복하면서 전쟁에서 이기고 있었다. 승전의 주된 이유는 독일의 군사적 우위와 러시아의 전쟁 수행 붕괴에 있었지만, 힌덴부르크(Hindenburg), 루덴도르프(Ludendorff) 등 독일군 고위 사령관들은 또한 러시아 임시정부를 흔들고 러시아를 혁명의 혼란에 빠뜨리기 위한 비밀 전략을 추진했다. 1915년 3월 독일 재무부는 '러시아의 혁명 선전을 지원하기 위해' 200만 마르크의 초기 공여를 승인했고, 7월에 500만 마르크를 추가로 공여했다. 독일 자금을 볼셰비키에 전달하는 주된 통로는 알렉산데르 헬판트(Alexander Helphand)였는데, 부패했지만 이념이 투철한 혁명 거물인 그는 중립지 코펜하겐의 수출입회사인 한델스(Handels) 상사를 통해 독일의 비밀 보조금 일부를 세탁한 것으로 보인다. 러시아 혁명가들 가운데 가장 뚱뚱했을 헬판트는 망명지에서 알렉산데르 파르부스(Parvus, '작은')라는 새로운 이름을 채용했다.

독일이 대전 중에 가장 성공한 전복 작전은 레닌을 스위스 망명지에서 (처칠의 말대로 '페스트균처럼') '밀봉한 열차'로 독일을 거쳐 발트 해의 연락선 항구 자스니츠(Sassnitz)로 수송한 작전이었다. 레닌은 자스니츠에서 스웨덴과 핀란드를 거쳐 1917년 봄 페트로그라드(Petrograd)에 도착했다. 이 작전을 개인적으로 강력하게 지원한 독일 황제(카이저)는 레닌과 볼셰비키 동지들에게 자신의 연설 문집을 주어 기차여행에 휴대시키라고 농담했다. 독일 정부와 고위 군사령부가 볼 때, 레닌의 '혁명적 패배주의'는 독일의 승리를 수용하는 것과 다름없었다. 커밍(Cumming)이 MI5에 전달한 베른(Berne) 주재관 보고서에 따르면, 독일인들에게 포섭된 레닌과 그의 동료 혁명가들은 4월 9일 취리히에서 출발한 열차에 탑승했는데, 그들은 모두 '즉각적인 평화의 열렬한 지지자'임을 서약했다. 레닌은 동료 탑승객들에게 흡연과 화장실 사용 등과 같은 문제를 포함해 기차 여행의 세부 규칙을 부과했는데, 이는 나중에 그가 러시아에 건설한 권위주의 일당 국가를 일찌감치 가리키는 것이었다.

4월 16일(러시아 달력으로는 4월 3일) 레닌은 페트로그라드의 핀란드 역에 도착해 떠들썩한 환영을 받은 자리에서 '범세계적인 사회주의 혁명'에 대한 요청을 발표했다. 다음날 스톡홀름 주재 독일 대표가 베를린에 타전했다. "레닌의 러시아 입국이 성공적임. 그는 우리가 바라는 그대로 활동하고 있음." 레닌이 페트로그라드로 돌아온 후 선포한 '4월 테제(April Theses)'는 차르 체제를 대체한 임시정부를 탄핵하고 정규군의 해산과 즉각적인 전쟁 종식을 요구했다. 레닌은 페트로그라드 귀환을 지원하겠다는 독일의 제의를 거절했어야 했다는 어떠한 주장도 '어리석은 부르주아 편견'이라고 일축했다. "만일 독일 자본주의자들이 매우 어리석어서 우리를 러시아로 데려다주었다면, 그것은 그들의 장례식이다." 레닌을 페트로그라드로 귀환시킨 독일의 비밀공작은 러시아 혁명의 흐름을 바꾸었다. 귀환한 레닌은 볼셰비키가 임시정부에 대해 노골적으로 반대하기보다는 '주의 깊게 통제하는' 정책에 합의하고 라이벌 멘셰비키와의 협력을 생각하고 있음을 알았다. 레닌이 귀환 후 자신의 추종자들에게 성공적으로 부과한 전략의 첫 번째 조건은 그와 반대로 임시정부에 완전히 반대하는 정책을 채택하고 다른 정당들과의 모든 협력을 거부하는 것이었다. 이러한 정책의 혁명적 지혜는 멘셰비키와 사회주의혁명당이 임시정부에 합류한 5월에 분명하게 드러났다. 정부에 대한 불만 증대로 라이벌들이 점차 훼손되었지만, 볼셰비키는 자신들만이 정부와 무관한 혁명 프로그램을 보유하고 있다고 주장할 수 있었다. 레닌은 1905년 혁명 당시 가장 중대한 국면에서 런던에 망명해 있었다. 만일 독일의 도움이 없었다면, 레닌은 1917년을 대부분 망명지 취리히

Ich bestätige,

1) dass die eingegangenen Bedingungen, die von Platten mit der deutschen Gesandtschaft getroffen wurden, mir bekannt gemacht worden sind;

2) dass ich mich den Anordnungen des Reiseführers Platten unterwerfe;

3) dass mir eine Mitteilung des "Petit Parisien" bekanntgegeben worden ist, wonach die russische provisorische Regierung die durch Deutschland Reisenden als Hochverräter zu behandeln drohe.

4) dass ich die ganze politische Verantwortlichkeit für diese Reise ausschliesslich auf mich nehme;

5) dass mir von Platten die Reise nur bis Stockholm garantiert worden ist.

Bern - Zürich. 9. April 1917.

러시아 귀국에 따른 위험에 대해 전적으로 개인적 책임을 수용한다는 조건을 포함해 1917년 4월 취리히에서 출발한 독일의 '밀봉 열차'에 탑승한 승객들이 서명한 조건들의 목록. 모두가 독일군 호송대 대장 프리츠 플라텐(Fritz Platten)의 지시에 따르기로 동의했다. 첫 번째 서명자는 레닌이었으며, 두 번째로 서명한 레닌의 아내 나데즈다 크룹스카야(Nadezhda Krupskaya)는 '레닌 아내(Frau Lenin)'라고 서명했다. 열 번째 시명자인 그리고리 지노비예프(Grigory Zinoviev)는 공산주의 인터내셔널 의장이 되었으나 1936년 날조된 혐의로 스탈린주의 공개재판을 거쳐 처형되었다.

에서 보냄으로써 자신의 의지를 러시아 추종자들에게 강요할 수 없었을 것이다.

레닌이 전쟁 종식을 요구하고 있던 같은 시기에 독일의 군사 정보활동은 선구적인 심리전 공세를 통해 동부전선의 러시아군 사기를 와해시키려는 계획에 착수했다. 그전에 양편이 모두 적진에 전단을 뿌렸지만, 1917년 독일의 선전 공세만큼 야심적인 시도는 어느 편에도 없었다. 독일 외무부는 '독일은 평화를 바랐으나 필요로 하지는 않았다' 같은 선전 주제를 선택했다. 대조적으로 러시아 임시정부는 영국의 꼭두각시로서 서방 제국주의자들의 이익을 위해 전쟁을 질질 끌었다. 독일군과 그 합스부르크 동맹군은 이러한 전복적인 메시지를 전파할 혁신적인 방법을 개발했다. 러시아어를 구사하는 정보 장교들이 최전방에 배치되어 러시아 부대와 접촉했다. 부활절에 독일군 사령관들이 호의적인 인상을 주기 위해 전선을 따라 비공식적인 휴전과 친교를 허락했다. 참호 속의 러시아 군인들은 보드카(전시의 공식 금지 품목)와 음악, 심지어 '임시 사창가'의 유혹을 받았다. 독일군 사령관들은 동부전선에서 혁명 선전과 심리전이 복합적으로 미친 영향에 대해 열광했다. 예컨대, 제12보병사단은 "혁명에 따른 러시아군 해체가 확산하고 있다"라고 보고했다.

독일의 선전과 볼셰비키 영향에 대응해, 영국 정보기관은 러시아를 전쟁에 붙들어두려는 목적에서 자체의 영향력 공작에 착수했으나 덜 성공적이었다. 주된 기획자는 커밍의 미국 거점장 윌리엄 와이즈먼 경이었는데, 그는 하우스 대령과의 친분을 활용해 양면 공작에 대한 미국의 지원을 얻으려고 했다. 하나는 '독일의 현행 음모와 지난 반동 [차르 체제] 정부와의 틀림없는 [실제로는 존재하지 않는] 연계를 폭로'하려는 흑색선전이고, 다른 하나는 '독일군과 총력전을 벌여 베를린의 호엔촐레른 가(Hohenzollern家) 왕조와 독재체제를 전복시키도록 러시아인들을 설득'하려는 더 직접적인 시도였다. 와이즈먼은 워싱턴과 런던

양쪽을 기발하게 기만해 공작자금을 획득했다. 그는 자신의 공작계획이 영국 외무부의 후원을 받는다고 암시해 미국의 지원을 받아낸 다음 미국의 후원을 이용해 외무부의 지원을 받아냈다. 5월 26일 와이즈먼은 미국인들이 공작 운용을 영국인들에게—사실상 MI1c에—맡길 의향이 있다고 의기양양하게 커밍에게 보고했다.

미국 당국은 모든 방법을 동원해 이 선전을 촉진할 의향이 있으며, 필요한 기금을 세우는 데 기꺼이 영국 정부와 동참하려고 합니다. 그러나 미국에는 이러한 공작을 수행할 조직이 없으므로 그들은 양국 정부를 위해 전적으로 내가 이 문제를 담당하기를 원합니다.

와이즈먼은 커밍에게 밸푸어 외무장관의 개인비서 에릭 드러먼드(Eric Drummond) 경을 즉시 만나 그의 승인을 얻으라고 요청했다. 그는 비밀공작 계획을 페트로그라드 주재 MI1c 거점에서 '아주 잘 수행할' 것이라고 믿었다. 당시 페트로그라드 거점장은 장차 외무장관과 하원의원이 될 새뮤얼 호어(Samuel Hoare) 경이었다.

와이즈먼은 워싱턴 주재 영국 대사 스프링 라이스에게 자신의 계획을 언급하지 않았다. 그러나 그는 하우스 대령, 포크 참사관, 랜싱 국무장관 등 미국 인사들과 계획을 논의했는데, 모두가 열광적으로 지지했다. 미국이 참전할 때까지 워싱턴이 모르는 영국의 가장 소중한 독일 내 스파이로 두 명의 미국인이 있었다. 이들은 독일 군사 정보기관을 위해 일하기로 동의했었지만 실제로는 MI5에 보고하는 이중간첩이었다.[2] 미국 인사들이 이 사실을 알았더라면 아마

---

2 이중간첩의 하나인 로슬린 와이톡(Roslyn Whytock)은 미국의 참전 이후 미국 군사 정보기관 팀

도 와이즈먼의 계획을 지지하지 않았을 것이다.

6월 15일 윌슨은 영국 정보기관에 의한 비밀공작이라기보다 연합 선전작전이라고 순진하게 믿고서 7만 5,000달러의 자금지원을 승인했다. 다음날 와이즈먼이 드러먼드에게 타전해 런던에도 똑같은 금액을 요청했다. 커밍과는 달리 외무부는 비록 MI1c가 효과적으로 운용하더라도 미국인들과의 합동 공작 방안을 좋아하지 않았다. 와이즈먼은 윌슨이 그 공작에 대해 관심을 가지고 있음을 강조하고 공작 진행 시 미국 정책에 관한 정보를 입수할 수 있다고 강조해 밸푸어의 마음을 사로잡았다.

본인이 레무스(Remus)[윌슨 행정부의 비밀 요원으로 실제 활동해야 카이사르하우스 대령와 공감을 강화할 수 있습니다. 이를 바탕으로 그는 앞으로 외교 문제에서 레무스가 취하는 조치, 특히 통상적으로 양국 정부가 공유하지 않는 사항을 우리에게 계속 알려줄 것입니다.

영국 외무부는 '계획이 독일의 평화주의 선전을 견제할 탄탄한 대책을 제시하는 것으로 보이며 윌슨 대통령도 관심을 보인다는 이유에서 러시아 공작에 7만 5,000달러를 출연하기로 동의했다.

와이즈먼은 페트로그라드에서 은밀한 영향력 공작을 지휘할 사람으로 유명한 극작가 겸 소설가인 서머싯 몸(W. Somerset Maugham)을 선택했다. 러시아어를 구사하는 몸은 자신의 작가 경력을 활용해 전시 MI1c 요원으로서의 활동을 위장했다. 몸은 자신의 페트로그라드 임무를 알고는 깜짝 놀랐다. 나중에

장이 되었다. MI5의 두 번째 이중간첩(암호명: COMO)의 신원이 밝혀지지 않은 것은 그와의 확약에 따른 것이었다.

그는 "요지는 내가 러시아로 가서 러시아인들을 전쟁에 붙잡아두어야 한다는 것이었다"라고 기술했다. 몸을 지원하기 위해 곤트(Gaunt) 휘하의 전직 요원 이매뉴얼 보스카(Emanuel Voska)가 "제국 내의 체코인과 슬로바키아인들을 조직해 러시아가 전쟁을 계속하도록 만들어라"라는 지시를 받고 몸과 함께 갔다. 몸은 페트로그라드에서 친(親)연합국 선전 활동을 조직했을 뿐 아니라 옛 애인 사샤 크로포트킨(Sasha Kropotkin)을 통해 임시정부 수반 알렉산드르 케렌스키(Alexander Kerensky)에게 소개되었다. 필요하면 통역을 하는 사샤가 안주인 노릇을 했고 몸은 영·미 양국 정부가 제공한 풍족한 자금으로 일주일에 한 번씩 케렌스키나 정부 각료들을 초대해 러시아에서 최고로 명성이 높은 '메드베디(Medved, 곰)' 식당에서 최고급 캐비아와 보드카를 대접했다. 대통령 취임 축하 무도회를 취소했을 정도로 검소하기로 유명한 우드로 윌슨은 1917년 자신이 승인한 7만 5,000달러의 '선전' 예산 일부가 이처럼 호화로운 접대에 쓰이고 있다는 것을 상상도 하지 못했을 것이다. 후일 몸은 이렇게 기술했다. "내 생각에 케렌스키는 나를 실제 이상으로 중요한 인물이라고 생각했음이 틀림없다. 왜냐하면 그는 여러 번 사샤의 집에 와서는 방을 오르내리며 두 시간씩 나에게 열변을 토했는데, 마치 내가 공공 집회에 있는 것 같았다."

몸이 임시정부 수반에게 접근하는 놀라운 성공을 거두었음에도, 그와 다른 연합국 요원들이 러시아를 전쟁에 붙잡아두기 위해 할 수 있는 것은 전혀 없었다. 6월 16일 시작된 러시아군의 여름 공세 직전에 알렉세이 브루실로프(Alexei Brusilov) 장군이 러시아 군대 내에서 반란이 대거 일어나고 있다고 케렌스키에게 경고했다. 후일 브루실로프가 불평했다. "그는 내 말에 조금도 귀를 기울이지 않았으며, 그 순간부터 나는 총사령관으로서 나 자신의 권위가 아주 부적절하다고 인식했다." 케렌스키와 그의 각료들은 여름 공세가 러시아를 결속시켜 민주주의를 수호할 것이라고 스스로 확신했지만, 러시아 군대가 독일의 반격에 놀라 도망치면서 단 3일 만에 대패했다. 수십만의 병사들이 죽었고, 수백만 제곱킬로미터의 영토를 상실했다.

페트로그라드에서 한 러시아군 장교가 전쟁포로로 잡혔을 때 독일군 병사들로부터 레닌이 독일의 스파이라는 말을 들었다고 주장함으로써 그렇다는 소문을 확인했으나 미덥지 못했다. 7월 6일 러시아 임시정부의 법무장관이 반역 혐의로 레닌의 체포를 명령했다. 레닌은 콧수염을 면도하고 노동자로 위장해 핀란드로 임시 도피해야 했다. MI5의 클로드 댄지(Claude Dansey, 나중에 SIS 차장보가 되었다)가 8월에 기록한 바에 따르면, "우리는 러시아 총참모부가 현재 레닌의 유죄 증거를 가지고 있는 것으로 알고 있다". MI5처럼 대부분의 서방 정보기관들이 레닌이 독일인들로부터 돈을 받고 있다고 잘못 믿거나 적어도 강하게 의심했다.

임시정부 치하에서 차르 체제의 군사정보 시스템이 대부분 해체되었다. 1917년 4월 과거 오크라나 또는 경찰에서 근무했던 모든 정보 장교들이 쫓겨났다. 바티우신(N. S. Batiushin) 장군 등 군사 방첩기관의 여러 간부가 부패와 권한 남용 혐의로 체포되었다. 브루실로프의 6월 공세 실패와 그에 따른 러시아의 전쟁 활동 해체로 야기된 혼란 속에서, 가축우리 화재부터 군화 생산 실패에 이르기까지 실제로는 우연히 일어난 사고를 으레 독일과 오스트리아 스파이들의 짓으로 돌렸다. 8월 군사 방첩기관이 다음과 같은 경고문을 회람시켰다.

러시아의 적들은 집요하게 가장 완전한 형태로 군사첩보 분야에서 활동할 뿐 아니라 가능한 모든 수단을 동원해 러시아의 군사력을 파괴하려고 시도하고 있다. 그런 수단의 예를 들자면, 적들은 무역과 상업에 관해 염탐하기, 밀수품 수입하기, 방화하기, 공장과 다른 시설 폭파하기 등과 함께 평화주의, 민족주의 등 온갖 형태의 정치적 선전을 유입하고 있다.

다소 피해망상적인 임시정부의 말기 몇 달 동안, 군사 방첩기관은 러시아 사회 전체에서 적의 전복 활동을 수사하는 포괄적인 권력을 추구했다. 이와 흡사한 권력을 후일 스탈린의 NKVD(내무인민위원회)가 획득해 훨씬 더 광범위한 제국주의 전복 활동을 적발했으나 거의 모두 가상의 활동이었다.

1917년 봄과 여름 러시아군뿐 아니라 프랑스군에서도 규모는 작으나 반란이 일어났다. 1917년 4월 프랑스군 총사령관 로베르 니벨(Robert Nivelle) 장군이 이끈 대공세가 단 5일 만에 13만 명의 사상자가 발생하는 재앙으로 끝난 결과, 프랑스군 전체 사단의 절반에서 4만 명이 가담한 크고 작은 반란이 일어났다. 일부 사학자들은 독일군이 그 반란을 알았더라면 전쟁에서 이겼을지도 모른다고 주장했다. 그러나 루덴도르프(Ludendorff) 장군이 그 반란을 안 것은 6월 30일이었는데, 그때는 프랑스군의 위기가 거의 끝났을 무렵이었다. 1917년 독일 군사 정보기관이 동부전선보다 서부전선에서 얼마나 더 정통했는지 더는 알 길이 없다.

프랑스 각료들과 군사 정보기관은 독일이 프랑스군 반란에 관해 발생 후 두 달 반 동안 아무것도 몰랐다는 것을 모르고, 독일이 러시아에서 그랬던 것처럼 프랑스군 반란을 사주했다고 잘못 의심했다. 5월 15일 이른바 '패배주의' 좌익 신문 ≪보네 루주(Bonnet Rouge, 붉은 모자)≫의 국장 라울 뒤발(Raoul Duval)이 독일 은행의 고액수표를 가지고 스위스에서 돌아오다가 체포되었다. 그는 나중에 반역의 유죄판결을 받고 단두대로 보내졌다. 8월 ≪보네 루주≫의 편집인 미겔 알머레이다(Miguel Almereyda)가 감옥에서 자살했다. 곧 수상이 될 조르주 클레망소(Georges Clemenceau)는 내무장관 루이 말비(Louis Malvy)가 알머레이다 등 '패배주의자들'을 기소하지 않은 것이 프랑스군 내 반란을 불렀다고 주장했다. 나중에 말비는 '임무 수행 태만'으로 유죄판결과 함께 5년 추방형을 선고받았다. 대전 발발 전에 ≪보네 루주≫를 재정적으로 지원했던 급진적인 전직 수상 조제프 카요(Joseph Caillaux)도 체포되었다. 영국 대사의 보고에 따르면, 클레망소는 카요가 총살되기를 바랐다. (나중에 전후 재판에서 카요는 다소 기이하게 '정상을 참작해' 반역의 유죄판결을 받았다.)

나중에 드러난 사실이지만, 클레망소와 그의 지지자들은 독일 자금을 받은 전복 활동이 프랑스의 전쟁 수행에 미친 위협을 크게 과장했었다. 그러나 당시 영국 관측통들은 액면 그대로 받아들여 유사한 검은 세력이 영국에서도 암약하고 있다고 믿었다. 독일이 러시아의 전쟁 수행을 저지하기 위해 우선해서 볼셰비키를 지원했던 사실을 감안할 때, MI5로서는 독일이 영국인 볼셰비키 동조자들도 지원하고 있다는 결론을 내리는 것이—나중에 잘못된 결론으로 판명되었지만—합당했다. 레닌이 독일 자금을 받고 있다는 러시아의 '증거'는 독일 자금이 영국의 볼셰비즘(Bolshevism)에도 흘러 들어가고 있다는 믿음을 조장했다. 1917년 10월 3일 로이드 조지 전시 내각의 무임소장관 에드워드 카슨(Edward Carson) 경은 독일 자금이 러시아, 프랑스, 이탈리아, 스페인, 미국, 아르헨티나, 칠레 등 '사실상 개입하기 적합한 조건이면 어디서나 산업적 문제를 조장한 것이 사실'이라고 공언했다. 카슨의 동료들이 그의 주장을 심각하게 받아들였다. 10월 4일 전시 내각에서는 국내의 현행 선전 시스템 중에서 유일하게 실제로 효율적인 것은 평화주의자들이 조직한 시스템이며, 그들은 거액의 활동자금과 대단한 열성을 가지고 캠페인을 벌이고 있다는 점이 지적되었다. 내각 회의록에는 이 터무니없는 주장에 대해 이의가 기록된 바가 없다.

1917년 MI5에서는 대(對)전복활동이 처음으로 방첩활동보다 우선순위가 높았다. MI5는 경찰의 도움을 받아 전시 영국으로 침투한 주요 독일 스파이들을 모두 추적했다. MI5는 영국의 반전운동과 관련된 의미 있는 독일 자금을 찾아내지 못했는데, 그러한 자금이 없었다는 단순한 이유 때문이었다. 전시 내각은 10월 19일 회의에서 다시 평화주의와 관련된 독일 자금 문제를 논의했다.

10월 4일 회의록처럼 이번 회의록도 사치스러운 음모론을 드러내고 있는데, 이번에는 '전후 독일과 무역을 재개함으로써 돈벌이를 기대하고 있는 부자들이 반전운동의 자금을 대고 있다'라는 것이었다. 전시 내각의 결정에 따라, MI5 부장 버논 켈(Vernon Kell) 대신 경찰 특수부(Special Branch) 부장 바질 톰슨(Basil Thomson) 경이 '모든 평화주의 선전 및 관련 문제의 수사를 조정·통제'하고 내각에 보고하게 되었다. 그 소식을 들은 톰슨이 속으로 신음했다. 톰슨은 각료들이 순진한 기우라고 생각했지만 그들의 기우에 상응하는 성과를 내지 못하면 전복활동 대응에 미온적이라는 오해를 살 것임을 알고 있었다. 그는 10월 22일 일기에 다음과 같이 불평했다.

전시 내각은 이런 문제에 관해 진정제를 복용할 마음이 없나 보다. 독일 자금이 [평화주의 및 혁명] 단체들을 지원하고 있다고 확신하는 그들은 경찰이 한 건 하기를 바라고 있다. 나는 독일 자금이 없으며 그들의 지출은 괴짜들로부터 받은 모금으로 충당된다고 확신한다.

톰슨의 보고서는 독일 자금을 받은 전복활동의 위험을 신중하게 인식하고 있다는 것을 용케 보여주면서도 안심시키는 결론을 내렸다. 그는 각료들에게 독일 자금이 널리 또는 효과적으로 사용된 경우가 없다고 보고했다. 각료들의 기우는 적어도 부분적으로는 정보와 관련된 모든 문제에 관해 역사적으로 무지한 데서 비롯되었다. 그들이 장기적 관점을 가졌더라면, 그들은 전복 위협이라는 것이 특히 전시에 과장되는 경우가 흔하다는 사실을 깨달았을 것이다. [3]

---

3   1820년대, 1830년대 및 1840년대에 유럽 대륙 4대 강국의 집권 세력은 정권 존속에 대한 주된 위협이 직업혁명가들에게서 나온다고 잘못 생각했다.

11월 7일(러시아 전통 달력으로는 10월 24일) 러시아에서 볼셰비키 혁명이 일어났다는 뉴스로 인해 영국 내 볼셰비키 전복활동에 대한 각료들의 두려움이 다시 고조되었다. 10월 30일 케렌스키는 로이드 조지 수상에게 그의 정부도 살아남지 못할 것이라고 경고하도록 서머싯 몸에게 요청했었다. 그러나 몸은 런던으로 보낼 이 중요한 메시지를 페트로그라드 주재 영국 대사관에서 타전할 수 없었다. 러시아어를 구사하지 못하는 영국 대사 조지 뷰캐넌(George Buchanan) 경과 몸의 관계는 얼음장 같았다. 몸은 비밀 요원으로 활동한 자신의 경험을 소설 『애선든 문서(The Ashenden Papers)』로 기술했다. 그 소설에서 뷰캐넌 대사는 헨리 위더스푼(Henry Witherspoon) 경으로 등장해 '북극곰도 등줄기에 오싹함을 느낄 정도로 냉랭하게' 애선든(몸)을 맞이한다. 케렌스키와의 회동에 관한 몸의 보고는 11월 18일이 되어서야 외무부에 도달했는데, 그때는 임시정부가 볼셰비키에 의해 타도되고 11일이 지난 후였다.[4]

외무부의 기우가 이미 페트로그라드의 혁명 뉴스로 야기된 로이드 조지 전시 내각의 불안을 가중했다. 11월 12일 외무부는 볼셰비즘이 러시아의 전쟁 수행을 저지하려는 '목적을 지닌 독일인들에 의해 강화되고 살포되었다'라고 보고했다. "볼셰비키 지도자들 가운데 누가 독일 자금을 받았는지 아직 속단할 수 없다. 일부는 틀림없이 받았겠지만, 정직한 광신자들도 있다." 일부 각료는 영국의 불순분자들도 독일 자금을 받았을 것이라고 걱정하기도 했다. 내무장관 조지 케이브(George Cave) 경은 독일 자금을 받은 전복활동이 일찍이 톰슨이 보고했던 것보다 더 광범위했다고 의심해 MI5와 경찰 특수부 관리들로 구성된 합동위원회가 '추가 수사'하도록 명령했다. 이에 따라 평화주의·혁명 단체들

---

4 이 일화에 대한 몸의 기술과 그의 페트로그라드 회상(거의 반세기 뒤 기억에 의지해 썼다)에 나온 연대순이 서로 일치하지 않는다.

의 소득 출처를 추적하기 위해 경찰이 급습해 압수한 그들의 기록을 조사했다. MI5나 경찰 특수부의 수사로도 영국의 평화주의자들과 혁명가들이 독일 자금을 받았다는 증거는 나오지 않았다. '징병제 반대 연대'에 관한 보고서가 12월 13일 전시 내각에 회람되었는데, 이 보고서를 일축하는 톰슨의 논평은 일반적으로 평화주의자를 경멸하는 그의 태도를 대표적으로 보여준다. "그 보고서에는 적의 영향력이나 재정적 지원을 드러내는 증거가 전혀 없다. '징병제 반대 연대'는 괴짜들에 의해 비능률적으로 운영되며, 그 영향력은 '양심적 반대자들' 외에는 미미한 것으로 보인다."

MI5는 평소 접촉하는 화이트홀 안팎의 유관 인사들에게 1918년 연하장을 보냈는데, 그 도안은 버논 켈이 소비에트 방식의 전복활동의 위협을 심각하게 여기고 있음을 보여주는 것이었다. 그 연하장은 오랫동안 켈의 차석이었던 에릭 홀트-윌슨(Eric Holt-Wilson, 연하장 왼쪽 하단에 이니셜이 있다)이 직접 도안하고 최고의 삽화가 바임 쇼(Byam Shaw, 연하장 오른쪽 하단에 이름이 있다)가 그렸다. 그림을 보면, 혐오스럽고 유난히 털이 많으며 코에서 연기가 피어오르는 '전복활동' 형상이 영국군 전사를 향해 네 발로 기어가고 있다. 어울리지 않게 로마군 복장을 한 영국군 전사는 등 뒤의 위험을 망각한 채 시선을 지평선에 보이는 '하느님 그리고 나의 권리(Dieu et Mon Droit, 영국 왕실 문장에 들어 있는 표현이다)'와 1918년 승리를 향해 고정하고 있다. '전복활동'이 영국군 전사를 뒤에서 물기 직전에 때마침 가면을 쓴 브리타니아(Britania, 브리튼의 상징인 여성상_옮긴이)로 묘사된 MI5가 비밀 모노그램—숨은 손(THE HIDDEN HAND)—이 새겨진 삼지창으로 '전복활동'을 찌르고 있다.

1918년 1월 켈은 군수품 공장에서 발생할 소비에트 방식의 전복활동 가능성을 수사하기 시작하면서, 전국 경찰서장들에게 다음과 같이 촉구했다.

MI5가 화이트홀 안팎의 유관 인사들에게 보낸 연하장은 1918년 '인류의 영원한 승리'를 기대하고 있다.

군수품과 관련된 러시아인들 쪽에서 어떤 태도 변화가 있으면 우리에게 보고하십시오. 그러한 태도 변화는 평화주의 또는 반전 선전, 군수품 생산 라인의 태만, 산출을 제한하거나 생산물이나 공장을 파괴함으로써 군수품 공급을 정지시키는 적극적인 경향 등으로 나타납니다.

실제로는 경찰서장들 눈에 띌 정도로 중요한 것이 없었다. 영국과 프랑스 각료들의 기우에도 불구하고, 공산주의에 고취된 전복활동으로 서방 연합국들의 전쟁 수행에 유의미한 위협이 제기된 바는 전혀 없었다.

그렇기는 해도, 볼셰비키의 권력 장악은 정보 역사에서 일대 전환점이 되었다. '체카(Cheka)'라는 약어로 더 유명한 최초의 공산주의 보안·정보기관 '반혁명과 사보타주 대처를 위한 전(全) 러시아 특별위원회'가 볼셰비키혁명 후 6주 만인 1917년 12월 20일 창설되어 1918년 중 세계 최초 일당 국가의 중심적인 조직이 되었다. 1799년 도입된 영국의 소득세처럼 체카도 처음의 의도는 레닌이 예상하지 못했던 규모의 반대를 처리하기 위한 임시방편이었다. 체카 창설의 직접적인 원인은 국가공무원들의 임박한 파업이었다. 레닌은 폴란드인 체카 수장 펠릭스 에드문도비치 제르진스키(Felix Edmundovich Dzerzhinsky)에게 "부르주아 계급이 가장 악랄한 범죄를 저지르는 데 골몰하고 있다"라고 적어 보냈다. 러시아 정보기관은 소비에트 시대 75년 동안 여러 차례 명칭을 바꾸었지만, 그 구성원들은 계속해서 자신들을 '체키스트(Chekist)'라고 불렀으며 체카 창설일을 기념해 매월 1일이 아니라 20일('체키스트의 날')에 봉급을 받았다. 방패와 창—혁명을 수호하는 방패와 혁명의 적을 공격하는 창—으로 구성된 체카 엠블럼은 후대의 모든 소련 보안·정보기관에 의해 간직되었다. 체카의 스탈린 시대 후신들은 평시 유럽 역사에서 가장 크고 가장 강력하며 가장 잔인한 비밀기관이 되었다.

  레닌이나 다른 주요 볼셰비키들은 집권하기 전까지만 해도 정보기관이 필요할 것이라고는 전혀 생각하지 못했다. 볼셰비키는 자신들의 혁명이 세계 자본주의를 타도할 국제혁명을 촉발할 것이라고 자신만만하게 기대했다. 혁명 후의 새로운 세계 질서에서는 스파이는 차치하고 전통적인 외교관도 필요 없을 것이었다. 볼셰비키 혁명 후 외무담당 인민위원(People's Commissar)으로 임명된 트로츠키가 공언했다. "나는 세계의 인민들에게 몇 가지 혁명 선언문을 발표할 것이며 이후에는 폐업할 것이다." 그는 차르 체제의 러시아가 동맹국들과 맺은 비밀조약을 공개하도록 지시한 다음 공언했다. "비밀외교의 폐지는 명예롭고 참으로 민주적인 인민 외교정책의 첫 번째 조건이다." 트로츠키는 그러한 인식 없이 1918년 3월 타결된 독일과의 브레스트-리토프스크(Brest-Litovsk) 조약을 협상할 때 대체로 비밀외교를 폐지했다. 조약 타결을 가져온 회담이 진행되고 있을 때, 모스크바 주재 영국 무관이 브레스트-리토프스크(독일군 사령부 소재지)의 러시아 협상가들과 페트로그라드의 볼셰비키 정부 사이에 오간 전문 메시지 절취물을 입수했다. 그 전문들은 모스크바 전신국의 볼셰비키 정적들이 복사해서 영국 외교관들에게 넘긴 것이었다. 미국의 러시아 전문가 조지 케넌(George Kennan, 20년 뒤 모스크바 주재 미국 대사가 되었다)의 결론에 따르면, 전문의 주된 출처는 의도적이든 아니든 트로츠키 밑의 부(副)위원 이반 잘킨드(Ivan Zalkind)였다. 3월 3일 조인된 브레스트-리토프스크 조약은 '13세기 몽골의 침입 이래 러시아인들에게 가장 굴욕적인 종전'이었다. 러시아 제국의 1/4이 독일 통제로 넘어갔다. 레닌은 러시아로서는 독일의 요구에 양보하는 것밖에 선택지가 없다고 주장하면서 말했다. "당신이 순응할 줄 모른다면, 뱃가죽으로 진흙탕을 기어가고 싶지 않다면, 당신은 혁명가가 아니라 수다쟁이다." 브레스트-리토프스크 조약 이후, 볼셰비키 당은 이름을 공산당으로 바꾸었다.

'인민위원회(Sovnarkom)'는 정부 소재지와 러시아 수도를 페트로그라드에서 모스크바로 이전했다.

인민위원회가 반혁명에 대처하기 위해 승인한 초기의 조치들은 '재산 몰수, 재정착, 배급 카드 박탈, 인민의 적 명단 발표 등' 비폭력적이었다. 그러나 테러가 빠르게 체카의 주된 무기가 되었다. 제르진스키의 부하들 가운데 하나인 마르틴 야노비치 라치스(Martyn Yanovich Latsis)가 체카 회보 ≪적색 테러(Krasny Terror)≫에 기고한 글을 보자.

> 우리는 개인들과 전쟁하는 것이 아니다. 우리는 부르주아 계급을 말살하고 있다. 수사하면서 피의자가 소비에트 권력에 반하는 언행을 했다는 증거를 찾지 말라. 우리가 던져야 할 첫 번째 질문들은 그가 어느 계급에 속하는가, 그의 출신성분은 무엇인가, 그의 학력이나 직업이 무엇인가 등이다. 그리고 피의자의 운명을 결정하는 것은 이러한 질문들이다. 이 점에 '적색 테러'의 의의와 진수가 있다.

레닌처럼 제르진스키와 그의 부하 간부들은 개인적으로 잔인한 사람들이 아니었다. 그들은 특히 1918년 5월 소비에트 체제의 존속을 위협하는 반혁명적 '백군(白軍)'에 맞서는 내전이 시작된 후, 계급투쟁의 객관적 요구라고 보았기 때문에 '적색 테러'를 지지했다. 그러나 체카의 일부 신입자는 이 기회를 이용해 차르 체제 지배계급 출신의 '옛날 사람들'을 잔인하게 다루고 개인적인 복수를 실행했다. 제르진스키의 초기 직속 부하인 야코프 크리스토포로비치 페테르스(Yakov Khristoforovich Peters)는 '더러운 요소들'이 체카에 달라붙으려고 했다고 나중에 인정했다. 그들 중 일부가 성공했다.

1918년 여름까지 체카의 테러 성향은 초기 볼셰비키를 결정적으로 지원한 좌파사회주의혁명당(LSR)에 의해 부분적으로 견제를 받았다. 체카 협의회(Cheka Collegium)에 선임된 네 명의 LSR 당원 중 하나인 비야체슬라프 알렉세예비치 알렉산드로비치(Vyacheslav Alekseevich Alexandrovich)는 제르진스키의 직속 부하 중에서 한동안 가장 영향력이 컸다. 1918년 3월 LSR은 브레스트-리토프스크 화친에 항의해 인민위원회를 탈퇴했지만, 놀랍게도 체카에는 잔류했다. 사실 LSR 측의 설명에 따르면, 제르진스키는 그들에게 잔류하도록 간청하면서 LSR 지도자 마리아 스피리도노바(Maria Spiridonova)에게 그들의 지원 없이는 자신이 "더는 [체카] 사람들의 피에 굶주린 충동성을 길들일 수 없을 것"이라고 말했다. LSR이 체카 협의회에 잔류한 동안에는 정치적 범죄로 인한 처형 승인은 없었다. 제르진스키는 LSR 당원인 직속 부하 알렉산드로비치를 매우 신임한 결과, 모스크바로 이전한 후 그에게 일상적인 행정 책임을 넘기고 자신은 공작 업무에 집중할 수 있었다.

브레스트-리토프스크 조약 이후 볼셰비키 정권이 공식적으로 외교 관계를 수립한 강대국은 독일이 유일했다. 1918년 4월 23일 빌헬름 미르바흐(Wilhelm Mirbach) 백작 휘하의 독일 대사관이 모스크바에 설치되었다. 6일 후 미르바흐의 공관원 한 명이 기록한 일기에 따르면, "여기서 우리는 스파이와 교사 공작원들의 접근을 항상 경계해야 한다. 소비에트 당국은 구 차르 체제의 오크라나를 빠르게 재건했는데 … 형태는 다소 다르지만, 최소한 같은 규모에 기질은 더 무자비하다". 체카 내에서 독일 대사관 침투 책임을 맡은 방첩과가 5월에 설치되었는데, 그 방첩과를 지휘한 20세의 LSR 당원 야코프 블륨킨(Yakov Blyumkin)은 소비에트 정보 역사상 가장 젊은 과장일 것이다. 블륨킨은 독일 대사의 오스트리아인 친척으로, 러시아에 전쟁포로로 잡혔었던 로베르트 미르바흐(Robert Mirbach) 백작을 포섭함으로써 독일 대사관에 성공적으로 침투했다. 6월 블륨킨은 대사관에서 나오는 정보를 체카에 제공하겠다는 서약서를 로베르트로부터 받아냈다.

제르진스키는 독일 대사관 침투를 블륨킨에게 맡길 만큼 현명하지 못했는데, LSR이 여전히 브레스트-리토프스크 조약에 대해 심하게 반대했기 때문이었다. 7월 4일 LSR 중앙위원회는 독일 대사를 암살하려는 음모를 승인했다. 그들은 그렇게 함으로써 독일에 대한 볼셰비키의 유화정책을 극적으로 종식하고 동부전선에서 전쟁을 재개해 세계혁명의 대의명분을 진전시킬 것이라고 순진하게 믿었다. 암살은 블륨킨과 체카에서 그를 위해 일하는 LSR 사진사 니콜라이 안드레예프(Nikolai Andreev)에게 일임되었다. 7월 6일 아침 블륨킨은 자신과 안드레예프가 독일 대사와 회동한다는 계획을 승인하는 문서를 체카 서식으로 작성했다. 이후 제르진스키의 직속 부하인 LSR의 알렉산드로비치가 블륨킨의 권유로 음모에 가담해 그 문서에 체카의 공식 인장을 날인했다. 같은 날 오후 블륨킨과 안드레예프는 독일 대사관으로 차를 몰아 대사의 친척인 로베르트 미르바흐 백작 문제를 상의한다는 구실로 대사를 접견했다. 나중에 블륨킨은 자신이 총을 발사해 독일 대사 빌헬름 미르바흐 백작을 죽였다고 주장했다. 그러나 대사관 직원들의 증언에 따르면, 블륨킨의 리볼버 권총에서 나온 세 발이 모두 과녁을 빗나간 후 안드레예프가 대사를 사살했다.

이리하여 '혁명의 방패와 창'으로서의 체카 역할은 거의 재난으로 끝날 뻔했다. 체카는 세계 첫 공산주의 국가의 존속을 보장하기는커녕 그 파멸의 도구가 될 뻔했다. 레닌은 미르바흐 암살로 독일과의 전쟁이 재발하기 '일보 직전'이라고 스탈린에게 타전했다. 그 암살에 이어 LSR 봉기가 발생해 모스크바 중심부에 있는 체카 본부 루비안카(Lubyanka)가 점령되었고 제르진스키는 포로가 되었다. 그러나 LSR은 일관된 작전계획이 없었으며 그들의 봉기는 공산주의자들에게 충성하는 라트비아 군대에 의해 24시간 만에 진압되었다. 7월 8일 잘못을 깨달은 제르진스키가 자진해서 체카 수장에서 물러났다. 조사위원회는 봉기

사건을 수사해 체카에서 LSR 당원들을 숙청했다. 8월 22일 제르진스키가 체카 의장으로 재임명되었을 무렵, 체카는 이미 공산주의자들의 독점기관이 되었다. 이에 따라 체카는 정치적 반대자에 대한 테러 사용을 완화하고 제약하는 LSR의 영향을 더는 받지 않게 되었다. "우리는 자체적으로 조직적 테러의 총대가 된다. 우리는 이 점을 아주 명료하게 천명해야 한다"라고 제르진스키가 말했다.

그러나 체카 내부에 아직 남은 이상주의자들은 '반혁명'에 대한 맹공격이 너무 잔인하다고 이의를 제기했다. 이들 가운데 페트로그라드 체카 의장인 모이세이 솔로모노비치 우리츠키(Moisei Solomonovich Uritsky)가 8월 30일 제르진스키에게 항의했는데, 그는 일단의 체키스트들이 14세 용의자 프세볼로트 아노소프(Vsevolod Anosov)로부터 강제로 자백을 받아내기 위해 사용한 방법에 관해 항의했다. 첫 번째 심문에서 아노소프는 총으로 쏘겠다는 위협을 받았고, 두 번째는 그를 향해 총을 쏘았지만 장전되지 않았으며, 세 번째는 발사된 실탄이 아노소프 옆의 의자에 걸친 망토를 뚫었다. 아노소프는 다음날 새벽에 자신을 처형할 영장이 발부되었다는 말을 들었지만, 집행되지 않았다. 우리츠키는 제르진스키에게 보낸 비공개 서한에서 말했다. "내 생각에 그런 심문 방법은 특히 14세 어린아이에게는 절대 용납될 수 없습니다. 따라서 나는 당신에게 이 사건을 수사해 책임자를 처벌하도록 건의합니다. 수사 결과와 당신이 내린 결정에 관해 나에게 꼭 알려주기를 바랍니다." 우리츠키는 수사가 진행되었더라도 그 결과를 듣지 못하고 죽었을 것이다. 우리츠키는 항의 편지를 쓴 날과 같은 8월 30일 늦은 시간에 그 항의와 무관하게 한 차르주의자 사관생도의 공격을 받아 살해되었다.

곧이어 레닌 자신도 정신이상자였을 사회주의혁명당원 파냐 카플란(Fanya Kaplan)의 총을 맞고 중상을 입었다. 볼셰비키 지도자에 대한 이 두 공격 사건이 공포(테러) 통치를 촉발했다. 페트로그라드에서만 이틀 동안 500명 이상의 정치범이 처형되었다. 아직 상처를 치유 중인 레닌이 지시했다. "은밀하게―그리고 긴급하게―테러를 준비하는 것이 필요하다." 1918년 9월 5일 선포된 '적색 테러 관련' 포고령은 체카가 반혁명에 대해 무자비하게 공격할 것을 명령했다. 레닌은 반혁명분자를 색출하기 위해 테러뿐 아니라 기술 응용에도 순진하지만 적극적인 관심을 보였다. 다수의 레닌 전기 작가들이 언급하지 않은 사실이지만, 레닌은 가택 수색 시 은닉 무기를 탐지하기 위한 대형 전자석 제작을 선호해 이 아이디어를 체카에 강요했다. 제르진스키는 공손하게 반대의 뜻을 레닌에게 전했다. "자석은 수색에 큰 소용이 없습니다. 우리가 시험해 보았습니다." 그러나 그는 실험 삼아 대형 자석을 가택 수색 시 사용하기로 동의했는데, 그것은 반혁명분자들이 겁을 먹고 자신들의 무기를 자진 제출할 것을 기대한 것이었다. 그 실험은 곧 폐기되었다.

내란이 진행되는 동안 체카는 볼셰비키 정권을 타도하려는 서방 정부와 정보기관들의 일련의 주요 음모를 적발해서 분쇄했다고 주장했다. 모스크바의 서방 음모자들 가운데에는 영국의 하급 외교관 로버트 브루스 록하트(Robert Bruce Lockhart)가 가장 유명했다. 체카는 록하트가 주동한 어설픈 '사절단 음모'(때로는 '록하트 음모'라고 불린다)에 쉽게 침투해 이 음모를 분쇄했다. 후일 KGB는 특유의 과장법을 사용해 이렇게 "체키스트들이 음모자를 일망타진한 것은 큰 전투의 승리와 맞먹는다"라고 주장했다. 사실 '사절단 음모'는 여러 자본주의 정부가 조직적으로 연합해 만든 작품이 아니라, 정치적으로 순진한 일군의 서방 외교관과 비밀 요원들이 볼셰비키 통치의 혼란스러운 첫해에 대체로 자신들 뜻대로 하도록 방치된 상태에서 만든 작품이었다.

'사절단 음모'가 공개된 후 체포된 록하트 등 영국 관리들은 1018년 10월 런던 귀환이 허용되었는데, 그 대가로 영국에 수감된 소비에트 관리들이 석방되었다. 그 석방자 중에는 장차 외무장관이 될 막심 리트비노프(Maxim Litvinov)가 포함되었다. 록하트의 회고록은 그가 귀국하기 전에 체카 부의장 야코프 페테르스(Yakov Peters)와 마지막으로 만난 일을 특별하게 기술하고 있는데, 아마 진실일 것이다. 페테르스가 말했다. "당신에게 부탁할 일이 하나 있소. 이 편지를 나의 영국인 아내에게 전해주시겠소?" 페테르스는 록하트에게 자신의 아내를 알아보도록 여러 장의 사진을 주었으나 곧 다시 생각했다. 페테르스가 말했다. "아니오. 당신에게 폐를 끼치지 않겠소. 당신은 여기를 벗어나자마자 나를 최악의 적으로 모독하고 저주할 것이오." 록하트는 페테르스에게 바보짓 하지 말라면서 그 편지를 받아 귀국 후 페테르스 부인에게 전달했다. 페테르스가 대전발발 전 런던에서 지하 혁명가로서 얼마나 폭력적인 이력을 쌓았는지 록하트는 몰랐을 것이다. 구체적인 사실은 아직 불명확하지만, 페테르스는 1910년 여러 명의 경찰관 살해에 가담했으며, 그 직후 유명한 '시드니 가 포위(Siege of Sidney Street) 사건'(1911년 1월 군경과 두 명의 라트비아 혁명가 사이에 총격전이 벌어진 사건_옮긴이)이 발생했다. 그 사건은 당시 내무장관 윈스턴 처칠이 현장 일선에 나타난 것으로 유명하다.

초기 볼셰비키 정권을 전복하려고 계획한 비밀 요원들 가운데 가장 다채로운 인물은 이른바 영국의 '에이스 스파이' 시드니 라일리(Sidney Reilly)였다. 그의 공적은 고급 모험담과 저급의 웃음거리 사이를 왔다 갔다 했다. 라일리는 5월 7일 특유의 허세를 부려 모스크바에 도착했음을 알렸다. 그는 크렘린 문까지 행진해 초병들에게 자신이 로이드 조지 수상의 특사라면서 레닌을 직접 만나겠다고 요구했다. 놀랍게도 라일리는 레닌의 측근 중 하나인 블라디미르 본치-브루예비치(Vladimir Bonch-Bruevich)에게까지 접근했는데, 본치-브루예비치가 어리둥절해한 것은 당연했다. 외무담당 인민위원회가 록하트에게 전화해 본치-브루예비치를 방문한 사람이 사기꾼이 아닌지 물었다. 록하트는

"[라일리개 영국인을 가장한 러시아인이거나 미치광이임이 틀림없다고 불쑥 내뱉었을 뻔했다"라고 나중에 인정했다. MI1c 거점장 어니스트 보이스(Ernest Boyce)를 통해 라일리가 영국 요원임을 안 록하트는 화가 나서 그를 자신의 사무실로 불러 '학교 선생처럼 나무라면서 귀국시키겠다고 위협했다'. 그러나 록하트의 회고에 따르면, 라일리가 "능수능란한 변명으로 결국에는 나를 웃도록 만들었다". 시행되지 않은 라일리의 많은 계획 중에서 아마 가장 웃기는 계획은 레닌과 트로츠키를 생포해 바지와 '아래 내의'를 벗기고 셔츠만 입혀 거리를 행진시킴으로써 대중의 조롱을 받게 한다는 것이었다.

체카가 '사절단 음모'와 '반혁명' 러시아 단체에 성공적으로 침투한 것은 대체로 로만 말리노프스키(Roman Malinovsky) 등 차르 정권의 침투 요원들이 사용한 기법을 모방했기 때문이었다. 드미트리 가브릴로비치 예브세예프(Dmitri Gavrilovich Yevseev)는 체카의 초기 실무 교범 두 권, 즉『정보의 기본교리』와 『체카의 정보활동 방법에 관한 편람』을 저술했는데, 그 저작은 오크라나의 전문기술에 관한 상세한 연구를 기초로 했다. 제르진스키처럼 예브세예프도 체카가 '프롤레타리아 독재 수립을 위한 기관'이긴 하지만 '부르주아' 정보기관의 경험으로부터 배우는 것을 주저해서는 안 된다고 주장했다.

체카의 초기 우선순위는 압도적으로 국내에 있었다. 제르진스키는 체카가 '반혁명분자들을 혁명적으로 청산하기 위한 기관'이라고 말했지만, '반혁명분자'라는 딱지는 점차 모든 볼셰비키 반대자들과 '계급의 적'에게도 적용되었다. 소비에트 시대 말기 '전체주의 압제의 희생자들'을 기리기 위해 루비안카 옆에 세워진 기념비는 스탈린의 강제노동수용소(Gulag)가 아닌 1918년 가을 레닌이 백해(White Sea)의 솔로베츠키(Solovetsky) 섬에 설치한 집단수용소에서 가져온 다량의 화강암으로 조성되어 있다. 다수의 체키스트들은 계급의 적에 대한 잔인함을 혁명의 미덕으로 간주했다. 모르샨스크(Morshansk, 러시아 서부 흑토지대 중심부에 있는 도시_옮긴이)의 체카에서 올린 보고서는 이렇게 서술하고 있다. "보다 나은 미래를 위해 싸우는 자는 적에 대해 무자비한 법이다. 가난한 사람들을 보호하려는 자는 마음을 굳게 먹고 동정심을 경계하며 잔인해지는 법이다."[5]

레닌은 독일과의 굴욕적인 브레스트-리토프스크 조약에 동의했을 때, 그 조약은 혁명의 물결이 불가피하게 유럽 전역으로 파급되면 휩쓸려 사라질 일시적인 후퇴일 뿐이라고 주장했다. 그러나 결국 브레스트-리토프스크 조약은 혁명의 물결에 의해서가 아니라 고작 8개월 뒤 서부전선에서 연합국 측이 거둔 승리에 의해 휩쓸려 사라졌다. 동부에서 더는 독일군이 필요하지 않았기 때문에, 1918년 3월 서부전선의 독일군은 연합국 전체를 합친 것보다 20개 사단이 더 많았다. 루덴도르프(Ludendorff) 장군은 이러한 우세가 오래갈 수 없을 것이라는 사실을 잘 알고 있었다. 1918년 3월 미군은 아직 1개 사단만 연합군 전선에서 싸우고 있었고 다른 3개 사단은 훈련 지역에 있었다. 미군이 대규모로 프랑스에 상륙하기 시작하면, 판세가 역전되고 연합국은 순전히 수적으로도 승전을 기대할 수 있을 것이었다. 이에 따라 루덴도르프는 독일군이 수적 우세를 잃기 전에 최후의 전면 공세로 승부를 걸어야 한다는 결론을 내렸다.

존 차터리스 준장 이후 잠시 공석이 된 영국군 총사령부의 정보수장직을 1918년 1월 에드가 콕스(Edgar Cox) 준장이 승계했다. 1918년 서부전선에서 더글러스 헤이그(Douglas Haig) 총사령관과 콕스 준장이 이용할 수 있는 정보는 과거 어느 때보다 개선되었다. 35세의 콕스는 영국 육군의 최연소 준장이었던 것

---

5   공식적으로 '강제노동수용소(Gulag)'는 정치범수용소 시스템을 운영한 기관, 즉 '교정 노동 캠프 주무 행정청'의 두문자였으나, 정치범수용소 자체를 가리키는 용어로 흔히 쓰이고 있다.

으로 보이는데, 이는 정보평가에 우선순위가 주어졌다는 표지였다. 그는 전시 영국의 군사정보 장교들 가운데 가장 유능한 편이었다. 그의 총사령부 입성은 정보참모부의 위상과 사기를 높이는 데 크게 공헌했다. 1915년 봄 콕스는 포괄적인 독일군 전투서열을 작성한 최초의 인물이었는데, 이후 그가 작성한 전투서열은 서부전선에서 모든 영국군 정보장교의 기본 편람이 되었다. 1918년 1월 콕스는 처음으로 주간 총사령부 정보 요약을 도입했는데, 여기에는 독일군의 작전계획에 대한 예측이 포함되었다.

대전 마지막 해에 영국의 가장 귀중한 정보 출처는 독일군에 점령된 벨기에의 열차 감시 스파이망이었다. 그 스파이망의 명칭인 '하얀 옷 여인(La Dame Blanche)'은 호엔촐레른(Hohenzollern) 가(家)에서 '하얀 옷 여인'이 나타나면 왕조의 몰락을 알리는 것이라는 전설에서 따온 것이었다. 대부분 벨기에 애국자인 스파이들은 독일군의 부대 이동에 관해 중요한 정보를 제공했는데, 그 수가 1917년 1월 129명에서 1918년 1월 408명으로, 종전 시에는 919명으로 늘었다. 네덜란드에서 그 스파이망을 운용한 MI1c의 헨리 란다우(Henry Landau) 대위가 1918년 1월 스파이 지도자들에게 편지를 썼다. "이 중대한 시기에 당신들은 단연코 연합국의 가장 풍부한 정보 출처이며, 당신들이 거두고 있는 성과가 이루 헤아릴 수 없는 가치가 있다는 것은 틀림없는 사실입니다." 콕스가 '하얀 옷 여인'으로부터 받은 일부 정보에 따르면, 독일은 1918년 3월 시작된 대전의 마지막 대공세를 준비하고 있었다. 해가 바뀔 무렵, 독일군 40개 사단이 러시아와 루마니아로부터 서부전선으로 이동하고 있다는 사실이 '하얀 옷 여인'과 다른 열차 감시자들에 의해 드러났다. 2월에는 독일의 경량열차 편성이 거의 매일 증가하고 있다는 사실이 공중정찰로 드러났다. 2월 16일 헤이그가 주재한 육군 지휘관 회의에서 콕스는 "독일군은 지금 당장이라도 매우 심각한 공격을 단행할 준비가 되어 있다"라고 보고했다. 헤이그 말에 따르면, "모두 자신들의 전선을 고수할 수 있다는 자신감에 차 있었다". 그리고 3월 초 독일군 기갑부대가 새로 창설된 돌격대 'D 부대(Force D)'와 함께 벨기에 안트베르펜과 리에주(Liège)에서 이동하고 있다는 정보가 들어왔다. 콕스는 이제 공세가 한 달 내에 시작될 것이라고 확신했다. 헤이그는 콕스의 예측을 받아들였으나 평소처럼 지나치게 결과를 낙관한 나머지, "적군이 우리의 전선이 매우 강력하다는 것을 알고 대패할 것이 뻔한 공격 단행을 주저할 가능성만 걱정하고 있었다".

독일의 공격이 3월 21일 개시되었는데, 콕스가 예측한 시점과 거의 일치했다. 콕스는 또한 공격의 강도에 관해서도 정확했다. 제5군 사령관 휴버트 고프(Hubert Gough) 경이 콕스의 부하에게 말했다. "당신들 말이 맞습니다. 아주 정확합니다. 고맙습니다." 헤이그도 콕스에게 전화로 치하했지만, 휘하 부대가 독일군의 공격에 버틸 수 있는 능력을 심하게 과대평가했다. 3년 전 참호전이 시작된 이래 16km 이상의 전진이 이루어진 적이 없었다. 그러나 3월 21일 공세로 독일군이 며칠 만에 64km를 전진했다. 4월 9일 프랑스 북부 아르투아(Artois)에서 벌어진 제2차 공세로 독일군은 3일 만에 16km를 전진했다. 이번에도 헤이그가 다시 판단 오류를 범했다. 그는 독일군이 비미(Vimy) 산등성이를 공격할 것이라고 확신했는데, 그곳은 적의 입장이라면 선택했을 표적이었다. 그러나 헤이그가 무시한 공중정찰 보고는 훨씬 더 남쪽이 공격 표적임을 정확하게 가리켰다. 4월 11일 헤이그는 유명한 '일일명령'을 발표했다. "우리의 등을 벽에 기대고 정의로운 우리의 대의를 믿으며 우리 모두 최후까지 싸워야 한다." 5월 27일 독일군의 마지막 3차 공세가 시작되기 직전, 총사령부 정보는 처음에 적의 의도를 잘못 읽었다. 5월 24일까지도 콕스는 적의 공격이 알베르타라스(Albert-Arras) 전선 구역을 향할 것으로 예상했다. 그러나 5월 26일 콕스가 헤이그에게 보고한 바에 따르면, 독일 측 셔맹데담(Chemin des Dames) 전선 구역에 있는 독일군 4개 사단과 중(重)기갑부대가 벨기에에서 남쪽 라옹(Laon)

을 향해 이동하고 있었다. 이 정보는 독일군 병사에게서 노획한 편지 내용과 일치했는데, 그 편지도 서맹데탕을 향한 공격이 임박했다는 것이었다. 헤이그는 그러한 공격 확률이 높다고 생각했다. 그러나 4월 14일 초대 '프랑스 주둔 연합군 총사령관'으로 임명된 페르디낭 포슈(Ferdinand Foch) 원수는 그 정보를 믿지 않았으며, 5월 27일 기습을 당했다.

불행히도 콕스는 8월 말 르투케(Le Touquet, 프랑스 북부의 해안 도시_옮긴이) 외곽에서 익사했다. 후일 마셜-콘월(Marshall-Cornwall) 장군의 회고에 따르면, 그 며칠 전에 콕스는 "더글러스 헤이그가 자신의 정보 조언을 무시하는 것 같고 희망 사항을 말하는 차터리스를 여전히 신뢰한다는 사실 때문에 상심했었다". 차터리스의 영향력에 관한 콕스의 의심이 정확했는지 여부를 떠나, 독일이 승리할 가능성이 모두 사라졌다는 헤이그의 믿음은 옳았다. 말릴 수 없는 그의 낙관론은 지금까지 가끔 연합군의 골칫거리였지만, 이제는 연합군 대의를 위한 소중한 자산이 되었다. 후견지명을 발휘한다면, 3차에 걸친 독일군의 공세는 상당한 성공 가능성을 지닌 전략이 아니라 예상되는 장기적 패배를 모면하기 위한 유일한 수단으로서 단기적 승리를 노린 필사적인 도박이었다고 볼 수 있다. 대전이 1919년에도 계속될 경우, 500만 미군이 서부전선에 투입될 전망인 데다 연합국 해군의 봉쇄가 점차 성공을 거두고 있었기 때문에 장기적으로 독일의 패배가 불가피했다. 독일군은 초기의 성공을 확장하거나 유지할 자원이 없었다.

전세 역전의 가장 강력한 증거는 영국 정보가 아니라 프랑스 정보에서 나왔다. 독일군이 공세를 펼친 기간에 전방 진지와 통신하기 위해 무선의 사용을 늘렸기 때문에 그들의 통신을 가로채기가 참호전 때보다 훨씬 더 쉬웠다. 그러나 독일군은 공세 직전에 새로운 AFDGX(나중에 AFDGVX로 수정되었다) 암호를 도입했다. 프랑스 암호국(Bureau du Chiffre)의 수장 프랑수아 카르티에(François

Cartier) 대령은 처음에 그 암호를 해독할 수 없을 것이라고 우려했다. 그 암호를 해독한 32세의 조르주 팽뱅(Georges Painvin)은 제1차 세계대전에서 가장 유능한 암호분석관이었을 것이다. 박식가 팽뱅은 파리이공대학을 차석으로 졸업하고 국립광업학교에서 고생물학을 가르쳤으며 낭트(Nantes)음악원에서 첼리스트로서 1등 상을 받았다. 팽뱅은 17세기 앙투안 로시뇰(Antoine Rossignol, 그는 로시뇰의 업적을 몰랐을 것이다) 이래 프랑스 최고의 암호해독관이었다. 1918년 6월 2일 그는 독일군 총사령부에서 18군단에 보낸 무선 메시지를 해독했는데, 그 해독으로 독일군이 너무 깊숙이 전진했다는 사실이 드러났다. 프랑스 암호국에 의해 '승리의 무선전보'로 명명된 그 메시지는 "군수품 수송을 서두르라. 적이 보이지 않아도 낮에는 이동하지 말라"라고 지시했다. 프랑스군은 몽디디에(Montdidier)와 콩피에뉴(Compiègne) 사이의 프랑스 전선에 대한 독일군의 공격이 6월 9일 개시될 계획임을 미리 알았기 때문에 맹공을 받았어도 버텼다. 독일군 공세가 3월 21일 시작된 후 처음으로 루덴도르프는 목표에 이르기 전에 작전을 중단해야 했다. '승리의 무선전보'의 비밀이 잘 지켜진 것은 놀라울 정도다. AFDGX 암호를 발명한 독일군 대령 프리츠 네벨(Fritz Nebel)은 그 암호가 해독되었다는 사실을 1967년까지 몰랐다.

6월 중 프랑스군은 독일군의 추가 공격을 막아내야 했지만, 이후 전세가 연합국 측에 결정적으로 유리하게 바뀌었다. 하지만 독일군 공세의 붕괴에 관해 정확한 정보 판단을 내린 것은 프랑스군이 아니라 헤이그였다. 1918년 8월 8일 영국군이 대승을 거둔 아미앵(Amiens) 전투에 대해 루덴도르프는 후일 '전쟁사에서 독일군 암흑의 날'이라고 불렀는데, 아미앵 전투 이후에도 포슈 원수는 1919년 4월까지 결정적인 돌파구가 없을 것으로 예상했다. 헤이그는 그와 반대로 사기가 떨어진 독일군이 회복할 기회가 오기 전인 1918년 가을 대전이 승리로 끝날 수 있을 것임을 확신했다. 콕스의 정보평가는 훨씬 더 조심스러웠다. 차터리스가 전쟁포로의 진술증거를 선별적으로 사용해 독일군의 사기 문제를 과대평가했기 때문이기도 하지만, 8월 불시에 죽기 전 콕스는 수천 명의 생포된 독일군 병사들(8월에만 1만 3,000명이었다)로부터 사기를 분석하려는 시도를 전혀 하지 않았다. 독일군 사기 저하의 군사적 중요성을 이해하는 면에서는 헤이그가 콕스보다 나았다.

대전 마지막 해 정보활동은 서부전선보다 중동에서 훨씬 더 큰 역할을 담당했다. 에드먼드 앨런비(Edmund Allenby, 나중에 육군 원수 자작이 되었다) 장군이 터키 치하의 예루살렘을 탈환한 작전에서 신호정보(SIGINT)가 중심적인 역할을 했다. 수세기 만에 처음 나온 기독교도 정복자 앨런비 장군은 1917년 12월 11일 말에서 내려 걸어서 자파 문(Jaffa Gate)을 통과함으로써 성도(聖都)에 대해 존경을 표시한 것으로 유명하다. 예루살렘 탈환 작전 시의 정보활동에 관해 선구적으로 연구한 이갈 셰피(Yigal Sheffy)의 결론에 따르면, 당시 '겨울 날씨로 공중정찰이 제약을 받고 [터키군] 포로들에게서 나온 첩보는 빠르게 구문이 되는 상황에서' 앨런비는 신호정보가 '사실상 최신 첩보를 얻는 유일한 출처' 임을 알았다.

다음으로 앨런비는 1918년 9월 메기도(Meggido, 이스라엘 북부의 고대도시. 『요한묵시록』에서 예언된 하르마게돈 전투 장소로 가장 유명하다)에서 팔레스타인 대공세를 펼쳤는데, 이때 공중정찰이 훨씬 더 대단한 역할을 했다. 앨런비 군대가 운용한 100대의 항공기는 터키 동맹군을 지원하기 위해 파견된 15대의 독일 항공기를 수적으로 압도했다. 전투가 벌어지기 전, 영국 육군항공대(RFC)는 앨런비 군대의 이동에 관한 적의 요긴한 감시를 방지하면서 적지 사진을 4만 2,000장 촬영했다. 그러나 또다시 주된 정보 출처가 된 신호정보를 통해 앨런비는 자신의 메기도 공격 계획에 대해 터키군이 전혀 눈치 채지 못하고 있다고 확신했다. 호주, 영국, 인도, 뉴질랜드 등의 연합군으로 구성된 앨런비 기갑부대는 초기의 포병대 포격과 보병대 공격에 이어 터키 전선을 휩쓸면서 다마스쿠스 (Damascus)를 점령하고 북시리아의 알레포(Aleppo)까지 진군했다. 메기도 전투는 현대 전쟁에서 기갑부대가 대승을 거둔 마지막 전투로 기억되고 있다. 터키군 3개 군과 독일군 지원부대가 궤멸했고, 레반트(Levant, 동부 지중해 연안 지역_옮긴이)를 영국이 통제하게 되었다.

그러나 전쟁 결과는 서부전선에서 결정되었다. 1918년에 전쟁이 승리로 끝날 것이라고 헤이그가 낙관한 부분적 이유는 이제 미군이 대거 도착하고 있다는 사실 때문이었다. 존 '블랙 잭' 퍼싱(John J. 'Black Jack' Pershing) 장군이 지휘하는 50만여 명의 미군이 9월 12일부터 미국 역사상 최대의 공격작전인 생미엘 (Saint-Mihiel) 전투에서 싸웠다. 9월 26일 시작되어 종전까지 계속된 뫼즈-아르곤(Meuse-Argonne) 공세 기간에는 퍼싱 장군이 100만 명이 넘는 미국과 프랑스군대를 지휘했다.

1918년 서방 연합국들은 과거 어느 때보다 더 많은 정보를 공유했는데, 그대부분이 8월부터 미국이 포함된 '연합국 위원회(Inter-Allied Commission)'를 통해 이루어졌다. 흔히 제2차 세계대전의 산물이라고 생각하는 영-미 정보 '특별관계'는 제1차 세계대전 후기 단계에 이미 잘 수립되었던 것이다. 차터리스는 헤이그 참모부를 떠나기 전에 미국의 젊은 암호해독관 윌리엄 프리드먼 (William F. Friedman)을 양성했다. 프리드먼은 나중에 퍼싱 장군의 전속 암호관이 되어 유명해졌다. 그가 전시 신호정보 활동에서 프랑스보다 영국과 더 긴밀한 접촉을 유지한 것은 대체로 차터리스의 영향 때문이었다. 영국이 윌슨 대통령과 하우스 대령 간의 통신을 성공적으로 해독했다는 사실을 몰랐을 것이 거의 확실한 프리드먼은 제2차 세계대전 시 미국의 신호정보 협업을 지지하는 주요 인물이 되었다.

미국과 전시의 정보 특별관계를 발전시키는 일에 주도적인 역할을 맡은 기관은 MI1c였다. 윌리엄 와이즈먼(William Wiseman) 경이 계속해서 하우스 대령과의 관계를 다지는 데 자기 시간의 대부분을 할애하는 동안, 부거점장 노먼 스웨이츠(Norman Thwaites)가 운영한 MI1c 뉴욕 거점은 분화된 미국 정보공동체 대부분과 비공식 동맹 관계를 통해 주된 파트너로서의 위상을 정립했다. MI1c 뉴욕 거점은 1918년 3월 다음과 같이 자랑했다.

당 거점은 다른 어느 수사·정보기관보다 더 오래 존속했기 때문에 당연히 경험적 지식의 최고 출처로 간주되고 있다. 당 거점과 다음 기관들 사이에 완벽한 협력이 이루어지고 있다.

1. 미국 군사 정보기관
2. 해군 정보기관
3. 미국 비밀경호실(US Secret Service)
4. 경찰 정보기관
5. 뉴욕 경찰청
6. 미국 세관
7. 미국보호연맹(American Protective League) 및 유사 시민단체
8. 미국 법무부, 수사국

그들 모두는 습관적으로 매일 당 거점에 전화하거나 방문한다. 그들은 우리의 감독하에 우리 파일을 열람하며, 우리는 그들에게 우리가 가지고 있는 모든 첩보를 제공할 준비가 되어 있다. 반면에 그들도 똑같이 보답할 준비가 되어 있다. 우호적인 협력 정신으로 인해 한 주가 너무 즐거우며 이런 정신이 정말 유익하다고 본다.

'요원과 조사 활동' 면에서 우리는 우리의 수고를 덜면서 일을 미국 수사국

에 맡기는 것이 가능하겠지만, [MI1c] 런던 본부는 자주 미국과 관계없는 질문을 우리에게 보낸다. 또 우리에게는 미국 측에 없는 첩보 입수 역량이 있다. 독일어를 말하고 읽을 줄 아는 정보관이 뉴욕에서 스웨이츠 소령밖에 없었던 기간이 여러 달이었다. 그는 압수된 적 문서를 검토하는 등의 일로 경찰 본부에서 여러 밤을 지새웠다. 미국 수사국은 아무도 독일인을 쓰고 있지 않지만, 당 거점은 매우 믿을 수 있는 독일인 요원을 여러 명 쓰고 있으며 그들은 적 내부에서 신임이 두터운 사람들이다. 미국 당국이 난감한 처지에 있을 때, 당 거점이 바로 지난주 체포된 모든 사람의 주소를 제공했었다.

만일 윌슨 대통령이 MI1c가 미국 땅에서 '미국과 관계없는' 공작을 수행하고 있고 미국 내에서 '믿을 수 있는 요원들'을 부리고 있다는 사실을 알았더라면, 와이즈먼에 대한 그의 신뢰는 틀림없이 무너졌을 것이다. 종전을 두 달 앞두고 와이즈먼은 커밍에게 이렇게 보고했다. "우리가 미국 정부의 여러 정보기관과 유지한 협력관계는 항상 화기애애했으며 가치가 있었다고 봅니다. … 그들은 우리 조직의 세부사항에 관해 전혀 몰랐으며 지금도 모르고 있습니다."

1918년 여름 와이즈먼은 자신의 주된 정보활동 역할이 '조사단'과 긴밀한 접촉을 유지하는 것이라고 보았다. 전문가들로 구성된 '조사단'은 평화회담에서 발생할 정치적·영토적 문제를 연구하기 위해 윌슨 대통령의 지시로 하우스 대령이 조직한 그룹이었다. 7월 와이즈먼은 1918년 초 인기 없는 스프링 라이스의 후임 주미 대사로 부임한 로드 레딩(Lord Reading)에게 편지를 썼다. "뉴욕에 주재하는 나는 실질적으로 하우스의 정치적 비서 지위를 맡고 있음을 분명히 알려 드립니다. 그는 자신이 입수하는 모든 것을 나에게 보여준다고 생각되며, 우리는 발생하는 모든 문제를 함께 논의합니다." 와이즈먼은 '미국 대표단이 평화회담에서 사용할 자료를 대부분' 입수했다고 보고했다.

이와 동시에 '눈깜박이' 홀은 젊고 감수성이 예민한 해군 차관보 프랭클린 루스벨트(Franklin D. Roosevelt)에게 영향을 주기 위해 엄청난 노력을 했는데, 장차 미국 대통령이 될 루스벨트는 당시 해군 정보를 담당하고 있었다. 1918년 여름 루스벨트가 런던을 방문한 기간에 홀을 만난 것은 강렬한 인상으로 남아 제2차 세계대전 발발 시 영국 정보활동에 대한 그의 태도에까지 영향을 미쳤다. 그의 런던 방문 후기에 따르면, "그들의 정보부대는 우리보다 훨씬 더 발전되어 있는데, 이는 정보부대가 작전참모부에 필수적인 구성 요소이기 때문이다". 루스벨트에게 가장 감명 깊었던 것은 해군본부 비밀 요원들의 대단해 보이는 성공이었다. 홀은 자신의 정보 대부분이 인간정보(HUMINT)보다 신호정보(SIGINT)에서 입수된다는 사실을 미국 측 카운터파트에 숨기고 싶어서 노심초사한 끝에 정교한 촌극을 연출했다. 홀과 루스벨트가 독일군의 부대 이동을 논의하는 자리에서, 평소 흥분했을 때처럼 심하게 눈을 깜빡거렸을 홀이 갑자기 루스벨트에게 말했다. "저쪽 방 끝에 있는 젊은이를 이리로 부르겠습니다. 그의 이름을 소개하지는 않을 겁니다. 24시간 전에 그가 어디 있었는지 물어보십시오." 루스벨트의 그 질문에 젊은이가 대답했다. "네, 킬(Kiel)에 있었습니다." 홀 해군 정보국장이 의도했던 대로 루스벨트 차관보가 깜짝 놀랐다. 그러자 홀은 영국 스파이들이 매일 밤 독일-덴마크 국경을 넘으며 질트(Sylt) 섬까지 배로 가서 거기서 비행정을 타고 하리치(Harwich, 영국 남동부 에식스 주의 항구도시_옮긴이)로 온다고 설명했다. 루스벨트는 홀의 기만극에 속았다는 것을 깨닫지 못하고 죽었다.

루스벨트가 런던에서 홀을 만나는 동안, 와이즈먼을 동반시키고 싶은 우드로 윌슨의 열의는 그의 여름휴가까지 이어졌다. 윌슨 대통령은 8월 매그놀리아(Magnolia)에 있는 하우스의 여름 별장에서 1주일 휴가를 보내는 동안, 대개 와이즈먼, 하우스와 함께 점심을 먹었다. 또 와이즈먼과 하우스는 매일 저녁 대통령 가족과 식사했다. 와이즈먼은 평소 하던 책략대로 대통령이 전쟁과 평화에 관한 문제를 먼저 꺼낼 때까지 기다렸다가 토론했으나, 대부분의 '당면 현안'에 대한 윌슨의 견해를 상세히 런던에 보고할 수 있었다. 그 주에 토론된 가장 중요한 주제는 국제연맹(League of Nations)에 기초하는 새로운 세계 질서에 대한 윌슨의 계획이었다. 윌슨이 특정 미국 정보관리 또는 랜싱 국무장관 등 특정 행정부 각료에게 자신의 휴가 기간을 그토록 대폭 할애해 상의한다는 것은 상상하기 힘들다. 와이즈먼 이후 미국 대통령과의 정책 토론에(아니면 무슨 토론에든) 그토록 많은 시간을 보낸 영국 정보관은 없다. 영국 외무부 정치정보국의 아서 머리(Arthur C. Murray)는 매그놀리아에서 돌아온 와이즈먼에게 타전했다. "당신이 하우스와 대통령과 보낸 시간이 얼마나 중요했는지는 아무리 강조해도 지나치지 않다고 확신합니다." 와이즈먼도 이에 동의했으며 9월 다음과 같이 자랑했다. "하우스와 대통령이 나를 어쩌면 자신들의 주된 첩보 출처로 간주하게 되었다."

월슨은 와이즈먼과 홀이 제공한 일부 정보에 흥미를 느꼈지만, 그 자신의 정보기관 조직과 기능에는 관심을 거의 기울이지 않았다. 독일에 대한 선전포고 직후, 랜싱 국무장관이 '현 정부의 비밀정보업무 조정이 매우 중요함'을 대통령에게 각인시키려고 노력했다. 프랭크 포크(Frank L. Polk) 참사관의 노력으로 국무부 내에 '정보처리센터(Clearing House)'가 설치되었음에도 랜싱은 두 가지 중대한 장애물, 즉 국내와 국외 정보활동의 분리 및 두 국내 기관인 백악관 비밀경호실과 법무부 수사국(후일의 FBI) 간 '극도의 질시'가 상존한다고 보고했다. 랜싱은 이러한 문제를 해결하기 위해 모든 정보기관을 국무부 내 '효율적인 한 사람(아마도 그 자신)의 종합적인 통제 아래' 두는 방안을 건의했다. 그러나 여전히 월슨은 정보조정 문제를 직접 처리하고 싶지 않았고 국무장관에게 위임하고 싶지도 않았다. 그는 독일의 정책과 미국 내의 전쟁 수행 전복활동을 감시할 필요성은 받아들였지만, 조정·강화된 미국 정보공동체 구상은 열린 민주주의의 대담한 새 세계를 구상하는 자신의 전후 비전과 너무 어긋나는 것으로 보았다. 이에 따라 윌슨은 전시 정보수집 문제를 직시할 마음이 내키지 않았다. 이처럼 대통령의 지침 없이 제1차 세계대전에 참전한 결과, 분화된 미국 정보기관들이 조정되지 않고 빠르게 성장했다.

다른 주요 참전국들과 달리 미국에는 특화된 해외 스파이활동 기관이 여전히 없었지만, 참전 전에 소규모였던 해군과 육군의 정보인력이 전쟁으로 급증했다. 종전될 때까지 약 3,000명의 예비역과 자원자들이 해군정보실의 상근직원으로 증원되었다. 1918년 8월 군사정보국(MID)의 지위가 격상되어 전쟁부의 총참모부 4개국 가운데 하나가 되었는데, 그 인원이 1916년 단 3명에서 1918년 1,414명으로 늘었다. 전시 군사 정보활동의 가장 중요한 혁신은 최초로 특화된 미국 신호정보 기관이 창설된 것이었다. 1917년 6월 국무부의 28세 암호 서기 허버트 야들리(Herbert Yardley)가 중위로 임관되어 신설된 군사정보 암호기관 MI-8의 책임자가 되었다. 나중에 소령으로 진급한 야들리는 대통령 암호를 풀어 상관들을 당황스럽게 만든 적이 있다고 주장했다.[6] MI-8은 첫 1년 동안 육군용 부호·암호 시스템을 작성하고 검열관들이 건넨 여러 가지 속기 형태의 외국어 메시지를 번역하는 한편, 투명 잉크로 쓰인 메시지를 드러내는 화학제품을 생산하고 이미 알고 있는 부호·암호로 쓰인 메시지를 해독했다. 그러나 종전 시에 야들리가 보고한 바에 따르면, "1918년 8월이 되어서야 직원이 충분히 증원됨으로써 다양한 [미지의] 암호로 된 메시지들이 무더기로 쌓인 상황을 처리할 수 있었다". 11월 종전 무렵, MI-8에 고용된 인원은 18명의 육군

---

6 야들리가 윌슨의 암호 하나를 풀었겠지만, 그의 회고록 세부내용은 믿을 수 없다. 그는 또한 1915년 초 영국 해군의 40호실과 접촉했다고 주장했지만, 이것도 정확하지 않다. 실제로 그가 40호실의 외교업무에 접근한 것은 1919년 이후였다.

장교, 24명의 문관 암호전문가 및 100명의 타자수와 속기사였다. MI-8은 미국 정보 역사의 전환점이었지만, 윌슨은 아무런 관심을 표시하지 않았다. 그가 MI-8을 몰랐을 가능성이 있는데, 아마 모르는 편이 나았을 것이다.

1918년 10월 5일 막시밀리안 폰 바덴 공(Prince Max of Baden)을 수반으로 하는 독일 신정부가 유럽의 연합국 수반들을 제치고 직접 윌슨 대통령에게 휴전을 호소했다. 아니나 다를까 영국과 프랑스가 윌슨의 독자적인 대적(對敵) 협상에 분개했다. 윌슨이 유화적인 독일 신정부의 유혹에 넘어갈 것을 우려한 홀이 일련의 해독물을 윌슨에게 보내 독일의 지속적인 이중성을 보여주려고 했다. 10월 14일 백악관에 전달된 한 해독물은 동유럽 점령지 철수를 둘러싼 독일의 이중적 태도를 보여주는 증거였으며 분명히 윌슨을 격분시켰다. 윌슨이 와이즈먼에게 말했다. "모든 말에서 옛날 프로이센의 속임수와 기만의 냄새가 납니다. 우리가 어떻게 그런 사람들을 믿을 수 있을지 난감합니다." 그러나 그는 '프로이센의 속임수'도 자신의 휴전 협상을 막지 못할 것임을 분명히 했다. "물론, 우리는 결코 그들을 믿어서는 안 됩니다. … 그러나 우리가 평화를 향한 문을 쾅 닫아버리는 것처럼 보여서도 안 됩니다."

10월 말 윌슨은 하우스를 유럽에 파견해 자신이 독일과 협상한 휴전 조건을 연합국들에 알렸다. 연초에 이어 이번에도 와이즈먼이 하우스와 동행했다. 홀은 윌슨에게 그의 방식이 잘못된 것임을 납득시키려는 노력을 배가했는데, 카이저(독일 황제)가 휴전 조건을 존중하지 않을 것임을 보여주도록 계산된 정보를 분명히 날조했다. 홀의 보고에 따르면, 10월 30일 그는 "최근 베를린 각의에서 독일 황제가 '평화 협상 중이거나 그 이후에도 나의 U보트들이 영국 함대를 파괴할 기회를 찾을 것'이라고 말했다는 첩보를 절대적으로 확실한 출처로부터 입수했다". 홀은 '이 놀라운 첩보의 출처를 발설하지 못한다고 양해를 구했지만' 독일의 무선·유선 절취물만큼이나 신뢰할 수 있다고 주장했다. 랜싱은 홀의 정보를 '종래 매우 신뢰할 수 있었다는' 이유에서 '이 첩보의 신빙성을 완전히 인정하는 쪽으로 기울었다'.

사실을 말하자면, 베를린 최고위층에 '절대적으로 확실한 출처'가 있다는 홀의 주장은 루스벨트에게 자신의 부하들이 매일 밤 독일 국경을 넘어 비행정을 타고 하리치로 귀환했다고 말한 것과 마찬가지로 사기였다. 독일의 정치정보에 관한 MI1c의 가장 정통한 출처는 몬테글라스(Monteglas)라는 이름의 바이에른 출신 퇴역 장군이었다. 독일의 고위 외교관을 동생으로 둔 몬테글라스는 10월 17일 아주 다른 견해를 보고했다.

군사적으로 절망적이라기보다 절박한 상황이지만, 볼셰비즘의 급속한 확산으로 인한 국내 상황에 비하면 그것은 아무것도 아니다. 방금 내가 뉴스를 접한 이러한 사태 발전으로 인해, 무슨 조건이든지 휴전과 평화를 즉각 수용하는 것밖에는 독일을 구할 길이 없다.

이밖에 독일군의 사기 저하에 관한 유사한 정보 보고가 독일의 패배가 임박했다는 헤이그의 믿음을 강화했을 것이다. 연합국의 봉쇄가 독일 국민 대부분을 거의 기아 수준에 빠뜨리는 데 성공함으로써 국내와 전선 양쪽에서 놀라운 속도로 혁명 분위기가 확산했다. 히스테리 상태의 카이저는 자신에 대한 퇴위 요청에 대해 혁명가들을 '거리에서 기관총으로' 대처하라고 요구했지만 결국 받아들여야 했다.

10월 29일 저녁 대양함대 사령관 셰어(Scheer) 제독이 다음 날의 마지막 필사적 출동을 준비하기 시작했다. 그날 밤 영국 해군정보국 25과(ID25)의 당직관은 음악가이자 저널리스트인 프랜시스 토이(Francis Toye)였는데, 그는 거기서 근무한 지 1년이 채 안 된 사람이었다. 출동을 가리키는 절취물 증거가 급증하기 시작하자 토이는 점점 불안해졌다. 30일 새벽 2시경 그는 작전국을 방문해 '여러 가지 신호와 징후'를 보고했다. 그러나 작전국은 신호와 징후에 만족하지 않고 대양함대가 출항하고 있는지 아닌지 명확히 알아보라고 요구했다. 후일 토이의 회고에 따르면,

> 4시 직전에 내가 결심한 것으로 생각된다. 나는 다시 작전국으로 가서 독일 함대가 이동하고 있다는 것이 내 견해이며 작전국이 적절한 행동을 취해야 한다고 말했다. 그래서 한두 시간 사이에 영국은 약 50만 파운드를 지출했다. 즉, 해군정보국장과 해군본부 간부들은 물론이고 틀림없이 해군장관을 포함해서 모든 제독과 함장이 계속 울리는 전화벨 소리에 침대에서 일어났다. 얼마나 땀을 흘렸던지! 완전히 공황 상태에서 흘린 식은땀이 축축했다!

오전 6시경(모든 장교가 기함에 승선했다) 절취된 신호는 독일 해군에서 대규모 반란이 일어났다는 첫 암시였다. 대양함대는 결국 이동하지 않고 있었다. 셰어 제독은 자신의 함대가 출동해 싸우는 것이 '명예의 문제'라고 믿었지만, 수병들이 대부분 동의하지 않았다. 11월 4일 독일의 모든 해군기지에 혁명의 붉은 기가 펄럭였다. 11월 첫 주 동안 40호실의 암호분석관들은 쏟아지는 절취물을 읽고 흥분이 고조되었는데, 전투에서 패한 적이 없는 대양함대가 모항에서 전투력이 무너지는 모습을 보인 것이었다.

MI1b도 11월 11일의 휴전을 끌어낸 회담이 진행되는 동안, 하우스와 윌슨이 주고받은 모든 전문을 해독했다. 그 회담을 교란하기 위해 정보를 날조했으나 실패한 홀은 11월 5일 자 전문을 읽고 기분이 좋았을 리가 없다. 그 전문에서 하우스가 윌슨에게 말했다. "우리가 상대하는 다른 나라 정부 수반들이 미국의 평화 프로그램에 대해 현재 얼마나 헌신적인지를 스스로 깨달을지 모르

겠습니다." 홀을 더욱 심란하게 만든 것은 윌슨의 제안을 놓고 로이드 조지 수상과 이견을 해소하는 데 와이즈먼이 '대단한 도움'을 주었다는 하우스의 논평이었다. 와이즈먼이 하우스에게 영향을 주었듯이 하우스도 와이즈먼에게 영향을 준 결과, 와이즈먼은 전쟁을 종식하는 방안으로서 미국의 중재에 점차 동조하게 되었다.

독일군의 병력 이동을 보고하는 열차 감시단 '하얀 옷 여인(La Dame Blanche)'은 종전될 때까지 영국 정보 역사상 최대의 스파이망이었는데, 919명의 열성 요원들(1918년 초보다 두 배 이상으로 증가했다)이 90개의 관측소에서 보고했다. 7월 커밍이 약간의 과장을 섞어 '하얀 옷 여인' 간부들에게 편지를 썼다.

당신네 조직의 활동은 모든 연합군이 네덜란드[MI1c 거점]뿐 아니라 다른 중립국을 통해서도 입수하는 정보의 70%를 차지하고 있습니다. … 연합군이 전선 부근 지역의 적군 이동에 관한 정보를 입수하기 위해 의존할 데는 당신들뿐입니다. … 당신들이 입수하는 정보는 수만 명의 연합군 목숨에 해당하는 가치가 있습니다.

전쟁 마지막 몇 달 동안 독일군 사기 저하에 관한 정보의 가장 소중한 출처는 전례 없는 수의 전쟁포로들이었다. 아미앵 전투 이후 종전까지 석 달 동안 영국군은 역사상 최대 규모인 18만 8,700명의 전쟁포로를 사로잡았다. "영국군이 이번 무패 공격보다 더 큰 성과를 달성한 적은 역사에 없다"라고 포슈 원수가 말했다. 9월 27일 총사령부 정보 요약이 내린 결론에 따르면, "독일군의 기강이 사라졌다거나 독일 군인의 훌륭한 전투태세가 기대되지 않는다고 아무도 말할 수 없지만, 독일군의 사기가 지난 5개월 동안 상당히 크게 저하된 것은 틀림없다". 10월 들어 총사령부 정보 요약은 전쟁포로 심문과 노획된 문서를 근거로 하여 독일군의 기강 해이 사례와 추가적인 사기 저하를 보고했다. 10월 중순 헤이그는 아내에게 "우리가 이제 적군을 패배시켰다고 생각한다"라고 편지를 썼다. 영국의 군사 역사에서 적군의 전개에 관한 정보가 이때보다 더 좋았던 적은 없었다. 총사령부는 1월 콕스가 시작한 주간 '전투서열' 요약 시리즈를 종전일인 11월 11일 마지막으로 발행했다. 위치가 파악된 186개 독일군 사단 가운데 단 2개 사단만 위치 표시가 잘못되었다.

독일군은 사기 저하와 기강 해이에도 불구하고 대부분이 장교들에게 여전히 충성했으며 종전 이후 질서정연하게 전방에서 후방으로 행군했다. 대전 마지막 몇 달 동안 독일군과 그 동맹군이 당한 패배는 독일이 군사적으로 붕괴한 부분적 요인이었다. 영국의 성공적인 봉쇄와 미국의 대규모 참전 전망이 독일의 미래 전망을 현재보다 훨씬 더 암울하게 만들고 있다는 확신이 군사적 붕괴의 더 큰 요인이었다. 전쟁을 더 오래 끌수록 독일이 더욱 불리해질 상황이었다. 전쟁 역사상 최초로 주요 강대국이 침입을 당하지 않고 적국 영토에서 전선을 유지한 채 전쟁을 포기(독일이 실제로 그랬다)할 것이라고 종전 6개월 전에 예측할 수 있었던 정보기관은 없었다. 독일이 항복한 것은 야전에서 패했기 때문이 아니라 지도층과 국민이 미래에 대한 희망을 상실했기 때문이었다.

제26장

양차 세계대전 사이의 신호정보와 인간정보

제1차 세계대전 이후 주요 참전국의 정보기관은 한 국가를 제외하고 모두 대대적으로 감축되었다. 미국 군사정보국(MID)의 본부 인원은 종전 시의 1,441명에서 1922년 90명으로 줄었다. 전시 연합국들과 달리, 미국에는 아직 해외 스파이활동 기관이 없었으며, 새로 수립된 독일 바이마르(Weimar)공화국에도 공식적으로는 없었다. 1919년 베르사유(Versailles)조약은 독일군을 10만 명으로 제한했을 뿐 아니라 독일의 스파이활동도 금지했다. 양차 대전 사이 독일의 주된 정보기관인 '압베르(Abwehr, 방어)'는 1920년 방첩기관으로 창설되었다. 다른 나라는 독일에서 스파이활동을 계속했기 때문에, '압베르'는 당연히 독일의 스파이활동 금지(나중에 나치 시대에 들어서는 무시되었다)를 위선적이라고 보았다. 1920년대 초반 영국 비밀정보부(Secret Intelligence Service: SIS)의 33개 해외 거점은 대부분 1인 거점이었다. 양차 대전 사이의 모든 영국 정부는 비밀정보부의 존재에 관해 아무것도 언급해서는 안 된다는 관례를 지켰다. 아서 폰슨비(Arthur Ponsonby)는 1924년 초대 맥도널드(MacDonald) 노동당 정부에서 외교차관을 역임한 의원인데, 그가 1927년 "우리는 순수한 척 가장하는 위선"에 대해 공격했다. "비밀정보부는 우리가 이 의사당에서 말하지 못하는 것으로 되어 있습니다. … 왜 우리가 말을 해서는 안 되는지 나는 모르겠습니다. 이제 우리가 비밀정보부에 관해 뭔가 말할 시기입니다." 이러한 의회의 폭발은 매우 드물었다.

전후 정보기관 감축에 대한 큰 예외는 러시아였다. 1918~20년 러시아 내전 기간, 체카는 백색의 적들에 대한 '붉은 군대(Red Army, 1946년 소비에트군으로 개칭되기 전까지 쓰인 소련 군대의 명칭_옮긴이)'의 승리를 뒷받침하는 중요한 역할을 담당했다. 체카는 그 후신인 KGB처럼 수량화하기를 좋아했다. 내전의 전환점이었을 1919년 가을 체카는 창설 후 19개월 동안 '412개의 반(反)소비에트 지하조직'을 적발해서 무력화시켰다고 자랑스럽게 발표했다. 체카가 반대 세력을 다루는 가장 효과적인 방법은 테러였다. 체카가 좋아하는 수량화가 그 희생자 수를 계산하는 데는 적용되지 않았지만, 체카는 정치적 반대 세력에 대한 탄압의 규모와 흉포성 면에서 차르 체제의 오크라나를 엄청나게 압도한 것이 분명하다. 니콜라이 2세 치하에서 정치범 처형은 암살 실행이나 미수 사건에 연루된 자에 국한했다. 이와 대조적으로, 내전 기간 체카의 처형자 수는 약 25만 명에 이름으로써 전사자 수를 틀림없이 능가했을 것이다. 1919년 12월 레닌은 "테러와 체카는 절대 불가결하다"라고 선언했다.

체카의 잔인성 덕분에 체카의 내부적 실수, 특히 레닌의 신변안전을 지키지 못한 기초적 실패는 역사적 관심을 끌지 못했다. 그러한 실패는 체카의 수장 펠릭스 제르진스키의 아카이브에 존안되어 있다. 1919년 1월 레닌은 체카의 경호 없이 오랫동안 앓고 있는 아내 크룹스카야(Krupskaya)를 문병하기 위해 공용 리무진을 타고 가다가 강도단에게 붙잡혔다. 체카의 경호 실패 탓에 레닌은 차량 탈취의 피해자가 된 최초이자 지금까지 유일한 정부 수반이 되었다. 강도단은 또한 브라우닝 권총 등 레닌의 소지품을 모두 강탈했으며 레닌의 항의를 무시하고 그의 차를 몰고 도망쳤다. 강도단 두목 야코프 쿠즈네초프(Iakov Kuznetsov), 일명 '코셸렉(Koshelek, 지갑)'은 6개월 동안 붙잡히지 않았다.

1922년 9월 체카가 또다시 레닌에 대한 기본적인 경호를 제공하지 못한 후, 어느 날 레닌은 귀가해 아파트 수리 기간에 가구가 파손된 것을 알았다. 매우 난처해진 제르진스키가 직접 수사를 지휘해 「레닌의 가구 파손에 대한 조사」라는 제목의 보고서를 작성했다. 초동 수사에서 그가 내린 지시는 '파손 부분을 살펴서 끌, 망치 등으로 인한 것인지를 파악하고 이러한 흔적을 활용해 범인을 찾으려는 것이었다. 10쪽짜리 조사보고서는 그 파손이 반혁명 반달족보다는 서투르거나 악의적인 시공자들이 저지른 것임을 시사했다. 시공자들은 레닌의 서랍 열쇠를 찾을 수 없어서 자물쇠를 부수고 강제로 열었으며, 다른 일부 가구에도 연장에 긁힌 자국을 남겼다. 그러나 게페우(GPU, 체카의 후신으로서 1922~23년 존속한 국가정치보안부_옮긴이) 직원들은 시공자들이 레닌의 아파트에서 무슨 일을 했는지는 주목하지 않았다.

소련과 달리 서방의 보안기관은 전후 정부 시스템에서 주변부로 밀려났다. 제1차 세계대전 말 844명에 달했던 MI5 직원은 점차 줄어들어 1925년에는 35명에 불과했다. 활동이 크게 줄어든 MI5는 1925년 한 해 동안 겨우 25건의 내무부 영장을 신청하고 발급받아 수사 대상자들의 서신을 가로챌 수 있었다. 반면, 소비에트 러시아에서는 체카와 그 후신들, 즉 게페우(GPU), 오그푸(OGPU, 1923~34년 존속한 합동국가정치보안부_옮긴이) 및 NKVD(내무인민위원회)가 세계 최초의 일당 국가가 기능하는 데 중심적인 역할을 했다. 1920년대 중반 그들의 해외 공작은 서방측 상대 기관의 해외 공작을 압도하고 있었다. 기만 공작인 '신디카트(SINDIKAT, 연합체)' 공작과 '트레스트(TREST, 신탁)' 공작이 가장 성공적이었는데, 둘 다 교사 공작원들을 정교하게 사용했다. '신디카트' 공작의 표적이었던 보리스 사빈코프(Boris Savinkov)는 백위군(White Guards)—내전에서 패배한 후 서방으로 망명한 백군(White Armies)의 후예들—중에서 가장 위험하다고 오그푸가 판단한 인물이었다. 특히 처칠은 반(反)볼셰비키 열정에 사로잡혀 자신의 저서 『현대 위인전(Great Contemporaries)』에 사빈코프를 포함했다. 1924년 사빈코프는 오그푸가 조작한 이른바 반볼셰비키 저항운동 단체와 비밀리에 회동하기 위해 소련 국경을 넘도록 유인되었다. 사빈코프는 곧바로 항복하고 공개재판에서 반혁명 범죄를 자백했으며 1년 뒤 감옥에서 죽었다(또는 살해되었다).

'트레스트'는 가공의 왕정주의 지하단체 '모르(MOR)'에 붙여진 위장 명칭이었다. 1921년 게페우가 영악하게 조작한 '모르'는 백위군과 그 서방 지지자들을 대상으로 6년간 진행된 기만 공작의 토대가 되었다. 1923년 오그푸 장교 알렉산드르 야쿠셰프(Aleksandr Yakushev)는 '모르'의 비밀회원으로 행세하면서 소비에트 해외무역 대표라는 공식 직함을 가지고 해외를 여행할 수 있었다. 그가 파리를 방문한 기간에 신임을 획득한 두 사람은 살해된 차르의 사촌 니콜라이 니콜라예비치(Nikolai Nikolayevich) 대공과 백위군 지도자 알렉산드르 쿠테포프(Aleksandr Kutepov) 장군이었다. 그러나 '트레스트' 기만 공작의 주된 희생자는 전직 영국 비밀정보부(SIS) 요원 시드니 라일리(Sidney Reilly)였다. 몽상가인 그는 공작 재능 때문에 영국의 '스파이 거장(masterspy)'이라는 사후(死後) 평판을 받았지만, 이는 합당치 않은 평판이다. 1925년 9월 라일리는 1년 전 사빈코프처럼 오그푸에 유인되어 러시아 국경을 넘어 가짜 '모르' 음모자들을 만나러 갔다. 체포된 라일리의 저항도 사빈코프처럼 오래가지 못했다. 라일리에 관한 KGB 파일에는 그가 체포된 직후 오그푸 수장 제르진스키에게 쓴 편지가 들어 있다. 그 편지에서 라일리는 러시아인 망명자들뿐 아니라 서방 정보활동에 관해 아는 것을 모두 털어놓겠다고 약속했는데, 처형을 모면하기 바란 것이 틀림없다. 그 편지를 쓰고 6일 후, 그는 모스크바 근교 숲으로 산책하러 끌려나가서 경고도 없이 등 뒤에서 총을 맞았다. 라일리의 시체는 오그푸 장교들이 승리를 자축하도록 루비안카(Lubyanka, 러시아 역대 정보기관의 본부건물_옮긴이) 의무실에 전시되었다.[1]

'트레스트' 기만 공작이 1927년 마침내 드러남으로써 영국, 프랑스, 폴란드,

---

[1]   비밀정보부 수장 휴 '퀵스' 싱클레어(Hugh 'Quex' Sinclair) 제독은 라일리를 도운 헬싱키 거점장 어니스트 보이스(Ernest Boyce)를 질책했다.

핀란드, 발트 3국 등 각국 정보기관이 당혹스럽게 되었는데, 모두가 정도의 차이는 있으나 그 공작에 넘어갔다. 제2차 세계대전 기간에 영국의 더블크로스 시스템(Double-Cross System)이 독일군을 기만할 때까지 '트레스트'만큼 정교한 정보공작은 서방 정보기관에 없었다.

전후 10년 동안 소련의 정보활동은 인간정보(HUMINT) 공작에서 서방을 월등히 앞섰지만, 신호정보(SIGINT) 면에서는 서방에 한참 뒤처졌다. 볼셰비키 혁명 이후, 차르 체제 '검은 방'의 암호해독관들이 흩어졌다. 그들 중에서 가장 유능했을 언스트 페털라인(Ernst Fetterlein)은 영국으로 탈출해 양차 대전 사이의 영국 신호정보 기관 '정부 부호·암호학교(GC&CS)'에서 러시아 팀장이 되었다. GC&CS는 해군과 육군의 전시 신호정보 부대인 40호실과 MI1b를 통합해 만든 것이었다. GC&CS 동료들은 '암호책 등 통찰력이 요구되는 어느 분야에서나 그가 단연 최고임'을 알았다. 미국의 최고 암호전문가 윌리엄 프리드먼(William F. Friedman)이 제1차 세계대전 직후 '페티(Fetty, GC&CS 내에서 불리는 페털라인의 이름)'를 만났을 때, 그의 오른손 집게손가락에 낀 큰 루비 반지를 보았다. "내가 이 흔치않은 보석에 관심을 보이자, 그는 러시아 왕조의 마지막 차르 니콜라이 2세에게 봉직하면서 암호분석의 성공에 대한 인정과 감사의 표시로 받은 반지라고 말했다." 그러나 페털라인은 볼셰비키의 성공에 이바지한 니콜라이 2세의 나약함을 비난했다. 그는 GC&CS에서 근무하는 동안 차르 체제 러시아에서 살았던 자신의 삶에 관해 거의 언급하지 않았지만, 영국인 동료 하나가 가끔 그가 동의하지 않을 것이 뻔한 코멘트를 짐짓 솔직한 척 날림으로써 그의 반응을 유도하곤 했다. 한번은 그가 이런 질문을 받았다. "차르 말이야, 페털라인 씨. 내 생각에 차르가 아주 힘이 센 사람이고, 체격도 좋았다며?" '페티'가 덥석 미끼를 물고는 분개하여 대답했다. "차르는 약골이었어요. 병약한 데다 줏대도 없고, 한마디로 경멸의 대상이었습니다."

1919년 10월 밸푸어로부터 외무장관직을 승계한 커즌(Curzon) 경은 처음에 GC&CS가 외교적 흥밋거리를 거의 생산하지 못할 것이라고 기대했다. 그는 곧 생각을 바꾸었다. 1920년 여름 커즌 경은 페털라인과 그의 동료들이 생산한 소련 해독물을 읽으면서 거의 강박적인 흥미를 느꼈다. 커즌이 영국 내각의 정책을 은밀하게 비판했다고 보고한 런던 주재 프랑스 대사의 전문을 GC&CS 암호 해독관들이 해독한 후, 난처해진 외무부가 결국에는 해군부로부터 GC&CS에 대한 관장 책임을 인수했다. 인도 총독을 역임한 커즌은 프랑스인들이 '함께 호랑이 사냥을 나갈' 부류가 아니라는 확신을 오래 간직하고 있었지만, 터키 독립 전쟁(1919~23년, 전후 연합국의 오스만 제국 분할 기도에 대응해 현재의 터키공화국을 건국한 전쟁_옮긴이) 기간에 해독된 프랑스 전문으로 인해 그러한 의심이 최고조에 이르렀다.[2] 커즌과 전쟁부는 프랑스와 터키의 민족주의자들끼리 비밀협상을 벌인 증거를 보고 분노했다. 군사정보국장(DMI) 윌리엄 스웨이츠 육군 소장은 프랑스 절취물이 "아주 향기로운 폭로"라고 냉소적으로 썼다. 1년 뒤 콘스탄티노플 주둔 영국군 총사령관 '팀' 해링턴('Tim' Harington) 경은 "우리 절취물이 보여주듯이 아직도 추한 일이 대거 진행되고 있다"라고 불평했다. 절취물 덕분에 커즌은 프랑스 대통령을 역임한 레몽 푸앵카레(Raymond Poincaré) 수상 겸 외무장관(1922~24년)이 '뻔뻔스럽게 거짓말을 한다'고 확신하게 되었다. 커즌은 자신을 기만하려는 푸앵카레의 시도에 대해 분노가 치밀어 오른 데다 프랑스 외교통신을 가로채서 비밀리에 획득한 그의 기만 증거를 그와 대면할 때 사용할 수 없다는 것을 알고 1922년 차낙칼레(Chanak, 다르다넬스 해협에 면한 터키 항구도시_옮긴이) 위기 시 신경쇠약 상태에 빠졌다. 9월 런던에서 열린 회담에서 커즌은 회의 테이블 너머로 푸앵카레를 바라보다가 자신의 몸이 아픈 것을 느꼈다.

---

2   제1차 세계대전 중에는 프랑스 외교통신을 해독하려는 시도가 전혀 없었다.

현장에 있던 한 외교관의 후일 기록에 따르면, "커즌의 크고 흰 손이 녹색 테이블보 위에서 심하게 떨렸다. 커즌이 더는 견딜 수 없었다". 상임차관 하딘지(Hardinge) 경이 커즌을 다른 방으로 안내했는데, "거기서 그는 진홍색 소파 위에 쓰러졌다. 그는 하딘지 경의 손을 잡고 헐떡이며 말했다. '찰리, 나는 저 진저리나는 양반을 견딜 수가 없어, 견딜 수가.' 그는 울었다".

영국은 소련과 1920~21년 무역 협상을 타결한 결과, 주요 서방 강대국 중 최초로 소비에트 정권을 사실상 승인하게 되었는데, 그 협상 기간에도 커즌은 러시아 절취물 때문에 아주 불안한 모습을 보였다. 1920년 5월 31일 협상이 개시되었을 때, 러시아 무역대표단의 레오니드 크라신(Leonid Krasin) 단장이 다우닝가 10번지(수상 관저)를 처음으로 방문했다. 당시 로이드 조지(Lloyd George) 연립정부에서 전쟁·공군 담당 국무장관이던 처칠은 '털이 많은 개코원숭이와 악수'하는 것을 피하려고 멀찌감치 떨어져 있었다. 그때 커즌도 10번지에 있었으나 처음에는 크라신과 악수하기를 거절했다. 로이드 조지가 소리를 질렀다. "커즌! 신사가 되시오!" 커즌은 아직 내밀고 있는 크라신의 손을 잡았다.

이후 무역 협상이 진행된 6개월 동안 협상을 직접 주관한 로이드 조지와 다른 각료들에게 제공된 가장 중요한 정보는 언스트 페털라인과 그의 영국인 동료들이 GC&CS에서 해독한 소련의 외교통신이었다. 게오르기 치체린(Georgi Chicherin) 소련 외무 인민위원은 크라신에게 '영국의 협박에 굴복하지' 말라고 지시했다. 레닌은 더 직설적이었다. "그 돼지 같은 로이드 조지는 거리낌이나 부끄러움 없이 기만하는 사람입니다. 그가 말하는 것은 한마디도 믿지 말고 세 번 정도는 그를 속이십시오." 커즌과 달리 로이드 조지는 그런 모욕을 감수하고 자신의 방침을 밀고 나갔다. 조지는 "러시아인들의 속임수는 프랑스인들보다 심하지 않다"라고 각료들을 설득했다.

로이드 조지 수상은 취임 초기에 신호정보를 무분별하게 사용한 이후 신호정보의 비밀을 유지하는 것이 중요하다는 것을 학습했다. 로이드 조지가 없었더라면, 러시아 무역대표단이 영국의 소비에트 정권 동조자들과 비밀리에 거래하고 있다는 절취물 증거 때문에, 내각이 대표단을 추방하고 무역 협상을 끝냈을 것이 거의 확실하다. 각료들과 일부 기관장들의 특별한 분노를 불러일으킨 원인은 무역대표단이 사회주의 신문 ≪데일리 헤럴드(Daily Herald)≫와 8월 창설될 예정인 영국 공산당에 몰래 돈을 준 것이었다. 그 지급을 가능하게 만든 것은 대표단이 영국으로 밀반입한 차르 정권의 보석들을 매각한 돈이었다. 경찰 특수부 부장과 단명했던 정보국 수장을 겸직한 바질 톰슨(Basil Thomson) 경의 보고에 따르면, "이러한 대량 처분에 관한 소문으로 유럽 전역에서 보석상들이 몰려들었다". 톰슨 경은 '가장 큰 두 보석' 사진을 입수하고 보석 매각대금에서 나온 은행권의 일련번호를 기록했다. 크라신이 막심 리트비노프(Maxim Litvinov, 당시 제1외무차관_옮긴이)에게 보고하고 GC&CS에 의해 해독된 전문에 따르면, 크라신은 "우리의 모든 은행권 지급이 런던 경찰청에 의해 통제[감시]되고 있다는 것"을 알고 낙담했다.

무역 협상을 계속하는 대가로서 로이드 조지는 소련의 비밀 보조금을 공개하자는 내각의 요구에 동의해야 했다. 8월 18일 ≪데일리 헤럴드≫가 돈 받은 사실을 폭로하는 8건의 절취물 사본이 ≪데일리 헤럴드≫를 제외한 모든 전국지에 배포되어 다음 날 공개되었다. 신호정보의 출처를 보호하려는 시도에서 메시지가 '중립국'에서 입수된 것임을 밝히도록 각 신문사에 요청했다. 이는 모스크바가 코펜하겐에 있는 막심 리트비노프 일행이 누설했을 것이라고 결론내리기를 바란 것이었다. 그러나 ≪더 타임스≫가 다음과 같은 말로 기사를 시작함으로써 로이드 조지의 분노를 샀다. "다음의 무선 메시지는 영국 정부에 의해 절취되었다." 놀랍게도 모스크바는 주목하지 않았다. 모스크바가 ≪더 타임스≫를 주의 깊게 읽지 않았든지 아니면 8개의 메시지가 전송된 암호만 훼손되었을 뿐이라고 잘못된 결론을 내렸든지 둘 중 하나다.

화이트홀 내부에서 소련의 전복활동을 추가로 공개하라는 압력이 급증했다. 9월 1일 바질 톰슨 경, 참모총장 헨리 윌슨 경과 해군정보국장(나중에 비밀정보부 수장이 된) 휴 싱클레어(Hugh Sinclair) 제독이 연명으로 처칠에게 각서를 보냈는데, 그 결론 부분은 다음과 같다.

우리가 보기에 러시아 무역대표단의 존재는 우리나라가 종전 이후 직면한 가장 중대한 위험이 되었습니다. 이러한 사실에 비추어 해독된 암호전문의 공개가 긴요해졌으며 그에 따라 발생할 위험부담을 각오해야 한다고 생각합니다.

제2차 세계대전 때의 처칠 수상이라면 GC&CS의 업무를 누설하게 될 어떤 조치에 대해서도 질겁했을 것이다. 그러나 1920년의 처칠은 '이러한 혁명가들의 음모로 야기된 국가안보 위험 및 그들의 방법을 공개함으로써 이러한 계획을 분쇄하게 될 효과가 다른 모든 고려사항을 압도한다고 확신했다'. 이번에는 내각이 추가적인 절취물 공개를 승인하지 않았다. 다만, 두 건의 절취물이 미상의 화이트홀 출처에서 유출되어 9월 15일 우익 성향의 ≪데일리 메일≫과 ≪모닝 포스트≫에 게재되었다. 내각은 그 공개를 '개탄'했으나 유출 출처를 규명하는 데는 관심을 거의 보이지 않았다.

1922년 10월 로이드 조지 수상이 사퇴하고 그의 연립정부가 무너짐에 따라 소련 절취물 공개를 자제시킨 그의 영향력이 사라졌다. 조지를 승계한 보수당의 앤드루 보너 로(Andrew Bonar Law)는 영국 역사상 최단명 수상이었는데, 그는 커즌 경이 요구한 공개를 억제하려는 어떤 가시적인 시도도 하지 않았다. 커즌 경은 인도 내와 그 변방에서 벌어지는 소련의 전복활동을 영국 내에서 벌어지는 것보다 더 심각한 위협이라고 보았다. 1923년 4월 23일 커즌은 내각의 승인을 얻어 모스크바에 보낼 항의 각서를 작성하는 데 착수했다. 후대에 '커즌의 최후통첩'이라는 적절한 명칭이 붙은 그 각서는 소련이 정책 변경을 약속하지 않으면 무역협정을 파기하겠다고 위협하는 내용이었다. 커즌은 신호정보 증거를 바탕으로 최후통첩을 작성하기로 했다. 불치병에 걸린 보너 로가 사임하기 3주 전인 5월 3일 내각에서 커즌의 초안을 검토했다. 장시간의 토론은 비밀스러운 내용이 너무 많다고 간주해 내각 회의록에 포함되지 않았지만, 그 결과 다음과 같은 합의가 도출되었다.

소련 정부와 그 요원들 사이에 전달된 실제[전신] 발송물을 근거로 해서 영국 문제를 공개할 때 얻는 이익은 이러한 발송물을 입수한 비밀[신호정보] 출처를 노출할 수 있는 불이익을 능가한다. 특히 이 출처가 사실상 소련 정부에 알려져 있으므로 더 그렇다.

모스크바가 커즌 최후통첩의 정보 출처를 이미 알고 있다는 주장은 솔직하지 못했다. 모스크바는 과거 GC&CS가 무역대표단과 교환된 전문을 해독한 사실은 알았지만, 현행 암호가 훼손되고 있다는 것까지 완전히 알았을 것 같지는 않다. 커즌의 최후통첩은 영국 외교 역사상 여전히 독특하다. 러시아 절취물에서 직접 인용하는 것으로 만족하지 못한 커즌 외무장관은 영국이 러시아의 통신을 성공적으로 해독한 사례들을 언급해 소비에트 정부를 거듭 조롱했다.

러시아 외무 인민위원은 라스콜니코프(Raskolnikov) 씨로부터 받은 다음과 같은 1923년 2월 21일 자 통신을 틀림없이 알아볼 것이다. … 또 외무 인민위원은 카불로부터 받은 1922년 11월 8일 자 통신을 틀림없이 알아볼 것이다. … 그들은 외무 차관보 카라한(Karakhan) 씨가 라스콜니코프 씨에게 보낸 1923년

3월 16일 자 통신을 잊지 않았을 것이다. …

소련의 답변은 '그 항의가 제보자들의 보고와 절취된 문서에 근거하므로' 이를 거부한다고 정숙하게 선언했다. 그랬어도 커즌의 최후통첩은 의도된 효과를 냈다. 모스크바는 무역협정을 유지하기로 했으며, 이에 따라 '대영제국의 영토 어디에서나 불만을 퍼뜨리고 반란을 조장하려는 목적의 개인·단체·기관·제도를 금전이나 기타의 형태로 지원하지 않겠다고' 약속하는 굴욕을 감수했다. 훨씬 더 굴욕적으로, 소련 정부는 카불 주재 사절 표도르 라스콜니코프(Fedor Raskolnikov)도 소환했는데, 커즌의 최후통첩은 그의 '전복적' 활동에 대해서만큼은 특별한 예외로 취급했었다.

영국 역사상 해독된 외교 전문 내용에 대해 커즌 경처럼 감정적으로 때로는 신경질적으로 반응한 외무장관은 없었다. 1924년 1월 총선에서 보수당이 패배하기 전 마지막 몇 달 동안 커즌 외무장관은 프랑스가 자신에게 불리한 음모를 꾸미고 있다는 믿음에 사로잡혔다. 1923년 10월 그는 프랑스 외교 해독물을 읽고 "푸앵카레(프랑스 수상 겸 외무장관), 생톨레르 백작(Comte de Saint-Aulaire, 프랑스 대사), 귄(H. A. Gwynne, ≪모닝 포스트≫ 편집인) 사이에 나를 외무부에서 몰아내려는 음모가 있다"라고 믿었다. 푸앵카레와 생톨레르 사이에 교환된 절취된 전문들에 따르면, 그들은 귄의 중재를 통해 보너 로의 후임 수상 스탠리 볼드윈(Stanley Baldwin)이 커즌을 프랑스에 더 우호적인 외무장관으로 교체하도록 설득하기를 바랐다. 커즌은 더는 프랑스 대사를 만나고 싶은 기분이 들지 않아 '이 핑계 저 핑계로 만나기를 거절했다'. "이것은 내 공직 생활에서 마주친 최악의 일이다. … 나는 외교가 그렇게 추한 게임인 줄 몰랐다." 볼드윈 수상은 속으로 커즌을 교체하고 싶었지만, "그렇게 추한 일이 외교에서 벌어진 줄 몰랐다"라고 스스로 선언했다.

빈번하게 정보에 사로잡힌 커즌과 정반대되는 사례로, 영국의 첫 노동당 수상 램지 맥도널드(J. Ramsay MacDonald, 외무장관을 겸직했다_옮긴이)는 정보를 혐오했다. 1924년 1월 22일 맥도널드는 자유당의 지지에 의존해 노동당 소수 정부의 수반으로 취임했다. 1924년 11월 처칠이 그동안 밀린 해독물을 따라잡고 싶어서 공직에 복귀했을 때, 그는 '맥도널드 시대 들어 자신이 외무부의 차단으로 오랫동안 해독물을 모르고 지냈다는 것'을 알았다'. 외무부의 일상 업무를 책임진 아서 폰슨비(Arthur Ponsonby) 차관은 '종속적 지위'에 있다는 모호한 이유에서 절취물과 비밀정보부 보고서에 대한 모든 접근을 거부당했다. 폰슨비는 모든 정보업무를 '누군가 해야 하는 더러운' 일로 간주했다. 그는 정보업무로부터 차단되었어도 자신의 고백 때문에 유감이 없었다.

차관들은 비밀정보부(SIS)에 관해 보고를 안 받는 것이 예의다. … 내가 비밀정보부를 언급할 때는 가장 상냥한 직원들조차 경직되곤 했다. 나는 알아서는 아니 되었으며, 우리가 지노비예프(Zinoviev) 편지를 둘러싸고 지독한 진흙탕에 빠지려는 순간에도 나에게 알려주지 않았는데, 그렇게 되어 나는 기쁘다.

그리고리 지노비예프(Grigory Zinoviev) 등 공산주의 인터내셔널(코민테른) 집행위원 세 명이 영국 공산당(CPGB)으로 발송했다는 편지는 영국 공산당에 대해 최근 맥도널드 정부가 소련과 타결한 조약의 비준을 위해 노동당 내 동조자들에게 압력을 가하는 등 전력을 기울이라고 지시했으며, '군대 내의 선동·선전 활동'을 강화하면서 일반적으로 영국의 혁명을 준비하라고 지시했다. 10월 9일 비밀정보부는 편지 사본을 외무부, MI5, 런던 경찰청 및 육군과 해군 부처에 전달하면서 '진짜임이 틀림없다는 장담'을 근거도 없이 덧붙였다. 그 편지는 진짜 코민테른 서신과 일부 닮았지만, 레발(Reval), 즉 오늘날의 탈린(Tallinn, 에

스토니아 수도_옮긴이) 주재 비밀정보부 거점에서 입수한 위조물이었다. 그 거점은 3년 전에도 다른 위조물에 속은 적이 있었다.

10월 25일 보수적인 신문 ≪데일리 메일≫이 그 편지를 무단으로 공개함으로써 총선 운동 기간 마지막 주에 맥도널드의 표현대로 '정치적 폭탄'이 터졌다. 범인들은 '붉은 편지'를 통해 노동당이 공산당 압력에 취약하다는 것을 암시함으로써 노동당의 총선승리 전망을 방해하려고 했다. 범인들은 흔적을 은폐하는 데 일부 성공했지만, MI5 고위관리 조지프 볼(Joseph Ball)을 가담시켰을 것이다. MI5 수장 버논 켈(Vernon Kell) 경도 모르게 행동한 볼은 나중에 보수당 조사국장으로서 네빌 체임벌린(Neville Chamberlain) 수상의 심복이 된 인물이다. 볼과 긴밀하게 접촉했던 보수당 본부는 지노비예프 편지가 공개되기 3일 전인 10월 22일경 그 사본을 입수했을 것이다. 볼이 1920년대 후반 보수당 본부에서 일하면서 당리당략을 위해 아무런 거리낌 없이 정보를 사용한 사실은 그가 1924년 10월 선거운동 기간에도 기꺼이 그랬을 것이라는 점을 입증하지는 않지만 강하게 시사한다. 그러나 볼 혼자만이 아니었다. 지노비예프 편지의 공개에 관여한 고위 인사들 가운데에는 전 해군정보국장 '눈깜박이' 홀 제독과 커밍의 제2인자 출신으로서 홀의 친구이자 ≪데일리 메일≫ 편집인의 친구인 프레디 브라우닝(Freddie Browning) 중령도 포함되었을 것이다. 이들 모두가 매우 보수적이고 애국적인 기득권 조직에 속해 자기들끼리 국가기밀을 공유하는 데 익숙한 인물이었다. "자신들이 폐쇄적인 특수 공동체의 일원이라고 느낀 그들은 무분별한 행동을 해도 그 공동체에 의해 보호된다고 생각해 안심하고 기밀을 교환했다. 1924년 10월 공모자들은 자신들이 국가의 이익을 위해, 즉 소련과 친소 단체의 압력에 취약한 정부는 국가안보에 위협이 되기 때문에 그런 정부의 집권을 막기 위해 행동하고 있다고 스스로 확신했다. 지노비예프 편지가 10월 29일 총선에서 보수당(Tory)이 압승한 주요인은 아니었지만 그렇다고 믿은 정치인들이 좌우를 불문하고 많았다. 노동당 지도자들은 속임수에 의해 정권을 잃었다고 느꼈다. 그리고 그들은 보수당 본부가 편지 공개에 일부 개입한 사실을 알았을 때 자신들의 의심을 확인한 것으로 보인다.

램지 맥도널드는 수상으로서 정보기관들과 문자 그대로 거리를 두려고 했다. 그가 비밀정보부(SIS), MI5, GC&CS 등의 어떤 관리도 일부러 만난 것 같지는 않다. 마침내 맥도널드가 총선 패배 직후 제2차 볼드윈 보수당 정부가 수립되기 전에 지노비예프 편지에 관해 비밀정보부 정치과장 맬컴 '울리' 울콤(Malcolm 'Woolly' Woollcombe) 소령에게 질문할 것을 결심했을 때, 그는 도저히 대면 인터뷰할 마음이 내키지 않았다. 그래서 외무부 장관실 옆방에 울콤을 앉혀두고 에어 크로(Eyre Crowe) 상임 차관이 두 방 사이의 출입구에 자리를 잡았다. 이후 맥도널드 수상은 크로를 통해 울콤에게 질문하고, 울콤은 그의 답변을 수상에게 보고했다. 이 이상한 절차가 진행되는 도중 어느 순간에도 울콤은 수상을 보지 못했다.[3]

지노비예프 편지 소동의 결과, 1924년 11월 출범한 스탠리 볼드윈 수상의 보수당 정부가 신호정보 보안 절차를 엄격하게 강화했다. 이제 재무장관으로 공직에 복귀한 처칠은 그동안 밀린 소련 해독물을 따라잡고 싶었으나 접근을 거부당해 분개했다. 그는 새 외무장관 오스틴 체임벌린(Austen Chamberlain)에게 "우리가 과거 내각 동료였을 때 유행한 시스템을 너무 심하게 변경했다"라고 항의했다.

나는 아마 어느 장관보다 더 긴 시간 동안 더 열심히 이러한 첩보를 조사했

---

3   1987년 11월 저자 크리스토퍼 앤드루는 BBC2의 〈타임워치〉 프로그램을 위해 당시 외무장관 제프리 하우(Geoffrey Howe) 경의 허락을 받아 외무·연방부의 장관실에서 이 놀라운 일화를 재연했다.

다. 나는 1914년 가을 [40호실에서] 공직을 시작한 이후 매년 이 전사지들을 빠짐없이 읽었다. 나는 이 분야의 정부 정책을 진실하게 판단하는 수단으로서 국가가 보유한 다른 어느 지식 출처보다 이 전사지들을 더 중요시한다.

처칠의 항의는 아무 소용이 없었다. 이후 보안을 강화하기 위해 GC&CS의 절취물이 몽땅 외무부로만 발송되었다. 군 부처들과 인도청, 식민청, 내무부 등은 직접 관계된 절취물만 보았다.

그러나 1927년 볼드윈 정부는 자체의 신호정보 보안 절차를 위반해 커즌의 최후통첩보다 더 장기적인 피해를 초래했다. 그해 봄 목소리 큰 회의장 뒷자리 보수당 의원들이 소련의 전복활동을 성토하고 정부 내에서도 처칠 등 일부 각료들이 이들을 강력하게 지지했는데, 이들의 압력에 의해 볼드윈 정부는 모스크바와 외교 관계를 단절할 것을 결정했다. 이 결정을 정당화하기 위해 볼드윈 정부는 처음에는 경찰이 무어게이트(Moorgate)에 있는 '전(全)러시아협력협회(ARCOS)' 사무실을 수색·압수한 문서들을 활용하려고 했다. ARCOS는 러시아가 영국과의 무역 진흥을 위해서뿐만 아니라 정보공작을 위한 간판으로도 이용한 단체였다. 그러나 기대와 달리 그 문서들은 스파이활동 증거로서 충분하지 못했다. 이에 따라 내각은 소련 공사관의 중대한 악행을 입증할 수 있는 유일한 증거는 모스크바와 교환한 외교 전문을 GC&CS가 해독한 것이라고 결론지었다. 해독물에 대한 첫 공개 언급은 ARCOS 수색에 대한 5월 24일 하원 성명에서 수상이 했다. 볼드윈은 '영국 정부의 수중에 들어왔다'라고 건성으로 관찰한 러시아 전문 4개를 낭독했다. 한 야당 의원이 볼드윈에게 항의하면서 어떻게 정부가 그 전문들을 입수했는지 물었지만, 질문을 마치기 전에 함성(의회 회의록에는 '방해'로 표현되어 있다)이 발생했다. 의장이 개입해 소련과의 외교 관계를 단절하는 결정에 관한 토론을 이틀 뒤로 연기했다.

5월 26일의 토론에서 비밀정보에 관한 정부의 무분별함은 현대 의회 역사에 유례가 없을 정도로 극치에 이르렀다. 볼드윈의 나쁜 선례에 뒤이어 외무장관 오스틴 체임벌린과 '직스(Jix)'로 불리는 내무장관 조인슨-힉스(Joynson-Hicks) 가 절취된 러시아 전문을 인용했다. 직스는 소련 무역대표단이 "내가 본 것 중에서 가장 완벽하고 가장 사악한 스파이 시스템을 운영하고 있다"라고 비난하면서 매우 흥분했다. 그는 "그 스파이들 이름뿐 아니라 주소도 내 수중에 있다"라고 자랑했다.

그 토론 당일 체임벌린은 '반영(反英) 스파이·선전 활동' 때문에 외교 관계를 단절한다는 결정을 러시아 대리공사에게 통보했다(2년 뒤인 1929년 외교 관계가 재개되었다). 체임벌린은 대리공사가 4월 1일 모스크바에 보낸 해독된 전문에서 "당신이 영국 정부에 대한 정치 공세를 뒷받침할 수 있도록 자금 지원을 요청했다"라고 인용함으로써 이례적으로 개인적인 사항을 메시지에 담았다. 볼드윈 정부는 소련이 영국 정치에 비밀리에 관여한 혐의를 입증할 수 있었다. 그러나 백서로 공개된 해독물과 ARCOS 수색 시 압수된 문서를 보면, 단지 몇 군데서 보다 심각한 형태의 스파이활동을 애매하게 암시할 뿐이었다. 결국 영국 정부는 게도 구럭도 다 잃게 되었다. 영국 정부는 가장 은밀하고 생산적인 정보기관 GC&CS의 업무를 훼손했음에도, 영국이 가장 사악한 소련 '스파이 시스템'에 의해 위협받는다는 직스의 극적인 주장을 뒷받침할 증거를 제시하지 못했다.

영국 정부의 소련 절취물 공개가 정보기관에 미친 영향은 대단히 충격적이었다. 이에 대응해 소련은 외교통신용으로 이론상 해독 불가능한 '1회용 암호표(one-time pad)'를 채용했다. 페털라인이 동료들에게 말한 대로, 이 시스템은 1916~17년 차르 체제 외무부에 의해 처음 사용되었다. 1927년부터 제2차 세계대전까지 GC&CS는 (공산주의 인터내셔널의 통신을 일부 해독하는 성공을 거두었지만) 소련의 고급 통신은 거의 해독할 수 없었다. GC&CS의 실무책임자 알라스테어 데니스턴(Alastair Denniston)은 볼드윈 정부가 "우리 업무를 훼손시키는 것이 의심의 여지없이 필요하다고 생각했었다"라고 신랄하게 적었다. 이후 10년 동안 GC&CS 신입 직원들은 정치인들이 빠질 수 있는 무분별함의 깊이를 보여주는 경고 사례로서 소련 암호를 상실한 이야기를 들었다.

전후 프랑스에서 신호정보에 관해 가장 무분별했던 정치인은 조르주 클레망소(Georges Clemenceau) 수상이었을 것이다. 1919년 파리 강화회의에서 영국 대표로 활동한 관방장관 모리스 행키(Maurice Hankey) 경의 믿을 만한 목격담에 따르면, 클레망소는 '네 거두 회담(Council of Four)'의 다른 참석자들[로이드 조지, 우드로 윌슨, 비토리오 오를란도(Vittorio Orlando) 이탈리아 수상]에게 프랑스 신호정보 활동의 성공에 대해 자랑했다. 그는 "케 도르세가 파리로 오는 모든 메시지를 해독했다"라고 상당히 과장되게 주장했다. 그의 자랑은 미국·영국·이탈리아의 일부 전문도 해독물로 거론했기에 더더욱 놀라웠다. GC&CS가 소련 암호를 해독했다는 사실이 1920~27년 기간에 거듭 폭로되었음에도, 케 도르세는 자신들의 암호 역시 매우 위태로울 수 있다는 위험성을 깨닫지 못했다. 1935년까지 GC&CS를 이긴 프랑스 외교암호는 없었다. 후일 데니스턴이 썼듯이 그때까지 암호해독관들의 유일한 문제는 파리와 런던이 가까워 양 도시 간의 프랑스 외교통신 대부분이 외교행낭을 통해 이루어졌으며 따라서 외교통신이 그들의 능력 범위 밖이라는 데 있었다.

전전과 마찬가지로 전후에도 프랑스 암호해독관들이 푼 절취물 일부가 프랑스 정부 내에서 분란을 일으켰다. 특히 1921년 1월 푸앵카레의 후임 대통령 알렉상드르 밀랑(Alexandre Millerand)과 11차례의 수상 경력 중 일곱 번째 임기를 막 시작한 아리스티드 브리앙(Aristide Briand) 사이에 갈등이 생겼다. 밀랑은 베르사유조약으로 독일에 부과된 전쟁배상금 지불 협상을 둘러싸고 강경노선을 견지했다. 그는 독일이 '의심할 여지없이 불성실한 적국'이라고 생각했다. 밀랑은 파리 주재 독일 대사가 베를린에 발송한 전문 해독물을 읽고 충격을 받았다. 그 전문에 따르면, 브리앙은 독일 대사에게 사적으로 이렇게 말했다. "합의에 도달하는 것이 긴요합니다. … 내 정책은 비타협적이 아닙니다. 나는 항상 현실을 고려하며 결코 불가능한 것을 요구하지 않습니다."[4] 1920년대 프랑스 신호정보 활동에 관해서는 상세한 연구가 필요하지만, 당시는 급격하게 쇠퇴한 시기였다. 1919년 이후 '전쟁대학(École Supérieure de la Guerre)'이 더는 암호술 강좌를 개설하지 않았으며 '제2국(Deuxième Bureau) 암호과(Section du Chiffre)'는 대폭 축소되었다. 1920년대에 케 도르세의 암호과 인원은 12명에 불과한 데다 암호분석관은 거의 없었다. 암호과 축소는 GC&CS가 프랑스 외교암호를 더 쉽게 풀게 된 것을 잘 설명해 준다.

프랑스 외교암호와는 별개로, GC&CS는 1920년대 일본 외교암호에 관해서도 큰 성공을 거두었다. 데니스턴은 일본 해독물을 번역하기 위해 극동에서 30년을 보낸 퇴직 외교관 어니스트 호바트-햄프든(Ernest Hobart-Hampden)을 채용했다.

그는 일본인들의 습관을 알기 때문에 중요한 것은 절대 빠뜨리지 않는 묘한 재주를 곧 획득했다. … 1931년 일본의 만주 침략에 이르는 기간 내내 워싱턴, 런던, 제네바 등에서 개최된 모든 큰 회의에서 일본 정부와 장황하게 말이 많은 그 대표단의 모든 견해를 수집하는 데 공헌했다.[5]

---

4   배상금 합의는 1932년까지 타결되지 않았다.
5   1926년 또 다른 퇴직 외교관으로서 일본어를 구사하는 해럴드 팔릿(Harold Parlett) 경이 호바트
     -햄프든과 합류했다. 데니스턴이 보기에 팔릿도 '똑같은 필수 감각'을 갖추었다. 이 두 사람은
     GC&CS에서 힘을 합쳤으며 『영-일 회화 사전』을 편찬했다.

1920년대 미국 암호해독관들이 주된 성공을 거둔 것도 일본의 외교통신 해독 때문이었을 것이다. 1918년 8월 군사정보 암호부대 MI-8의 전시 수장 허버트 야들리(Herbert Yardley)가 전쟁부와 국무부의 공동 재원으로 맨해튼 비밀 장소에 평시 '암호국(Cipher Bureau)'을 설립했는데, 이곳은 '검은 방(Black Chamber)'으로 더 유명했다. GC&CS와 달리, 러시아 외교통신은 우선순위가 낮았으며, 1933년 미국이 늦게나마 소련과 외교 관계를 수립할 때까지 가로채기가 쉽지 않았다. '검은 방'의 주된 우선순위는 일본이었다. '검은 방'의 최대 성공은 미국 수도에서 개최된 첫 주요 국제회의인 '워싱턴 군비제한 회의'에서 이루어졌다. 이 회의는 1921년 11월부터 4개월 동안 심의를 진행했다.

후일 야들리가 부하 암호해독관들의 성과를 기술한 대목의 특징은 겸손한 맛이 없다는 것이다.

빗장을 질러 감추고 보호한 '검은 방'은 모든 것을 보고 모든 것을 듣는다. 블라인드를 내리고 창문에 두꺼운 커튼을 쳤지만, 그 멀리 보는 눈은 워싱턴, 도쿄, 런던, 파리, 제네바, 로마 등의 비밀 회의실을 꿰뚫는다. 그 예민한 귀는 세계 각국 수도의 가장 희미한 속삭임도 잡는다.

'검은 방'은 야들리가 과장법으로 시사한 무소부지(無所不知)의 경지에는 결코 이르지 못했지만, 일본의 통신을 해독하는 데는 뚜렷한 성공을 거두었다. 국무장관 찰스 에번스 휴즈(Charles Evans Hughes)는 처음에 일본 절취물에 들어 있는 공격적 수사에 경악했다. 그는 워싱턴 회의 개막 전에 영국 대사 오클랜드 게디스(Auckland Geddes) 경에게 절취물이 '일본의 동부 시베리아 점령 의도'를 가리키고 있다면서, 영국이 [일본 정부로 하여금] 그 프로젝트 추진을 단념하도록 설득하라고 요청했다. 게디스는 영국도 일본의 외교통신을 해독하고 있음을 드러내지 않았다. 미국 국무장관은 GC&CS가 미국 통신 일부도 해독할 수 있다는 사실을 의심해 보지 않은 것이 거의 확실하다.[6]

'검은 방'의 일본 해독물은 워싱턴 회의 기간에 미국 대표단에 상당한 협상 우위를 안겨주었다. 미국 협상가들은 미국과 일본의 해군력 비율을 10 대 6으로 하자고 요구했다. 일본 측은 10 대 7 이하로는 내리지 않겠다고 고집했다. 이후 1921년 11월 29일 '검은 방'이 도쿄에서 온 메시지를 해독했는데, 야들리는 후일 그 메시지가 '검은 방의 문턱을 넘은 전문 중에서 가장 중요하고 장기적인 영향을 미치는 것'이었다고 주장했다. 도쿄는 10 대 7의 비율을 확보하기 위해 '노력을 배가하도록' 대표단에 지시했다. '불가피하다면' 10 대 6.5의 비율을 수용하라는 승인도 있었다. 그러나 일본으로서는 영·미, 특히 미국과 여하한 충돌도 피하는 것이 필요했기 때문에, 최종적으로 10 대 6의 비율도 수용해야 할 처지였다. 따라서 미국 대표단은 원하는 비율을 성취하기 위해 그저 확고한 태도를 유지하기만 하면 된다는 것을 알았다. 포커광(狂) 야들리가 후일 논평했다. "스터드 포커(stud poker, 첫 한 장은 엎어서 주고 나머지 네 장은 한 장씩 젖혀서 나누어 주며 돈을 거는 게임_옮긴이)는 상대방의 첫 패를 본 후에는 그다지 어려운 게임이 아니다." 마침내 12월 10일 도쿄가 대표단에 타전했다. "미국이 제안한 비율을 받아들일 수밖에 없다. …"[7]

야들리의 기록에 따르면, "검은 방의 크리스마스를 환하게 밝힌 것은 전쟁부와 국무부 관리들이 우리 모두에게 후하게 내린 선물이었는데, 거기에는 개인적 안부인사와 함께 회의 기간 중 겪은 우리의 긴 고생에 대해 담당관들이 고마

---

6   후일 데니스턴은 GC&CS의 미국과가 워싱턴 회의 기간에 영국의 정책결정자들에게 '약간의 도움' 이 될 수 있었다고 겸손하게 회고했다.

7   야들리는 자신의 저서 『미국의 검은 방』에서 워싱턴 회의 기간에 해독된 일본 전문 텍스트를 다수 공개했다. 여기에는 1921년 11월 28일 자 해독 전문의 사진이 포함되었다.

위한다는 찬사가 첨부되었다". 이번에는 야들리가 과장하지 않았을 것이다. 다른 기록에 따르면, 야들리가 묘하게 계산된 998달러의 크리스마스 보너스를 받아 직원들에게 나누어 주었다. 그가 1923년에 받은 공로 훈장은 주로 워싱턴 회의 기간에 '검은 방'이 이룬 성취를 인정한 것이 거의 확실하다.

'거기서부터 줄곧 내리막'이었다고 결론을 내리고 있는 미국의 퇴역 암호전문가 토머스 존슨(Thomas R. Jonson)은 냉전 기간에 미국의 암호 활동 역사를 대외비 네 권으로 저술했다. 그에 따르면, "야들리의 조직이 돈에 굶주렸다. 1929년 예산은 8년 전의 1/3 수준에 머물렀다". '검은 방'의 운이 쇠퇴한 것(1920년대 프랑스 외교 신호정보 활동과 흡사했으나, 영국의 GC&CS는 달랐다)은 1923~29년 재직한 캘빈 쿨리지(Calvin Coolidge) 대통령이 외부세계에 관한 관심을 결핍한 탓도 있었다. 전쟁·국무장관을 역임한 엘리후 루트(Elihu Root)가 20세기 대통령 중에서 가장 소극적이고 가장 과묵한 '침묵의 캘'에 대해 말했다. "그의 머리에는 국제적인 마인드가 한 올도 없었다." 쿨리지의 『자서전』은 외교정책에 관한 언급이 전혀 없는데, 하물며 해외정보에 관해서야 더 말할 것도 없다.

그러나 허버트 야들리의 리더십도 '검은 방'의 쇠퇴에 일조했다. 그는 데니스턴의 GC&SC 재직 기간을 특징짓는 의지할 만한 리더십과 건전한 판단력을 보여주지 못했다. 긴장했던 워싱턴 회의가 끝나고 야들리는 일시 신경쇠약에 걸렸다. 업무에 복귀한 그는 미녀 스파이들이 자신을 유혹하려 든다는 환상에 시달렸다. 금주법(미국에서 1919~33년 시행되었다_옮긴이) 시대를 견딜 수 없었던 야들리는 일과 후 매일같이 맨해튼 서부 40번대 거리의 주류 밀매 가게를 들렀다. 거기서 그는 '아주 멋진 여인'을 만났는데, 그녀는 '곱슬곱슬한 금발을 매혹적으로 귓가에 늘어뜨렸지만 깊은 안락의자 앉았을 때는 양 다리를 다소 심하게 노출했다'. '세 번째 칵테일을 마신' 그는 '다리도 참 예쁘다'고 생각했다. 좀 더 깊이 생각한 야들리는 그녀가 자신을 염탐해 엄중한 '검은 방'의 암호분석 비밀을 캐기 위해 파견되었다고 확신했다. 야들리 자신의 사실 같지 않은 기술에 따르면, 그는 국가이익을 위하기로 작심하고 '사랑스러운 여인'을 취하게 만든 다음 그녀를 맨해튼 동부의 80번대 거리에 있는 그녀 아파트로 데려다주었다. 그녀가 소파에서 잠이 든 사이, 야들리는 옷장을 뒤져 그녀가 비밀 임무를 띠고 있다는 증거가 될 것으로 보이는 쪽지를 찾았다. "첫 번째 기회에 서로 친구가 되어라. 우리에게 즉시 알리는 것이 중요함." 그는 서둘러 그 아파트를 벗어났다. 야들리는 '검은 방'을 다소 자신의 방식대로 운영하도록 방임되었기 때문에 섹스와 스파이활동에 관한 그의 대체로 무해한 환상은 행정부의 관심을 거의 또는 전혀 끌지 못했다.

'검은 방'의 종말은 야들리의 실패보다는 대통령 교체로 인한 것이었다. 1929년 3월 허버트 후버(Herbert Hoover)가 쿨리지 다음 대통령으로 취임한 후, 헨리 스팀슨(Henry L. Stimson)이 국무장관이 되었다. 평소 스팀슨은 공직의 높은 도덕적 기준을 강조한 것으로 유명한데, 그의 소신을 고려한 부하들이 그가 몇 주 동안 일상 외교의 낮은 도덕적 기조에 적응할 때까지 '검은 방'의 존재가 그의 눈에 띄지 않도록 숨길 것을 결정했다. 5월 국무부는 마침내 일말의 두려움을 안고 몇 건의 일본 해독물을 스팀슨 책상 위에 올려놓기로 했다. 수석 암호해독관 윌리엄 프리드먼이 나중에 기밀로 작성한 후속 사태 기술에 따르면,

그의 반응은 난폭했으며 그의 행동은 거칠었다. 그는 그 문건이 어떻게 입수되었는지 알고서는 그런 활동을 아주 비윤리적이라고 규정하고 국무부가 관계되는 한 즉각 중단할 것이라고 선언했다. 그는 자신의 결정에 대못을 박기 위해 소요된 국무부 자금을 즉시 회수하라는 지시를 내렸다.

스팀슨 자신이 쓴 일기는 덜 극적이지만 프리드먼의 기술과 일치했다. 그는

책상 위의 해독물을 보자마자 즉각 자신이 차관으로 임명한 자신의 친구이자 뉴욕 변호사인 조지프 코튼(Joseph P. Cotton)을 호출했다.

우리 둘은 정부가 외국 사절인 대사들에게 오는 메시지를 가로채서 읽는다는 것은 아주 비윤리적이라는 데 의견이 일치했다. … 나는 [검은 방에 대해] 자금을 차단했으며, 이것이 나중에 해체된 이 전문가 집단의 존속을 끝장냈다.

어렵사리 설득된 스팀슨은 '검은 방'이 문을 닫고 모든 파일을 일본 암호 업무를 일부 수행하는 육군 신호부대(Army Signal Corps)에 인계하도록 두 달 기간을 부여했다.[8]

정부 연금 없이 해고된 '검은 방' 수장 야들리가 끔찍하게 복수했다. 그때까지 그는 '부호·암호에 관한 어떠한 폭로'에도 강력하게 반대했었다. 그는 "나의 이유는 분명하다. 폭로는 외국 정부에게 우리의 기량을 알려주고 우리의 업무를 더 어렵게 만든다"라고 적었다. '검은 방'의 맨해튼 사무실에 붙은 대형 포스터가 직원들에게 경고했다. "비·밀·엄·수! 만일 적이 우리가 그들의 현행 암호를 해독할 수 있다는 것을 알게 되면, 적은 더욱더 어려운 형태를 고안할 것이다." 1931년 4월과 6월 사이에 야들리는 자신의 규칙을 깨고 세상을 놀라게 하는 회고록을 처음에는 잡지 연재물로, 다음에는 『미국의 검은 방(The Americam Black Chamber)』이라는 제목의 단행본으로 출판했다. 야들리의 회고록은 암호 분석에 관한 기밀 자료를 폭로했을 뿐 아니라 '검은 방'이 암호를 해독한 일련의 국가도 열거했다. 미국의 동맹국이 포함된 그 국가들의 명단을 보면, 아르헨티

---

8   스팀슨은 군사 정보공작에 관해서는 도덕적 가책을 덜 느꼈다. 1936년 무렵 신호정보과(Signal Intelligence Section)는 일본의 주 외교암호를 해독하는 데 성공해 이 암호에 'RED'라는 암호명 (code name)을 부여했다.

나, 브라질, 영국, 칠레, 중국, 코스타리카, 쿠바, 프랑스, 독일, 일본, 라이베리아, 멕시코, 니카라과, 파나마, 페루, 산살바도르, 산토도밍고, 소련 및 스페인이었다. 회고록 중에서 폭발성이 가장 강했던 것은 일본 외무성 암호의 해독과 워싱턴 해군 회의 기간 도쿄의 협상 입장에 관한 정보를 다룬 부분이었다. 국무부는 워싱턴 회의 기간 동안 일본 암호를 해독한 사실을 단호하게 부인했으나 아무도 속지 않았다. 일본 외무성은『미국의 검은 방』138권을 전 세계에 나가 있는 대사관과 공사관에 보내 암호가 훼손될 수 있음을 경고했다.

야들리가 일본 해독물을 공개한 9개월 후, 소련도 같은 짓을 했다. 소련의 공개는 야들리 회고록보다 서방 언론의 관심을 훨씬 덜 끌었지만, 스탈린의 지시로 이루어졌다는 점에서 훨씬 더 놀라웠다. 스탈린은 소련령 극동과 동시베리아에 대한 일본의 공격 위협을 매우 우려한 나머지 1932년 3월 극비의 일본 문서들 초록을 ≪이즈베스티야(Izvestia)≫(1917년 창간된 소련 정부 기관지. 1991년 독립지로 전환되었다_옮긴이)에 공개하도록 오그푸(OGPU)에 명령하는 조치를 전례 없이 취했다. 그 일본 문서들은 일본의 암호를 해독해서 입수한 것이거나 모스크바 주재 일본 무관 가사하라 유키오(Yukio Kasahara) 중령의 사무실에 근무하는 오그푸 스파이(신원 미상)로부터 입수한 것이었다. ≪이즈베스티야≫는 가사하라의 이름을 밝히지 않았지만, 그가 다음과 같이 도쿄에 보고했다고 인용 보도했다.

조만간 소련과 충돌하는 것은 [일본의] 불가피한 운명일 것입니다. … 일-소 전쟁의 발발이 이르면 이를수록 우리에게 좋습니다. 우리는 상황이 소련에 유리하게 하루하루 전개되고 있음을 깨달아야 합니다. 요컨대, 당국이 소련과의 속전속결을 결심하고 그에 따라 정책을 추진하기 바랍니다.

1932년 봄 가시하라는 일본 총참모부 제2국 러시아 과장에 임명되었다. 그의 후임으로 모스크바 주재 무관으로 부임한 가와베 도라시로(Torashiro Kawabe)도 똑같이 호전적인 인물로, 일-소 전쟁이 '불가피'하다고 도쿄에 보고했다. 가시하라는 전쟁 준비가 완료되었다는 답신을 보냈다. "일본이 만주를 통합하려면 러시아와의 전쟁이 필요합니다." 이후 몇 년 동안 일본의 공격 위험을 모니터하는 것이 소련 암호해독관들의 최우선순위였겠지만, 그 공격이 구체화된 적은 없다.

일본 외무성은 미국과 소련에 의해 암호가 해독되었음을 알고도 몇 년 동안 개선조치를 거의 취하지 않았다. GC&SC가 1932~33년 일본 전문을 해독한 건수는 1930~31년보다 많았다. 오그푸도 일본 해독물을 꾸준히 생산했다. 스탈린을 가장 걱정시킨 일부 해독물은 소련에 대한 일본의 정보 침투에 관한 것이었다. 6월 10일 오그푸는 일본의 정보보고서를 해독해 육군·해군 담당 인민위원 클리멘트 보로실로프(Kliment Voroshilov)에게 보고했다. 일본의 정보는 소련의 해군력 강화뿐 아니라 유럽에서 극동으로의 육군과 공군 전력 이동에 관해서도 대체로 정확하고 상세하게 파악하고 있었다. 그 정보의 출처는 폴란드와 라트비아 총참모부의 일본 접촉선과 모스크바 외에도 바이칼 호 동부(Transbaikalia)와 연해주(Primorye)에 있는 일본 스파이들임이 분명해 보였다.

몇 주 후 화가 난 스탈린은 오그푸와 만주의 '제4군'이 '범죄적인 체제 전복 행위'를 저질렀다고 비난하면서 그런 행위가 '일본과 새로운 전쟁을 일으킬' 위험이 있다고 주장했다. 그는 그 범인들이 소련 정보계에 침투한 일본의 스파이들이라고 생각했다. 스탈린이 자신의 부재 시 정치국을 주재하는 카가노비치(Kaganovich)에게 서신을 보냈다. "우리는 이러한 능욕을 더는 참을 수 없습니다. 몰로토프(Molotov, 당시 총리 격인 인민위원회 의장_옮긴이)와 상의해서 오그푸와 [군] 정보국 내의 범죄자들을 엄격하게 처리하십시오(이 자들은 우리 내부의 적 스파이들일 가능성이 큽니다)."

1933년 가을 모스크바 주재 대사 출신의 히로타(Hirota)가 일본 외상에 임명되었다. 11월 말 오그푸는 주일 미국 대사가 국무부에 보낸 전문을 해독해 스탈린에게 보고했다. 그 전문은 히로타의 일본 외교정책이 더 공격적이며 1934년 봄 소련과 전쟁이 있을 것이라고 예상했다. 스탈린은 일본의 공격 위협을 모니터하는 수단으로서 신호정보를 계속 사용했다. 그 공격은 실현되지 않았지만, 소련과 일본 사이에 사소한 군사적 충돌이 100여 차례 발생했으며, 1939년에는 선포되지 않은 국경전쟁이 벌어지기도 했다.

1930년대 초반 러시아 암호해독관들은 차르 니콜라이 2세 시대에 이어 다시한번 세계 최고가 되었고 모든 강대국의 외교암호를 적어도 일부는 해독할 수있었다. 스탈린의 개인 아카이브에 있는 외교 절취물 파일은 대부분 아직 조사되지 않았으나 그의 외교정책을 이해하는 데 긴요하다. 이러한 절취물은 스탈린이 이용한 여러 정보 출처 가운데서도 중요했으며, 일본 건에서처럼 스탈린이 빈번히 가장 주의를 기울인 출처였다.[9]

러시아 암호해독관들은 니콜라이 2세 치하에서처럼 외국 대사관에 대한 스파이 침투로 큰 도움을 받았다. 가장 성공적으로 침투한 대상은 로마 주재 영국 대사관이었다. 1930년대 중반 로마에 주재한 외교관 앤드루 노블(Andrew Noble) 경에 따르면, 대사관 보안이 "사실상 존재하지 않았다". 대사관 하인들이 비밀문서를 보관하는 캐비닛과 우편함 열쇠를 가지고 있었는데, 대사관 금고의 다이얼 번호도 십중팔구 가졌을 것이다. 하인 중에서 프란체스코 콘스탄

---

9   오늘날 울트라(ULTRA) 정보에 대한 처칠의 열정을 인정하지 않고 제2차 세계대전 시의 처칠에
     관한 책이나 논문을 쓰려고 생각하는 사람은 없을 것이다. 이와 반대로, 신호정보에 대한 스탈린
     의 열정도 처칠만큼이나 컸다는 사실을 언급하고 있는 스탈린 전기나 그의 외교정책 연구는 아직
     없다.

티니(Francesco Constantini)는 1924년 소련 스파이로 포섭되어 10여 년 동안 상당한 분량의 영국 외교문서를 공작관(case officer)들에게 팔았다. 예를 들어 1935년 11월 15일의 NKVD(내무인민위원회) 보고서에 따르면, 연초부터 프란체스코 콘스탄티니 또는 그의 동생 세콘도(Secondo)가 제공한 100여 건의 영국 문서는 '스탈린 동지에게 보낼' 만큼 중요하다고 판단되었다. 그 문서 중에 내무장관 존 사이먼(John Simon) 경과 외무장관 앤서니 이든(Anthony Eden)이 베를린에서 히틀러와 가진 회담, 이든과 소련 외무 인민위원 막심 리트비노프(Maksim Litvinov) 간의 모스크바 회담, 이든과 폴란드 외무장관 유제프 베크(Josef Beck) 간의 바르샤바 회담, 이든과 체코슬로바키아 외무장관 에드바르트 베네시(EduardBeneš) 간의 프라하 회담, 이든과 무솔리니 간의 로마 회담 등에 관한 영국 외무부 기록이 들어 있었다. 로마로 잇달아 부임한 영국 대사들은 잘못된 것을 전혀 모르다가, 1936년 1월 세콘도 콘스탄티니가 평소 기밀문서용으로 잠가 두는 빨간 상자에서 대사 부인의 다이아몬드 목걸이를 훔쳤다. 비밀정보부 방첩과장 발렌타인 비비안(Valentine Vivian)이 수사한 결과, 세콘도 콘스탄티니, 즉 NKVD가 부여한 암호명 더들리(DUDLEY)가 곧장 범인으로 지목되었다. 대사 에릭 드러먼드(Eric Drumond, 나중에 퍼스 백작이 되었다) 경은 비비안의 수사 결과를 믿지 않았다. 스파이 더들리는 해고되지 않고 그의 아내와 함께 1937년 5월 영국 정부의 손님으로 런던에 초대되어 국왕 조지 6세의 대관식에 참석했는데, 이는 충실했다는 그의 장기 복무에 대한 포상이었다.

모스크바 주재 미국 대사관이 침투당한 것은 로마 주재 영국 대사관보다 훨씬 더 포괄적이었다.[10] 미국 대사관은 1933년 개관 시 사실상 보안이 전무했으

---

10   미·소 관계와 관련된 기존 역사서 중에 1933년 외교 관계 수립 이후 30여 년에 걸쳐 모스크바 주재 미국 대사관에서 기밀문서가 엄청나게 유출된 사실이 중요하다는 것을 파악하고 있는 문헌이 없으며, 대개는 그런 사실을 언급조차 하지 않고 있다.

며 처음에는 암호도 사용하지 않았다. 장차 모스크바 주재 미국 대사가 될 조지 케넌(George Kennan)은 대사관 창설 요원이었는데, 그의 후일 회고에 따르면, "본국 정부와의 통신은 일반 전신국을 통과했으며 소련 정부의 책상 위에 놓였다". 스탈린은 자신의 행운을 틀림없이 믿을 수 없었을 것이다. 대사관을 경비하게 된 미국 해병들에게는 재빨리 NKVD가 자상한 여자 친구들(일부는 발레리나)을 붙여주었다. 케넌처럼 대사관 창설 요원이면서 장차 대사가 될 '칩' 볼런('Chip' Bohlen)이 어느 날 사보이호텔 로비에 앉아 있었다. 그때 짙게 화장한 한 러시아 여인이 프런트로 와서 해병대 병장 오딘(O'Dean)의 방에 올라가고 싶다고 말했다. 그녀는 "나는 그의 러시아어 선생"이라고 밝혔다. 대사관에 파견된 첫 번째 암호 서기들 가운데 적어도 한 사람이 또 다른 '러시아 선생들'의 협조로 러시아 스파이로 포섭되었는데, 그 사람은 타일러 켄트(Tyler Kent)였다. 대부분의 타국 외교관은 제한을 받았지만, 켄트는 자동차, 총과 스튜디오를 취득할 수 있었다. 그 스튜디오에서 켄트는 러시아어 선생의 누드 사진을 찍었다. 그는 또한 미국 외교통신문도 수집했는데, '사료(史料)로 쓸 목적'이라고 했으나 NKVD용이었을 가능성이 더 크다.[11]

소련 정보활동과 관련되는 한, 미국 대사관은 공개외교와 유사한 활동을 수행하고 있었으나 그 사실을 깨닫지 못했다. 초대 대사 윌리엄 불릿(William C. Bullitt)은 깊숙이 침투당한 대사관과 대사관저를 후임자들과 NKVD에 남겼다. 1937년 대사관 전기공이 불릿의 순진한 후임자 조지프 데이비스(Joseph E. Davies) 대사(1936~38년 재직)의 책상 위 다락방에 숨겨진 NKVD 마이크를 발견했다. 데이비스는 전혀 개의치 않았으며 직원들의 항의도 진지하게 받아들이지 않았다. 그는 거들먹거리며 자신의 일기에 썼다. "젊은 사람들이 모두 '흥분

---

11   1939년 켄트는 런던 주재 미국 대사관의 암호 서기로 전보되었다.

했다.' … 나는 그들을 진정시키고 그들의 '국제적 탐정 놀이에 대해 그들을 놀려댔다.' … 나는 소련이 녹음기를 설치한다면 훨씬 더 좋을 것이라는 입장이었다. 왜냐하면 그만큼 더 빨리 그들이 우리가 적이 아니라 친구라는 것을 알게 될 것이기 때문이다."

1930년대 중반 소련은 세계 최고의 신호정보 기관을 보유했을 뿐만 아니라 역사상 어느 정보기관보다 더 많은 나라에서 더 많은 외국인 스파이(전부는 아니나, 대부분이 이념적 동기에서였다)를 보유했다. 미국에서는 크게 성공한 아이비리그(Ivy League, 미국 북동부의 8개 명문대_옮긴이) 출신들―래리 더갠(Larry Duggan), 알저 히스(Alger Hiss), 해리 덱스터 화이트(Harry Dexter White) 및 그들의 우두머리 던컨 리(Duncan Lee)―이 포섭되었고, 영국에서도 마찬가지로 크게 성공한 케임브리지대 출신들이 포섭되었다.

1930년대 중반에는 보다 최근에 졸업한 케임브리지대 출신들 가운데 MI5와 비밀정보부보다 소련 정보기관에 포섭된 숫자가 더 많았다. 그들 가운데 가장 유능했을 킴 필비(Kim Philby)는 후일 회고록을 그의 친구 그레이엄 그린(Graham Green)의 서문으로 시작했다. 그 서문은 필비와 그의 동료 소련 스파이들을 엘리자베스 1세 시대 때 개신교 잉글랜드에 대항해 스페인의 승리를 위해 활동한 헌신적인 가톨릭교도에 비유했다. 엘리자베스 시대의 주된 포섭자는 '학자로 가장해' 깊숙이 활동한 가톨릭 사제였다. 1930년대 소련의 주된 포섭자는 빈 출신의 아놀드 도이치(Arnold Deutsch) 박사였다. 학력 면에서 케임브리지 '5인방(Magnificent 5, 이념적 동기에서 제2차 세계대전 전후 소련 스파이로 활동한 케임브리지대 출신 다섯 명을 지칭한다_옮긴이)'보다 더 뛰어난 도이치는 런던 햄스테드(Hampstead)에서 살면서 유니버시티 칼리지 런던(UCL) 대학원생으로 신분을 가장해 활동했다. 이념적 동기에서 포섭된 스파이들은 소련이야말로 사상 최초로 보통 시민들이 공동선을 위해 자신의 능력을 최대·최고로 발휘할 수 있는 노동자·농민의 국가라는 신화적 이미지에 유혹되었으며, 자신들을 국제 파시즘에 대항해 투쟁하는 비밀 전사로 간주했다. 1936년 미국 국무부에 입사한 소련 스파이 줄리언 와들리(Julian Wadleigh)는 후일 이렇게 기술했다. "공산주의 인터내셔널이 나치 독일에 저항하는 세계 유일의 세력이었을 때, 나는 파시스트 물결을 막는 데 작은 도움이나마 이바지하고자 워싱턴 내의 소련 지하조직 활동에 헌신했다."

잠재적으로 NKVD에 가장 소중한 이념적 스파이망은 나치 독일 내에 있었다. 특히 독일 경제부 관리 아르비드 하르나크(Arvid Harnack)와 독일 공군 (Luftwaffe) 정보기관 중위 하로 슐체-보이센(Harro Schulze-Boysen)은 독일의 소련 침공을 미리 경고할 수 있었다. 정보총국(GRU, 총참모부 소속의 군사 정보기관_옮긴이)의 전신인 '제4국' 흑색 요원(illegal) 리하르트 조르게(Richard Sorge)도 그러한 예고를 했는데, 그는 도쿄 주재 독일 특파원으로 신분을 가장해 활동했다. 조르게는 독일 대사관 내에서 1934년 무관으로 부임한 오이겐 오트(Eugen Ott) 대령과 긴밀한 접촉을 유지했으며, 오트 부인은 그의 수많은 불륜 상대 중 하나였다. 조르게는 대사관이 수취한 독일의 극동 정책 관련 기밀문서를 다수 보았을 뿐 아니라 오트가 베를린에 보고한 일본의 군사력과 군사계획에 관한 정보도 많이 알았다. 1938년 4월 오트가 대사로 승진했을 때, 조르게는 그와 매일 조찬을 함께하면서 일본 정세에 관해 브리핑하고 베를린에 보내는 그의 보고서를 기초하기도 했다.

그러나 1930년대 소련이 엄청난 성공을 거둔 인간정보·신호정보 수집과 그것을 해석하는 스탈린 정권의 능력 사이에 점차 간극이 커졌다. 1941년 6월 독일의 침공이 임박했다는 하르나크, 슐체-보이센과 조르게의 경고가 무시되었다. 모든 일당(一黨) 국가에서는 정치적 올바름을 집요하게 요구함으로써 정보

분석이 왜곡된다. 분석관들은 정치 지도부의 견해(1941년 6월의 경우, 독일의 침공이 없을 것이라는 견해)에 좀처럼 이의를 제기하지 않는다. 독재 정권의 해외정보 기관은 흔히 외부세계에 대한 정권의 오해를 바로잡기보다 강화하는 기제로 작용한다. 스탈린체제 러시아에서 정치적 올바름에 의해 발생한 왜곡은 재발 경향이 있는 음모론(독재 정권의 또 다른 공통적 특징이다)에 의해 더욱 가중되었는데, 스탈린 자신이 음모론의 주된 주창자였다. 증거 기반의 분석을 음모론으로 대체하는 경향을 더욱 악화시킨 것은 스탈린이 점차 스스로 정보분석관으로 행동하는 것이었다. 실로 스탈린은 다른 사람들의 정보 분석을 적극 좌절시켰는데, 그는 남들의 분석을 '위험한 추측'이라고 비난했다. 그는 "당신이 생각하는 것을 나에게 말하지 말고, 사실과 출처를 나에게 달라"라고 말했다고 한다. 결과적으로 INO(체카의 해외정보국과 양차 대전 사이의 그 후신들)에는 분석 부서가 없었다. 스탈린 시대 내내 그리고 그 이후에도 소련 정보보고서의 특징은 특정 주제에 관해 첩보를 편집한 것에 불과했다는 점이다.

1936~38년 대공포 통치(Great Terror) 기간 소련 정보활동의 주된 우선순위는 가상의 '인민의 적'을 색출하는 것이었다. 반대 세력 제거에 대한 스탈린의 집착은 대부분의 연구에서 밝힌 것보다 더 뒤에 나타났다. 1930년대 초반 스탈린이 모스크바 시내를 행인들과 섞여 걸어가는 사진 기록은 소홀히 취급되지만, 그 사진 속의 모습이 보여주듯이 당시 그는 자신의 신변안전에 신경을 쓰지 않았다. 모스크바 시민들 얼굴에 반응이 나타나지 않은 것을 보면, 그는 수도 거리에서 익숙하게 목격되는 사람이었다.

신변안전에 대한 스탈린의 태도가 극적으로 바뀐 것은 그의 가장 친한 친구인 세르게이 키로프(Sergei Kirov) 레닌그라드 당 제1서기가 1934년 12월 1일 당사 내에서 외로운 총잡이 레오니트 니콜라예프(Leonid Nikolaev)에 의해 암살된 후였다.[12] 흔히 스탈린이 암살 배후라고 잘못 생각했지만, 사실 그는 그 암살로 깊은 충격을 받았다. 키로프 암살사건에 대한 NKVD 수사는 1935년 초 스탈린을 죽이려는 이른바 '크렘린 음모'의 발각으로 이어졌다. 키로프 암살과 '크렘린 음모'에 대한 수사 결과는 스탈린과 NKVD 모두 이미 보안에 집착했었다는 일반적 주장을 부인하고 있다. 일찍이 레닌의 차량 납치와 아파트 약탈을 막지 못했듯이, 두 경우 모두 보안이 상당히 취약했다. NKVD 수장 겐리흐 야고다(Genrikh Yagoda)는 '레닌그라드 NKVD 조직이 완전히 와해되고 붕괴되지' 않았더라면, 키로프 암살은 불가능했을 것이라고 인정했다.

　　이미 수치에 휩싸인 NKVD 조직을 더욱 수치스럽게 만든 사실은 … 키로프 동지의 경호를 맡은 NKVD 레닌그라드 지부 관리들이 키로프 동지를 경호하는 가장 기본적인 조치만 취했더라도 분명 암살을 막을 수 있었을 것이라는 점이다.

'크렘린 음모' 사건의 방대한 수사 파일이 최근 스베틀라나 로코바(Svetlana Lokhova)에 의해 발견되었다. 그 수사를 진행한 결과, 보안상태가 훨씬 더 엉망이었음이 드러났다. 크렘린은 공산당 간부들에게 더 좋은 음식과 난방, 전력 공급, 전화 등 특권적 생활방식을 제공하고 자체의 전용 병원·극장·도서관을 보유한 미니 도시였다. 그러나 NKVD 수사를 진행하면서 크렘린의 많은 직원이 어떠한 신원조회나 배경 조사 없이 채용되었음이 드러났다. 출입증 발급 담당관 파벨 페데로비치(Pavel Federovich)는 NKVD 수사관들에게 구직자의 어머니나 누이가 이미 크렘린에 근무하고 있으면 그것으로 신뢰성이 충분히 담보된다고 말했다. 그러나 직원 중에는 수감된 정치범들과 옛 차르 체제 귀족들의 친인척이 포함된 것으로 밝혀졌다. 또 수사 결과, 조지아 출신의 '원로 볼셰비키'로

12　키로프 암살에 관한 최근 연구에 따르면, 니콜라예프의 단독 범행이었을 '가능성이 매우 크다'.

서 스탈린의 친구인 아벨 예누키드제(Abel Enukidze) 크렘린궁 관리소장이 때때로 과시하면서 엄청나게 방탕한 생활을 했으며 조직 매춘에도 관여한 것으로 드러났다. 크렘린 서기의 기술에 따르면, 예누키드제는 네 명의 정부와 함께 모스크바에서 레닌그라드까지 기차로 여행하는 버릇이 있었으며, 그 정부들에게는 볼쇼이(Bolshoy) 극장의 정부 요인 좌석을 제공하는 등 특혜를 베풀었다.

스탈린은 '크렘린 음모' 사건 수사 기간에 총 110건의(때로는 건당 여러 권으로 됨)의 심문 기록 사본을 받아보고 거기에 많은 주석을 달았다. 그 사본들을 보면, 대부분의 사학자들의 결론과는 달리 스탈린은 아직 자신에 대한 인신공격에 강박증을 보이지 않았다. 1936년 가을 대공포 통치가 시작되었을 무렵, NKVD는 스탈린에 대한 부하들의 거리낌 없는 비판을 결코 그에게 보고하지 않았을 것이다. 그러나 1935년까지는 NKVD가 스탈린에 관한 크렘린 직원들의 밀담을 그에게 보고했다. 예컨대, 청소부 넷이 다음과 같은 통렬한 코멘트를 날렸다.

스탈린 동지는 여자들 꽁무니나 쫓아다니고 일은 거의 하지 않는다. 그가 뚱뚱한 것은 사람들이 그를 대신해서 일하기 때문이다. 그는 온갖 하인들을 다 거느리고 온갖 즐거움을 다 누린다. (콘스탄티노바)

스탈린은 돈이 많은데도 돈에 관해 우리에게 거짓말을 한다. (카틴스카야)

그는 첫 번째 아내와 이혼하고 두 번째 아내에게 총을 쏘았다. 그는 러시아 사람이 아니다. (잘리비나)

스탈린은 아내를 죽였다. 그는 러시아 사람이 아니라 아르메니아 사람이다. 그는 매우 비열하고 모든 사람을 사악한 눈빛으로 본다. (아브제예바)

'크렘린 음모' 사건 수사 도중에 나온 이러한 종류의 증언에서 눈에 띄는 점은 그런 증언을 한 사람들이 스탈린 비판을 두려워하지 않았다는 사실이다. 이러한 심문 방식은 2년 뒤 공포통치 기간에는 크게 달라졌는바, 피의자들이 대부분 가상의 범죄에 대해 비굴하게 책임을 자백하고 어떠한 체제 비판도 용의주도하게 피하도록 강요되었다. NKVD가 '크렘린 음모' 사건을 수사하면서 심문한 110건 가운데 단지 6건만이 음모 개입을 어느 정도 자백했다. 비방을 유포하는 등의 경범죄를 인정한 일부 심문도 있었다.

음모 주모자는 환멸을 느낀 '제4국'(군사 정보기관) 장교 미하일 체르니아프스키(Mikhail Cherniavsky)였다. 화학전 전문가인 그는 매사추세츠공과대학(MIT)에서 가명으로 과학·기술 스파이활동(S&T)을 적극적으로 펼치면서 화학을 공부했다. 그는 MIT 재학 중 공산주의 신념을 상실하고 스탈린 명령경제로는 미국 자본주의와 결코 경쟁할 수 없다고 속으로 확신하게 되었다. 체르니아프스키가 심문관에게 밝힌 바에 따르면, 그는 MIT에서 러시아로 귀국한 후 "이것이 정말 내 조국이란 말인가?"라고 끊임없이 자문했다. 그는 심문받은 첫 3주 동안 스탈린을 죽이려는 것이 아니라 단지 소련 지도자를 교체하기 위해 음모를 꾸몄다고 주장했다. 그러나 3월 26일 체르니아프스키는 '테러리스트' 암살 음모에 가담했었다고 자백했다. 보안이 허술한 레닌그라드 공산당사 내에서 키로프가 외로운 총잡이에 의해 살해된 후, 음모자들은 크렘린 역시 보안이 허술하므로 권총을 밀반입해 스탈린을 쏠 수 있을 것으로 생각했다. 후일 공포통치 기간 동안에 고집불통의 용의자들에게 일반적으로 사용된 고문을 체르니아프스키가 받았다는 증거는 없지만, 그도 설득 끝에 미국에서 공부할 때 리야스킨(Ryaskin)이라는 이른바 미국인 트로츠키주의자에 의해 '소련에서 테러 활동을 수행하고 트로츠키주의 단체를 결성하도록' 포섭되었음을 인정했다. 그러나 이틀 뒤 체르니아프스키는 리야스킨으로부터 받은 '정확한 임무'에 관해 질문을 받았을 때 구체적인 내용을 전혀 제시할 수 없었는데, 아마 임무 자체가 없었기 때문이었을 것이다.

크렘린 음모자들을 처형하려는 압력은 그 음모의 주된 표적인 스탈린으로부터 나온 것이 아니라 NKVD로부터, 특히 그 수장 겐리흐 야고다(Genrikh Yagoda)로부터 나왔다. 야고다로부터 보고받은 21명의 처형 대상자 명단에 대해 스탈린이 보인 반응은 후일 대공포 시대에 야고다의 후임자 니콜라이 예조프(Nikolai Yezhov)가 보고한 유사 명단에 대해 보인 반응과 놀랍도록 달랐다. 1938년 8월 스탈린은 예조프로부터 명단을 보고받고 '138명 모두 총살'하라고 퉁명스럽게 답했다. 곧이어 예조프는 총 736명에 이르는 '인민의 적' 명단을 네 건 더 스탈린에게 보내면서, 그 겉장에 '전원 총살에 대한 승인을 요청'한다는 쪽지를 붙였다. 스탈린은 '찬성'이라는 한 단어로 승인했다.[13] 그러나 1935년 스탈린이 '크렘린 음모'에 가담한 '인민의 적' 명단을 야고다로부터 받았을 때, 그는 미하일 체르니아프스키와 크렘린궁 부사령관 알렉세이 시넬로보프(Alexei Sinelobov) 두 사람만 제외하고 처형 대상으로 표시된 이름을 모두 지웠다. 체르니아프스키만 처형되었다. 시넬로보프의 사형선고는 나중에 스탈린에 의해 10년 징역으로 감형되었다. 스베틀라나 로코바가 발굴한 '크렘린 음모' 관련 NKVD 수사 파일에 비추어 볼 때, 야고다가 그저 스탈린의 명령에 따라 움직였다거나 1934~35년 스탈린이 국가보안 통제를 전횡했다는 주장을 더는 믿을 수 없다.

스탈린이 통제를 전횡하기 시작한 것은 1936년 9월 그가 고집을 부려 정치국(Politburo)이 야고다를 NKVD 수장에서 해임하고 니콜라이 예조프로 교체했을 때다. 1937년 조지프 데이비스(Joseph E. Davies) 미국 대사는 NKVD에 의해 해독되었을 전문으로 워싱턴에 보고했다. "비밀경찰은 스탈린과 당의 어용 기관이다. 비밀경찰이 말에 올라타서 질주하고 있다! 이 기관의 새 수장 예조프

---

13   고분고분한 인민위원회(Sovnarkom) 의장 몰로토프(Molotov)가 그 명단에 공동 서명했다.

는 비교적 젊은 인물이다. 그는 꾸준히 스탈린과 함께 모습을 드러내며 정부 내 최고 실세로 간주되고 있다." 예조프는 '거의 난쟁이'일 정도로 키가 작았지만, 데이비스 대사는 그의 '뛰어난 머리와 잘생긴 얼굴'에 감탄했다. 때때로 예조프를 기리는 뜻에서 '예조프 시대(Yezhovshchina)'라고 불리는 공포통치 기간에 그는 스탈린과 많은 시간을 보냈는데, 정치지도자와 그토록 많은 시간을 보낸 정보수장은 예조프 이전에도 없었고 이후에도 없을 것이다. 1937~38년 예조프는 크렘린으로 278차례나 스탈린을 방문해 평균 3시간씩(총 834시간) 길게 회동했다. 1935년에는 총 1,229명의 소련 국민이 '최고 수준의 처벌'이라고 완곡하게 표현된 총살형을 받았다. 2년 뒤 공포통치가 최고조에 이르렀을 때에는 총 35만 3,074명이 총살되었다.

1936~38년 대공포 통치의 희생자들은 대부분 가상의 범죄와 때로는 터무니없는 범죄를 자백하도록 강요되었다. 1935년 초 '크렘린 음모'에 대한 NKVD의 비교적 온건한 수사가 어떻게 그러한 초현실적인 피해망상으로 바뀌었는지는 아직도 충분히 설명되어야 할 부분이다. 집단화와 5개년계획으로 야기된 소련경제의 많은 문제점을 스탈린과 소련 지도부의 행정적·정책적 실패 탓으로 돌리는 것은 이데올로기상 받아들일 수 없었다고 일부 설명되고 있다. 대신에 그러한 문제점을 존재하지도 않는 거대한 음모 탓으로 돌려야 했다. 예컨대, 1937년 NKVD가 '수의사들, 동물학자들과 실험실 조수들에 의한 아주 악랄한 형태의 사보타주'를 적발했지만, 다 지어낸 것이었다. NKVD 보고서에 따르면, '소, 말, 양, 돼지 등 가축을 역병, 구제역, 탄저병, 브루셀라병, 빈혈 등의 전염병으로 감염시키는 그들의 세균학적 전복활동으로' 수십만 마리의 동물이 죽었다. 정치국은 존재하지도 않는 그들의 사보타주 공세를 '대다수 농민'에게 알리기 위해 가상의 음모자들에 대한 공개재판을 소련의 각 공화국과 지역별로 3~6건씩 조직하도록 지령을 내렸다.

스탈린의 세계관이 점차 피해망상적인 압박을 받은 것은 또한 그의 큰 적인 레온 트로츠키에게 더욱 집착한 탓이 컸다. 트로츠키는 이미 1931년 소련에서 추방되었으며(나중에 스탈린이 후회했다) 그 때문에 세상을 가장 떠들썩하게 할 공개재판에 그를 회부할 수 없었다. 트로츠키의 전기 작가 아이작 도이처(Isaac Deutscher)는 후일 다음과 같이 기술했다.

> [스탈린이 트로츠키와 갈등을 벌이면서 보인 광기는 이루 다 말로 표현할 수 없는데, 그 갈등이 소련과 국제 공산주의의 가장 중요한 집착 대상이 될 정도였다. 한 개인에 대해 그토록 엄청난 권력·선전 자원이 동원된 것은 모든 역사에서 그 유례를 찾기 힘들다.

1937년 유럽에서 안전한 근거지 찾기를 체념한 트로츠키는 멕시코로 떠났으며, 거기서 3년 동안 머물다가 암살되었다. 1930년대에 유럽에서 트로츠키주의자들을 조직한 주동자는 트로츠키가 아니라 그의 장남 레프 세도프(Lev Sedov)였는데, 그는 1933년부터 1938년 죽을 때까지 파리를 근거지로 활동했다. 스탈린과 소련 정보기관으로서는 1930년대 중반 해외 인간정보(HUMINT) 공작에서 트로츠키와 세도프의 측근에 침투하는 것보다 더 중요한 공작은 없었다. 1934년 이후 파리에서 세도프의 가장 가까운 심복이자 협력자는 러시아 태생의 폴란드인 마르크 즈보로프스키(Mark Zborowski)였는데, 세도프에게 에티엔(Étienne)으로 불린 그는 NKVD 스파이였다. 소련으로서는 트로츠키와 세도프의 서신을 절취하는 것보다 더 중요한 신호정보 공작은 없었다. 그 절취는 대부분 아주 간단했다. 세도프는 '에티엔'을 완전히 신뢰해 그에게 우편함 열쇠를 주고 우편물(아버지 편지를 포함)을 수거하도록 했으며, 트로츠키의 가장 은밀한 파일과 아카이브를 안전하게 보관하도록 그에게 맡겼다.[14] 그러나 1936

년 긴급사태가 발생했다. 즈보로프스키가 '본부(NKVD)'에 보고한 바에 따르면, 트로츠키는 재정적 문제로 인해 (종래 즈보로프스키가 맡아서 보관했던) 자신의 개인 아카이브 일부를 '국제사회사연구소' 파리 지부에 매각하고 있었다. 본부는 즉각 납치와 암살을 전문으로 하는 '특수공작단'의 야코프 '야샤' 세레브리안스키(Yakov 'Yasha' Serebryansky) 단장에게 그 아카이브를 회수하도록 지시했다. 세레브리안스키가 조직한 태스크 포스(암호명: 헨리 그룹)는 밤에 그 연구소 사무실을 털어 아카이브를 회수했다. 본부는 이 작은 도둑질을 크게 중시해 헨리 그룹 전원에게 '붉은 기 훈장'을 수여했다. 이는 NKVD가 트로츠키에 대한 공작에서 균형감각을 상실했다는 추가적 증거다.[15]

본부는 또한 미국 내 주된 트로츠키주의 단체 '사회주의노동자당(SWP)'에 침투한 것을 대단한 성공으로 간주했다. 1937년 뉴욕 주재 NKVD 공작관 그리고리 라비노비치(Grigory Rabinovich) 박사는 소련 적십자사 미국 사무소 소장이라는 가장 신분으로 활동하면서 젊은 공산주의자 실비아 캘런(Sylvia Callen, 암호명: SATYR)을 포섭했다. 사회복지사인 캘런은 실비아 콜드웰(Caldwell)이라는 가명으로 트로츠키주의 SWP에 가입하기로 동의했다. 캘런은 SWP 지도자 제임스 캐넌(James Cannon)의 개인 비서가 되는 데 성공했으며, 거의 10년 동안 대량의 SWP 서신과 파일을 소련 정보기관에 넘겼다.[16]

---

14 세도프는 1938년 2월 16일 파리에서 불가사의한 병으로 죽었다. 그가 세레브리안스키의 '특수공작단'에 의해 살해되었다는 것은 가능하나 확실하지는 않다.

15 그 공작은 전문적이었지만 무의미했다. 연구소에서 훔친 트로츠키 문서는 공작 가치가 없었으며 역사적 중요성도 덜했다. 오히려 즈보로프스키 수중에 남아 있다가 나중에 하버드대학교에 종착한 트로츠키 아카이브 일부가 역사적으로 더 중요하다.

16 라비노비치는 캘런을 포섭할 때 미국 공산당(CPUSA) 간부 루이스 뷰덴즈(Louis Budenz)를 중개인으로 활용했는데, 뷰덴즈는 나중에 ≪데일리 워커(Daily Worker)≫ 지 편집국장이 되었다. SWP에 침투한 다른 스파이들 중에서 과학·기술 스파이 출신의 토머스 블랙(Thomas Black)은 나중에 SWP 뉴어크(Newark) 지부 서기가 되었다.

소련 내에서는 공산당에서 축출된 사람들 대부분이 트로츠키주의자 또는 지노비예프주의자로 공개 낙인이 찍혔다. 이는 망명 중인 트로츠키에게 매우 고무적인 뉴스였다. 이는 1936년 1월 그가 이른바 트로츠키주의 제4차 인터내셔널에서 '가장 강력하고 단단하며 인원도 가장 많은 지부'가 소련 내에 있다고 주장하는 근거가 되었다. 이제 스탈린과 트로츠키는 적어도 간헐적으로는 가상의 세계에 살면서 서로 상대의 환상을 키우는 사이가 되었다. 거의 존재하지도 않는 러시아 트로츠키주의자들에 대한 스탈린의 믿음이 트로츠키를 감염시켰으며, 이러한 가상의 추종자들을 발견한 트로츠키의 기쁨은 다시 스탈린으로 하여금 트로츠키주의 위협이 생각했던 것보다 훨씬 더 심각하다고 확신하도록 만들었다.

트로츠키주의자들이 소련 내에서 보이지 않게 된 진짜 이유는 단순히 극소수 예외를 제외하고 실제로 소멸했다는 데 있었다. 자신의 기대수명을 중시하는 소련 국민은 감히 트로츠키주의자라고 말할 사람들이 아니었다. 스탈린과 NKVD 내 다수의 음모론자는 러시아 트로츠키주의자들이 외관상 소멸한 것은 단지 그들이 지하로 잠적해 종종 충성스러운 당원으로 거짓 행세하고 있기 때문일 뿐이라고 믿었다. 1936년 여름 스탈린의 제의로 통과된 중앙위원회 비밀 결의안은 NKVD에 모든 '인민의 적들'을 섬멸하도록 특별 권력을 부여했다. 이후 몇 주 동안 캠페인을 벌인 언론은 '일부 공산주의자들의 부패한 자유주의와 경계 약화 덕분에 트로츠키주의자-지노비예프주의자 퇴물들'이 여전히 당원들 속에 숨어 있다고 보도했다.

일부 주요 '퇴물들'에 대한 재판이 1936년 8월 열렸다. 트로츠키와 더불어 스탈린과 레닌 승계 경쟁을 벌여 실패했던 그리고리 지노비예프와 레프 카메네프(Lev Kamenev)는 1932년 이후 비밀 요원을 통해 전달된 트로츠키의 직접 지령에 따라 행동했었다고 측근들과 함께 자백했다. NKVD는 이 터무니없는 이야기를 뒷받침할 증거를 조작하도록 위임받았으나, 일부 실수를 저질렀다. NKVD 수사관들이 작성한 문안을 틀림없이 그대로 읽었을 피고인 하나가 법정에서 자백한 내용은 그가 이미 20년 전에 철거된 것으로 판명된 한 코펜하겐 호텔에서 세도프를 만났다는 것이었다. 피고인들이 NKVD 지시에 따라 한결같이 허위로 자백한 내용은 그들이 키로프 살해를 '직접 공모'했으며 소비에트 정권을 전복하기 위해 스탈린 암살도 공모했다는 것이었다.

1937년 중앙위원회는 '일본 – 독일 – 트로츠키주의자 스파이들'에 대한 NKVD의 대응 활동을 검토한 후, 지난 2년 동안 그 활동 방향이 "조직적인 반혁명 단체에 대응하지 않고 주로 개별적인 반(反)소비에트 선동 사건에 대응했다"라고 비판했다. 도대체 수사할 '조직적인 반혁명 단체'가 없었다고 지적하는 것은 정치적으로 최고로 부적절했을 것이다. 공포통치가 최고조에 이르렀을 때, 중앙위원회는 NKVD가 '인민의 적들'을 '감옥이라기보다는 강제 휴양지 비슷한' 곳으로 보낸다고 역시 터무니없이 비판했다.

스탈린체제 러시아에 대한 가상의 반혁명 음모가 어느 정도였는지를 마지막으로 보여준 것은 1938년 2월 '우파와 트로츠키주의자 블록' 구성원 21명에 대한 공개재판이었다. 부하린(Bukharin), 리코프(Rykov), 야고다(Yagoda) 등이 기소된 죄목은 스파이활동, '파괴행위', 외국의 침입을 위한 테러와 준비활동, 소련의 분할, 소비에트 체제의 전복, 자본주의 복원 등 통상적인 트로츠키주의자 범죄 목록을 확장한 것이었다. 과거 트로츠키주의자들은 독일과 일본의 비밀기관들과만 공모했다는 혐의를 받았지만, 이제 21명은 영국과 폴란드 정보기관과도 협력했다고 기소되었다. 트로츠키는 1921년부터 독일 스파이인 동시에 1926년부터 영국 스파이였다는 선언을 받았다. 여러 해 동안 독일, 일본, 폴란드 등의 스파이들이 '파리 떼처럼' 야고다 주변에 들끓었다.

'우파와 트로츠키주의자 블록' 재판에서 드러난 음모론에서 가장 중요한 새로운 사실은 서방 제국 정부와 정보기관들의 이른바 은밀한 역할이 크게 강조된 점이었다. 트로츠키주의자들은 이제 외국 정보기관의 단순한 보조원이 아니라 그들의 '노예, 즉 주인의 충견'이었다. 국가 검찰관 안드레이 비신스키(Andrei Vyshinsky)가 피해망상적인 장광설을 펼쳤다. "이 '우파와 트로츠키주의자 블록'은 정치적 결사가 아니라 외국 정보기관의 공작원인 스파이 조직이다. 이것은 완전하고 명백하게 입증된 사실이다. 현행 재판이 사회적·정치적·역사적으로 엄청나게 중요한 이유가 바로 여기에 있다." 재판 방청객 중에는 당시 모스크바 주재 영국 대사관의 젊은 외교관이었던 피츠로이 매클레인(Fitzroy Maclean) 경이 있었다. 재판 도중 서투르게 조작된 아크등이 재판정 뒤쪽의 개인 전용석을 비추었을 때, 매클레인은 스탈린의 늘어진 콧수염과 누르께한 얼굴을 직접 보고 깜짝 놀랐다.

1930년대 소련의 스파이 광기는 대공포 통치 기간에 절정에 이르렀으며, 모스크바에서의 서방의 정보공작을 거의 불가능하게 만들었다. 이러한 광기는 자본주의 국가들에 의해 포위된 데서 오는 소비에트 체제 내부의 일반적인 불안감에서 비롯되었을 뿐 아니라 후일 흐루쇼프(Khrushchev)가 유명하게 표현한 스탈린의 '병적으로 의심하는 성격'에서도 비롯되었다. 흐루쇼프는 "스탈린은 언제 어디서나 적과 위선자, 스파이를 찾아냈다"라고 말했다. 대부분의 소련 국민은 외국 정보기관에 매수된 스파이와 사보타주 공작원들에 의해 위협받고 있다는 공식 강령을 받아들였다. 모든 공장에서 NKVD 장교들이 노동자들에게 강연하면서 존재하지도 않는 그들 속의 제국주의 스파이들이 위험하다고 강조했다. 코미디를 포함한 소련 영화에는 의무적인 스파이 쿼터가 빠짐없이 포함되었다. 1938년 10월 10일 아마 스탈린의 제안으로 정치국은 NKVD 작전 명령 제00693호를 승인했다. 이 명령은 모든 대사관과 영사관을 외국 정보기관의 기지로 규정하고, '외교사절과 연결되고 그들의 사무실과 집을 방문하는 모든 소련 국민'을 즉각 체포하도록 지시했다. 주요국 대사관 직원 전부를 대상으로 '끊임없는 감시'가 계속되었다. 아니나 다를까 외국 영사관들이 줄줄이 폐쇄되었다.

섬뜩한 아이러니지만, 가장 위험하다는 '인민의 적들'이 그들로부터 소비에트 국가를 방어하는 책임을 분담한 세 기관, 즉 공산당, 붉은 군대, NKVD 내에서 발각되었다. 1934년 공산당대회에서 선출된 139명의 중앙위원 가운데 110명이 총살되거나 강제노동수용소(Gulag, 굴라크)로 보내졌다. 1,966명의 대의원 가운데 단 59명만이 1939년 다음 공산당대회에 재등장했다. 최고군사평의 회의 80명 위원 가운데 75명이 총살되었다. 붉은 군대의 장교단에서 반이 넘는 3만 5,000여 명이 처형되거나 투옥되었다. NKVD 간부들은 두 차례 숙청되었다. 겐리흐 야고다(Genrikh Yagoda) 휘하의 국가보안 인민위원 18명 전원이 니콜라이 예조프(Nikolai Yezhov)가 수장이 된 후 1~2년차에 총살되었다. 다만 해외정보국장 아브람 슬루츠키(Abram Slutsky)는 독살되었을 것이다. 1937~38년 예조프의 휘하 간부 122명 가운데 단 21명만 1940년 그의 후임자 밑에서 자리를 보전했다.

물론 스탈린은 공포통치의 모든 세부사항을 지도하지도 않았고 그 희생자 대다수의 이름도 몰랐다. 그러나 그의 손이 지침을 제시했다. NKVD 내에서 이론 없는 통설이 되고 대공포 통치의 이념적 기초가 된 거대한 음모론을 지어낸 주된 작가는 스탈린 자신이었다. 스탈린은 공개재판 기록을 공표하기 전에 직접 교정을 보았는데, 가상의 음모에 대한 피고인들의 자백이 잘 짜인 각본에서 벗어나지 않도록 그들의 발언을 수정했다. 이 기간의 NKVD 기록은 "스탈린 동지가 우익 트로츠키주의 지하조직 색출 작업의 실무 기획을 직접 지도했으며, 1936~38년 그 무리에 치명적인 타격을 입혔다"라고 특유의 아부조로 선언하고 있다.

제27장

'세 거두'와 제2차 세계대전 정보활동

제2차 세계대전은 정보전이었는바, 이러한 정보전 성격은 제1차 세계대전 때보다 훨씬 더 강했다. 아돌프 히틀러나 일본제국과 달리, 승리한 '세 거두(Big Three)'—처칠, 스탈린, 루스벨트—는 정보가 핵심 역할을 담당할 것임을 처음부터 인식했다. 세 거두는 방식은 다르지만 모두 자신들의 과거 정보 경험으로부터 큰 영향을 받았으며, 그 영향의 깊이는 조지 워싱턴 이후 어느 전쟁 지도자보다 깊었다.

처칠은 과거의 어느 정치지도자보다 정보활동에 더 오랫동안 더 다양하게 관여했었다. 처칠은 빅토리아 여왕 말기와 에드워드 7세 시대 제국 변방에서 스파이활동을 직접 경험한 후, 1909년 비밀정보국(Secret Service Bureau)을 창설한 애스퀴스 내각의 각료가 되었다. 처칠은 비밀정보국에 대해 애스퀴스가 결여한 열정을 보였는데, 후일 그 국내 부서가 MI5가 되고 해외부서는 비밀정보부(SIS, 일명 MI6)가 되었다. 1914년 대전 발발 시 그는 해군장관으로서 70년의 공백을 거친 영국 신호정보 활동의 재탄생을 주관했다. 10년 뒤 처칠은 해독물을 '다른 어느 장관보다 더 오랫동안 그리고 더 열심히' 조사했었다고 주장했는데, 맞는 말이었다. 스탈린의 정보업무 경험은 처칠과 판이하나, 시기적으로는 거의 비슷하다. 스탈린은 2월 혁명 이전 20년을 대부분 오크라나 감시를 피하면서 보냈다. 볼셰비키 혁명 후 체카 수장인 펠릭스 제르진스키는 스탈린과 가장 가까운 정치적 동지에 속했다. 스탈린은 또한 자신에 관한 차르 체제의 모든 정보 파일을 여러 해 동안 검토했다. 그러나 1930년대 들어 그는 국내외에서 '인민의 적들'을 색출하는 데 사로잡힘으로써 정보에 대한 그의 이해가 왜곡되었다.

　루스벨트는 처칠과 스탈린이 가진 정보 열정은 없었으나, 제1차 세계대전 기간에 다소 순진하게 스파이활동에 매료되었고 이는 제2차 세계대전 발발 시까지 이어졌다. 루스벨트는 1913~20년 해군 차관보로 재직하면서 자신의 사전적 조치 방식을 조지퍼스 대니얼스(Josephus Daniels) 해군장관의 이른바 책상머리 타성과 대비시키는 것을 좋아했다. 1920년 루스벨트는 대니얼스 장관과 윌슨 대통령도 모르게 미국 해군이 전쟁할 수 있도록 준비시키기 위해 "내가 999년 동안 징역을 살 만큼 불법행위를 저질렀다"라고 터무니없는 자랑을 늘어놓았다. 루스벨트가 차관보로서 직접 담당한 주된 업무 분야는 해군정보실(Office of Naval Intelligence: ONI)이었다. 처음에 ONI는 그의 업무 열정에 다소 당황했다. 1916년 1월 해군정보실장(DNI) 제임스 해리슨 올리버(James Harrison Oliver) 해군 대령은 루스벨트가 독자 스파이망을 조직하면서 정보공작에 개입하고 있다고 불평했다. 루스벨트는 미국이 제1차 세계대전에 참전한 직후 올리버 후임으로 해군정보실장이 된 로저 웰스(Roger Welles) 해군 대령과는 훨씬 더 좋은 관계를 유지했다. 웰스는 차관보의 사회 명사 친구들 다수를 해군 정보장교로 임명하게 되어 기뻤던 것 같다. 그러한 루스벨트의 친구들 가운데 그의 골프 파트너 알렉산더 브라운 르가리(Alexander Brown Legare)는 '셰비체이스(Chevy Chase) 사냥클럽' 창설자였고, 그의 동서 로렌스 워터베리(Lawrence Waterbury)는 최고의 폴로 선수였으며, 그의 하버드 동급생 스튜어트 데이비스(Steuart Davis)는 루스벨트의 '자원 초계함대(Volunteer Patrol Squadron, 나중에 해군 예비대의 핵심 전력이 되었다)' 사령관이었다.

　독일의 미국 내 비밀 요원들이 벌인 사보타주 공작은 1916년 7월 뉴욕 항 블랙 톰(Black Tom) 철도 부두의 대폭발로 절정에 이르렀는데, 이들의 행각이 드러나면서 루스벨트는 비밀공작에 더욱 매료되었다. 그러나 독일 스파이들의 잠재적 위협에 관한 그의 이해는 정보 파일 못지않게 스파이 소설에 기반한 것이었다. 1917년 4월 미국이 참전함에 따라 루스벨트는 뉴햄프셔의 독일계 미국인들이 포츠머스 해군조선소를 폭격하기 위해 항공기를 매입할 가능성을 조사하도록 해군정보실에 지시했다. 루스벨트는 자신이 개인적으로 독일 공작원들의 암살 표적이 되었다고 의심하다가 나중에는 공상하기 시작했다. 이후 1917년 봄 그는 가능성이 전혀 없는 스토리를 이야기했다.

비밀경호실이 뉴욕 주재 독일 영사 금고에서 '제거 대상자'라는 제목의 문서를 발견했다. 그 명단의 첫 번째 이름은 [국무부 정보조정관] 프랭크 포크(Frank Polk)였다. 두 번째의 내 이름 뒤로도 8~10명이 더 있었다. 그 결과, 비밀경호실은 우리 두 사람에게 평소대로 걸어서 사무실로 출퇴근할 때 리볼버 권총을 차고 다니라고 요청했다. 나는 리볼버 권총과 견대(肩帶)를 받았다.

루스벨트는 며칠 후 권총을 더는 차지 않고 책상 서랍에 넣어두었다고 주장했다.

1918년 루스벨트가 런던을 방문한 기간에 유능하나 비양심적인 영국 해군정보국장 '눈깜박이' 홀 제독은 미국 차관보가 스파이활동에 순진하게 매료된 것을 알았다. 홀은 중요한 정보를 가진 영국 스파이들이 매일 밤 독일-덴마크 국경을 넘은 다음 비행정을 타고 하리치(Harwich, 영국 남동부 에섹스 주 항구도시_옮긴이)로 온다고 루스벨트를 확신시키는 데 성공했다. 또 (우드로 윌슨처럼) 루스벨트도 볼셰비키 정권을 폄하하기 위해 위조된 문서에 속아 넘어갔다. 루스벨트를 기만한 그 위조문서 가운데 가장 웃기는 것은 여성을 '국가 전체의 소유'라고 선언한 '여성의 사회화에 관한 포고령'이었다. "남성 국민은 3시간 동안 주당 3회 이하로 한 여성을 사용할 권리를 가진다." 루스벨트는 한 부인회 오찬에서 국제연맹이 이 사악한 독트린을 물리칠 최선의 방안이라고 말했다.

1919년 루스벨트 부부는 법무장관 알렉산더 미첼 팔머(Alexander Mitchell Palmer)의 워싱턴 집에 한 무정부주의자가 가한 폭탄 공격에 하마터면 희생당할 뻔했다. 그들은 폭탄이 터지기 불과 몇 분 전에 팔머 집을 걸어서 지나갔다. 폭파범의 시신 일부가 근처에 있는 그들 집 문간에 떨어졌다. 10년 뒤 이 경험에서 영감을 얻은 루스벨트는 대전 기간에 폭탄이 차관보실로 배달되었으나 터지기 전에 발견되었다는 주장을 지어냈다.

1933년 루스벨트가 대통령에 취임한 후, 뉴딜정책을 개시하고 잡다한 연방기관을 신설하는 등 정신없이 돌아가던 첫 100일 동안, 정보활동의 우선순위는 뒤로 밀렸다. 그러나 새 대통령은 시간을 내서 해군정보실과 다시 접촉하고 자신의 개인적 첩보 출처를 개척하기 시작했다. 워싱턴 언론인 존 프랭클린 카터(John Franklin Carter)는 대통령에게 그의 행정부에 관한 비밀 보고서를 올리기 시작했다. '제이(Jay) 프랭클린'으로 불린 카터는 나중에 백악관의 전시 정보단을 이끌었다. 루스벨트가 대통령이 되었을 때 스파이활동에 대한 그의 태도는 빅토리아 여왕 말기와 에드워드 7세 시대 영국의 아마추어 신사 스파이들을 연상시켰다. 루스벨트의 신사 스파이들 가운데 으뜸은 출판업자이자 부동산 개발업자인 백만장자 빈센트 애스터(Vincent Astor)였다. 1927년 애스터는 '밀실(The Room)'이라는 아마추어 정보활동 그룹을 조직했는데, 이들은 우편함과 미등재 전화가 설치된 뉴욕 시 이스트 62번가 34번지 아파트에서 매월 회동했다. '밀실'의 유명 인사들 가운데 군인·탐험가·사업가인 커밋(Kermit) 루스벨트는 시오도어(Theodore) 루스벨트 대통령(1901~09년 재임)의 아들로서 현직 대통령의 사촌이었으며, 은행가 윈스럽 올드리치(Winthrop W. Aldrich), 판사 프레더릭 커노챈(Frederic Kernochan), 자선가 윌리엄 라인랜더 스튜어트(William Rhinelander Stewart), 공군 차관보 트루비 데이비슨(Trubee Davison) 등도 포함되었다. 그리고 데이비드 브루스(David Bruce)는 나중에 런던에서 전략정보실 (Office of Strategic Services: OSS)의 전시 거점장으로 활약하고 전후에는 대사로도 근무한 인물이다.

루스벨트가 대통령이 되었을 무렵, 애스터는 그의 절친 중 한 사람이었다. 루스벨트는 취임 전 마지막 휴가를 애스터의 호화로운 90m 고급 모터 요트 '누 르마할(Nourmahal)' 호에 승선해 보냈다. 그는 유람선 여행 중 어머니에게 편지 를 썼다. "빈센트는 손님을 완벽하게 접대하는 사람입니다." 루스벨트 대통령 은 첫 임기 중 해마다 휴가를 2주가량 '누르마할' 호에서 보냈는데, 이때 '밀실' 의 여러 멤버를 동승시켰다. '누르마할' 호에 승선한 남자들이 별나게 결속해 신나게 즐겼음은 애스터가 매번 여행을 마치고 손님들에게 보낸 가짜 청구서 가 잘 보여주었다. 1934년 9월 손님 일인당 187.50달러가 청구되었는데, '알코 올성 흥분제와 거듭된 각성제에 든 비용(주: 주방장은 이 물품들 소비가 너무 엄청나서 지신의 머리로는 도저히 계산할 수 없을 정도라고 보고한다)'이었다. 루스벨트는 여행과 함께 다소 사춘기같이 뱃사람 유머를 즐긴 모든 순간을 좋아했다. 그가 '즐거운 추억'을 모은 개인 사진첩에는 애스터가 보낸 카드도 들어 있었는데, 거기에는 '더러운 놈(A Dirty Dog)' 사진 속에 나체 여자가 숨어 있었다.

애스터는 루스벨트의 격려에 힘입어 누르마할 호를 타고 비공식 정보수집 항해를 떠났는데, 처음에는 카리브 해에서 시작해 남미 대륙의 대서양과 태평 양 연안을 따라 주로 일본의 활동을 조사했다. 1938년 애스터는 태평양의 일본 령 섬들에서 정보를 수집하기 위해 더욱 야심차게 유람선 여행을 떠나면서 루 스벨트에게 그의 여행 지시가 "이보다 더 분명할 수 없다"라고 말했다. 그 지시 자체는 현존하지 않지만, 그의 감사 편지를 보면 그 지시가 마셜(Marshall) 군도 로의 항해와 '일어날 수 있는 문제'에 관한 것이었음이 분명하다. 애스터는 자 신이 수집한 기본정보에 만족했다. 그는 루스벨트에게 에니웨톡(Eniwetok) 환초가 '마셜군도 내 일본의 주된 해군기지'이며 비키니(Bikini) 환초는 '보조 기지일 것'이라고 보고했다. 워트제(Wotje) 환초에는 새로운 일본군 비행장과 잠수함 기지가 있었다.

영국 비밀정보부(SIS, 일명 MI6)의 초대 수장 맨스필드 커밍(Mansfield Cumming) 경은 제1차 세계대전 이전의 스파이활동을 "훌륭한 스포츠"라고 표현했었다. 루스벨트와 애스터도 같은 의견이었다. 누르마할 호가 1938년 정보수집 임무로 출항하기 전에 애스터가 대통령에게 편지를 썼다. "약 올리고 싶지는 않지만, 내 여행이 좀 부럽지 않습니까?" 루스벨트 대통령은 첫 임기 동안 기록적인 수의 연방기관을 기록적인 속도로 창설했음에도, 전문적인 해외정보기관이 미국에 필요할 것이라는 생각은 하지 못했다.

그러나 루스벨트에게는 국무부를 거치지 않고 개인적으로 해외정보보고서를 보낸 고위인사들이 여럿 있었다. 루스벨트에게 가장 소중한 출처는 컬럼비아 법대 동창으로서 제1차 세계대전의 영웅이자 부유한 뉴욕 변호사인 윌리엄 도너번(Willian J. Donovan) 대령(제2차 세계대전에 다시 참전해 소장까지 진급했다_옮긴이)이었다. '와일드 빌(Wild Bill)'이라는 애칭으로 불린 도너번은 '밀실'의 정규 멤버는 아니었어도 '밀실'과의 관계를 유지했다. 1935년 도너번은 대통령의 승낙(어쩌면 요청)으로 대서양을 횡단하는 일련의 정보활동 임무를 개시했다. 그해 12월 그는 이탈리아 독재자 베니토 무솔리니(Benito Mussolini)를 개인적으로 예방했다. 로마의 베네치아 궁전(Palazzo Venezia)에 있는 터무니없이 거창한 무솔리니의 서재에서 이루어진 회동에서 일 두체(Il Duce, 수령을 뜻하는 무솔리니 칭호_옮긴이)는 도너번으로 하여금 이탈리아 육군이 잔인하게 에티오피아 정복 전쟁을 벌이던 동아프리카 전선을 둘러보도록 승인했다. 그러나 이탈리아군 사령관 피에트로 바돌리오(Pietro Badoglio) 원수가 도너번을 위해 마련한 가이드 여행은 잘 기획된 이탈리아의 기만술이었다. 그 여행 결과, 도너번은 파시스트 군대가 제1차 세계대전 시 자신이 마주쳤던 이탈리아 군대보다 크게 낫지도 않을 뿐 아니라 점령지 에티오피아인들과의 관계도 아주 좋다고 엉터리로 확신하게 되었다. 겨자 가스 등 공포물 사용은 성공적으로 도너번으로부터 은폐되었다. 귀국해 루스벨트와 독대한 도너번은 이탈리아 국민은 무솔리니의 이른바 영도적 리더십하에서 국제사회의 정복 전쟁 중단 압력에 결코 굴복하지 않기로 각오했음을 강조했다. 도너번의 브리핑은 루스벨트가 이탈리아에 대한 석유 수출 금지조치를 부과하지 않기로 한 결정에 공헌했을 것이다.

루스벨트의 다른 개인적 해외정보 출처 가운데에는 그의 친구인 윌리엄 불릿(William C. Bullitt) 2세가 있었는데, 역시 부실한 출처였던 그는 모스크바 주재 대사(1933~36년)와 파리 주재 대사(1936~40년)를 잇달아 역임한 인물이다. 1938년 9월 28일 뮌헨 위기(히틀러의 체코슬로바키아 주데텐 지방 합병을 둘러싼 국제 갈등_옮긴이)가 한창일 때, 불릿은 대통령에게 긴급한 개인 메시지를 보내면서 '꼭 혼자서 보아야 할 극히 중요한 비밀'이 들어 있다고 했다. "프랑스 군사정보 당국의 확실한 첩보에 따르면, 독일은 현재 실전에 투입할 수 있는 6,500대의 최신형 항공기를 보유하고 있습니다. … 전쟁이 일어날 경우, [프랑스] 공군장관의 느낌으로는 파리의 파괴가 모든 상상을 초월할 것입니다. 그는 이미 처자식들을 브르타뉴(Brittany, 프랑스 북서부의 반도_옮긴이)로 보냈다고 합니다. …" 루스벨트는 불릿의 수치와 아주 부정확한 다른 통계를 머릿속에서 최대한 돌린 후, 독일의 연간 항공기 생산이 1만 2,000대라는 수치에 도달했다(그는 독일의 항공기 생산 능력이 영국과 프랑스의 생산능력을 합친 것보다 50% 높다고 계산했다). 루스벨트는 미국의 공군력 소요를 검토하기 위해 11월 14일 소집된 백악관 회의에서 그 수치를 발표했다. 실제로 뮌헨 위기 시 독일은 총 2,928대의 항공기를 보유했으며 그 중에서 1,666대만 쓸모가 있었다. 이는 영국, 프랑스와 체코슬로바키아 항공기들을 모두 합친 것보다 현저하게 적었다.

루스벨트가 워싱턴 이후 역대 대통령들보다 더 큰 관심을 해외정보에 쏟은 것은 그가 두 번째 임기(1937~41년) 중 '국가안보'에 더욱 집착하게 된 것을 반영했다. 루스벨트는 역대 대통령들을 모두 합친 것보다 더 많이 '국가안보'라는 용어를 사용했다. 제2차 세계대전 이전 미국인들은 대부분 유럽과 동아시아에서 발생하고 있는 분쟁에 개입하기를 원하지 않는다는 의미에서 '고립주의자'였다. 그러나 루스벨트는 자신의 생각대로 미국 안보를 위해 미국을 제2차 세계대전에 참전시키려고 자신이 할 수 있는 것을 다했지만, 그런 말을 공개적으로 하지는 않았다.

유럽에서 대전이 발발하자 빈센트 애스터와 '밀실'(이후 '클럽'으로 개명되었다)은 자신들의 역할이 중요함을 더욱 느꼈다. 애스터는 "우리 일이 정말 잘 진행되고 있다"라고 대통령을 안심시켰다. '클럽'은 일본에 관한 정보수집의 중요성을 인식해, '상당한 양의 사케(Saki)'를 소비하고 있었다. 그러나 애스터의 가장 중요한 역할은 미국의 공식적인 중립 정책을 거슬러 영국에서 정보협력을 개시하는 것이었다. 영국이 독일에 선전포고한 직후, 애스터는 영국 비밀정보부의 뉴욕 거점장 제임스 패짓(James Paget) 경과 접촉했다고 루스벨트에게 보고했다. "나는 [패짓에게] 영국의 비공식적인 [정보]협력을 요청했습니다. 그러나 명백한 이유로 인해 우리는 그들에게 우리의 비밀 첩보를 제공한다는 의미의 보답을 할 수는 없다고 분명히 했습니다. 이처럼 다소 일방적인 협정이 흔쾌히 받아들여졌습니다." 현재 거의 잊힌 애스터와 패짓의 만남은 아직도 계속되고 있는 영-미 정보동맹을 창설한 첫 걸음이었다. 그러나 1940년 2월 국무부 차관보 조지 메서스미스(George S. Messersmith)는 패짓이 애스터와 FBI 국장 에드거 후버(J. Edgar Hoover)에게 직접 정보를 제공한 사실을 알고 화를 냈다. 그의 주장에 의해, 이후 비밀정보부 거점은 오로지 국무부하고만 소통하라는 지시를 받았다. 곧이어 차관보가 메서스미스에서 애돌프 벌(Adolf A. Berle) 2세로 교체된 후, 국무부는 비밀정보부가 애스터·후버와의 종래 접촉을 재개하는 데 원칙적으로 동의했다. 1940년 봄 패짓의 후임 거점장으로 부임한 윌리엄 스티븐슨(William Stephenson)은 부유한 캐나다인 사업가로서 1930년대 비밀정보부를 위해 파트타임으로 일한 적이 있었다. 1년 뒤 애스터는 비밀정보부 거점과 FBI 간의 관계가 '완벽하게 작동'하고 있다고 루스벨트에게 보고했다. '리틀 빌(Little Bill)'이라는 애칭으로 불린 스티븐슨은 애스터의 절친이었으며, '밀실'과도 오랜 관계가 있었을 것이다. 사업상 접촉이 많은 그는 사교적 성격에다 술(드라이 마티니)을 잘 사는 사람이어서 미국에 친구들이 많았다.

그런 친구들 가운데 윌리엄 도너번이 있었다. 1940년 7월 3일 루스벨트는 도너번을 백악관 집무실로 불러 영국으로 출장을 보냈다. 그의 임무는 독일이 이른바 제5열(실제로는 거의 전무했다)을 통해 프랑스와 베네룩스 3국을 빠르게 점령할 경우 미국에 미치게 될 안보 위협을 조사하는 것이었다. 도너번이 대통령 밀사라고 옳게 확신한 스티븐슨은 그의 전체 일정에 레드 카펫을 깔도록 본부에 강력하게 요청했다. 도너번은 처칠의 영접을 받고 국왕 조지 6세를 알현했으며 비밀정보부 수장 스튜어트 멘지스(Stewart Menzies)를 비롯한 대부분의 영국 정보기관 수장들과 비밀회동을 가졌다. 도너번이 8월 워싱턴으로 귀환한 후, 스티븐슨은 비밀정보부 본부에 이렇게 타전했다. "도너번에 따르면, 며칠 내에 우리에게 아주 좋은 소식이 있을 것입니다. 그리고 그는 영국의 저항 의지와 능력에 대해 신뢰를 회복했다고 합니다." '아주 좋은 소식'은 1940년 9월 2일 협정을 말하는 것이었다. 그 협정에 따라 영국은 처칠이 요구한 대로 해로를 방어하고 독일의 침공을 물리칠 미국의 예비 구축함 50척을 받았으며, 그 대가로 카리브 해와 서대서양에 있는 해군·공군 기지를 미국에 대여하게 되었다. 이 협정을 계기로 1941년 3월 '무기대여법(Lend-Lease Act)'이 제정되었고, 이 법으로 미국은 참전하기 8개월 전에 '민주주의의 무기고'가 되었다.

도너번은 또한 루스벨트에게 영국과의 '전면적인 정보협업'을 촉구했다. 그러한 방향으로 움직이려는 대통령의 의지는 도너번 등 보좌진의 영향력을 반영하는 동시에 제1차 세계대전 시 '경이로운 영국 정보기관'의 성취에 탄복했던 자신의 경험을 반영했다. 루스벨트는 1918년 여름 영국 해군 정보기관을 방문한 후 다음과 같은 결론을 내렸다. "그들의 정보부대는 우리보다 훨씬 더 발전했다. 그 이유는 그들의 정보부대는 작전실의 불가결한 일부로 통합되어 있기 때문이다." 1940년 8월 31일 런던에서 개최된 영국 참모부와 미국 시찰단 간의 회담에서 미국 육군대표 조지 스트롱(George V. Strong) 준장(나중에 정보참모가 되었다)은 "정보를 자유롭게 교류할 때가 되었다"라고 선언했다. 교류를 실행하기 위해 스티븐슨은 뉴욕 5번가 록펠러센터 국제빌딩의 35층과 36층에 '영국 안보조정실(BSC)'을 설치했다. 대전 기간에 BSC에는 비밀정보부뿐 아니라 MI5와 특수공작단(SOE)에서 파견된 직원들도 있었다.

1941년 4월 4일 각료회의에서 루스벨트는 그때까지 해결하지 못했던 미국의 정보조정 문제를 다시 거론했다. 그는 영국인들이 그 문제를 해결한 방식을 칭찬했지만, 실제로 어떻게 해결했는지는 혼란스러워했다. 그 결과, 그는 신원을 철저하게 비밀에 붙인 신비의 '미스터 엑스(Mr. X)'가 모든 부처 간 이견을 해소한다고 잘못된 지시를 내각에 내렸다. 주로 스티븐슨을 통해 영국인들의 강력한 도움을 받은 도너번이 6월 10일 '대통령에게만 직접 책임을 지는 전략첩보조정관'을 신설하는 제안서를 대통령에게 제출했다. 또 그 조정관이 감독할 신설 '중앙정보기관은 잠재적 적에 관해 적절한 첩보를 국내외에서 직접 수집하거나 기존 정부 부처를 통해 수집'한다는 방안이었다. 6월 18일 대통령 집무실 회의에서 루스벨트는 도너번이 제안한 주요 내용을 받아들이고 그에게 신설될 '첩보조정관(Coordinator of Information: COI)' 직을 제의했다. 도너번은 다음 세 가지를 조건으로 수락했다.

1. 나는 대통령에게만 보고할 것임.

2. 대통령의 비밀기금이 사용될 수 있음.

3. 모든 정부 부처가 내가 원하는 것을 다 제공하도록 지시를 내림.

세 번째 조건은 워싱턴 관료체제의 협력 수준을 심하게 과대평가한 것이었지만, 도너번이 첩보조정관으로서 새로운 경력을 시작하면서 견지한 낙관론을 반영했다. 도너번이 취임하기 직전, 영국의 해군정보국장 존 고드프리(John Godfrey) 제독이 보좌관 이안 플레밍(Ian Fleming) 해군 중령(후일 제임스 본드를 창조한 작가로 유명하다)과 함께 미국을 방문했을 때, 그는 해군정보실(ONI), 군사정보국(DNI), 연방수사국(FBI) 사이에 협업이 거의 이루어지지 않는다는 사실을 알았다. "이들 세 기관은 나와 이안 플레밍에게 최고의 호의를 베풀었으나 서로에게는 별다른 호의를 보이지 않았다."

첩보조정관으로서 도너번이 새로 맡은 역할에서 가장 큰 약점은 그가 신호정보(SIGINT)를 관장하지 않은 것이었는데, 루스벨트는 스파이활동에 관심이 있었음에도 신호정보의 중요성을 파악하지 못했다. 신호정보에 관한 전후의 비밀 보고서가 내린 결론에 따르면, '통합된 통제 결여와 극도로 제한된 자금'이 전전의 양대 문제점이었다. 1930년대 육군 신호정보국(Signal Intelligence Service :SIS)과 해군 암호·신호국은 1929년 '검은 방'이 폐쇄된 후, 신호정보 활동을 공동으로 수행했으나 서로 소통하지 않았다. 각자 '입수 첩보를 정부에 배포하는 기관으로서 자기 위상을 높이려고' 똑같은 외교암호를 독립적으로 해독했다. 1936년 육군 신호정보국은 일본의 주된 암호를 해독하는 데 성공해 '레드(RED)'라는 암호명을 부여했다.

'레드' 해독물은 아마 루스벨트 대통령이 처음 본 신호정보였을 것이다. 1937년 초 미국 역사상 최초로 신호정보가 백악관에 규칙적으로 배포되기 시작했는데, 처음에는 하루 1건 꼴이었다. '레드' 절취물의 첫 주요 성과로 1937년 3월 이탈리아가 '독일-일본 반코민테른(Anti-Comintern) 조약'에 가입하는 것을 검토하고 있음이 드러났다. 해외 미국 외교관들이 비슷한 첩보를 국무부에 보고한 것은 그로부터 6개월이 지난 뒤였다. 또한 '레드' 해독물에 의해 그 조약의 텍스트 일부가 밝혀졌다. 그러나 루스벨트는 애스터의 '밀실', 불릿 등 다른 제보자들이 제공하는, 신빙성이 떨어지나 겉보기에 더 흥미로운 정보에 훨씬 더 큰 관심을 보였다. 아마추어 스파이들과 달리 암호분석관들은 대통령이 자신들의 업무에 관심이 있다는 신호를 전혀 받지 못했다.

1938년 일본이 새로운 암호기를 조립하고 있다는 사실이 '레드' 해독물에 의해 드러났다. 1939년 3월 20일 육군 신호정보국은 새 암호기로 작성된 첫 외교전문을 절취해 '퍼플(PURPLE)'이라는 암호명을 부여했다. 이후 3개월에 걸쳐 '레드'는 점차 새 암호로 교체되었다. 육군 신호정보국 수장으로서 경외할 만한 윌리엄 프리드먼(Willeam F. Friedman)은 나중에 '퍼플을 해독한 사람'이라는 명성을 얻었다. 그러나 프리드먼은 교사 출신의 프랭크 라울릿(Frank B. Rowlett)이 이끄는 팀이 18개월 동안 '퍼플'을 공략하는 동안 감독은 했으나 직접 해독 작업에 참여하지는 않았다. 1937년 10월 조지프 모본(Joseph Mauborgne) 소장이 육군의 수석 신호장교로 임명된 후, 해군 암호·신호국(이제는 OP-20-G로 명칭이 바뀌었다)과의 관계를 다소 개선했다. OP-20-G는 주로 일본 해군 암호에 관한 업무에 전념했지만, 육군 신호정보국과 협력해 '퍼플'을 공략하다가 포기했다. 마침내 '퍼플'이 1940년 9월 20일 오후 육군 신호정보국에 의해 풀렸다. 평소 목소리가 부드러운 라울릿이 흥분을 억제할 수 없어 폴짝폴짝 뛰면서 "바로 이거야!"라고 소리를 질렀다. 그의 선임 조수 로버트 퍼너(Robert O. Ferner)도 평소의 과묵함을 버리고 "만세!"라고 외쳤다. 초임 암호분석관 앨버트 스몰(Albert W. Small)은 직설적인 사람이 아니었으나, 머리 위로 승리의 양손 깍지를 끼고

방 안을 빙빙 돌았다. 그리고 승리한 암호분석관들은 코카콜라 한 상자를 배달시켜 그때까지 미국 정보 역사상 최대의 성공을 다 함께 축하했다. 모본은 라울릿과 그의 동료 암호분석관들을 '마법사들(magicians)'이라고 부르기 시작했다. 그 호칭이 계기가 되어 '매직(MAGIC)'은 일본 해독물을 가리키거나 가끔 일반적으로 고급 신호정보를 가리키는 음어가 되었다.

요긴한 시기에 '퍼플'이 풀렸다. 일주일 뒤 일본이 프랑스령 인도차이나 반도 북부에 군대를 주둔시키기 시작했으며, 베를린-로마-도쿄 축을 형성하는 3국동맹 조약(Tripartite Pact)을 체결했다. 아이러니하게도 전쟁장관 헨리 스팀슨(Henry Stimson)이 '매직'의 주요 소비자 중 하나였는데, 그는 1929년 국무장관 재직 시 '검은 방'을 폐쇄했었다. 일본 외교통신을 절취하는 것은 비신사적 행위라고 했던 스팀슨이 더는 일본 외교관을 '신사'로 대우하지 않았다. 그는 흥분해 자신의 일기에 육군 신호정보국이 '경이로운 진전'을 이루었다고 적었지만, "그들이 해낸 성과를 일부나마 내 일기에도 기재할 수 없다"라고 덧붙였다. 대통령 집무실에서도 그와 비슷한 흥분이 있었다는 증거는 없다.

'퍼플'이 풀리자 OP-20-G는 육군 신호정보국과 협력해 기계식 암호 조립의 일일 변화를 풀어내는 힘든 작업을 시작했다. 그러나 기관 간 경쟁으로 인해 터무니없이 관료주의적인 공식이 정립되었는데, 이는 특정한 신호정보 기관이 다른 기관에 대해 우위를 점하지 못하도록 만든 것이었다. 전후 보고서에 따르면,

장기 협상 끝에 육군과 해군은 각자의 절취 설비에서 나오는 모든 외교통신을 교환하되 양 기관이 모두 이 통신을 작업하기로 합의했다. 그러나 업무 중복을 최대한 피하기 위해, 육군은 짝수 날짜의 모든 통신을 수취하고 해군은 홀수 날짜의 모든 통신을 수취하기로 합의했다. 이 협정은 양 기관에 훈련, '성적'

등의 기회를 똑같이 주는 것이었다.

루스벨트는 이 기묘한 협정에 관해 관심이 없었고 알지도 못했다. 이 합의는 정보 역사상 유일한 홀짝제 협업으로 알려져 있다. 이로 인해 진주만 사건 이후까지 '매직' 생산의 혼란이 계속되었다.

처칠이라면 그러한 신호정보 혼란을 용납하지 않았을 것이다. 제1차 세계대전 후, 처칠은 비밀정보위원회 위원으로서 외무부와 군의 암호분석관들을 정부 암호학교(GC&CS)의 한 지붕 아래 모으는 데 일조했다. 그러나 그는 신호정보 활동에 대한 지속적인 열정에도 불구하고, 1930년대 뒷자리로 밀린 '야인 시절' 동안 신호정보에 접근할 수 없었다. 다른 출처에서 나온 비밀정보를 처칠에게 전달한 제보자가 다수 있었는데, 대표적으로 비밀정보부 산업정보국장 데즈먼드 모턴(Desmond Morton)[1]과 1936년 말 요절할 때까지 제보한 외무부의 랠프 위그램(Ralph Wigram)이 있었다. 그러나 처칠은 MI5가 독일 대사관 내부에서 입수하는 정보는 얻을 수 없었는데, 그는 이것을 히틀러에 대한 '유화정책'이 먹히지 않고 있다는 증거로 포착했을 것이다. 1937년 5월 수상이 된 네빌 체임벌린(Neville Chamberlain)이 영향력이 가장 큰 유화정책 주창자로서 그런 증거를 무시했다.

MI5의 독일 대사관 내 주된 출처는 귀족풍의 반(反)나치 외교관 볼프강 추 푸틀리츠(Wolfgang zu Putlitz)였는데, 그의 집안은 12세기부터 브란덴부르크에 있

---

[1] 후일 모턴은 1930년대 초 램지 맥도널드(Ramsay MacDonald) 수상이 "그에게 알고 싶어 하는 것을 다 주시오. 앞으로도 계속 말이오."라고 말하면서 처칠에게 정보를 전달하도록 구두로 승인했다고 주장했지만 믿을 수 없다. 이후 맥도널드는 그 승인을 서면으로 작성했고 그의 후임자들인 스탠리 볼드윈과 네빌 체임벌린이 그 서면에 배서했다고 모턴이 주장했다. 이 주장이 사실일 가능성은 거의 없다.

는 푸틀리츠 성(城)을 소유했다. 푸틀리츠(MI5 암호명: PADGHAM)의 후일 회고에 따르면, MI5 공작원 조나 '클롭' 유스티노프(Jona 'Klop' Ustinov)와 2주 동안 만나면서 "나는 대사관의 일상 업무로 마주치는 모든 더러운 음모와 비밀을 나의 짐에서 털어내려고 했다. 이러한 방법으로 나는 나치주의 훼손에 정말 일조하고 있다고 느낌으로써 나의 양심을 가볍게 할 수 있었다". 히틀러에 대처하는 유일한 길은 강경노선을 견지하는 것이라고 푸틀리츠가 주장했고 MI5 지휘부도 그렇게 믿었다. 유화정책은 히틀러를 더욱 공격적으로 만들 뿐이었다. 버논 켈(Vernon Kell) 경이 수장으로 있던 여러 해 동안, MI5는 프틀리츠 등 독일 대사관 내 출처가 제공하는 정보를 외무부 상임차관 로버트 반시터트(Robert Vansittart) 경('반'이라는 애칭으로 불린 그는 1930~38년 초 재임했다)에게 규칙적으로 보고했다. 화이트홀 고관 중에서 특히 '반'이 재무장을 주장하면서 유화정책에 대한 반대를 견지했다. 1936년 9월 푸틀리츠는 독일 대사 요아힘 폰 리벤트로프(Joachim von Ribbentrop, '폰'은 사기였다)(폰은 원래 귀족에게 붙는 호칭이다_옮긴이)와 그의 참모진이 독일의 대(對)러시아 전쟁이 '교회의 아멘처럼 확실'한 것으로 간주하고 있다고 보고했다. 그리고 푸틀리츠는 히틀러가 침공을 개시하더라도 영국이 눈 하나 깜박하지 않을 것이라고 확신했다.

리벤트로프 대사가 견지한 입장은 영국인들을 다루는 방법은 '뒤통수를 치는 것'밖에 없다는 것이었다. 1938년 2월 히틀러에 의해 외무장관으로 임명된 리벤트로프는 제3제국의 종말까지 그 직을 유지했다. 공작원 유스티노프는 푸틀리츠가 내린 평가를 다음과 같이 요약했다.

앞으로 군대는 나치 외교정책에 순종하는 도구가 될 것이다. 리벤트로프가 이끄는 외교정책은 공격적으로 전진하는 정책이 될 것이다. 그 첫 번째 목표— 오스트리아—가 부분적으로 성취되어 ⋯ 오스트리아가 잘 익은 과일처럼 [히틀레 수중에 떨어지고 있다. 오스트리아에서 입지를 다진 후, 다음 행보는 체코슬로바키아를 향할 것이다.

푸틀리츠는 "영국이 트럼프 카드를 손에서 떨어뜨리고 있다. 영국이 전쟁도 불사하겠다는 단호한 태도를 보였다면, 아니 지금이라도 보인다면 히틀러가 이따위 엄포에 성공하지 못할 것이다. 독일군은 아직 큰 전쟁을 치를 준비가 안 되어 있다"라고 1938년 내내 불평했다. 3월 12일 독일군(Wehrmacht)은 오스트리아에 진입하면서 길에 고장 난 차량 행렬을 남겼는데, 저항 없는 침공인데도 잘 준비하지 못한 것이었다. 독일군은 그해 가을 체코슬로바키아에 대한 전쟁도 허술하게 준비했을 것이다. 푸틀리츠는 1938년 5월 런던을 떠나 헤이그 주재 독일 대사관으로 전보되었다. 1938년 여름 화이트홀이 받은 일련의 정보 보고는 푸틀리츠 것을 포함해 히틀러가 독일어를 사용하는 체코 주데텐 지방의 무력 점령을 결심했다고 경고했다. 그러나 히틀러가 계획하는 공격 시기에 관해서는 보고마다 달랐다. 푸틀리츠 외에 8월 중순 이후 유스티노프의 가장 중요한 출처는 런던 주재 독일 무관 게이어 폰 슈베펜부르크(Geyr von Schweppenburg) 남작 장군이었다. 그는 공작원 유스티노프에게 "우리는 그저 영국인들이 강경노선을 견지하도록 설득해야 합니다. 영국인들마저 히틀러에게 굴복한다면 그를 제어할 길이 없을 것입니다"라고 말했다.

슈베펜부르크가 유스티노프에게 건네서 MI5가 외무부에 전달한 문건 가운데 8월 3일 리벤트로프가 작성한 메모가 있었다. 그 메모는 '우리가 바라는 대로의' 체코슬로바키아 문제 해결이 가을이 오기 전에 결정될 것이라고 보고하면서 영국과 프랑스는 개입하지 않을 것이며 전쟁이 일어나더라도 독일이 승리할 것이라는 확신을 표명했다. 반시터트에 이어 1월 상임차관이 된 알렉산더 카도간(Alexander Cadogan) 경이 9월 초 프랑스에서 휴가를 중단하고 외무부로 복귀했을 때, '비밀 보고서들의 내용은 모골이 송연할 정도였다'. 그가 보기에 '분명히 일촉즉발의 상황이지만, 아직 터지지는 않았다'. 9월 6일 화이트홀은 지금까지의 경고 중 가장 직접적인 경고를 받았다. 독일 대사대리 테오도르 코르트(Theodor Kordt)는 카도간이 보기에 '충성심보다 양심을 앞세우는' 용기 있는 인물인데, 그가 다우닝 가 10번지를 정원 문을 통해 몰래 방문했다. 그는 체임벌린의 측근 보좌관 호러스 윌슨(Horace Wilson) 경에게 히틀러가 체코슬로바키아 침공을 결정했다고 경고했다. 다음날 10번지를 다시 찾은 그는 외무장관 핼리팩스(Halifax) 경에게 똑같은 메시지를 반복했다.

9월 15일 체임벌린 수상이 베르히테스가덴(Berchtesgaden)에 있는 히틀러의 거창한 산장에서 총통(Führer, 히틀러의 칭호_옮긴이)과 협상하기 위해 뮌헨으로 호들갑스럽게 날아갔다. 슈베펜부르크가 재빨리 유스티노프를 만나서 경고했고 MI5는 이 경고를 외무부에 전달했다. "모든 수단을 동원해 체코슬로바키아 국가의 해체를 초래하는 것이 히틀러의 의도다." 체임벌린은 유화정책을 계속했다. 그는 비행기로 세 번 왕복하면서 4강(영국·프랑스·독일·이탈리아_옮긴이)의 조율되지 않은 뮌헨회담에 참석한 후, 9월 30일 영웅적 환영을 받으며 런던으로 귀환했다. 그는 체코 주데텐 지방을 독일에 할양하는 합의서를 흔들면서 이는 '명예로운 평화인 동시에 우리 시대의 평화'를 의미한다고 주장했다. 유스티노프를 조종하는 공작관(case officer) 잭 커리(Jack Curry)는 후일 히틀러와의 협상이 계속되면서 MI5 내에 '실망감이 증가'했다고 회상했다. "체임벌린이 종이 쪼가리를 흔들면서 뮌헨에서 돌아왔을 때 우리는 모두 심한 수치심을 느꼈다."

비밀정보부가 보는 시각은 달랐다. 뮌헨 위기 이전과 도중에 비밀정보부 수장이었던 '맹목' 싱클레어('Quex' Sinclair)는 켈과는 반대되는 방향에서 아마 전례 없을 정도로 정부 정책에 영향을 미치기 시작했다. 켈과 달리 싱클레어는 유화파였다. 싱클레어가 독일 대사관에서 입수한 MI5 정보에 주목했다는 증거는 없다. MI5와 비밀정보부 간의 협조 부재로 인해 그는 그 정보를 보지도 못했을 것이다.[2] 비밀정보부의 정책은 '우리는 무엇을 해야 하는가?'라는 제목의 9월 18일 자 메모로 정리되었는데, 정치정보과장 맬컴 울콤(Malcolm Woollcombe)이 그 메모를 기안하고 싱클레어가 직접 승인했다. 비밀정보부는 체코인들이 불가피성을 인정하고 주로 독일어를 사용하는 주데텐 지방을 독일에 할양하도록 압박해야 한다고 강력히 주장했다. "체코인들은 그러한 해법을 거부할 경우 고립무원임을 분명히 깨달아야 한다." 영국으로서는 계산된 유화정책을 계속해야 한다. 영국은 독일의 불만이 끓어 넘쳐 유럽의 평화를 위협할 때까지 기다려서는 안 된다. 그래서 국제사회가 주도권을 쥐고 '독일의 진정으로 정당한 불만이 무엇인지 그리고 그 불만을 시정하기 위해 어떤 외과적 수술이 필요한지'를 결정해야 한다. 독일은 지난 대전 이후 몰수된 식민지 일부를 되찾아야 한다. 독일인 소수민의 자결이 참으로 필요한 경우가 유럽에 남아 있다면, 그런 경우도 시정되어야 한다. 영국은 '독일의 방자한 행동은 막되 최소한으로 자극하도록' 노력해야 한다. 공무원 조직의 우두머리 워렌 피셔(Warren Fisher)는 싱클레어에게 '우리는 무엇을 해야 하는가?'는 '가장 탁월한 문서'라고 말했다.

MI5는 여기에 동의하지 않았다. 그러나 히틀러의 정책을 둘러싸고 MI5와 비밀정보부 간의 이견을 협의할 기제가 없었다. 그래서 뮌헨 위기 이후 MI5는 푸틀리츠와 다른 독일인(모두 성명 미상이다) 출처에서 나온 정보(지난 몇 년간 외무부에 전달했었다)를 바탕으로 논란이 많은 보고서를 작성했으며, 비밀정보부의 메모 '우리는 무엇을 해야 하는가?'와는 완전히 어긋나게 되었다. 11월 7일쯤 켈이 MI5 보고서를 반시타트에게 직접 건넸다. 반시타트는 연초에 위층으로

---

2   비밀정보부 공식 역사에는 독일 대사관에서 입수한 MI5 정보에 관해 아무런 언급이 없다. 현존하는 양차 대전 사이의 비밀정보부 파일은 여전히 비밀로 분류되어 있지만, 그 역사를 집필한 키스 제프리(Keith Jeffery)는 모든 파일에 무제한으로 접근했었다.

쫓거나 체임벌린 정부의 수석 외교자문관(그다지 영향력이 없었다) 자리에 있었는데, 그는 후임 상임차관 카도간에게 그 보고서를 보냈고, 카도간은 몇 마디 논평을 보태 다시 외무장관 핼리팩스 경에게 전달했다. 이 보고서는 영국 정보기관이 정부 외교정책을 거의 숨김없이 문책한 최초의 문서일 것이다. MI5 보고서 첫 페이지에 포함된 도발적 서술은 MI5가 지난 수년간 '믿을 만한 출처'에서 입수해 제공했던 정보에 입각한 것이었다.

체코슬로바키아와 관련해 올여름 발생한 사태에서 놀라운 것은 전혀 없으며 예견할 수 없었던 것도 전혀 없다. 이 사태는 히틀러의 나치 세계관과 외교정책의 논리적 귀결이며, 민족 문제와 유럽 내 독일의 입지에 관한 그의 견해를 반영한 것이다.

이 보고서는 계속해서 영국 정부가 히틀러에 맞서지 못한 데 대한 푸틀리츠(Q 씨라고만 밝혔다)의 좌절과 실망감을 이례적으로 솔직하게 기록했다. 슈베펜부르크(S 씨로 나온다) 역시 '자신의 목숨을 걸고' 비슷한 메시지를 전했었다. MI5 보고서에 따르면, 뮌헨 위기 기간에 영국의 정책으로 인해 히틀러가 '영국의 약점'을 확신하게 되었다. "이제 틀림없이 히틀러는 영국이 '타락'했으며 대영제국을 방어할 의지와 힘도 없다고 확신한 것으로 보인다." MI5의 목적은 유화정책이 히틀러의 공격적 구상을 제거하기보다 고무했다는 점을 보여줌으로써 체임벌린 수상의 결의를 날카롭게 만드는 것이었다. 보고서에 대한 수상의 관심을 끌기 위해, 커리의 제안으로 수상에 대해 히틀러가 모욕적으로 언급한 사례들이 포함되었다. 이는 영국 정보기관이 정책결정자의 관심을 끌기 위해 이처럼 단순하지만 효과적인 책략을 처음으로 사용한 경우였다. 핼리팩스는 히틀러가 체임벌린을 '재수 없는 놈'이라고 표현한 데 충격을 받아 수상에게 보고하기 전에 그 단어에 빨간 밑줄을 세 번 그었다. 커리에 따르면, 의도된 대로 그 모욕으로 인해 '수상이 상당한 충격'을 받았으며 조롱과 무례함에 격분했다고 한다. 그러나 그의 정책은 별다른 충격을 받지 않았다. 1939년 2월 19일 체임벌린은 "내가 받는 모든 정보는 평화의 방향을 가리키고 있는 것 같다"라고 기쁘게 기록했다. 3월 15일 히틀러 군대는 프라하를 점령하고 체코의 보헤미아와 모라비아(Moravia) 지방을 병합했다. 슬로바키아는 독일의 속국이 되었다.

1940년 5월 처칠이 다우닝 가 10번지에 입주했을 때, 그는 빈번한 정보보고서뿐만 아니라 생정보(raw intelligence), 특히 신호정보도 많이 보겠다고 요구한 첫 20세기 수상이 되었다. 처음에 그는 블레츨리 파크(Bletchley Park)에 전시 본부를 두고 있는 '정부 부호·암호학교(GC&CS)'가 해독하는 모든 절취물을 보겠다고 요구했다. 그가 직접 살피기에는 해독물이 이제 너무 많다는 점에 설득되어 처칠은 가장 중요한 것들만 일일 배포 받기로 동의했다. '맹목' 싱클레어 후임으로 비밀정보부 수장과 비공작(非工作) 기관인 GC&CS 학교장을 겸직하게 된 스튜어트 멘지스(Stewart Menzies) 경은 '수상만 직접 열 수 있음'이라고 표시된 붉은 상자를 수상 배포용으로 준비했다. 멘지스와 처칠만 그 상자 열쇠를 가졌으며, 처칠은 그 열쇠를 자신의 개인 열쇠고리에 달았다. 처칠은 절취물을 '나의 황금알'이라고 불렀고, 암호분석관들을 '황금알을 낳으면서 울지 않는 거위'라고 불렀다.

특별한 우연의 일치이지만, 영국 역사상 가장 소중한 정보 출처가 처칠이 수상이 된 지 2주 만에 가동되기 시작했다. 5월 22일 GC&CS는 독일 에니그마(Enigma) 암호의 공군(Luftwaffe) 버전을 푸는 데 성공해 이날부터 전쟁이 끝날 때까지 중단 없이 공군 에니그마를 사용하는 독일의 현용 통신을 해독할 수 있었다. 1941년 봄 블레츨리 파크는 해군 에니그마를 통달했고, 1942년 봄에는 육군 에니그마를 통달했다. 처음에 에니그마 해독물을 '보니페이스(Boniface)'라는 암호명으로 부른 것은 적이 유출되는 낌새를 눈치 챌 경우 정보가 암호분석에서가 아니라 비밀 스파이한테서 나온 것임을 시사하려는 의도에서였다. 1941년 그 해독물은 처칠과 소수의 입회자에게 울트라(ULTRA) 정보로 통했다. 울트라 정보는 순전히 영국만의 성과라기보다 연합국이 거둔 개가로, GC&CS 외에도 폴란드와 프랑스가 참여한 10년의 정보협력이 정점에 이른 것이었다.

울트라 정보는 현대 영국 역사에서 보안이 가장 잘 유지된 비밀이었을 것이다. 1920년대 처칠은 GC&CS의 해독물 내용을 유출함으로써 소련 통신의 해독 능력을 거듭 훼손했고 결국 1927년의 암호분석 재앙을 초래했었는데, 그러한 실수에서 교훈을 학습했다. 전시 수상으로서 처칠은 매일 멘지스에게서 수취하는 신비의 붉은 상자 속 내용물에 대해 자신의 개인 비서들도 모르도록 보안을 유지했다. 처칠의 개인적인 요구에 따라, '황금알'의 비밀을 공유하는 화이트홀 집단은 전쟁 수행 방향과 가장 밀접하게 관련된 약 30명으로 제한되었으며, 그의 35명 각료 중에서도 6명만 포함되었다. GC&CS를 관장하는 전쟁부 내에서도 합동정보위원회(JIC) 의장 빅터 캐번디시-벤팅크(Victor Cavendish-Bentinck)와 카도간만 울트라 비밀을 알았다.[3]

처칠은 GC&CS를 방문한 최초의 수상이었다. 40년 뒤 마거릿 대처(Margaret Thatcher) 때까지 그런 수상이 나오지 않았다. 처칠은 암호분석관들에게 자신의 개인적 성원을 틀림없이 표현했을 것이다. 1941년 4월 블레츨리 파크의 선임 암호분석관 네 명은 재원이 심각하게 부족한 것을 알고 그들 중에서 가장 어린 스튜어트 밀너-베리(Stewart Milner-Barry)에게 다우닝 가 10번지에 도움을 호소

---

3   비밀정보부 출신의 데즈먼드 모턴은 1930년대 처칠에게 정보활동에 관해 조언했고 다우닝 가 10번지에서도 개인 보좌관으로서 그런 역할을 계속했지만, 그도 울트라 정보에 접근하지 못한 것이 거의 확실하다.

하도록 위임했다. 밀너-베리는 인사부에서 재무 기사(騎士)가 되는 의전 절차를 밟았다. 그는 은퇴한 후에 "말단이 정상한테 바로 가는 것을 주저했더라면, 후일의 나 자신은 두려움과 불신으로 가득 찼을 것"이라고 적었다. 그러나 처칠은 암호분석관들의 호소에 즉각 반응을 보였으며 지금은 유명한 지시를 회의록에 남겼다. "오늘 당장 조치하시오. 반드시 그들이 원하는 모든 것을 최우선으로 들어주고, 그 조치 결과를 나에게 보고하시오.' 밀너-베리는 블레츨리 파크에 대한 처칠의 개인적 성원이 중요하다고 확신했다.

　　… 암호분석관들은 다수의 중요한 암호 열쇠(key)에 매달려 있는 형편이었으며, 만일 우리가 그 열쇠의 일부나 전부를 잃는다면 (암호해독의 연속성이 중요함을 고려할 때) 우리가 다시 업무에 복귀한다는 보장이 없었다. … 거의 그 날부터 고된 일이 기적적으로 편해지기 시작했다. …

처칠이 신호정보의 중요성을 파악한 것 못지않게 중요한 사실은 그가 전시 정보활동 조정을 우선한 것이었다. 양차 대전 사이 기간 내내 정보기관들의 정보 평가는 중구난방이었다. 1936년 설립된 합동정보위원회(JIC)는 1939년 7월까지 외무부에 의해 사실상 보이콧 당했으며 대전 발발 후까지 별다른 성과를 내지 못했다. 합동정보위원회에 대표를 보내지 못한 MI5와 비밀정보부는 뮌헨 위기 기간에 상반된 보고서를 내놓았다. 전전의 몇 년과 전쟁 초기 화이트홀이 받은 정보는 양질과 악성이 상당히 혼합되었으며, 빈번히 그 둘을 구별할 수 없었다. 그 결과, 화이트홀은 독일의 정보부식(情報扶植, intelligence plant)에 의해 몇 차례 기만당했는데, 급기야 1939년 11월 두 명의 비밀정보부 간부가 반(反)히틀러 저항운동원으로 가장한 독일 정보관에 의해 네덜란드 국경도시 벤로(Venlo)로 유인되어 붙잡히는 수모를 겪었다.

1940년 5월 17일 수상이 된 지 일주일이 지난 처칠은 합동정보위원회 지위를 작전 정보에 대한 '평가'를 담당하는 중심 기관으로 격상시켰다. 합동정보위원회는 적절하다고 생각되면 '낮이건 밤이건 언제든지'(이 구절은 새로운 권한 규정에 두 번 반복되었다) 수상, 전시 내각 및 각 군 참모총장에게 '평가'를 제출하라는 지시를 받았다. 합동정보위원회의 구성이 확대되어 비밀정보부, MI5 및 경제전쟁부가 포함되었다. 외무부, 육해공군 부처와 정보기관들은 이제 합동정보위원회를 우회해 독자적으로 보고서를 제출할 수 없게 되었다. 그러나 합동정보위원회에는 대폭 확대된 역할을 수행할 수 있는 인원이 부족했다. 이 약점은 1941년 초 합동정보위원회의 소위원회로 합동 정보참모부(JIS)가 창설됨으로써 치유되었는데, JIS는 정보공동체 전체의 행정과 정책을 조정·평가·전파하는 책임을 맡았다. 이러한 평가 기제가 없었다면 화이트홀은 1941년 6월 히틀러가 러시아와의 평화유지 이점을 '압도적인' 이점으로 본다는 오래된 확신을 극복하기가, 불가능하지는 않더라도, 어려웠을 것이다.

그러나 1941년 프랑스가 함락되고 영국군이 됭케르크(Dunkirk, 프랑스 북부의 항구도시_옮긴이)에서 철수한 후 영국이 외로워졌을 때, 독일을 패퇴시킬 수 있다는 처칠의 확신은 정보를 냉철하게 평가해서 나온 것이 아니라 영국은 어떻게든 역경을 이겨낼 수 있다는 애국적 확신에서 나온 것이었다. 외무장관 앤서니 이든(Anthony Eden)은 영국이 폭격과 게릴라전으로 독일경제를 무너뜨릴 수 있다는 처칠의 믿음을 "가장 끔찍한 헛소리"라고 개인적으로 일축했다. 다우닝 가 10번지에 입주할 때, 처칠은 적이 전열 배후에서 벌이는 비밀공작에 대해 과도한 믿음을 가지고 있었다. 그러나 독일이 6주 만에 프랑스와 베네룩스 3국을 장악한 것이 전복활동과 사보타주의 엄청난 힘을 보여준 것이라고 믿은 사람은 화이트홀 내에서 처칠 혼자만이 아니었다. 독일군이 전격전에서 엄청난 속도를 보인 것은 전열의 배후에서 대규모로 활동하는 '제5열'의 지원 덕분이라고 잘못 생각되었다. 네덜란드 주재 영국 공사 네빌 블랜드(Nevile Bland) 경의 보고에 따르면, 5월 15일 전투 5일 만에 항복한 네덜란드의 급속한 붕괴는 제5열과 낙하산병들의 협력으로 가능했다. 블랜드 경은 한 독일 처녀가 낙하산병들을 목표지점으로 안내했다는 (허구로 추정되는) 사례를 들었는데, 이는 제1차 세계대전 시의 스파이 소동을 연상시키는 이야기였다.

5월 15일 블랜드의 보고서가 전시 내각에 올라왔을 때, 처칠은 '긴급한 조치'를 요구했다. 7월 16일 그는 적군의 후방에서 현지 저항운동원들과 협동해 '전복활동과 사보타주'를 수행할 '새로운 전쟁 수단', 즉 특수공작단(SOE)에 대한 지휘권을 자신만만하고 역동적인 노동당 정치인 휴 달턴(Hugh Dalton)에게 부여했다. 처칠의 연립정부에서 경제전쟁 장관직을 맡은 달턴에게 처칠은 유명한 말을 했다. "이제 유럽에 불을 지르시오!" 그러나 달턴이 특수공작단을 책임진 2년 동안 독일군이 점령한 유럽에는 거의 연기만 피어올랐다.

특수공작단에 대한 처칠의 과도한 기대는 부분적으로 애국적 테러 활동의 위력에 대한 낭만적인 믿음에서 비롯되었다. 과거 처칠은 인도 민족주의에 대해 반감을 가졌음에도 불구하고, 인도 담당 국무장관의 정무 보좌관 윌리엄 커즌 와일리(William Curzon Wyllie) 경을 1909년 암살한 마단 랄 딩그라(Madan Lal Dhingra)에 관해 다음과 같이 말했다. "우리가 레굴루스(Regulus, 기원전 3세기 로마의 장군_옮긴이), 카락터커스(Caractacus, 기원 50년경 로마군 침입에 저항한 브리턴인 족장_옮긴이)와 플루타르크(Plutarch)의 영웅들을 기억하듯이, 그도 앞으로 2,000년 동안 기억될 것이다." 처칠은 딩그라의 처형 전 최후진술이 "애국주의 이름으로 이루어진 최고의 진술"이라고 말했다. 제1차 세계대전이 끝난 후, 러시아인 테러리스트 보리스 사빈코프(Boris Savinkov)에 대한 처칠의 경외와 존경은 웃음거리에 가까웠다. 처칠은 사빈코프가 "내무장관 플레베(Plehve)와 세르게이(Sergei) 대공을 살해한 사건에서 자신이 수행한 역할을 너무 솔직하게 묘사했다"라고 인정했다. 그럼에도 불구하고 "이러한 참사와 위험, 범죄의 와중에서 그는 정치가의 지혜, 지휘관의 품성, 영웅의 용기, 그리고 순교자의 인내를 보였다". 1920년대 초반 레닌과 볼셰비키 정권을 전복하려는 사빈코프의 실행 불가능한 계획을 처칠이 지지한 것을 보면, 처칠의 대담성 선호가 얼마나 그의 판단력을 흐릴 수 있었는지 드러난다. 1921년 크리스마스 직전 처칠은 사빈코프의 환상적인 계획에 대한 로이드 조지 수상의 승인을 얻고자 사빈코프와 함께 시골의 수상관저로 차를 몰았다. 처칠이 로이드 조지에게 "중요한 인물은 그 사람밖에 없다"라고 말했다. 수상은 마땅히 수긍하지 않았다. 사빈코프의 환상이 노출되고 그가 러시아로 유인되어 공개재판을 받은 후에도 처칠은 그에 대한 존경심을 유지했다. 처칠은 자신의 저서 『현대 위인전 (Great Contemporaries)』에 1937년까지 사빈코프를 포함했다. "얼룩과 오점이 많음에도 불구하고, 러시아 국민을 위해 그보다 더 노력하고 희생하고 고생한 사람은 거의 없다."

처칠이 때로는 정보에 대해 지나친 열정을 보였음에도 정보에 대한 그의 이해는 루스벨트와 스탈린을 능가했다. 처칠이 영국에서 정보의 역할을 제고했을 때, 스탈린은 소련에서 정보의 역할을 격하시켰다. 공포통치가 시작된 1936년부터 독일의 침공을 받은 1941년까지 5년 동안 소련의 정보활동은 주로 스탈린의 피해망상적 경향 때문에 현실의 위협보다 가상의 위협을 처리하는 데 더 많은 시간을 소비했다. 스탈린의 음모론에 대해 충분한 열정을 보이지 못한 정보 요원은 자신의 장래 경력뿐 아니라 기대수명까지 위험에 빠뜨렸다. 국내의 공포통치로 말미암아 대사관 등 해외 주재 기관에서도 경쟁적으로 고발하는 시대가 되었다. 외교관과 정보관들은 동료들이 자신을 고발하기 전에 서둘러 동료들을 고발했다. 1936년 8월 지노비예프, 카메네프 등 '타락자'에 대한 공개재판이 열린 후, NKVD 파리 지부는 제4국 직원 아브람 미로노비치 알밤(Abram Mironovich Albam, 암호명: BELOV)을 고발했다.

벨로프(BELOV)는 이 정치적 악당들에 대해 깊은 증오나 날카롭게 비판하는 태도를 보이지 않는 것 같다. 트로츠키파-지노비예프파 악당들 재판에 관한 토론회에서 그는 침묵을 지켰다. 벨로프는 선고받은 일곱 명에게 은전이 베풀어지기를 희망했으며, 그는 오늘 신문에서 그들의 처형 기사를 읽고 실제로 한숨을 내쉬었다.

알밤의 전복적인 한숨으로 인해 그 자신뿐 아니라 다수의 동료가 가상의 범죄 혐의로 유죄판결을 받았다. 그의 사건 파일에는 후속으로 체포된 13명의 지인 명단이 있는데, 그들 일부가 (아마 대부분이) 총살되었다. 알밤의 아내 프리다 리보브나(Frida Lvovna)는 체포된 남편과 인연을 끊어 자신의 목숨을 구하려고 했다. 그녀는 분개해 NKVD에 탄원서를 냈다. "정직한 당원으로서 가장 끔찍하게 깨달은 것은 다른 인민의 적들에 둘러싸인 그도 인민의 적이었다는 사실입니다."

일부 NKVD 지부는 직원들이 전부 또는 대부분 소환되고 제거된 후, 1937~38년 활동을 중단했다. 런던, 베를린, 빈 및 도쿄 지부는 폐쇄되지 않았으나 1인 또는 2인 지부로 축소되었다. 소련 외교관과 외무부(Narkomindel) 직원들 가운데 60% 이상이 숙청되었다. 1938년 한 해 동안 NKVD 해외정보국(INO) 국장 세 명이 잇달아 제거되었다. 젤만 파소프(Zelman Pasov)와 세르게이 쉬피겔글라스(Sergei Shpigelglass)는 총살되었으며, 아브람 슬루츠키(Abram Slutsky)는 독살되었을 것이다. 러시아 해외정보부(SVR)의 공식 역사가 인정하고 있듯이, 그러한 혼란으로 붕괴된 해외정보국은 1938년 127일 동안 연속해서 스탈린에게 한 건의 정보보고서도 올리지 못했다. 12월 NKVD 수장이 예조프에서 라브렌티 파블로비치 베리야(Lavrenti Pavlovich Beria)로 교체되었다. 스탈린의 딸 스베틀라나(Svetlana)의 후일 회고에 따르면, 베리야는 "교활한 신하의 훌륭한 현대적 표본이며 동양적 배신·아첨·위선의 화신"이었다. 베리야는 스탈린의 측근 중에서도 스탈린과 가장 가까운 사이가 되었으며 밤늦게 폭음을 즐기는 만찬 파티에서 스탈린을 위해 건배를 제의하는 인사였다. 예조프는 영국, 독일, 일본 및 폴란드와 동시에 음모를 꾸민 (그 자신의 피해망상적 기준으로도 터무니없는) 혐의로 유죄판결을 받았다. 1938년 중 공포통치가 완화될 때까지, 그리고 그 이후에도 모든 NKVD 직원이 엄청난 스트레스를 받으며 근무했다. 그들은 매일 저녁 귀가한 후, 이른 밤에 문을 두드리는 소리가 들리면 혹시 자신들을 인민의 적으로 보고 정체를 밝히려는 신호가 아닐까 의심했을 것이다.

수많은 가상의 반역자들이 소련의 해외정보기관에서 숙청되는 바람에 1939년 NKVD 런던 지부에는 한 명의 직원 아나톨리 베니아미노비치 고르스키(Anatoly Veniaminovich Gorsky)만 근무했다. 그는 지부의 중요한 공작원들에 관해서도 아는 것이 거의 없었다. 1939년 여름 케임브리지 '5인방(Magnificent Five)'의 하나인 킴 필비(Kim Philby)가 스페인에서 런던으로 귀환하려고 했다. 오늘날 러시아 해외정보부(SVR) 본부에서 기념비로 기려지고 있는 필비는 스페인에서 《타임스(Times)》 지 기자로 가장해 NKVD를 위해 일했었다. 이에 고르스키가 본부에 타전했다. "쾬헨(SÖHNCHEN, 필비의 암호명)을 어떻게 다룰지 지시를 내려주면, 그에 관한 방향을 설정하는 데 도움이 될 것입니다. 우리는 그에 관해 매우 일반적인 사항밖에 모르기 때문입니다." 이 무렵 본부는 1930년대 중반에 포섭한 젊은 케임브리지대 졸업생 다섯 명 전원에게 심각한 의문을 품었다. 나중에 종종 '5인방'으로 불린 이들은 필비, 도널드 매클레인(Donald Maclean), 가이 버지스(Guy Burgess), 앤서니 블런트(Anthony Blunt) 및 존 케언크로스(John Cairncross)였다. 영국에서 그들을 조종했던 다수의 공작관과 주재관들은 그 후 서방 정보기관과 접촉한 '인민의 적'으로 오인되었다. 체포될 것을 두려워한 알렉산드르 오를로프(Alexander Orlov)는 미국으로 망명했으나 '5인방'에 관해 아무것도 폭로하지 않았다. 1939년 여름 NKVD 본부의 한 보고서는 영국 내 정보활동이 "의심스러운 출처, 즉 인민의 적들이 조종하던 시기에 획득한 스파이망에 근거하고 있으며, 따라서 극히 위험하다"라는 결론을 내렸다. 그 보고서는 모든 영국인 스파이와 접촉을 단절하라는 권고로 끝을 맺었다. '5인방'과의 접촉이 실제로 단절되지는 않았지만, 1939년 한 해 동안 모두가 경원당한 것으로 보인다. NKVD 본부는 5인방의 일부 또는 전부가 교사 공작원일 가능성에 대해 계속 논의했지만, 그들의 정보를 대체로 가시적인 관심 없이 수취했다. 그러나 5인방 모두가 여전히 이념적으로 충실한 소련 스파이였으며, 1939년 8월 나치-소비에트 불가침조약에 관한 내면의 의심을 최대한 억제했다.

1930년대 후반 NKVD 해외 정보활동의 주요 우선순위에서 '인민의 적' 색출이 정보수집을 대체했다. 해외 지부는 트로츠키주의자들을 추적하는 열의가 부족하다고 정기적으로 질책받았다. 트로츠키가 노르웨이에 살고 있던 시기에 본부가 스톡홀름과 오슬로 지부에 보낸 분노의 전문이 대표적이었다. "귀 주재국에서 트로츠키주의 악질 테러리스트들에 대해 수행하고 있는 공세의 소극성은 용납될 수 없다." 스탈린의 음모론적 정신세계에서 트로츠키는 여전히 히틀러보다 더 위험한 적수였다. 히틀러에 대해서는 아마 1930년대 중반부터 스탈린이 나치-소비에트 불가침조약의 가능성을 상상했을 것이다. 트로츠키에 대해서는 오로지 죽음에 이르는 투쟁뿐이었다.

스페인 내 트로츠키주의에 대한 NKVD의 투쟁은 스페인 내전 속에서 내전을 일으켰다. 1937년 스탈린은 스페인의 좌파 공화정 정부를 지원해 프랑코

(Franco) 장군이 이끄는 민족주의 반군을 물리치는 것보다 모든 형태의 트로츠키주의에 대한 집요한 복수를 수행하는 데 더 관심을 보였다. 스페인에서 스탈린의 주된 표적은 '마르크스주의통일노동자당(POUM)'의 친(親)트로츠키 지도자 안드레우 닌(Andreu Nin)이었다.[4] 닌 암살이 최고의 우선순위였으므로 NKVD 주재관 알렉산드르 오를로프는 스페인 내 실적이 대체로 저조했음에도 불구하고 1937년 여름의 닌 납치를 기획하는 데 일조한 공로로 (스탈린의 직접 승인이 필수인) 레닌 훈장을 받았다. 오를로프가 닌의 납치를 기획하는 데 일조했지만, 그에 이은 POUM 지도자 살해는 이오시프 로무알도비치 그리굴레비치(Iosif Romualdovich Grigulevich)가 수행한 것이 거의 확실하다. 그리굴레비치는 오를로프보다 훨씬 더 유능한 정보관으로서 NKVD에서 가장 지능적인 암살자였다. 리투아니아에서 유대인으로 태어난 그가 10년 뒤 코스타리카 외교관으로 행세하는 데 성공한 것을 보면 가장 신분을 취득하는 그의 재능을 가늠할 수 있다. 스페인에서 그리굴레비치는 처음에 프랑코 전열의 후방에서 활동할 파괴·방화 요원들을 훈련하다가 이후에는 트로츠키주의자들을 제거하는 데 주도적인 역할을 맡았다. 그는 스페인 내전에서 트로츠키주의자들을 성공적으로 처리한 덕분에 멕시코에 있는 트로츠키 본인을 암살하려는 첫 번째 공작의 책임자로 선발되었다.

NKVD의 가장 적극적인 해외공작 부서는 야코프 '야샤' 세레브리안스키(Yakov 'Yasha' Serebryansky)가 이끄는 특수임무단이었다. 특수임무단은 정보수집보다 납치와 암살을 전문으로 했다. 1938년 NKVD 해외 지부가 급속히 쇠퇴하던 시기에, 특수임무단은 16개국에서 212명의 흑색 요원(illigal)이 활동하고

---

4   이데올로기에 근거할 때, 닌을 트로츠키주의자로 분류하는 것은 논란의 여지가 있다. 닌이 1936년 여름 카메네프, 지노비예프 등 '구볼셰비키파'를 공개적으로 맹비난한 데다 당시 노르웨이에 망명 중이던 트로츠키를 바르셀로나로 오도록 초청한 일 때문에 그는 모스크바에서 생을 마감했다.

있다고 주장했다. 그 해 특수임무단에 의해 희생된 주요 트로츠키주의자 가운데에는 독일인 루돌프 클레멘트(Rudolf Klement)가 있었는데, 그는 가을에 개최될 예정인 트로츠키의 제4차 인터내셔널 창립총회를 책임지고 있었다. 7월 13일 클레멘트가 파리 자택에서 불가사의하게 사라졌다. 약 2주 뒤 트로츠키는 표면상 클레멘트가 쓰고 뉴욕에서 발송한 편지를 받았는데, 트로츠키가 히틀러와의 동맹 등 가상의 범죄를 꾸미고 있다고 맹비난하는 내용이었다. 트로츠키는 그 편지를 NKVD 위조물이거나 NKVD가 권총을 클레멘트 머리에 대고 그에게 작성시킨 것이라고 아주 정확하게 일축했다. NKVD는 클레멘트로 하여금 트로츠키를 거짓으로 맹비난하게 한 후 단순히 사라지게 하려는 의도였을 것이다. 그러나 그 맹비난 직후 머리 없는 시신이 센 강의 물가에서 발견되었다. 프랑스인 트로츠키주의자 두 명은 양손의 뚜렷한 흉터를 보고 클레멘트의 시신임을 인식할 수 있었다. 제4차 인터내셔널이 사산되었다. 그 창립총회는 9월 3일 프랑스인 트로츠키주의자 알프레드 로스머(Alfred Rosmer)의 파리 근교 집에서 개최되었으나, 참석한 대의원이 21명에 불과했다. 그 대의원들도 대부분 11개국의 미미한 트로츠키주의 단체를 대표했다. '러시아 지부'의 진짜 회원들은 이제 완전히 소멸했겠지만, '러시아 지부'를 대표한 대의원은 NKVD 스파이 마르크 즈보로프스키(Mark Zborowski, 암호명: 에티엔)였다.

해외에 주재하는 소련 정보·외교 인원 중에서 진짜도 아닌 가상의 트로츠키주의자를 색출하는 일에 특수임무단 활동 대부분이 투입되었다. 해외정보국(INO) 직원들에 대한 세레브리안스키의 핍박으로 해외정보 유입이 꾸준히 감소했으며 해외정보에 대한 본부의 이해 수준도 떨어졌다. 그러나 해외의 저승사자들도 국내의 공포통치로부터 자유로운 것은 아니었다. 세레브리안스키 본인도 자신의 마녀사냥 희생자가 되었다. 그는 이른바 인민의 적들을 색출한 공로로 레닌 훈장을 받았지만, 1938년 11월 모스크바로 소환되어 터무니없이

'영국과 프랑스 정보기관의 스파이'인 것으로 드러났다. 아주 이상한 조사 끝에 나온 결론에 따르면, 그의 스파이망에는 '반역자와 분명한 폭력배들 다수'가 들어 있었다.

세레브리안스키의 후임자로 온 파벨 아나톨리예비치 수도플라토프(Pavel Anatolievich Sudoplatov)는 몇 달 전 교묘하게 부비트랩을 설치한 초콜릿 상자로 우크라이나의 망명한 민족주의 지도자 예프켄 코노발레츠(Yevkhen Konovalets)를 암살한 인물이었다. 1939년 3월 수도플라토프가 해외정보국(INO) 부국장이 됨으로써 '특수 임무'와 해외정보는 종전보다 더 긴밀한 관계가 되었다. 스탈린은 직접 그에게 레온 트로츠키를 암살할 전담반(T/F)을 멕시코에 파견하도록 지시했다. 우트카(UTKA, '오리'라는 뜻) 공작이라는 암호명이 부여된 트로츠키 암살은 스탈린의 주된 대외정책 목표가 되었다. 1939년 9월 제2차 세계대전이 발발한 이후에도 아돌프 히틀러의 의도를 파악하는 것은 거물 이단자를 제거하는 것보다 우선순위가 낮았다. 스탈린은 히틀러가 나치-소비에트 불가침조약을 지킬 것이라고 순진하게 기대했다.

1940년 5월 24일 이른 시간에 멕시코시티 인근의 트로츠키 저택에 감행한 첫 번째 공격은 거의 성공할 뻔했다. 이오시프 그리굴레비치가 그 공격을 기획하고, 멕시코 화가이자 스탈린주의자인 다비드 알파로 시케이로스(David Alfaro Siqueiros)가 이끄는 공격조가 지원했다. 트로츠키의 침실 벽은 기관총 세례를 받아 곰보처럼 되었다. 트로츠키 부부는 적시에 침대 밑으로 들어가 목숨을 건졌다. 두 번째 암살 시도를 성공으로 이끈 레오니드 에이팅곤(Leonid Eitingon)은 수도플라토프의 부하로서 스페인에서 인민의 적들을 제거하는 등 '특수 임무'를 수행한 경험이 있었다. 암살범 라몬 메르카데르(Ramón Mercader, 일명 자크 모나르 또는 프랭크 잭슨)가 트로츠키 저택에 접근했다. 스페인 사람인 그는 소련 스파이였으며 미국인 트로츠키주의자 실비아 아겔로프(Sylvia Ageloff)의 연인이었다. 지지자로 행세한 메르카데르는 트로츠키를 설득해 자신이 쓴 글에 대해 조언을 부탁했다. 8월 20일 트로츠키가 책상에서 그의 글을 읽고 있을 때, 메르카데르가 주머니에서 얼음 깨는 송곳을 꺼내 트로츠키의 목덜미를 있는 힘껏 내려찍었다. 메르카데르는 트로츠키가 즉각 조용히 죽을 것이라고 예상했었다. 그래야 탈출해서 근처에서 자신의 어머니와 어머니의 연인 에이팅곤이 기다리는 자동차로 갈 수 있었다. 그러나 트로츠키가 '날카로운 비명'을 지르는 바람에 경호원들에게 들켰다. 트로츠키는 다음날 병원에서 죽었다. 메르카데르는 이후 20년을 멕시코 감옥에서 보냈다. 그의 어머니는 에이팅곤과 함께 모스크바로 달아나 크렘린에서 스탈린의 영접을 받고 레닌 훈장을 수여받았다. 그녀는 이러한 영예를 누린 최초의 여성 소련 스파이였다.[5]

트로츠키가 살해된 후에도 트로츠키주의자에 대한 스탈린의 집착은 끝나지 않았다. 1941년 1월 NKVD 본부는 합법적인 뉴욕 지부의 가이크 오바키미안(Gayk Ovakimian) 지부장에게 다음과 같은 지시를 내렸다. "앞으로 '늙은이'[트로츠키]가 죽은 이후 트로츠키주의자들 사이의 혼란, 그들의 대거 이탈 및 그들에게 팽배한 불확실성과 환멸을 활용해 트로츠키주의자들에 대한 투쟁을 강화하시오. 그들 무리의 사기를 꺾기 위해 왕성하게 활동할 수 있는 공작원들을 획득하는 것은 필수이오." 스탈린의 두려움을 반영한 것임이 틀림없지만, 본부 자체가 아무런 신빙성 있는 증거도 없이 트로츠키 지지자들이 미국 내에 '비밀 스파이 양성소'를 가지고 있어 스파이들을 계속 소련에 침투시키고 있다고 확신했다. 본부는 또한 미국의 트로츠키주의자들이 미국 항구에 입항하는 소련 선박의 승무원들을 기다리고 있다고 확신했다.

---

5   트로츠키를 죽인 송곳은 현재 미국의 키스 멜턴(Keith Melton) 정보 컬렉션에 있다. DNA 검사로 그 송곳이 진짜임이 입증되었다.

트로츠키주의자 접촉을 알아내는 소련 배 선장들의 색출 활동을 촉진하기 위해 우리는 소련 선원들과 트로츠키주의 선동가들 사이의 가능한 회합 장소, 즉 미국 항구에 입항하는 우리 선원들이 자주 방문하고 트로츠키주의자들도 이용하는 공공장소, 술집, 상점 등을 알아야 하오. 트로츠키주의자들의 이러한 활동에 관해 새로운 첩보가 있으면 즉각 타전하시오.

NKVD 본부는 또한 스파이 실비아 캘런(Sylvia Callen)이 제공한 다량의 문서를 자세히 조사했는데, 암호명이 사티르(SATYR)인 그녀는 '트로츠키주의 사회주의노동자당'의 지도자 제임스 캐넌(James Cannon)의 개인 비서였다. 그녀는 뉴욕의 내셔널 시티(National City)은행 금고에 보관된 트로츠키 파일 일부의 목록을 제공했다. 본부는 이 목록을 특별히 중시했으며 오바키미안에게 1939년 문서에 언급된 목록을 인투리스트(Intourist, 소련 국영여행사_옮긴이)에 보내라고 지시했다. "기회가 되면 이 아카이브를 입수할 필요가 있습니다." 당시 인투리스트는 '샌프란시스코 트로츠키주의자들 사이에 공작원'을 침투시켰고 '우크라니아인 사회에서도 인맥'을 보유했다. 뉴욕 지부도 공작원을 포섭해 하버드대학교에 있는 다른 트로츠키 아카이브를 복사하라는 지시를 받았다.

1941년 전반기는 NKVD 뉴욕 지부가 미국 내에서 무의미한 반(反)트로츠키주의 활동을 중점적으로 추진하라는 지시를 받은 때였다. 이 무렵 독일 내 NKVD 스파이망의 주요 인물은 경제부 관리 아르비드 하르나크(Arvid Harnack)와 공군 정보 중위 하노 슐체-보이센(Hanno Schulze-Boysen)이었다. 이들은 바르바로사(BARBAROSSA, 독일의 소련 침공작전 암호명_옮긴이) 작전을 준비하는 히틀러의 동향에 관해 매우 중요한 정보를 제공하고 있었다. 6월 16일 NKVD 베를린 지부의 부지부장 알렉산드르 코로트코프(Aleksandr Korotkov)가 두 출처의 정보를 종합해 "소련 공격을 준비하는 독일의 모든 군사훈련이 완료되었으며 언제든 공격이 개시될 수 있다"라고 모스크바에 타전했다. 비슷한 정보가 중국과 일본같이 멀리 떨어진 곳에서도 날아왔다. 해외정보 수장 파벨 피틴(Pavel Fitin) 은 1939년 겨우 31세에 임명된 인물인데, 그의 전례 없는 고속 승진은 주로 수 많은 해외정보국(INO) 관리들을 제거한 덕분이었다. 그가 매우 회의적인 스탈 린에게 독일의 임박한 공격에 관한 보고서들을 보낸 것은 주로 조국 러시아에 대한 위협을 심각하게 우려한 데서 비롯된 것이 틀림없지만, 그래도 큰 도덕적 용기를 보인 것이었다. 후일 KGB 사가들이 계산한 바에 따르면, 1941년 1월 1 일부터 6월 21일까지 피틴이 스탈린에게 올린 정보 경고는 '100건 이상'이었 다. 군사 정보기관인 '제4국'에서도 보고서를 올렸다. 모두 허사였다.

후일 영국 외교관 사익스(R. A. Sykes)는 스탈린의 세계관을 "명민함과 넌센 스가 이상하게 섞인 것"이라고 요약했다. 스탈린이 레닌 사후의 권력투쟁에서 승리한 요인인 그의 명민함은 대전 기간에 처칠과 루스벨트를 다룰 때 다시 나 타났다. 그러나 바르바로사 이전에 독일과 영국이 수행한 정책에 대한 그의 이해는 피해망상적인 넌센스에 의해 저해되었다. 스탈린은 소련 최고의 독일 인·영국인 스파이들은 자신을 기만하려는 정교한 음모의 일부라고 확신했다. NKVD 내에도 스탈린처럼 기괴할 정도는 아니더라도 그의 음모론에 중독된 직원이 많았다. 하지만 6월 22일 독일의 기습 공격을 예측하지 못한 재앙의 주 된 책임은 스탈린 자신에게 있었다. 스탈린은 일련의 정확한 경고를 그저 무 시한 것이 아니었다. 그는 경고한 사람들을 맹비난했다. 6월 16일 슐체-보이 센으로부터 입수한 NKVD 보고에 대해 스탈린이 보인 추잡한 반응이 회의록 에 기록되어 있다. "독일 공군본부에 있는 당신 '출처'한테 나가 뒈지라고 말하 라. 그는 '출처'가 아니라 역정보를 흘리는 사람이다. 스탈린." 그는 또한 도쿄 에서 비슷한 경고를 보낸 '제4국' 흑색 요원 리하르트 조르게(Richard Sorge)에 게도 독설을 퍼부었다. 사후에 소련 정보계의 영웅으로 인정받은 조르게는 도쿄에서 독일 대사관에 침투하고 대사 부인을 유혹한 인물이다. 스탈린은 독일의 침공이 임박했다는 조르게의 경고를 '일본의 작은 공장과 사창가에서 뒹굴던 잡놈' 거짓말쟁이가 흘린 역정보라고 맹비난했다. 스탈린은 대수롭지 않은 논평에서도 추잡한 욕은 거의 하지 않았다. 그러나 1941년 6월 슐체-보이센에 대한 그의 논평은 그가 심한 스트레스를 받고 있었음을 보여준다.

스탈린은 히틀러보다 20년 전 내전 기간에 반(反)볼셰비키 십자군을 주창했던 처칠을 더 의심했다. 스탈린은 처칠이 그 후 줄곧 소련에 대해 음모를 꾸미고 있다고 믿었다. 그는 독일의 임박한 공격에 관한 수많은 보고의 배후에는 자신을 히틀러와 엮으려는 영국의 오랜 음모를 계속하려는 처칠의 의도가 있다면서 그러한 처칠의 역정보 공세를 간파하라고 주장했다. 처칠이 스탈린에게 독일의 바르바로사 준비에 관해 직접 경고함으로써 스탈린의 의심이 더욱 굳어졌다. NKVD 런던 지부가 보낸 정보보고서를 통해 스탈린은 영국의 합동정보위원회(JIC)가 1941년 6월이 되기까지 히틀러의 침공 준비 사실을 믿지 않고 있었다는 것을 거의 틀림없이 알았을 것이다. 5월 23일 합동정보위원회는 처칠에게 '독일이 소련과 합의를 타결함으로써 얻을 이익이 압도적'이라고 보고했다. 스탈린은 합동정보위원회의 평가를 처칠의 경고가 자신을 기만하려는 의도라는 추가 증거로 간주했을 것이다. 처칠과 영국의 정책 일반에 대한 스탈린의 깊은 의심을 영리하게 이용한 것은 독일인들이었다. 바르바로사에 앞서 기만 공작의 일환으로서 독일 정보기관 '압베르(Abwehr)'는 독일의 공격이 임박했다는 소문이 영국의 역정보 공세의 일부라는 설을 퍼뜨렸다.

예조프 후임으로 NKVD 수장이 된 라브렌티 베리야(Lavrenti Beria)는 독일의 침공 준비에 관한 보고서를 감히 올리는 NKVD 안팎의 사람들에게 심한 분노를 표출함으로써 자신의 지위를 보전하려고 했다. 1941년 6월 21일 베리야는 애국심 때문에 그러한 보고서를 끈질기게 올린 네 명의 NKVD 장교를 "갈아서

집단수용소 먼지로 만들라"라고 명령했다. 같은 날 그는 스탈린에게 다음과 같이 썼다.

나는 베를린 주재 대사 데카노조프(Dekanozov)를 소환해서 처벌해야 한다고 거듭 주장합니다. 그는 히틀러가 소련 공격을 준비하고 있다는 '보고'를 계속해서 나에게 퍼붓고 있습니다. 그는 이 공격이 내일 개시될 것이라고 보고했습니다. …

그러나 나와 내 부하 이오시프 비사리오노비치(Iosif Vissarionovich)는 당신의 현명한 결론, 즉 히틀러는 1941년에 우리를 공격하지 않는다는 것을 우리의 기억 속에 굳게 새겨놓았습니다.

베리야는 또한 피틴이 감히 스탈린에게 독일 공격이 임박했다는 거짓 보고서를 퍼부었다는 이유로 그를 제거하려고 했을 것이다. 러시아 해외정보부(SVR)의 공식 전기에 따르면, "오로지 [다음날] 대전 발발이 피틴을 총살형에서 구해냈다".

바르바로사는 군사 역사상 가장 강력한 침공이었다. 히틀러는 슬라브족이 인종적으로 열등하다는 자신의 확고한 믿음을 근거로 독일군(Wehrmacht)이 겨울이 오기 전에 승리할 것이라고 확신했다. "우리가 문을 발로 차기만 하면 썩은 건물 전체가 무너져 내릴 것이다." 히틀러 군대는 매일 90km씩 전진하면서 앞에 있는 모든 것을 휩쓸었는데, 이는 서부 유럽에서 벌인 전격전(Blitzkriegs)보다 빠른 속도였다. 소련은 동쪽에서 일본도 동시에 공격할 것이라는 끔찍한 전망에 직면했다. 조르게가 도쿄에서 보고한 바에 따르면, 리벤트로프(Ribbentrop) 독일 외무장관은 바르바로사가 시작되기 3개월 전에 일본과 소련이 타결한 조약을 파기하도록 일본인들을 설득하라고 자국 대사관을 다그치고 있었다. 리벤트로프가 지시했다. "일본이 러시아와 전쟁을 벌이도록 전력을 다해 자극하라. 이 개전은 빠르면 빠를수록 더 좋다. 우리의 목표는 여전히 겨울이 시작되기 전에 시베리아 횡단 철도에 관해 일본과 악수하는 것이다." 일본 정부와 고위 군부 내의 애초 의견은 '북방 해법'(소련과의 전쟁)과 '남방 해법'(영국·미국과의 전쟁)으로 갈려져 있었다.

조르게는 10월 18일 자신의 스파이 조직과 함께 체포되기 전까지 계속해서 '남방 해법' 지지자들이 우세하다고 모스크바에 알릴 수 있었다. 조르게의 보고는 주로 오자키 호쓰미(Hotsumi Ozaki)가 제공한 정보 덕분이었는데, 오자키는 일본 정계 지도자 고노에 후미마로(Prince Konoye)의 측근이었다. 그러나 일본이 공격하지 않을 것이라고 스탈린을 확신하게 만든 가장 결정적인 정보는 신호정보(SIGINT)에서 나왔다. 영국의 '정부 부호·암호학교(GC&CS)'와 미국의 신호정보국처럼 NKVD 암호분석관들도 일본 암호, 즉 미국인들이 '퍼플(PURPLE)' 암호라고 부른 것을 해독했다. NKVD '제5국(암호국)' 소속의 수석 일본 전문가 세르게이 톨스토이(Sergei Tolstoy)는 소련에서 최고 훈장을 받은 전시 암호분석관이 되었다. 톨스토이 팀의 성공에 힘입어 '제5국'은 '제4국'(1942년 GRU로 개칭되었다)으로부터 군사통신 해독 업무를 인수했다. 제5국 1과의 담당업무는 소련 극동에 대한 공격을 준비하는지 탐지하기 위해 일본 관동군(關東軍) 통신을 모니터하는 것이었다.

톨스토이의 초기 성공은 차르 시대 이후 러시아의 다른 암호해독 성공사례들과 마찬가지로 스파이활동의 지원을 많이 받았을 것이다. 1938년 가을 프라하 주재 일본 외교관 이즈미 고조(Kozo Izumi, 암호명: NERO)는 주로 자신의 러시아인 아내의 중개를 통해 일본의 암호책 7권 외에 도쿄와 베를린, 프라하, 런던, 로마, 모스크바 등의 자국 대사관 사이에 교환된 상당수의 외교 전문을 NKVD 주재관에게 팔았다. 그는 1939년 핀란드 헬싱키에 부임하고 1940~44년 불가리아 소피아에 부임한 기간에 중요한 암호 자재를 추가로 넘겼다. 대조국전쟁 (Great Patriotic War, 소련이 제2차 세계대전 중 독일과 벌인 전쟁을 일컫는 말_옮긴이) 초기의 중대한 시기에 '제5국'과 리하르트 조르게가 일본은 소련을 공격할 의도가 없다고 안심시킨 덕분에 스탈린은 극동 사령부의 사단 병력 절반을 서부로 이동시킬 수 있었다. 1941년 10월과 11월 8~10개 보병사단이 약 1,000대의 탱크와 1,000대의 항공기와 함께 대(對)독일 전투로 이동 투입되었다. 신호정보 덕분에 일본의 의도에 관해 계속 안심할 수 있었다. 1941년 11월 27일 도쿄에서 베를린 대사관에 보낸 외교 전문은 모스크바에도 그 사본이 전달되어 해독되었을 것이다. 그 전문은 일본 대사에게 다음과 같이 지시했다. "히틀러와 리벤트로프를 만나서 은밀하게 우리의 대미(對美)관계를 설명하시오. … 일본의 주력은 남방에 집중될 것이며 우리는 북방에서 [소련에 대한] 의도적인 작전을 삼갈 계획임을 히틀러에게 설명하시오."

루스벨트는 스파이활동에 관심을 보였음에도 일본 신호정보를 중시하는 정도는 스탈린이나 처칠보다 훨씬 낮았다. 1940년 가을 루스벨트는 육군 신호정보국(SIS)과 해군 신호정보 부대(OP-20-G)가 격일제로 '매직(MAGIC)' 해독물을 생산한다는 기묘한 협정을 추인했다. 1929년 '검은 방'을 폐쇄한 이후 열렬한 신호정보 지지자가 된 전쟁장관 헨리 스팀슨은 1941년 초 '매직'에 대한 루스벨트의 분명한 무관심이 점차 걱정되었다. 1월 2일 백악관을 방문한 그는 침대에서 일하고 있는 루스벨트를 보았다. "나는 대통령에게 베를린에서 들어온 중요한 [매직] 보고서를 읽어야 한다고 말씀드렸다. 그것은 베를린 주재 일본 대사가 현지 상황 등을 요약한 것이었다. 매우 흥미로운 내용이었지만 그는 읽지 않았다." 중요한 해독물에 대한 대통령의 관심을 끌기 위해 육군과 해군이 여러 방안을 논쟁한 끝에 짝수 달에는 해군보좌관이, 홀수 달에는 육군보좌관이 대통령에게 '매직'을 드리기로 합의했다. 그러나 일요일이나 평일 저녁에도 루스벨트에게 신호정보를 보고한다는 협정이 없었다. 처칠이나 스탈린이라면 단 하루라도 이러한 협정을 용납하는 것은 상상도 할 수 없는 일이다.

육군과 해군 신호정보 기관이 각각 홀짝 격일제로 '매직'을 생산한다는 이 기묘한 협정은 1941년 여름 무너지기 시작했다. 와해의 직접적인 원인은 루스벨트의 상냥한 장기근속 육군보좌관 에드윈 '파' 왓슨(Edwin 'Pa' Watson) 장군의 부주의였다. 육군 몫인 홀수 달에 '매직'을 보고하는 것은 그의 책임이었다. '파'는 루스벨트 백악관의 궁정 어릿광대였다. 루스벨트가 왓슨이 면도한 모습을 보고 "장군들은 모두 이처럼 좋은 냄새가 납니까?"라는 등 그를 농담의 제물로 삼았을 때, 왓슨은 고마워하며 웃지 않은 적이 없었다. 정보참모부(G-2)는 왓슨의 보안 의식 부족이 불만스러웠다. 5월쯤 '매직' 요약본이 행방불명되었다. 백악관을 오래 수색한 끝에 결국 왓슨의 휴지통에서 발견되었다. 해군이 담당하는 6월, 대통령은 신임 해군보좌관 존 비어달(John R. Beardall) 해군 대령으로부터 '매직' 해독물을 받았다. 그러나 육군이 담당하는 7월, 군사정보국(MID)은 백악관에 신호정보 공급하기를 거부했는데(몇 번의 예외는 있었겠지만), 나중에 '왓슨 장군의 보안 관념을 신뢰할 수 없었다'라고 그 이유를 밝혔다. 루스벨트는 해독물 공급이 중단되어 불만이었으나 이상하게도 공급 재개를 요구하지 않았다. 그 대신에 루스벨트는 7월이 육군이 담당하는 달이었음에도 해군보좌관에게 최신의 '매직' 정보에 관해 물었다. 비어달은 OP-20-G에서 해독물을 읽은 후 그 내용을 대통령에게 보고할 수 있었다. 그러나 그는 육군 신호정보국과의 홀짝 격월제 협정을 준수하기 위해 해독물 자체를 백악관으로 가져가지는 않았다.

1941년 대통령이 볼 때, '매직'은 언론을 제외하면 일본의 정책에 관한 거의 유일한 중요한 첩보 출처였다. 도쿄 주재 대사 조지프 그루(Joseph C. Grew)가 국무부에 얘기했다.

일본에서 우리는 일반적으로 암흑 속을 더듬고 있으며, 이제는 막후에서 무슨 일이 벌어지고 있는지 확인하기가 과거 어느 때보다 극히 어렵다는 점을 알아주기 바랍니다. 이는 특히 과거 우리와 접촉했던 일본인들이 대사관에 오지도 않고 어디서든 우리와 만나려 하지도 않기 때문입니다. 이 사람들은 우리를 피하라는 경찰의 경고를 받았습니다.

그러나 '매직'은 그 중요성이 증가했음에도 계속해서 변덕스럽게 대통령에게 전달되었다. 해군이 담당하는 8월 정상적인 배포가 이루어졌다. 육군이 담당하는 9월 들어 '파' 왓슨에 대한 육군 신호정보국의 불신 때문에 다시 배포가 중단되었다. 7월처럼 비어달이 9월 해독물의 내용을 루스벨트에게 브리핑했지만, 정보참모부의 비위를 건드릴까 봐 직접 보여주지는 못했다. 9월 하순 들어 루스벨트의 인내가 한계에 이르렀다. 그는 비어달에게 해독물을 직접 보고 싶다고 말했다. 비어달은 해군 수석통역관 알윈 크레이머(Alwin D. Kramer) 해군 소령에게 부탁했고, 크레이머는 정보참모부 극동 과장 루퍼스 브래튼(Rufus S. Bratton) 대령을 찾아갔다. 총사령관의 직접적 요청에 직면한 정보참모부는 마지못해 해군이 육군 담당 월을 침범하도록 허용했다. 다음번 육군 담당 월인 11월 초 '매직'의 백악관 배포가 다시 중단되었다. 이번에는 대통령이 참지 못했다. 이후 육군 담당 월이 폐지되고 모든 해독물이 해군보좌관을 통해 대통령에게 전달되었다. 그러나 육군과 해군 간 경쟁 관계로 인해 '매직' 생산을 홀수일(해군)과 짝수일(육군)로 나눈 격일제 넌센스는 계속되었다.

미-일 관계의 악화에도 불구하고, 해군정보실이나 대통령 해군보좌관은 일본이 하와이 진주만의 미국 태평양함대에 대한 기습 공격 계획을 준비하고 있다는 것을 꿈에도 생각하지 못했다. 제국주의 일본은 전략정보를 거의 파악하지 못했지만, 진주만 공격의 길을 닦은 전술적 정보활동은 효율적으로 수행했다. 1941년 3월 일본 해군의 하급 정보장교 요시카와 다케오(Takeo Yoshikawa)가 '모리무라 타다시(Tadashi Morimura)'라는 가명의 외교관으로 가장해 하와이에 부임했다. 그는 진주만 내 미국 태평양함대의 규모, 병력과 위치에 관해 전문으로 보고했고, 샌프란시스코행 일본 여객선을 타고 하와이를 방문한 자신의 상관 나카지마 미나토(Minato Nakajima)에게는 직접 보고했다. 일본 해군의 다른 장교들은 하와이에 있는 스파이들로부터 정보를 수집하는 한편 일본에서 하와이에 이르는 해로를 정찰했다. 일본 해군의 방향탐지기는 하와이 주둔 미국 전함들의 이동을 모니터했다.

11월 5일 일본 제국회의는 도쿄 시간으로 12월 8일(미국 시간 12월 7일) 진주만 공격을 실행하기로 최종 결정을 내렸다. 그 결정은 일본의 외교 전문에 언급되지 않았으며, 따라서 '매직' 해독물에도 나타나지 않았다. 그러나 '매직'은 일본이 미국과의 관계 단절을 향해 움직이고 있으며 전쟁의 위험이 커지고 있음을 분명히 보여주었다. 도조 히데키(Hideki Tojo) 장군의 일본 정부가 강경노선을 채택하고 있음을 보여주는 첫 번째 주요 징후는 11월 5일(제국회의가 열린 날) 워싱턴 대사관에 보낸 전문에 나타났다. 같은 날 해독된 그 전문은 늦어도 11월 25일 이전에 미국과 분쟁을 해결하는 것이 '절대적으로 필요'하다고 선언했다. 아마 이 해독물 뉴스가 계기가 되어 마침내 루스벨트가 '매직'에 대한 중단 없는 접근을 요구했을 것이다. 추후 11월 15일 해독물에서 신임 외상 도고 시게노리(Shigenori Togo)가 11월 25일 시한은 '절대 움직일 수 없음'을 재확인했다. 사실 또 다른 전문은 '움직일 수 없는' 시한을 11월 29일로 나흘 연장했지만, 거기에 쓰인 언어는 전보다 더 불길했다. "이번에는 정말이지 시한을 절대 변경할 수 없다. 그 이후에는 사태가 걷잡을 수 없어질 것이다."

루스벨트는 도고 외상이 기습 공격 계획을 가리키고 있다는 데 조금도 의구심을 갖지 않았다. 그는 11월 25일 백악관 회의에서 "일본 놈들은 경고 없이 공격하기로 유명하니까 우리가 다음 주 월요일 [12월 1일] 공격받을 것 같다"라고 말했다. 그러나 태평양함대가 기습 공격을 받을 것이라는 생각은 루스벨트나 그의 보좌관들 머리에 떠오르지 않았다. 미국 정보기관은 진주만에 대한 위협을 탐지하지는 못했지만, 전쟁이 다가오고 있다는 분명한 증거는 제시했다. 11월 26일과 28일 미국 암호분석관들은 지금은 유명해진 '바람 메시지'를 두 번에 걸쳐 해독했다. 11월 19일 도쿄에서 해외의 각 대사관에 보낸 그 메시지는 미국, 영국 및 소련과 외교 관계를 단절하겠다는 의도를 드러내는 암호화된 신호를 포함했는데, 미국에 대한 일기예보는 '동풍에 비'였고, 영국은 '서풍에 쾌청', 소련은 '북풍에 구름'이었다. 각 대사관은 이 메시지를 받자마자 모든 암호책과 비밀문서를 파기했다.

전쟁이 임박했다는 추가 증거는 12월 1일과 2일 도쿄에서 다수의 해외공관에 내린 암호기를 파기하라는 지시 속에 있었다. 워싱턴 주재 대사관에 하달된 메시지('퍼플' 암호기 한 대는 당분간 유지하라는 지시가 있었다)는 12월 3일 해독되어 다음 날 비어달이 루스벨트에게 보고했을 것이다.[6] 지금까지 해군보좌관은 대개 코멘트 없이 대통령에게 일일 '매직'을 건넸다. 비어달이 기묘하게 적었듯이 이번에는 달랐다. "나는 재량껏 그의 특별한 관심을 끌었다." "대통령 각하, 이것은 매우 중요한 발송물입니다." 루스벨트가 찬찬히 읽은 후 물었다. "그럼 귀관은 언제 일이 벌어질 것으로 생각하는가?" 비어달은 그가 '언제 전쟁이 터질

---

6   후일 비어달은 그 날짜를 "4일이나 5일쯤"으로 기억했다. 그 일본 전문의 중요성에 비추어, 해독된 지 이틀이 지난 5일까지 루스벨트가 보지 않았을 가능성은 희박하다. 처칠 역시 그 해독물을 12월 4일에 보았다.

지, 언제 우리가 공격 같은 것을 받게 될지'를 묻는 것이라고 이해했다. 그는 "당장 언제든지"라고 대답했다. 이 짧은 대화는 대통령과 그의 해군보좌관 사이에 '매직' 해독물의 내용을 처음으로 논의한 기록이다.

12월 5일 금요일 전시 내각 회의에서 전쟁장관 프랭크 녹스(Frank Knox)가 다음과 같이 밝혔다. "이 방 밖으로 나가서는 안 되는 극비 첩보를 입수했는데, 일본 함대가 떴답니다. 함대가 출항해 항해 중입니다." 그러나 녹스가 가리킨 함대는 일본을 떠나는 함대였지 진주만 도착을 불과 이틀 앞둔 미포착 항공모함 전력은 아니었다. 관심의 초점은 여전히 일본의 공격 목표가 동남아시아 어디일까를 알아내는 데 집중되었다.

진주만 공격 전의 중요한 하루 반 동안 정보 생산이 혼란스러웠던 것은 해군과 육군 사이의 터무니없는 홀짝 격일제 암호분석 협정 때문이었다. 워싱턴 대사관에 보낸 도쿄 전문이 해독되어 '파일럿(pilot)' 메시지로 불렸는데, 그 전문에 따르면 현재 '극도로 예민한' 상황이며 분쟁 종식을 위한 미국의 최종 조건에 대해 일본이 14개 항의 답변을 곧 보낼 참이었다. 시애틀 인근의 해군 서해안 감청소가 12월 6일 토요일 오전 7시 20분(동부 시간) 그 메시지를 가로채서 인쇄 전신기로 워싱턴의 해군부에 전송했다. 12월 6일은 짝수일로서 육군 담당이었기 때문에 해군은 그 메시지를 육군 신호정보국이 해독하도록 12시 05분에 전달했다. 서해안 감청소는 오전 8시 05분과 11시 52분 사이에 첫 13개 항의 답변 메시지를 가로채서 오전 11시 45분과 오후 2시 51분 사이에 인쇄전신기로 워싱턴에 전송했다(제14항은 다음날 도착했다).

육군 신호정보국은 기관 역사상 가장 중요한 절취물을 해군에서 받고서는 아주 난처한 처지에 놓였다. 민간 번역관 등 직원들이 토요일 정오에 주말 휴무로 퇴근한 뒤였으며, 연장 근무 규정도 없었다. 이에 따라 육군 신호정보국은 절취물을 해군에 돌려보내면서 OP-20-G에 처리를 부탁했다. 아이러니하게도, 미국의 조건을 거부하는 일본의 답변이 해독되었을 때, 그 답변이 마침 영어로 되어 있어 번역할 필요가 없었다. OP-20-G가 오후 내내 절취물 대부분을 해독하는 동안, 신호정보국은 야간의 메시지를 처리할 야근조를 사상 처음으로 편성하는 데 성공했다. 육군 암호분석관들도 그때까지 절취된 13개 항 중에서 두 개를 해독했다. 그러나 타자 치는 일은 모두 해군이 했다.

해군과 육군의 암호분석관들이 일본 메시지의 13개 항에 관한 작업을 계속하는 동안, 대통령은 '전통적 우호를 회복하고 세계의 인명피해와 파괴를 막기 위해' 일왕 히로히토에게 마지막으로 호소하는 문안 작성을 마쳤다. 12월 7일 일요일 새벽 3시 30분 해군 수석통역관 알윈 크레이머 소령이 자물쇠를 채운 행낭 속에 13개 항의 해독물을 넣어 백악관에 도착했다. 비어달의 조수 레스터 슐츠(Lester R. Schulz) 해군 중위가 이 해독물을 대통령에게 전달하기 위해 기다리고 있었다. 그는 그 전날 백악관 근무를 시작한 사람이었다. 놀랍게도 이 문건은 정상 근무시간 외에 루스벨트에게 전달할 만큼 충분히 중요하다고 판단된 최초의 '매직' 해독물이었다. 대통령은 그 문건의 도착을 기다리고 있었는데, 아마 비어달이 예고했을 것이다. 슐츠가 대통령 서재를 찾았을 때, 루스벨트는 책상 앞에 앉아 심복 보좌관 해리 홉킨스(Harry Hopkins)와 얘기하고 있었다. 슐츠의 후일 증언에 따르면, 대통령이 "홉킨스 씨를 향해 몸을 돌려—정확한 단어는 확실하지 않지만—요점은 '이것은 전쟁 의도(This means war)'라고 말했다".

크레이머는 해독된 14개 항 메시지의 마지막 부분을 오전 9시 45분 백악관에 전달했다. 대통령 해군보좌관이 된 후 처음으로 일요일에 출근한 비어달이 그 메시지를 대통령 침실로 가져갔다. 루스벨트는 아침 인사와 함께 해독물을 읽은 후 "일본 사람들이 협상을 깨려는 것 같군"이라고 비어달에게 말하고 문서를 돌려주었다. 비어달의 후일 증언에 따르면, 루스벨트의 태도에는 몇 시간 내에 전쟁이 발발할 것으로 예상한다는 느낌이 전혀 없었다. 비어달에 따르면,

이 짧은 대화는 그가 극동 문제에 관해 대통령과 나눈 두 번째 대화였다. 루스벨트는 이후 두 시간을 자신의 주치의 로스 매킨타이어(Ross M. McIntyre) 해군 소장과 함께 보냈다. 매킨타이어에 따르면, 대통령은 일본이 영국이 처한 극한 상황을 이용해 싱가포르나 극동의 어느 지점을 공격할 가능성을 생각했지만, 미국 영토에 대한 공격은 전혀 그의 머릿속에 없었다. 오전 11시경 크레이머는 두 건의 일본 해독물을 추가로 백악관에 배달했다. 그러나 또 다른 오전 배달이 없다고 생각한 비어달은 14개 항 메시지의 최종 부분을 해군부에 가져다주고 점심까지 먹고 백악관으로 돌아왔다. 대통령이 일본의 공격 뉴스가 나올 때까지 전전의 마지막 '매직' 해독물 두 건을 보지 않은 것은 이 때문인 것 같다.

루스벨트에게 진주만 공격의 첫 뉴스를 알린 것은 오후 1시 40분쯤 전쟁장관 녹스의 전화였다. 그때 루스벨트는 서재에서 홉킨스와 함께 점심을 먹으면서 '전쟁과는 거리가 먼 잡담'을 하고 있었다. 홉킨스의 즉각적인 반응은 "무언가 오해가 있나 봅니다. 일본이 호놀룰루를 공격하지는 않을 텐데요"라는 것이었다. 루스벨트가 머리를 흔들었다. "일본인들이 이런 일을 감행할 것이라고는 전혀 예상하지 못했습니다." 오후 3시경 대통령 보좌관들이 백악관에 모여들기 시작했다. 상세한 공격 상황이 해군 작전사령관 해럴드 '베티' 스타크(Harold R. 'Betty' Stark) 제독의 전화 메시지로 속속 전달되었는데, 그의 목소리는 믿을 수 없다는 듯이 떨고 있었다. 그날 저녁 내각회의에서 루스벨트는 무슨 일이 일어났는지 설명할 기분이 도저히 내키지 않았다. 노동장관 프랜시스 퍼킨스(Frances Perkins)에 따르면, "해군에 대한 루스벨트의 자부심은 아주 대단해서 그가 회의록에 남긴 말을 꺼내면서 신체적 어려움을 실제로 겪을 정도였다. 그는 아는 대로 해군이 불시에 기습을 당했으며 전투태세를 갖추지 못하고 움직일 수도 없이 꽁꽁 묶인 함정들 위에 폭탄이 떨어졌다고 간신히 말했다". 10척의 전함을 포함해 18척의 함정이 침몰하거나 심하게 손상되었으며, 지상에 있던 약 200대의 항공기가 파괴되고 2,400명이 죽었다.

진주만 사건이 발생하기 전 일주일 동안 '매직' 해독물이 드러낸 바에 따르면, 11월 29일 독일 외무장관 요아힘 폰 리벤트로프(Joachim von Ribbentrop) 백작은 베를린 주재 일본 대사에게 일본이 미국과 전쟁을 벌일 경우 "독일은 물론 즉각 참전할 것이며 … 이 점에 관한 총통의 결심이 확고하다"라고 다짐했다고 한다. 그러나 중앙집중식 정보 평가 시스템이 없는 상황에서, 진주만 이후 당황한 루스벨트 보좌진은 추축국의 의도에 관해 서로 다른 해석을 그에게 제공했다. 전쟁장관 스팀슨은 심하게 틀린 주장을 내놓았다. "우리는 독일이 일본을 이렇게 하도록 압박했다는 것을 절취물 등의 증거를 통해 알고 있다." 국무차관보 애돌프 벌(Adolf A. Berle) 2세도 독일의 후원은 아직 없지만 일본이 이탈리아의 열렬한 후원을 받고 있다는 것을 신호정보를 통해 확인했다고 잘못 주장했는데, 그는 이탈리아 절취물을 잘못 읽어 혼동을 일으켰을 것이다. 게다가 워싱턴에서는 누가 '매직'에 접근할 수 있고 누가 접근이 거부되고 있는지를 둘러싸고 혼선이 발생했다. 해군 작전사령관 스타크는 진주만의 태평양함대 총사령관 허즈번드 킴멜(Husband Kimmel) 제독이 규칙적으로 '매직'을 공급받고 있다는 착각 속에서 일했다. 사실 킴멜은 7월부터 일부 단편적인 정보만 받았다. 이와 비슷하게 육군 정보기관도 진주만의 육군 사령관 월터 쇼트(Walter Short) 대장이 '매직' 배포선 명단에 들어 있다고 잘못 믿었다. 킴멜과 쇼트는 나중에 재난의 주된 희생양이 되었다.

진주만 이전의 '매직' 평가와 배포를 둘러싼 혼선은 궁극적으로 대통령의 책임이었다. 루스벨트는 1941년 6월 윌리엄 도너번(Willian J. Donovan) 장군에게 정보 평가를 조정하는 책임을 맡기면서 신호정보(SIGINT)가 단연코 가장 중요한 정보를 제공함에도 신호정보를 그의 책임에 포함하지 않았다. 11월까지 루스벨트는 (백악관 배포를 포함한) '매직' 배포의 극심한 혼선을 용인했다. 이와 대조적으로 영국의 처칠은 합동정보위원회(JIC) 시스템을 통해 정보 평가(신호정보 포함)를 조정하고, 그러한 조정을 전쟁 수행에도 정연하고 확실하게 적용하는 데 개인적으로 적극적인 관심을 보였다.

그러나 '매직'의 생산과 백악관 배포가 적절하게 이루어졌더라도 일본의 주된 표적이 진주만임을 알아내지는 못했을 것이다. 진주만 공격을 사전 통보받은 일본의 해외공관은 없었기 때문에 '매직'에도 그에 대한 언급이 없었다. 그러나 외교 전문은 진주만 공격을 가리키지는 않았어도 일본의 해군 통신은 가리켰다. 그러나 1941년 후반기 6개월 동안 수천 건의 해군 통신을 가로챘지만 대부분 해독할 수 없었다. 암호분석관들이 일본 해군의 기본 암호(OP-20-G가 JN25라고 불렀다)를 푸는 진전을 이루었지만, 1940년 12월 도입된 그 변형 JN25b를 공격하는 데는 그때까지 실패했다. 전후의 신호정보 기관 국가안보국(NSA)이 상세히 연구한 결과, JN25b의 해독 실패는 오로지 자원 부족 때문이었다고 결론지었다. 진주만 사건 이전 3년 동안 대체로 단 두 명의 암호분석관(5명 이상인 적이 없었다)이 일본 해군의 부호·암호 시스템과 관련된 모든 업무를 담당했다. 만일 영국의 신호정보 기관 '정부 부호·암호학교(GC&CS)'가 비슷한 자원 부족에 직면했다면, 그 선임 암호분석관들은 처칠에게 직접 호소했을 것이다. OP-20-G로서는 루스벨트에게 호소할 생각을 하지 못했는데, 루스벨트도 신호정보 업무에 거의 관심을 표명하지 않았다. JN25와 JN25b를 담당하는 암호분석관 수가 8명으로 증가한 것은 진주만 사건 이후였다. 국가안보국 역사가 프레더릭 파커(Frederick D. Parker)의 기술에 따르면, "만일 일본 해군 메시지에 더 높은 우선순위를 부여하고 더 많은 분석 자원을 투입했다면 미국 해군이 일본의 진주만 공격을 예측할 수 있었을까? 답은 매우 강력한 긍정이다!" 전후 은밀한 연구의 일환으로 1941년 후반기의 미해독 절취 메시지들을 해독한 결과, 진주만 공격을 준비하는 동향이 대거 드러났다. 절취물 속에는 여섯 척의 항공모함을 포함한 해군 기동부대가 북태평양 어딘가에 정박하고 있는 적 함대에 대해 기습 공격을 계획하고 있다는 징후가 수없이 많았다. 얕은 해역에서의 공격을 위한 다량의 어뢰 개량에 관해 언급한 내용도 있었다(워싱턴에서는 진주만이 너무 얕아서 전통적인 어뢰 공격이 불가능하다고 믿었다). 12월 2일 도쿄에서 타전한 명령 "12월 8일 니키타 산을 오르라. 반복한다. 12월 8일"이 해독되었더라면 계획된 공격 날짜가 일본 시간으로 12월 8일(하와이 시간으로는 12월 7일)임이 드러났을 것이다.

진주만 이후 미국이 일본의 해군 암호를 푸는 데 성공했다는 사실은 국가안보국 연구의 결론을 확인해 주고 있다. 즉, 일본 해군 암호의 중요성을 인식해 충분한 수의 암호분석관을 그 업무에 투입했더라면, JN25b를 해독해 1941년 12월 7일 기습 공격이 준비되고 있다는 것을 적시에 밝혀낼 수 있었을 것이다. JN25b 해독에 낮은 우선순위가 주어진 것은 부분적으로 해전에서 신호정보가 중요하다는 것을 파악하지 못한 해군부의 근시안 때문이었다. 그러나 여기에는 대통령의 근시안도 작용했다. 루스벨트는 해군에 대한 애정과 더불어 정보에 대해서도 오랜 열정을 지녔고 일본 외교 절취물의 가치를 직접 경험했음에도 불구하고, 일본 해군의 신호에는 거의 관심을 보이지 않았다. 루스벨트가 '매직'에 관해 해군보좌관에게 언급한 짧은 코멘트에 비추어 보아, 그가 해군 암호 공략에서 어떠한 진전이 이루어지고 있는지 비어달에게 물었을 것 같지는 않다.

처칠이라면 루스벨트처럼 무관심을 보인다는 것은 상상도 할 수 없다. 진주만 공격이 발발하기 전 몇 주 동안 처칠은 빈번히 블레츨리 파크에 직접 전화해 최신 정보를 요청했다. GC&CS의 일본 담당 선임 암호분석관 맬컴 케네디(Malcolm Kennedy) 대위는 12월 6일 일기에 다음과 같이 적었다. "최고위층[처칠]은 과연 그분답게 지금 당장 일본의 의도에 관한 최신 정보와 징후를 찾으면서,

하루 24시간 중 잠자는 4시간(새벽 2시부터 6시까지)만 빼고 밤낮없이 아무 때나 전화한다." 처칠과 마찬가지로 케네디 대위도 다음날 진주만 공격을 신호정보를 통해서가 아니라 BBC를 통해 처음 알았다.

오늘 저녁 퇴근하기 직전에 받은 메시지는 전쟁 발발이 시간문제일 따름임을 암시했지만, 일본이 태평양에서 4,800km 이상 떨어진 진주만을 공습함으로써 적대행위를 개시했다는 오후 9시 라디오 뉴스는 완전한 충격이었다.

우연히도 처칠 수상이 시골 관저에서 미국 대사 존 위넌트(John Winant), 루스벨트의 특사 애버렐 해리먼(Averell Harriman)과 함께 만찬을 하고 있을 때, BBC가 일본의 공격 뉴스를 방송했다. 처칠과 손님들은 아나운서가 정확히 뭐라고 말했는지를 확신하지 못했다. 처칠이 물었다. "뭐라고? 진주만이 공격당했다고?" 그때 방에 들어온 처칠의 집사 소여스(Sawyers)가 그들에게 말했다. "사실입니다. 우리가 직접 [BBC에서] 들었습니다. 일본인들이 진주만을 공격했습니다." 영국의 시골집이었기에 집사가 세계대전 뉴스를 알릴 수 있었을 것이다.

진주만 뉴스에 루스벨트와 처칠이 받은 '완전한 충격'은 정보의 실패뿐 아니라 상상의 실패를 반영했다. '조그만 황색인들'(처칠이 가끔 그렇게 말했고 루스벨트도 그렇게 생각했다)이 그토록 놀라운 무력을 행사할 수 있으리라고는 대통령이나 수상은 꿈에도 생각지 못했다. 더글러스 맥아더(Douglas MacArthur) 장군은 항공모함 적재기가 진주만을 공격했다는 뉴스를 처음 들었을 때, 조종사들이 백인 용병임이 틀림없다고 주장했다. 일본인들을 더 진지하게 정적(政敵)으로 생각했더라면, 일본인들을 미국인들과 동등한 인종으로 간주했더라면, 해군부뿐 아니라 백악관에서도 일본 해군에 관한 정보활동에 더 높은 우선순위를 부여했을 것이다.

제28장

연합국의 승리를 이끈 정보활동

오래 지체된 미국의 신호정보 활동 재편은 진주만 재앙 덕분에 이루어졌다. 그 재편을 주도한 전쟁장관 헨리 스팀슨은 '매직'의 질서를 잡기 위해 1942년 1월 18일 뉴욕 변호사(나중에 대령) 앨프레드 매코맥(Alfred McCormack)을 채용했다. 거의 같은 시기에 육군과 해군 암호분석관들이 홀짝 격일제로 '매직' 해독물을 생산하는 기묘한 협정이 폐기되었다. 해군의 OP-20-G는 육군 신호정보국이 이제부터 단독으로 외교 암호분석을 담당한다는 데 틀림없이 마지못해 동의했을 것이다. 불합리하지만, 해군의 긍지가 손상되는 것을 줄이기 위해 육군이 생산하는 외교 신호정보를 대통령에게 보고하는 것은 육군보좌관이 아니라 해군보좌관이 계속했다. 비어달에 이어 1월에 해군보좌관이 된 존 맥크리(John McCrea) 해군 대령은 중요한 해군 문서뿐 아니라 '매직' 해독물도 하루 두 번씩 루스벨트에게 가져갔다. 매일 아침 그가 백악관에 도착했을 때, 통상 루스벨트는 침대에서 일하고 있거나 욕실에서 면도하고 있었다. 대통령이 아직 침대에 있으면, 맥크리는 읽을 문서들을 그에게 주었다. 대통령이 욕실에 있으면, 맥크리는 변기 뚜껑을 닫고 거기에 앉아 극비 정보를 큰 소리로 대통령에게 읽어주었다. 맥크리가 오후에 방문할 시에는 대개 루스벨트가 지도가 걸린 방(백악관의 전쟁상황실이 되었다)에 있었는데, 대통령은 그 방에서 해군보좌관이 선별해 준 문서를 읽었다. 대통령은 상황실에 없으면 주로 가까운 의무실에 있었는데, 거기서 아픈 다리 마사지를 받거나 비강 치료를 받는 대통령에게 맥크리는 오후 '매직'을 읽어주었다.

루스벨트가 침대, 욕실, 상황실, 의무실 등에서 읽거나 들은 신호정보는 미국의 역대 대통령이 받은 정보 중에서 가장 뛰어난 것이었다. 진주만 이후 6개월 만에 신호정보가 태평양전쟁의 흐름을 역전시키는 데 일조했다. 진주만의 신호정보 부대는 '하이포(HYPO, 나중에는 FRUPac)'라는 암호명으로 불렸는데, 1942년 봄 그 부대 암호분석관들은 일본 해군 암호 JN25의 최신 버전을 해독하는 데 성공해 뉴기니의 모레스비(Moresby) 항을 공격하려는 야마모토 이소루쿠(Isoruku Yamamoto) 제독의 계획을 알아냈다.[1] 산호해(Coral Sea) 해전(1942년 5월 8~9일)은 어느 일방의 분명한 승리 없이 끝났지만, 일본군의 호주 진출을 효과적으로 막았다. 몇 주 뒤 '하이포'는 태평양전쟁 최대의 암호분석 개가를 올렸는데, 태평양 한복판의 미드웨이(Midway) 섬을 점령해 앞으로 일본으로 향하는 미군의 진격을 격퇴하는 기지로 삼으려는 야마모토의 계획을 알아낸 것이었다. 야마모토는 미드웨이 섬을 점령하면 미국 태평양함대를 유인해 자신의 우세한 전력으로 미국 함대를 궤멸시킬 수 있을 것이고 나아가 일본의 하와이 공격 길이 열릴 것이라고 계산했다. 적의 전투계획을 사전 통보받은 태평양함대 총사령관 체스터 니미츠(Chester W. Nimitz) 제독은 세 척의 항공모함을 미드웨이 북쪽 560km에 위치시켜 놓고 거기에서 6월 4일 아침 더 큰 일본 함대를 기습 공격할 수 있었다. 후일 니미츠 제독은 "미드웨이 해전은 기본적으로 정보의 승리였다"라고 말했다. 일본군은 기습을 시도하다가 되레 기습을 당했다. 진주만 공격을 수행했던 여섯 척의 항공모함 가운데 네 척을 수장당한 야마모토는 방어 태세로 돌아서야 했다. 두 달 뒤 미국 육군이 솔로몬 군도의 과달카날(Guadalcanal)에 상륙했는데, 이는 필리핀과 일본을 향해 '섬을 하나씩 점령하는' 장기 진격의 첫걸음이었다. 1943년 4월 과달카날 주둔 미국 전투기들이 야

---

1   하이포는 늘어난 자원의 도움을 받았으며 1943년 1월 호주 북쪽에서 침몰한 일본 잠수함 이고(I-go)124호에서 암호책을 회수한 덕도 보았다.

마모토가 탄 비행기를 격추했는데, 일본 해독물을 통해 그의 비행 계획을 미리 알았었다. 루스벨트가 야마모토 공중 암살을 승인하는 과정에서 신호정보 보안을 훼손할 수 있는 위험이 있었는데, 아마 본인은 깨닫지 못했을 것이다. '하이포'의 재스퍼 홈스(Jasper Holmes) 해군 대령에 따르면, "야마모토 비행기를 극적으로 요격한 것은 일본군 암호를 해독함으로써 성사된 것이라는 소문이 각 군에 널리 퍼졌다. 이 이야기가 미국 신문에 폭로되지 않은 것은 기적이었다".[2]

대동맹(Grand Alliance, 나치에 대항하는 미·영·소 동맹을 가리킨다_옮긴이)의 통신 보안에서 가장 약한 고리는 미국의 '블랙 코드(Black Code, 암호책 표지 색에 따라 붙여진 이름)'였다. 미국의 외교관과 무관 통신에 사용된 '블랙 코드'는 일찍이 독일·이탈리아·영국 암호분석관들에 의해 해독되었었다. 1942년 2월 25일 처칠은 놀랍게도 영국이 '블랙 코드' 해독에 성공한 데 관해 루스벨트에게 불완전하게나마 고백했다.

얼마 전에 … 우리 전문가들이 귀국 외교사절이 사용하는 시스템을 알아내서 어떤 표를 만들었다고 주장했습니다. 우리가 동맹국이 된 순간부터 나는 이 업무를 중단하라는 지시를 내렸습니다. 그러나 우리의 적국이 상당한 성공을 거두었을 위험은 무시할 수 없다는 조언을 듣고 있습니다.

신호정보에 대한 루스벨트의 관심 부족은 왜 처칠의 경고 후에도 미국 외교관과 무관들이 계속해서 '블랙 코드'를 사용했는지를 부분적으로 설명할 것이다. 그러나 만일 백악관이 그 경고를 전달했다면 (전달하지 않았을 가능성이 크지만)

---

2   ≪시카고 트리뷴≫ 지 등 미국 매체가 미드웨이 해전 승리는 일본 암호의 해독으로 가능했다고 폭로하기 일보 직전까지 갔었다는 사실에 비추어, 보안 훼손의 위협이 그만큼 심각했음을 알 수 있다.

국무부와 전쟁부에 기초적인 보안 과실의 책임이 있었다.

훼손된 '블랙 코드'를 계속해서 규칙적으로 사용한 사람들 가운데에는 카이로 주재 미국 무관 보너 펠러스(Bonner Fellers) 대령이 있었다. 그는 영국 제8군에 관한 비밀 내용을 규칙적으로 워싱턴에 보고했는데, 독일 암호분석관들 덕분에 의도치 않게 롬멜(Rommel)에게도 보고했다. 독일인들은 펠러스에게 '구테 크벨레(Gute Quelle, 좋은 출처)'라는 암호명을 붙였다. 후일 롬멜의 참모장교 중 하나는 '구테 크벨레'의 정보는 "놀랄 정도로 솔직했다"라면서, 다소 과장되게 1942년 전반기 6개월 동안 "북아프리카에서 거둔 우리의 승리에 결정적으로 기여했다"라고까지 주장했다. 그 승리 덕분에 독일군 아프리카군단은 알렉산드리아와 카이로 점령에 더 다가갔다. 베를린의 국방군 최고사령부(OKW) 암호국에 따르면, 6월 29일 '블랙 코드'가 교체될 때까지 1942년 전반기 6개월 동안 펠러스 대령은 자신도 모르게 "사실상 모든 적군 동향에 관해 우리가 알고 싶은 모든 것을 즉각적으로" 제공했다. 암호국의 주된 감청소 소장 헤르베르트 셰델(Herbert Schaedel) 박사는 '구테 크벨레' 덕분에 "롬멜은 매일 점심을 먹으면서 그 전날 밤 연합군 부대가 어디에 있었는지 정확히 알았다"라고 후일 주장했다.

1942년 6월 20일 펠러스는 리비아에서 수행된 영국군 작전에 대한 통렬한 비평을 전송했는데, 롬멜이 이를 보고 특별히 기뻐했을 것이다.

수적으로 우세한 병력, 탱크, 항공기, 대포, 수송 수단과 온갖 예비 전력을 가지고도 영국군은 리비아에서 추축군을 이기는 데 두 번 실패했다. 현행 지휘부가 되든 안 되든 운에 맡기는 식으로 조치하는 한, [연합군에] '무기 대여'를 하는 것만으로 승리를 확보할 수는 없다. 제8군은 부대 사기를 유지하는 데 실패했고, 전술적 개념이 늘 틀렸으며, 다양한 무기 간의 공조를 완전히 무시했고,

번개 같은 전장 변화에 대한 대응이 항상 느렸다.

다음날 토브루크(Tobruk, 리비아 북동부의 항구도시_옮긴이)에서 영국과 영연방의 수비대가 항복했다. 롬멜은 3만여 명의 포로, 2,000여 대의 차량, 2,000여 톤의 연료 및 5,000여 톤의 식량을 노획했으며 "나는 수에즈(Suez)로 간다"라고 공언했다. 아돌프 히틀러가 롬멜을 육군 원수로 승진시켰다. 롬멜이 영국군을 이집트에서 몰아냈다면, 추축국이 중동을 장악하고 그 석유 전략자원과 수에즈 운하도 추축국 수중에 들어갔을 것이다. 흥분을 억제할 수 없었던 무솔리니가 리비아로 날아갔는데 그는 카이로에 의기양양하게 입성할 준비가 되어 있었다. 1942년 6월 28일 히틀러는 저녁 식사 후 혼잣말로 펠러스가 '서투르게 암호화한 전문으로 영국의 군사계획에 관해 우리에게 그토록 잘 알리는 일을 계속했으면 좋겠다'는 희망을 피력했다. 롬멜이 곧 영국군 방어선을 돌파할 것을 우려한 카이로 주재 영국 대사관과 중동 총사령부는 엄청난 분량의 비밀문서가 그의 수중에 들어가는 것을 막기 위해 미친 듯이 소각했다. 1942년 7월 1일은 타버린 문서 재가 도시를 구름처럼 덮었기 때문에 '재의 수요일'로 불리게 되었다. 일부 노점 상인들은 타다 남은 그을린 비밀문서로 종이 고깔을 만들어 땅콩을 팔았다.

그러나 롬멜은 카이로에 도달하지 못했다. 6월 29일 카이로 주재 미국 무관 펠러스가 워싱턴으로 귀환하고 그의 후임자가 훼손된 '블랙 코드'로 보고하는 것을 중지했을 때, 롬멜의 '좋은 출처'가 사라졌다. 블레츨리 파크는 롬멜이 종래 펠러스의 보고에 접근했었다는 사실을 독일 해독물을 통해 발견했다. 아이젠하워는 보안 누설의 잘못을 대부분 펠러스 개인 탓으로 돌렸는데, 이는 다소 불공정한 처사였다. 그는 "보너 펠러스의 친구는 나의 친구가 아니다"라고 선언했다. 롬멜이 '좋은 출처'를 상실하는 바람에 영국이 북아프리카 전선에서 결정적인 신호정보 우위를 갖게 되었다. 롬멜이 제8군에 관해 중요한 신호정보를 더는 입수하지 못할 당시, '울트라(ULTRA, 제2차 세계대전 기간에 영국이 독일의 암호 메시지를 해독한 신호정보_옮긴이)'가 그의 실패에 크게 작용했다. 롬멜은 1942년 8월 30일부터 9월 7일까지 벌어진 알람 할파(Alam Halfa) 전투에서 이집트를 방어하는 영국군 전선을 돌파하려고 시도했으나 실패했다. 8월 15일 롬멜은 전투계획을 에니그마(Enigma) 암호 메시지로 히틀러에게 보고했는데, 블레츨리 파크에서 해독되었다. 48시간 내 그 해독물은 최근 임명된 제8군 사령관 버나드 몽고메리(Bernard Montgomery) 중장(나중에 육군 원수로 진급했다)의 수중에 있었다. 남에게 공을 돌리지 않는 것이 인지상정이라지만, 몽고메리는 블레츨리 파크에 진 빚을 인정하지 않았다. 그러나 '울트라' 정보는 알람 할파 전투에서 롬멜이 패전한 주요 요인이었는바, 어쩌면 결정적인 요인이었을 것이다.

　몽고메리의 더 유명한 승리는 엘알라메인(El Alamein) 전투(10월 23일~11월 4일)였는데, 그 승리의 요인은 정보가 우세해서라기보다 연료가 심각하게 부족했던 롬멜보다 무기와 병력 면에서 우세했기 때문이었다. 처칠은 그 전투 기간에 참을 수가 없어서 신호정보 활용에 개입했다. 처칠은 블레츨리 파크의 일일 절취물 상자 속에서 이탈리아 수송선이 롬멜에게 연료와 탄약을 더 공급할 것이라고 롬멜을 안심시키는 베를린발 '울트라' 해독물을 발견하고는 그 수송선에 대한 공격을 명령했다. 롬멜이 베를린발 메시지가 절취되었다는 것을 깨닫지 못하도록 영국의 가짜 메시지가 전송되었다. 안전하지 않은 암호로 발송된 그 메시지는 수송선을 격침하도록 정보를 제공한, 존재하지도 않는 이탈리아 스파이들을 치하하는 내용이었다. '울트라' 정보에 따르면, 독일인들은 당연히 그 메시지를 가로채서 속아 넘어갔다. 약속된 연료는 롬멜에게 도달하지 못했다.

　11월 3일 아침 몽고메리는 한 해독물을 읽고 틀림없이 우쭐했을 것이다. 그것은 롬멜이 히틀러에게 자신의 군대가 연료가 떨어져 전멸에 직면했다고 경고한 자포자기식의 메시지였다. 다음날 롬멜은 긴 퇴각을 시작했는데, 그 퇴각기간에 몽고메리는 '울트라' 정보를 너무 적게 활용했다. 당시 블레츨리 파크의 3호 막사에서 암호분석관으로 근무했던 케임브리지대 사학자 랠프 베넷(Ralph Bennett)의 후일 회고에 따르면,

> 엘알라메인 전투에서 승리한 후 … 몽고메리가 엘알라메인에서 트리폴리로 너무 천천히 진격하고 있어 [블레츨리 파크] 막사에서 열불이 났다. 방대한 '울트라' 정보는 롬멜이 퇴각하는 내내 심한 공격을 견디기에는 너무 취약한 상태임을 보여주고 있었다는 점에서 이해할 수 없는 행보였다. … [몽고메리의] 지체는 우리 업무 전반에 대해 의문을 던지는 것으로 보였다.

1943년 초 몽고메리와 그의 참모들은 '울트라' 정보를 완전히 신뢰하게 되었으며 더욱 신속하게 작전에 활용했다. 블레츨리 파크의 3호 막사에서 안도했다.

독일은 북아프리카에서 패배했음에도 1943년까지 (처칠이 명명한) '대서양 전투'에서는 여전히 우위를 유지했다. 처칠의 후일 회고에 따르면, "대전 기간에 내가 정말 유일하게 겁냈던 것은 독일잠수함 U보트(U-boat) 위협이었다". 1917년과 마찬가지로 U보트들은 대서양을 횡단하는 중요한 전쟁보급품 수송을 위협했다. 1941년 6월부터 1943년 2월까지 885척의 배가 사라졌지만, U보트는 13척만 침몰했다. 1942년 2월 U보트는 더 복잡한 에니그마 버전을 새로 장착했는데, '샤크(SHARK)'라는 암호명이 붙여진 그 버전은 암호기에 제4의 회전자(rotor)를 추가한 것으로서 그해 말까지 블레츨리 파크의 공략을 물

리쳤다. 1943년 3월 열흘 동안 다시 '샤크' 메시지를 해독할 수 없었다. 이후로는 많은 U보트 통신이 발신 후 몇 시간 내에 해독되었다. 정교한 방향탐지 기술도 U보트의 위치를 찾는 데 도움이 되었지만, 신호정보가 십중팔구 결정적인 차이를 만들어냈을 것이다. 1943년 4월부터 1945년 5월까지 286척의 U보트가 격침되었지만, 연합국 배는 178척만 침몰했다. 카를 되니츠(Karl Dönitz) 제독의 명령으로 행해진 조사는 U보트 통신은 여전히 안전하나 연합국이 프랑스의 대서양 연안에 있는 잠수함 기지 내부의 스파이로부터 정보를 받고 있을 것이라는 잘못된 결론을 내렸다.

'대서양 전쟁'에서 '울트라' 정보가 그토록 효과적으로 활용된 것은 영-미 정보동맹 때문이었는데, 이 동맹은 대전 중 형성된 양국 간의 '특별한 관계' 중에서도 가장 특별한 부분이었다. 1943년 초부터 영국과 미국은 독일 해군의 에니그마에 대한 암호분석을 블레츨리 파크에서 조율한 단일 프로그램에 따라 수행했다. 런던, 워싱턴 및 오타와(1943년 5월부터 캐나다도 합류)에 있는 U보트 추적 기관 간의 소통은 직접적인 신호 연결을 통해 아주 긴밀하게 이루어짐으로써 영국 공식 역사에 따르면, 남은 전쟁 기간 '사실상 단일 조직으로 활동했다'.

1943년까지 블레츨리 파크와 1943년 신호보안국(SSA)으로 개칭된 미국 육군의 신호정보 기관 사이에는 공식적인 협정이 없었다. 그러나 블레츨리 파크가 1942년 독일의 외교암호 '플로라도라(FLORADORA)'를 성공적으로 푼 데는 양 기관 간의 비공식적인 협업이 긴요했다. 또 미국의 압력에 힘입어 블레츨리의 공군과(Air Section)에서 생산한 전술 신호정보를 더 잘 활용하게 되었다. 해군부와 달리, 1918년에야 창설된 공군부(Air Ministry)는 정보를 현지 사령관들에게 전달하는 것이 중요하다는 것을 제1차 세계대전의 경험을 통해 배우지 못했다. 1942년까지 공군부는 블레츨리의 공군과에서 직접 각 공군 사령부에 보고하는 것을 완강히 허락하지 않았다. 미국 육군항공대는 독일에 대한 전략

폭격 임무에서 발생하는 큰 손실을 줄이기 위해 최신의 전술 정보를 원했으며, 공군부는 결국 그 압력에 굴복했다. 공군과의 독일공군 분석팀장 아서 '빌' 본살(Arthur 'Bill' Bonsall)은 장차 전후의 정부통신본부(GCHQ) 수장이 될 인물이었는데, 후일 그는 미국 육군항공대가 '우리의 최고 고객'이었다고 적었다.[3]

1943년 5월 17일 워싱턴에서 데니스턴(A. G. Denniston)으로부터 블레츨리 파크의 수장직을 이어받은 에드워드 트래비스(Edward Travis) 사령관과 미국 육군 정보기관인 정보참모부(G-2)의 수장 조지 스트롱(George Strong) 소장은 극비 협정에 서명했다. 이 협정은 영·미 양국의 육군 암호분석관들 간의 협업을 공식화하고 크게 확대했다. 트래비스-스트롱 협정은 25세의 해리 힌슬리(Harry Hinsley)가 만든 약칭 '브루사(BRUSA)'로 더 많이 알려졌다. 힌슬리는 아직 케임브리지대 역사학과 학부생이었을 때 대전이 발발하자마자 블레츨리 파크에 채용된 직원이었다. 그는 미국인들이 약칭을 좋아한다고 믿었지만 '브루사(BRUSA)'에서 영국(Britain)을 미국(USA) 앞에 놓은 것이 반감을 일으킬지 모른다고 처음부터 걱정했다. 사족이지만, 그의 걱정은 현실이 되었다.[4]

워싱턴에서 '브루사' 협정이 서명될 때, 미국 육군의 선임 암호분석관 세 명으로 구성된 대표단이 블레츨리 파크 등 영국의 신호정보 기관에서 6주의 실태조사 임무를 한창 수행 중이었다.[5] 대표단에서 가장 경험이 많고 유명한 암호 전문가 윌리엄 프리드먼(William F. Friedman)은—그가 처음으로 영국의 신호정보를 접한 것은 제1차 세계대전 때였다—블레츨리에 체류하는 동안 일기에 이렇게 썼다. "출처의 수와 다양성이 뛰어났으며 우리보다 훨씬 더 나았다." 프리드먼은 또

---

3   해군과와 달리, 공군과는 1943년까지 '울트라' 정보에 대한 접근도 거부되었다.
4   1944년 1월 블레츨리와 OP-20-G(미국 해군의 신호정보 기관)가 일본 통신의 해독 업무협력에 관한 '해군 브루사'를 타결했다.
5   랠프 어스킨(Ralph Erskine)의 설득력 있는 주장에 따르면, 이 대표단의 임무는 실질적인 협상 권한 없이 단순 실태조사였다.

열렬한 친영 인사였다. 그는 블레츨리의 선임 암호분석관 빈센트(E. R. Vincent) 교수의 안내를 받아 케임브리지대 코퍼스 크리스티 칼리지(Corpus Christi College)를 방문한 후 일기에 적었다. "내가 벌컥벌컥 크게 들이마신 케임브리지 분위기는 어떤 '견고함', 잉글랜드의 견고함을 느끼게 해준다. 학문과 민주 제도와 인간의 존엄성에 바쳐진 건물들이 조용한 위엄 속에 아주 튼튼하게 아홉 세기 동안 여기에 서 있는데, 아직도 튼튼하다."[6]

물론 모든 미국 암호분석관이 프리드먼 같은 친영 인사는 아니었지만, 육군 신호보안국(SSA)과 해군 OP-20-G는 블레츨리를 의심하기보다 서로를 심하게 의심했다. 후일 힌슬리의 회고에 따르면, "해군은 내가 육군과 얘기하는 것을 좋아하지 않았다. 그러나 나는 [브루사의] 세부내용을 해군에 말할 수 없었는데, 육군이 화를 낼 것이기 때문이었다". 힌슬리는 '브루사' 협정은 OP-20-G와 블레츨리 파크 간의 비공식적 협업만큼 '친밀한 관계'가 아니라면서 개인적으로 OP-20-G 측을 안심시키려고 했다. 대서양 양쪽의 해군 암호분석관들은 똑같은 독일 해군 메시지를 동시에 해독하되 해독에 성공하자마자 암호 열쇠를 서로 교환했다. 반면, 육군 암호분석관들은 분업해서 독일 신호를 해독하고 버지니아 주 알링턴 홀(Arlington Hall)에 있는 신호보안국 본부와 블레츨리 파크 간에 서로 파견단을 교환하기로 합의했다.[7]

블레츨리 파크에 파견된 신호보안국 직원들은 신호정보(SIGINT) 활동에서는 효과적이지만 인간미가 떨어지는 대서양횡단 협업보다 직접 영국인 동료들과 접촉하는 것을 더 좋아했다. 다수가 오래 이어진 우정을 쌓았다. 블레츨리에 파견관 미국 암호분석관들 가운데 윌리엄 번디(William F. Bundy)는 나중에

---

6   케임브리지대학교 역사는 프리드먼이 알고 있었던 것보다 한 세기 짧았다.
7   힌슬리는 역사학부의 마지막 해를 마치지 못했지만, 한 세대 뒤 영국 전시 정보활동의 공식 사가 (史家)가 되었고 케임브리지대학교 부총장과 세인트존스(St John's) 칼리지 학장이 되었다.

존 케네디(John F. Kennedy) 대통령의 특별보좌관이 되었고 린든 존슨(Lyndon B. Johnson) 대통령 밑에서 국무차관보를 지냈다. 번디가 은퇴 후 말했다. "나는 흥미로운 일을 많이 했고 흥미로운 사람도 많이 알았지만 블레츨리 파크에서 근무할 때가 내 경력에서 가장 만족스러웠다."

18세기 초 국왕 조지 1세의 초청으로 독일 하노버왕가의 암호해독관들이 런던에 파견된 적이 있다. 대체로 잊힌 그 파견과는 달리, 제2차 세계대전 기간에 이루어진 블레츨리 파크와 알링턴 홀 사이의 암호분석관 교류는 중요한 선례가 되어 이후 지금까지 이어졌다. 오늘날에도 동맹 관계에 있는 영국과 미국의 신호정보 기관, 즉 정부통신본부(GCHQ)와 국가안보국(NSA)은 서로 상대 본부에 연락실을 두고 활발하게 협력하고 있다.

제2차 세계대전 기간 동안 서방의 정보활동은 대량생산 시대에 돌입했다. 1943년 영·미 신호정보 동맹은 매월 3,000~4,000건의 독일 신호를 해독하고 있었으며, 이탈리아와 일본의 신호 분량은 그보다 약간 더 적었다. 이와 대조적으로, 독일은 영국과 같은 규모의 신호정보 인원(약 3만 명)을 보유하고 있었지만 이제 더는 중요한 연합국 암호를 풀 수 없었다. 추축국 이탈리아와 일본도 마찬가지였다. 히틀러는 북아프리카의 '좋은 출처'를 상실한 후, 가끔 연합국 암호를 푸는 데 진전이 있는지 문의했다. 예를 들어, 1944년 5월 그는 해군 신호정보 기관 '베(B)-국'에 영국 해군의 암호를 푸는 작업에 어떤 진전이 있는지 물었다. 대전 초기에 그 암호를 해독할 수 있었던 '베-국'은 분명 당황해 대답했다. "두 가지 주요 영국 시스템은 읽을 수 없습니다."

독일의 신호정보 활동이 영국보다 훨씬 비효과적이었던 데는 두 가지 이유가 있었다. 첫째, 그 조직이 영국보다 혼란스러웠다. 영국의 신호정보 활동은 제1차 세계대전 직후부터 GC&CS의 통제하에 집중화되었지만, 제2차 세계대전 기간 독일에서는 국방군 최고사령부(OKW)의 암호국, 외무부의 '체트(Z)국'과 괴링(Göring) 원수의 '조사국'이 서로 경쟁했다. 게다가 나치 친위대(SS)에 예속된 정보기관 '보안국(SD)'도 한동안 자체 신호정보 부서를 보유했다. 육·해·공군 또한 자체 신호정보 기관을 보유했다. 과거 기관 간 경쟁에 따른 피해가 적었기 때문에 제1차 세계대전 이전 프랑스에서, 제1차 세계대전 기간 영국에서, 그리고 1930년대 미국에서 신호정보 활동이 활발했었다는 사실을 히틀러는 알지 못했다. 그러나 히틀러가 신호정보의 과거 역사를 알았다고 해도 그는 신호정보에 주목하지 않았을 것이다. 히틀러의 통치 스타일에서 핵심은 궁극적인 통제력을 자신의 손아귀에 두기 위해 비슷한 임무를 여러 부서에 맡기는 그의 습관이었다.

독일의 신호정보 기관 난립에 따른 행정적 혼란 못지않게 중요한 것은 그들이 비범한 인재들을 영입하지 못했다는 사실이다. 블레츨리 파크와 그 미국 파트너들은 비범한 인재들을 채용했다. 수백 명의 블레츨리 직원들은 전후 학계로 진출해 주요 학자가 되었다. 예를 들어, 대부분의 전후 옥스브리지(옥스퍼드대와 케임브리지대를 합친 말_옮긴이) 대학에는 책임연구원 가운데 블레츨리 출신이 반드시 한 명 이상 있었다. 미국 육군에 채용된 사람들은 지능(IQ) 검사를 거쳤으며, 전시 신호정보 요원들 다수가 최고 성적자 중에서 선발되었다. 전시와 전후 미국 암호분석관 중에서 주요 인물인 솔로몬 컬백(Solomon Kullback) 박사는 육군 신호정보국은 모든 부서를 일류대 출신으로 채울 수 있었다고 후일 말했다. 히틀러는 독일 신호정보의 발전에 지속적인 관심도 없었을뿐더러 정보 직렬을 경멸했다. 그는 1942년 2월 친위대(SS) 대장이자 휘하 정보기관 수장 중에서 가장 막강한 권한을 지닌 하인리히 히믈러(Heinrich Himmler)와 점심을 같이하면서 말했다. "참된 장교는 몰래 움직이는 스파이가 될 수 없다고 생각하는 것이 정상이다."[8] 그의 스파이관(觀)에 영향을 미친 것은 정보보고서에 대한 진지한 관심이 아니라 스파이 소설에 대한 막연한 기억이었을 것으로 보인다. 히틀러는 1942년 5월 또 다른 점심시간에 독선적인 독백을 내뱉었다. "오늘날 스파이는 두 사회계급, 즉 이른바 상류계급과 프롤레타리아에서 충원된다. 중산층은 너무 진지해서 그런 활동에 빠지지 않는다." 독일에서 체포된 대부분의 소련 스파이들처럼 영국에 파견된 독일 스파이들도 대부분 중산층이었지만, 감히 총통에게 반박한 사람은 평소처럼 아무도 없었다.

처칠이나 스탈린과 달리, 히틀러는 정보에 돌발적인 관심만 보였음에도 불구하고 유럽 역사에서 가장 가공할 비밀공작을 직접 담당했다. 바르바로사(BARBAROSSA, 독일의 소련 침공 작전 암호명_옮긴이) 개시 후 6개월 동안 동프로이센(East Prussia)에 있는 히틀러의 동부전선 본부, 즉 '늑대 굴'을 가장 많이 방문한 사람은 히믈러였다. 그들이 무엇을 논의했는지 아무런 기록이 없지만 주된 토픽은 틀림없이 '유럽 유대인들 문제의 최종 해법'(이 표현은 1941년 10월 말 독일 공문서에 처음 사용되었다)이었을 것이다. 1942년 1월 히믈러의 직속 부하로서 제국보안본부(RSHA) 수장인 라인하르트 하이드리히(Reinhard Heydrich) 친위대 대장이 여러 정부 부처의 고위 대표들을 베를린 남서쪽 반제(Wansee) 호숫가의 우아한 저택으로 불러 비밀회의를 열었다. 그 회의에서 하이드리히는 히틀러가 '최종 해법'을 조율하라는 지시를 친위대에 내렸다고 발표했다. 처음부터 '최종 해법'은 정교한 기만과 최대한의 비밀주의를 바탕으로 했다. 거주지와 가까운 데서 살해된 유대인은 없었다. 대신에 독일이 점령한 유럽 전역에서 유대인들은 수용 캠프에 (파리에서처럼 가능하면 현지 경찰에 의해) 억류되었다가 '재정착'을 위해—실제로는 죽음의 캠프로— 열차로 장거리 이송되었다. '특별 재정착 열차'의 목적지는 '동쪽 어딘가'로만 밝혀졌다. 유대인들의 최종 목적지에서 몇

---

8   히틀러의 점심시간 독백 기록에 따르면, 히믈러는 '특별 손님'으로 참석했다.

킬로미터 떨어진 곳으로 '재정착' 열차를 운전한 기관사들도 죽음의 캠프를 몰랐다. 죽음의 캠프는 독일이 점령한 폴란드에 넷, 소련에 하나가 있었는데, 유대인들 대다수가 거기에서 독가스를 마셨다. 히틀러는 1943년 친위대 소장들 회의에서 말했다. "우리는 결코 외부에 발설하지 않을 것입니다. … 유대인 종족이 말살되고 있습니다. … 이것은 우리 역사에서 기록된 적이 결코 없고 기록되지도 않을 영광의 한 페이지입니다." 히틀러가 동의했다. 그는 '최종 해법'을 서면으로 지시한 적이 없으며 측근에게조차 언급을 피했다.

히틀러는 전쟁 수행에 관해 자신의 견해에 도전하는 정보를 싫어했다. 1944년 영국 '특수공작단(SOE)' 독일과의 손리(R. H. Thornley) 과장은 히틀러를 암살하려는 계획, 즉 '폭슬리(FOXLEY) 공작'에 대해 히틀러의 전략적 무능이 연합국에 지속적인 이득이라는 이유로 반대했다. "전략가로서의 히틀러는 영국의 전쟁 수행을 최대한 도왔다." 독일 국방군 최고사령부(OKW)의 작전참모장 알프레트 요들(Alfred Jodl) 대장은 1946년 전범으로 처형되기 직전에 다음과 같이 적었다.

히틀러는 기꺼이 실무 참모들을 시켜 자신의 결정을 명령으로 바꾸어 국방군 최고사령관으로서 그 명령을 하달했지만, 그 이상은 아무것도 하지 않았다. … 그는 다른 견해를 들으려고 하지 않았다. 만일 견해가 다르다는 낌새만 보여도 그는 성질 급하게 격분하는 발작을 일으켰을 것이다. 히틀러가 국가 지도자로서 그리고 전쟁 지도자로서 자신의 무오류성을 거의 신비롭게 확신했기 때문에 상당한—군인들로서는 이해할 수 없는—모순이 잉태되었다.

1942~43년 겨울 히틀러가 휘하 장군들의 반대 의견을 묵살한 것은 나중에 전쟁의 주요 전환점이 된 스탈린그라드(Stalingrad, 현재의 볼고그라드_옮긴이)의 재

앙으로 이어졌다. 히틀러는 질서정연한 퇴각이 가능했을 때도 독일군이 스탈린그라드에서 포위된 상태를 유지하라고 고집을 피웠다. 독일민족의 우월성과 의지력이 인간 이하의 슬라브족을 패배시킬 것이라고 그는 생각했다.

그러나 슬라브족은 이른바 지배자 민족보다 더 똑똑하게 기만술을 구사했다. 대전 중 소련의 첫 번째 주요 기만술인 '모나스티르(MONASTYR) 공작'은 20년 전의 신디카트(SINDIKAT)와 트레스트(TREST) 기만 공작에서 영감을 얻은 것인데, 그 공작은 가짜로 반(反)볼셰비키 왕정주의 지하조직을 만들어 다수의 서방 정보기관을 기만했었다. 1941년 말 NKVD와 정보총국(GRU, 총참모부 소속의 군사 정보기관_옮긴이)은 합동으로 반소·친독(反蘇·親獨) 지하조직을 만들었다. '트로네(THRONE)'라는 암호명이 붙은 그 지하조직은 러시아군 고위 사령부의 핵심에서 활동하는 것으로 조작되었다. '트로네' 기만에서 핵심 인물은 본부에서 '하이네(HEINE)'라는 암호명으로 불린 알렉산드르 데미야노프(Alexander Demyanov)였다. 귀족인 그의 아버지는 1915년 차르를 위해 전사했었다. 그는 처음에 붉은 군대를 탈영했다고 행세하며 독일군 방첩기관 '압베르(Abwehr)'를 위해 일하겠다고 자원한 다음, 1942년 가을 모스크바에 있는 소련 최고사령부 본부의 통신장교로 보임되었다고 독일 공작관에게 보고했다. 데미야노프는 그 보직에서 대단히 중요한 정보를 제공할 수 있었다. 러시아 전선의 독일군 정보 책임자 라인하르트 겔렌(Reinhard Gehlen) 대령(나중에 소장으로 진급했다)은 붉은 군대의 전투서열과 전략적 의도에 관한 데미야노프의 정보가 중요하다고 확신했으며, 그 확신을 평생 유지했다.

데미야노프의 가장 중요한 역할은 스탈린그라드 전투에서 발휘되었다. 9월 12일 독일군 대장 프리드리히 파울루스(Friedrich Paulus)의 제6군이 스탈린그라드에 입성했지만, 그 도시의 2/3 이상을 장악한 적이 없었다. 스탈린그라드에서 소련군의 반격, 즉 '우라노스(URANUS)' 작전이 1942년 11월 19일 개시되었다. 불과 나흘 뒤 독일의 제6군이 '전쟁의 결정적인 순간에'(스탈린의 표현) 포위되었다. 11월 25일 붉은 군대는 '마르스(MARS)'라는 암호명의 기만 작전을 개시했다. 그 작전은 모스크바 서쪽에 주둔한 독일의 중부집단군(Army Group Centre) 병력이 스탈린그라드의 제6군을 지원하기 위해 이동하는 것을 저지하려는 의도였다. 데미야노프의 가짜 스파이망이 보낸 보고서들은 독일 아카이브에 현존한다. 그 보고서에 따르면, 데미야노프가 겔렌에게 정확한 작전 정보를 제공했는데, 그 의도는 독일의 중부집단군이 모스크바 서쪽의 러시아 군대를 격파할 기회임을 보여주어 파울루스의 제6군을 지원하기 위해 동쪽으로 이동하는 것을 저지하는 것이었다. '마르스' 작전은 독일군이 스탈린그라드에 집중되는 것을 억제하는 목표를 달성했지만 참혹한 대가를 치렀다. 독일 중부집단군의 공세로 7만 명의 러시아군이 목숨을 잃었다. 데미야노프는 스탈린이 12월 3일 모스크바에서 열린 한 회의에서 독일군의 공세를 성공으로 이끈 독일 정보활동의 대단한 쾌거에 대해 개인적 분노를 표했다는 가짜 보고서를 보냈다. "스탈린은 지휘부에 반역적 제보자가 있다고 확신하고 있는데, 그것은 독일군이 소련군의 이동, 계획과 병력을 너무 잘 알고 있기 때문이다." 군사 사학자 앤서니 비버(Anthony Beevor)의 표현에 따르면, '마르스' 작전은 '60년 동안 비밀이 유지된 엄청난 희생의 비극'이었다. 맥스 헤이스팅스(Max Hastings) 경의 기술에 따르면, "오직 스탈린의 끔찍한 세계에서만 상위의 국가 목적에 봉사하기 위해 아무런 감정이나 가책 없이 7만 명의 목숨이 희생될 수 있었다". 데미야노프의 기만이 스탈린그라드 전투의 승리에 대단히 중요한 공헌을 했는지는 매우 의문이다. 그러나 그는 나중에 소련 '국가보안인민위원회(NKGB)'로부터 '붉은 기 훈장'을 받고 독일로부터도 '철십자 훈장'을 받은 유일한 전시 정보원이었다.[9]

1943년 2월 2일 스탈린그라드에서 독일군의 저항이 멈추었다. 17만 1,000

명의 독일군이 전사하고 9만 1,000명이 포로로 잡혔다. 러시아군의 피해는 그보다 훨씬 더 컸지만, 독일 국방군의 불패 신화가 무너졌다. 승리 기념으로 스탈린은 주코프(Zhukov)와 자신을 원수 계급으로 승진시키고 차르 시대 이후 처음으로 원수 제복을 황금색 견장과 장식용 수술로 치장했다. 남은 전쟁 기간 동안 스탈린은 원수 제복을 입지 않고서 공개석상에 나타난 적이 거의 없다. 독일에서는 스탈린그라드의 소식이 국민 사기에 치명타를 입혔고 총통의 개인적 위신을 훼손했다. 친위대의 정보기관 '보안국(SD)'은 비밀리에 여론을 조사해 결론을 내렸다. "사람들은 무엇보다도 왜 스탈린그라드에서 철수하거나 구원하지 않았는지, 그리고 군사적 상황이 안전하다고 불과 몇 달 전에 말한 것은 어찌 된 것인지 묻는다. 이제는 불리하게 종전될 가능성을 우려하면서 그 패배의 결과에 관해 심각하게 생각하는 동포가 많다." 1943년 여름 히틀러와 괴벨스(Goebbels)는 독일 국민의 여론과 사기 저하에 관한 '보안국'의 월례 보고서의 내용이 점점 우울해지고 있기 때문에 더는 히틀러에게 보여서는 안 된다고 합의했다.

스탈린그라드 전투의 승리로 소련 신호정보 기관은 정보 횡재를 만났지만 그 횡재를 이용할 수는 없었다. 스탈린그라드의 독일군이 보유한 적어도 26대의 에니그마 암호기는 항복하기 전에 파기되지 못했다. 소련군이 문 앞에 들이닥칠 때까지 전송 작업을 계속한 독일군 부대도 있었다. 다수의 에니그마 암호 열쇠 세팅이 붉은 군대 수중에 들어간 것이 거의 확실하다. 스탈린그라드에서 붙잡힌 9만 1,000명의 포로 중에도 신호·암호 요원들이 포함되었으며, 그들 모두가 소련의 신호정보 활동을 지원하라는 포획자들의 압박에 저항하지는 못

---

9   데미야노프의 암호명이 '막스(MAX)'였다는 그동안의 주장은 틀렸다. '막스'는 독일 사람들이 그의 네트워크에서 나온 정보에 붙인 음어(codeword)였다. NKGB는 1941년 2월부터 7월까지, 그리고 1943년 4월 이후 NKVD를 계승했다.

했다. 스탈린그라드에서 항복하기 전인 1943년 1월 17일 국방군 최고사령부의 신호정보 부서는 러시아인들이 다수의 에니그마 메시지를 해독했음이 확실하다는 결론을 내리고 암호보안 개선조치를 취했다. 그러나 소련 암호분석관들이 에니그마 통신을 정규적으로 해독할 수는 없었다. 노획한 암호기와 암호열쇠, 붙잡힌 암호 요원들 덕분에 과거의 독일 절취물 일부를 풀 수 있었다. 블레츨리 파크는 '울트라' 정보를 생산하는 데 필수적인 최첨단 기술을 보유했지만, NKVD와 정보총국(GRU)은 그런 기술이 없었다. 블레츨리 파크는 1940년 에니그마를 풀기 위해 강력한 전자 '폭탄'을 처음 개발하고 1943년 무선암호 메시지(인쇄전신기 임펄스를 기반으로 자동으로 암호화·복호화하는 무선신호)를 해독하기 위해 세계 최초의 전자계산기 '콜로서스(Colossus)'를 조립했지만, 소련에는 그런 것이 없었다. 그 무선암호 메시지는 전쟁의 마지막 2년 동안 에니그마 통신보다 더 중요한 작전 정보를 생산했다.

스탈린그라드 전투 기간과 그 이후에 NKVD가 받은 가장 중요한 신호정보는 소련 암호분석관들이 아니라 영국인 스파이 존 케언크로스(John Cairncross)로부터 나왔다. '케임브리지 5인방' 중에서 다섯째인 케언크로스는 1942년 여름부터 1년 동안 블레츨리 파크에서 근무했다. 후일 그는 오도하는 주장을 내놓았다. "나는 일상 업무를 제외하고 거기서 근무한 열두 달 동안 무슨 일이 있었는지 거의 기억하지 못한다. 나의 영역은 막사와 실용적이고 소박한 간이식당에 국한되었는데, 그곳은 쉬고 싶고 가고 싶은 분위기와는 거리가 먼 공간이었다." 실제로 케언크로스는 블레츨리에서 친구를 거의 사귀지 않았지만, 자신의 소련 공작관에게 대단히 중요한 정보를 제공했다. 그 가운데 가장 중요한 정보는 1943년 6월 쿠르스크(Kursk) 전투를 앞둔 독일군의 준비 동향에 관한 '울트라' 정보였다. 히틀러가 동부전선에서 최후 공세를 펼친 그 전투에서 붉은 군대가 승리했다. '울트라' 정보에 힘입어 붉은 공군이 독일 비행장에 엄청난 선제공격을 퍼부어 500대 이상의 적 항공기를 파괴했다. 2년 뒤 국가보안인민위원회(NKGB)는 케언크로스에게 '붉은 기 훈장'을 수여했다.[10]

쿠르스크를 공격하려는 독일의 계획에 관한 다른 중요한 정보는 루돌프 로슬러(Rudolf Roessler)가 이끄는 스위스의 '루시 조직(Lucy Ring)'에서 나왔다. 나치에 반대해 이주했으며 돈이 목적인 로슬러는 스위스인 스파이 알렉산더 라도(Alexander Radó)가 이끄는 '정보총국(GRU)' 네트워크에 보고했다. 일부가 현존하는 로슬러의 보고서들을 보면, 쿠르스크 공세가 예상된다는 3월의 경고, 4월에 보고한 히틀러의 작전계획, 이후 공격 개시의 지연에 관한 상세 동향 등이 들어 있다. 로슬러는 자신의 정보가 하부 조직원들에게서 나온다고 주장했다. 그러나 그의 출처는 국방군 총사령부(OKW) 작전국에서 히틀러의 본부로 보낸 메시지의 인쇄전신기 테이프였을 가능성이 크다. 당시 그 메시지는 안전한 지상 통신선으로 발송되었기 때문에 암호화되지 않았다. 직업상 의심하는 마인드를 가진 NKGB 본부 사람들에게 문제가 된 것은 극비의 독일군 작전계획에 대한 로슬러의 접근이 너무 훌륭해서 사실일 리가 없다는 것이었다.

본부가 가장 성공한 기만 공작 가운데에는 무의식적으로 자기 자신을 기만한 공작이 있었다. 후일 KGB 역사상 가장 유능한 외국인 간첩단으로 인정받은 '케임브리지 5인방(킴 필비, 도널드 매클레인, 가이 버지스, 앤서니 블런트 및 존 케언크로스)'은 영국이 소련에 대해 정보공작을 벌이고 있다는 증거를 제시하지 못함으로써 본부의 깊은 의심을 불러일으켰다. 스탈린과 본부는 존재하지도 않는 그런 공작이 벌어지고 있다고 확신했었다. 비밀정보부에 근무하는 킴 필비나 MI5에 근무하는 앤서니 블런트는 소련 내에서 또는 영국 주재 소련 대사관 내

---

10   1990년 8월 케언크로스는 필자와 만난 자리에서 쿠르스크 전투를 앞두고 블레츨리 파크에서 나온 정보를 소련 공작관에게 제공했음을 인정했으나, 상세히 밝히기를 거부했다.

에서 활동하는 가치 있는 영국 스파이를 한 사람도 찾지 못했다. 본부는 필비와 블런트가 찾아야 할 사람, 즉 소련에 대해 활동하는 영국 스파이가 한 사람도 없을 가능성을 한순간도 검토하지 않았다. 1942년 10월 스탈린이 영국 주재 소련 대사 이반 마이스키(Ivan Maisky)에게 서한을 보냈다. "모스크바의 우리는 모두 처칠이 소련의 패배를 겨냥하고 있으며 그런 다음에는 우리를 짓밟고 히틀러 또는 브뤼닝(Brüning, 히틀러의 전임 수상)의 독일과 타협하려고 의도한다는 인상을 받았습니다." 1년 뒤 본부는 런던 지부에 '5인방'은 이중간첩(double agents)임이 이제 분명하다고 알렸다. '5인방'이 영국의 반소(反蘇) 음모와 소련에 대해 활동하는 영국 스파이들을 구체적으로 제시하지 못함으로써 그들은 '국가보안인민위원회(NKGB)'를 위해 일하는 체하면서 실제로는 비밀정보부와 MI5의 명령에 따라 활동하는 것으로 판명된 것이었다.

블런트가 자신을 담당한 공작관에게 MI5의 이중간첩이 독일에 대해 크게 성공을 거둔 사례를 이야기했기 때문에 '5인방'이 이중간첩이라는 본부의 믿음이 더욱 강화되었다. 제1차 세계대전 때와 마찬가지로 영국으로 파견된 중요한 독일 스파이들이 모두 검거되었다. 1943년 3월까지 검거된 제2차 세계대전 스파이들 가운데 28명이 독일에 역정보를 흘리는 이중간첩으로 전향했다. 게다가 MI5의 극비 보고서에 따르면, "12명의 실존 인물과 7명의 가상 인물이 배신한 [영국] 스파이로 행세해 적을 속여 넘겼다". 스탈린과 소련 정보기관은 자국의 영국인 스파이들 가운데 일부도 '배신자 스파이(double-cross spies)'라고 확신했다. 본부는 런던 주재관 아나톨리 고르스키(Anatoli Gorsky)에게 "우리의 임무는 적들이 우리에게 어떤 역정보를 심고 있는지 파악하는 것"이라고 지시했다.[11]

---

11 '5인방'에 대한 의심이 본부의 영국 데스크 책임자 조야 리브키나(Zoya Rybkina)의 개인적인 잘

본부는 영국인 스파이들이 배신자임에도 불구하고 왜 그들이 제공하는 일부 정보가 진짜로 보이는지 설명하려고 했을 때, 큰 곤경에 빠졌다. 본부는 매클레인이 엄청난 분량의 외무부 문서를 제공하는 것으로 보아 그는 '5인방'의 다른 네 사람과 달리 의식적으로 기만에 관여하지 않았을 가능성이 있다고 런던 지부에 말했다. 본부는 또한 '5인방'이 영국의 정책에 관해 소련에 공급하는 역정보의 신빙성을 높이기 위해, 가령 독일의 군사작전에 관한 '울트라' 해독물처럼 영국의 이익을 해치지 않는 중요한 진짜 정보를 제공하고 있다고 생각했다. 본부는 '5인방'이 제공하는 정보를 어디까지 믿을지 결정하려고 애쓰면서도, 고르스키에게는 그들과 접촉할 때 "우리가 그들을 완벽하게 신뢰한다고 그들이 더욱 확신하도록 신중한 태도를 유지하라"라고 지시했다. 모스크바에서 여덟 명의 특별감시 팀이 런던 지부에 파견되어 '5인방' 등 이른바 가짜 소련 스파이들을 미행했는데, 이는 그들이 (존재하지 않는) 자신들을 담당하는 영국 공작관과 접촉하는 것을 포착하려는 시도였다.

소련의 기만 공작과 달리, 영국 정보기관의 기만 공작은 음모론에 의한 혼란을 겪지 않았다. MI5의 B1a과는 제2차 세계대전 기간 MI5 방첩국의 이중간첩 담당과였다. B1a과처럼 기발한 기만책을 그토록 광범위하게 고안해 그토록 높은 성공률로 성사시킨 기관은 영국 역사에 없으며 정보 역사에도 없을 것이다. B1a과의 신입 직원 대부분은 과장 토머스 '타르' 로버트슨(Thomas 'Tar' Robertson)이 만든 기풍에 열광한 나머지, 비상한 속도와 창의력으로 기만술을 추진했다. 영국의 전시 기만을 성공시킨 또 다른 요인은 다른 주요 참전

못 탓이라고 비난하는 것은 불공정하다. 그녀의 피해망상적 경향은 다른 사람들도 널리 갖고 있었다.

국에서는 상상도 할 수 없는 수준의 부처 간 협력이었다. 적에게 흘릴 정보와 역정보를 매일 선별하는 작업은 창의적으로 작명된 '20위원회'가 맡았다. 20이 로마숫자로 XX(double cross, 중의적으로 이중간첩을 의미한다_옮긴이)이기 때문에 그런 이름이 붙었다. '20위원회'에 대표를 파견한 기관은 MI5, 비밀정보부, 전쟁부, 육·해·공군의 정보 부서, 국내 총사령부 등이었으며, 필요시에는 다른 유관 부처도 참여했다. '20위원회'는 1941년 1월 회의를 시작한 후 전쟁이 끝날 때까지 매주 모였다. 이 위원회를 탁월하게 이끈 MI5 의장 마스터먼(J. C. Masterman, 후일 기사 작위를 받았다)은 옥스퍼드대 역사학 교수였다. 마스터먼이 '20위원회'의 첫 회의를 주재했을 때, 그는 "작지만 중요한 결정, 더 정확히 말해서 위원들을 위해 항상 차와 빵을 제공한다는 결정으로 시작했다"라고 후일 회고했다.

물자가 심각하게 부족하고 식량이 배급되던 때여서 빵 공급이 쉬운 일은 아니었다. 그러나 우리는 어떻게 해서라도 (대개는 무슨 수를 써서) 전쟁 기간 내내 빵을 내지 않은 적이 없다. 이 단순한 처방이 위원회 출석률이 거의 항상 100%였던 이유의 하나가 아니었을까?

마스터먼은 또한 합의를 끌어내는 재주가 있었다. 총 226차례 회의 가운데 의견 불일치로 표결한 회의가 딱 한 번 있었다. 시초에 '20위원회'는 일이 얼마나 성공할지 가늠하기 어렵다는 것을 알았다. 그러나 '20위원회'가 첫 회의부터 생각하기 시작해 곧 깨달은 놀라운 진실이 있었으니, 마스터먼의 표현에 따르면, '더블크로스 시스템(Double-Cross System)' 덕분에 "우리는 독일에서 할 스파이활동 시스템을 이 나라에서 능동적으로 운영하고 통제했다". 런던 통제과(London Controlling Section: LCS)는 B1a과 및 '20위원회'와 긴밀하게 협력하면서, '적의 군사자원 낭비를 초래할 목적으로' 글로벌 차원의 전략적 기만을 조율했다.

'더블크로스 시스템'은 처칠이 수상이 된 후 거의 2년 동안 처칠로부터 유일하게 차단된 주요 정보 비밀이었다. 비밀정보부 부장 멘지스(Menzies)는 다우닝 가 10번지를 정기적으로 방문했지만, 멘지스와 달리 MI5(보안부) 부장 데이비드 페트리(David Petrie) 경은 처칠과 거리를 두었다. 페트리 경은 처칠 수상이 '더블크로스 시스템'에 관해 알게 되면 얼마나 거기에 매료될지 잘 알았다. 그래서 그는 수상이 그 운영에 개입하는 것이 두려워 수상이 모르도록 차단하는 쪽을 택했다. 정보에 대한 처칠의 열정은 영국의 역대 어느 수상보다 뛰어나지만, 그 열정 때문에 처칠이 어디로 튈지 모른다는 점을 페트리 경은 옳게 걱정했다.

그러나 1943년 봄 '민스미트(MINCEMEAT)' 공작이 개시되기 전, 런던통제과 과장 베번(J. H. Bevan) 대령은 처음으로 기만 공작에 대해 수상의 재가를 받는 것이 필요하다고 판단했다. B1a과에서 기획하고 런던통제과가 감독한 '민스미트' 공작의 토대는 먼저 런던의 한 병원에서 시신을 구해 연합작전 참모장 루이스 마운트배튼(Louis Mountbatten) 해군 중장의 부관 제복을 입힌 다음, 가짜 극비문서가 든 서류 가방을 품게 해서 잠수함으로 그 위장된 시신을 스페인 해안에 떨구는 것이었다. 베번이 4월 15일 다우닝 가 10번지를 방문했을 때, 처칠은 침대에 앉아 시가를 피우고 있었는데 '그의 주변은 온통 서류와 검고 빨간 캐비닛 상자들이었다'. 처칠은 열광적으로 재가했다. 공작이 첫 번째 시도에서 성공하지 못할 경우, "우리는 그 시체를 회수해서 한 번 더 수영을 시켜야겠지"라고 처칠이 베번에게 말했다.

4월 30일 스페인 남서쪽 해안에서 현지 어부가 한 시신을 건졌는데, 그 시신의 신원은 위조 신분증에 의해 영국 해병대의 윌리엄 '빌' 마틴 소령으로 식별된 가상의 부관이었다. 마틴 소령의 시신은 영국인들에게 인계되었지만, 예상한 대로 독일 편의 스페인 관리들은 독일 정보기관 '압베르(Abwehr)'가 서류 가방 속의 문서들을 사진 촬영하도록 허용했다. 그 문서들 가운데에는 마운트배튼 과 육군 참모차장 아치볼드 나이(Archibald Nye) 중장이 쓴 수기 편지들과 함께 연합작전에 관한 매뉴얼 증거물이 들어 있었다. (그 기만 공작을 사전 승인한) 아이 젠하워는 그 매뉴얼에 서문을 쓰기로 되어 있었다. 그 가짜 편지에 따르면, 연 합군이 '허스키(HUSKY) 작전'이라는 암호명으로 그리스 상륙을 계획하고 있었 다. 곧이어 '울트라' 해독물에 의해 독일 사람들이 포괄적으로 기만에 넘어간 것이 확인되었다. 처칠이 워싱턴을 방문한 기간에 받은 메시지는 간단했다. "민스미트를 통째로 삼켰음." 7월 연합군의 공격이 그리스가 아니라 시칠리아 를 향했을 때도 독일 사람들은 '민스미트' 문서가 진짜임을 의심하지 않았으며 연합군의 계획이 변경되었다고 결론지었다.

'민스미트' 공작의 준비 상황을 처칠에게 보고할 필요가 생김에 따라 MI5의 지휘부와 보안국장 더프 쿠퍼(Duff Cooper)는 MI5의 대적(對敵) 공작, 특히 B1a 과에서 기획해 그 이중간첩들이 수행하는 기만 공작에 관해 월례 보고서를 처 칠에게 보낼 때가 되었다고 확신했다. 1943년 3월 26일 처칠에게 제출된 첫 월 례 보고서 '보안부 활동에 관한 보고'는 바로 성공했다. 처칠이 그 보고서 위에 붉은 잉크로 썼다. "매우 흥미로움." 그때부터 처칠은 "우리 업무에 개인적으로 지속적인 관심을 보였다"라고 후일 페트리 부장이 기술했다. MI5는 수상이 좋 아하리라고 생각되는 사례를 아주 다채롭게 보고서에 넣으려고 애를 썼다. 이 러한 사례 가운데 런던의 대담한 범죄꾼 에디 채프먼(Eddie Chapman)이 있었는 데, 암호명이 '지그재그(ZIGZAG)'인 그는 과거 '압베르'에 포섭되었다가 1942년 말 MI5로 전향했다. 1년 뒤 채프먼은 '뛰어난 열성과 성과'를 인정받아 독일의 철십자 훈장을 받은 첫 영국 국민이 되었다. 그의 주된 성과는 햇필드(Hatfield)

에 있는 드 하빌랜드(de Havilland) 항공기 공장에 대한 대형 사보타주 공작이었다. 그 공장은 당시 독일 도시들을 폭격하던 '모기' 폭격기를 생산했다. 채프먼이 '압베르'에 제공한 극적인 사진들은 공장 건물들이 무너져 방수포로 덮여 있고 주변에 잔해가 널브러진 광경이었다. 그러나 그 '사보타주'는 B1a과가 연출한 속임수였다.

후속 보고서들은 처칠에게 보낸 첫 월례 보고서 '보안부 활동에 관한 보고'의 형태를 따랐다. MI5의 여러 과에서 작성한 보고서 초안은 행간 여백 없이 타이프 쳐서 총 16쪽가량 되었다. '케임브리지 5인방'의 하나인 앤서니 블런트가 두 쪽 반짜리 개요를 기초했으며, 그 최종본은 블런트와 장차 MI5 부장이 될 딕 화이트(Dick White)가 협업해서 작성했다. 블런트는 처칠에게 보내는 월례 보고서 작업을 전쟁이 끝날 때까지 계속했기 때문에 그 보고서가 소련 정보기관에도 갔을 가능성이 농후하며 아마 스탈린도 직접 보았을 것이다. 사실 모스크바는 블런트가 요약하기 전의 긴 초안도 당연히 받았을 것이며, 따라서 처칠보다 더 상세한 보고서를 받아 보았을 것이다.

영국의 '더블크로스 시스템'은 전쟁 역사상 가장 성공한 전략적 기만이었지만, 제2차 세계대전의 결과는 동부전선에서 결정되었다. 1943년 6월 쿠르스크 전투에서 소련이 승리한 것은 이후 붉은 군대가 사실상 계속 진격할 길을 열었다. 붉은 군대의 진격은 거의 2년 뒤 게오르기 주코프(Georgi Zhukov) 원수가 베를린의 항복을 받아들이면서 끝이 났다. 처음으로 게릴라들이 특히 독일군의 수송망을 파괴함으로써 쿠르스크 전투에서 붉은 군대의 승리에 중요한 공헌을 했다. 후일 소련의 공식 역사가 주장한 바에 따르면, 게릴라들은 특별히 표적 암살한 87명의 나치 고관을 포함해 총 13만 7,000명의 독일인을 죽였다.

그것은 과장된 주장이겠지만, '압베르'는 독일군 전선 배후에서 은밀하게 활동하는 엄청난 수의 게릴라들(partisans)로 정신을 못 차릴 지경이었다. 1944년 여름 '압베르'는 2만 명의 게릴라들이 활동하고 있으며 그 수가 3개월마다 1만 명씩 늘고 있다고 추산했다. 정찰과 사보타주 훈련을 받은 10대 아이들, 즉 '베스프리소르니키(Besprisorniki)'가 가장 색출하기 힘들었다. 독일군조차 그들의 용기에 감탄했다. 한 독일군 부대가 병력 이동을 기록하고 있던 한 '어린 소년'을 체포한 사건에 관해 보고했다. 그 소년은 수사를 받는 동안 누구의 지시를 받았는지에 대한 진술을 단호히 거부하면서 '어설픈 거짓말을 계속했다'. 결국에는 겁을 주어 소년을 굴복시키기로 했다. 먼저 그에게 일곱 명의 성인 포로가 총살되는 장면을 보여준 후, 다음은 그의 차례임을 알렸다. 총살대가 그를 향해 총을 조준하고 있던 마지막 순간, 그 아이는 진실을 말하면 자신의 목숨을 건질 것이라는 말을 들었다.

소년은 건방지게 웃으면서 사실대로 말하더라도 자신이 죽을 것임을 안다고 말했다. 조사관이 교사자 이름을 대면 목숨을 살려주겠다고 거듭 확약하자, 그가 대답했다. "나는 당신에게 진실을 말하더라도 총살될 것임을 잘 안다. 이제 진실을 말하겠다. 나는 당신에게 여섯 번 거짓말했으며 일곱 번째도 거짓말을 할 것이다!"

독일군 보고서에는 그 아이의 운명에 관한 언급이 없다. 아마 그는 사살되었을 것이다.

게릴라들의 명백한 영웅적 행위에 관한 소련의 기록은 그 게릴라들이 적군에 대해서뿐만 아니라 러시아인 '부역자들'에 대해서도 적어도 같은 빈도로 활용되었다는 사실을 언급하지 않았다. 사실 게릴라들은 독일인보다 부역자를 더 많이 죽었을 것이다. 1943년 NKVD 수장 베리야가 보고한 바에 따르면, NKVD는 붉은 군대에 의해 해방된 지역에서 93만 1,549명의 용의자를 체포·신문했는데, 그중 8만 296명이 '스파이, 반역자, 탈영병, 산적과 범죄자로 밝혀졌다'. KGB 장교였다가 비밀정보부로 귀순한 바실리 미트로킨(Vasili Mitrokhin)이 후일 필자에게 언급한 바에 따르면, 수천 명의 반소(反蘇) 우크라이나인이 잔인하게 처형된 전시의 기억이 한 세대가 지난 뒤에도 가끔 그에게 악몽으로 떠올랐다고 한다. 그는 자신이 목격한 것을 차마 필자에게 말할 수 없었다. 그는 다만 '심한 공포'에 사로잡혔다고 말할 뿐이었다.

전시 소련 정보기관의 주된 역할 가운데 하나는 인종 청소였다. 여러 민족 전체가 스탈린과 NKVD에 의해 부역자로 낙인찍혔다. 강제 추방된 첫 민족은 카프카스 산맥 북서쪽의 튀르크족 유목민인 카라차이(Karachai)인들이었다. 대부분의 카라차이 사람들은 독일 침공군에게 협력하지 않았으며 일부는 위험을 무릅쓰고 유대인 어린이들에게 피난처를 제공하기도 했지만, 히틀러가 그들에게 독립을 가져다주기를 바란 소수파도 있었다. NKVD는 그들이 산길을 통해 조지아(Georgia)로 독일군을 안내했다고 주장했다. 베리야와 그의 제2인자 이반 세로프(Ivan Serov)는 카라차이인들을 '반역자민족'이라고 맹비난했다. 1943년 10월 카라차이 자치 구역이 폐지되었다. 5만 3,000명의 NKVD 병력은 아녀자들이 대부분인 6만 9,000여 명의 카라차이인들을 카자흐스탄으로 강제 이주시켰다. 그중에서 따뜻한 옷을 입지 못한 약 40%가 이주 도중에 비명횡사했다. 붉은 군대 내 카라차이 군인들도 제대와 동시에 강제 이주되었다.[12]

다음으로 NKVD는 불교도 몽골 유목민인 칼미크(Kalmyk)족에 복수했다. 스

---

12 1944년 3월 카라차이인들과 같은 튀르크족 유목민 발카르(Balkar)인들이 카프카스 산맥에서 추방되었다.

탈린그라드와 카스피 해 사이에 살았던 칼미크족은 독일군에 가축을 식량으로 제공했다는 비난을 받았다. 1943년 12월 칼미크 자치공화국이 폐지되고 9만여 명의 칼미크인(나중에 붉은 군대 내의 칼미크인 2만 명이 추가되었다)이 혹한의 날씨에 북극해의 동시베리아로 강제 이주해 노예 노동자로 일했다. 1944년 4월 베리야가 스탈린에게 강제 이주가 별다른 사건이나 '사고' 없이 완수되었다고 보고했다. 실제로는 절반이 훨씬 넘는 칼미크인이 굶주림으로 죽었다.[13]

NKVD의 가장 야심적인 인종 청소 작전은 카프카스 산맥 북부에서 체첸(Chechen)족과 인구시(Ingush)족을 대상으로 한 것이었다. 이들은 지난 두 세기 동안 간헐적으로 러시아 지배에 반대해 게릴라전을 벌였었다. 1944년 2월 17일 베리야는 약 46만 명의 체첸족과 인구시족을 (그들의 이웃 부족 일부와 함께) 8일 만에 강제 이주시킨다는 계획을 발표했다. 칼미크족 이주 때와 마찬가지로 베리야는 모든 작전이 순조롭다고 스탈린에게 보고했다. 그러나 그는 NKVD가 폭설로 이주하기 힘든 곳에서 헛간, 마구간과 이슬람 사원 안에 있는 주민들을 산 채로 불태운 사실은 보고하지 않았다. 체첸 자치공화국(Chechnya)과 인구시 자치공화국(Ingushetia)이 지도에서 지워졌다. 소련 최고회의(Supreme Soviet)는 베리야, 세로프 외 두 명의 NKVD 장군에게 '수보로프(Suvorov) 훈장(1급)'을 수여했다.[14]

1944년 5월 3만 2,000명의 NKVD 병력이 약 24만 명의 크림 타타르족(Crimean Tatars)을 모아 가축 트럭에 태워서 주로 우즈베키스탄으로 강제 이주시켰다. NKVD는 붉은 군대의 타타르족 군인 일부가 독일군에 귀순했다고 비난했었다. 타타르족 일부는 강제노동에 투입되고 6,000명이 '반소(反蘇)' 활동

---

13 1939년 칼미크족 인구는 총 13만 4,000명이었으나 1953년 인구조사에서는 5만 3,000명이었다.
14 산악지대 생활로 단련된 체첸족과 인구시족은 카라차이족과 칼미크족보다 이주를 잘 견뎌냈다. 그러나 1945년 10월까지 이주민의 약 1/5이 죽었다.

으로 체포되었으며, 700명이 스파이 혐의로 처형되었다. 스탈린·처칠·루스벨트가 1945년 2월 얄타(Yalta, 크림반도 남단, 흑해 연안의 항구도시_옮긴이)에서 회동했을 때, 크림반도에는 한 사람의 타타르인도 남아 있지 않았을 것이다.

소련의 인종 청소 참사는 물론 나치의 대학살(Holocaust)과 비교가 되지 않는다. 나치의 대학살로 대전 발발 시 세계 유대인 인구의 1/3인 약 600만 명의 유대인이 죽었다. 연합국이 '최종 해법'에 관한 정보를 얼마나 많이 입수했는지는 여전히 논란거리다. 그러나 아우슈비츠 2호 수용소(Auschwitz II) 비르케나우(Birkenau)에서 벌어진 유대인 대량학살의 내막은 사건이 시작되고 2년이 넘은 1944년 여름이 지나서야 런던과 워싱턴에 알려진 것으로 보인다.

대학살은 독일의 해외정보 수집보다 더 효율적으로 수행되었을 뿐 아니라 히틀러에게 우선순위도 훨씬 더 높았다. 독일군이 스탈린그라드와 쿠르스크에서 패한 후 독일의 패전이 불가피해짐에 따라 '압베르'는 유용한 외국인 제보자를 끌어들이기가 불가능해졌다. 휴 트레버-로퍼(Hugh Trevor-Roper)가 '압베르' 해독물을 오래 조사한 끝에 내린 결론을 보면 "압베르는 첩보 보고를 자체적으로 평가할 수 없었다. … 베를린은 [독일의] 전략적 미래에 관해 알지도 못하고 확고한 견해도 갖고 있지 않았기 때문에 들어오는 모든 첩보 보고를 현지 장군과 제독들에게 즉시 배포함으로써 그들이 스스로 결정하도록 해야 했다." 아이러니하게도 '압베르'가 가장 확신했던 일부 정보는 영국의 '더블크로스 시스템'이 생산한 것이었다. 예를 들어, '압베르'는 '민스미트' 기만 공작에 의해 자신에게 유입된 역정보의 신빙성과 중요성에 관해 전혀 의심하지 않았다.

1944년 2월 이스탄불 주재 '압베르' 장교가 영국군에 귀순한 뒤,[15] 히틀러는

---

15 '압베르'의 취리히 주재관 한스-베른트 기세비우스(Hans-Bernd Gisevius)는 할리나 시만스카

'압베르'의 독립기관 지위를 박탈하고 히틀러와 친위대 정보기관 '보안국(SD)'의 통제를 받게 했다. '보안국'은 영국 내에 있는 '압베르'의 주요 스파이망을 통제하게 되었다고 믿었다. 실제로는 그들 모두 MI5가 조종하는 이중간첩이었으며 자신들을 담당하는 독일 공작관들에게 역정보를 흘리고 있었다. 그러나 '보안국'은 중요한 진짜 스파이를 하나 보유했는데, '치체로(CICERO)'라는 암호명으로 불린 엘리에사 바즈나(Elyesa Bazna)였다. 그는 앙카라 주재 영국 대사 휴 나치불-휴게센(Hughe Knatchbull-Hugessen) 경의 시종이었다. 바즈나는 1943년 10월부터 1944년 2월까지 대사의 극비 외교 전문을 사진 촬영했다. 그 문서 가운데는 처칠, 루스벨트와 스탈린이 1943년 11월 테헤란 회담에서 벌인 협상에 관한 기록도 있었다. 트레버-로퍼의 후일 기술에 따르면, 그 협상에 관한 기록으로부터 연합국이 극도의 보안을 유지한 비밀, 즉 '오버로드(OVERLOAD, 노르망디 상륙작전의 암호명_옮긴이)' 작전으로 독일에 점령된 북부 프랑스를 침공한다는 계획이 '추론될 수 있었다'. 그러나 그 추론은 허술했으며 비밀은 발각되지 않았다. 바즈나가 문서 제공을 중단한 1944년 봄까지 베를린은 그가 영국의 기만 공작을 수행하고 있다고 의심했다. 아이러니하게도 이때 베를린은 '더블크로스 시스템'의 역정보를 진짜라고 받아들였다. 바즈나는 베를린으로부터 공로 보상금을 두둑하게 받았는데, 나중에 그는 모두 위조지폐임을 알았다. 비밀정보부 수장 스튜어트 멘지스(Stewart Menzies)는 독일 사람들이 '치체로'의 정보를 그토록 무시한 줄 모르고 바즈나 사건이 "소름 끼치는 국가적 재앙"이라고 말했다.

처칠은 1943년의 '더블크로스'에 관한 학습 덕분에 이렇게 확신하게 되었다.

(Halina Szymanska)를 통해 비밀정보부에 정보를 제공했다. 시만스카는 영국과 폴란드 양국 정보기관의 협조자였다. '압베르'의 수장 카나리스(Canaris) 제독도 스파이 짓을 했다는 추측이 많지만, 비밀정보부 기록으로 보아 그는 스파이가 아니었다.

"전시에는 진실이 너무 소중해서 거짓을 막는 경호원이 항상 지켜야 한다." 영국 역사상 '오버로드(OVERLOAD)' 작전만큼 기만에 의한 보안 유지에 성공한 군사작전은 없다. 그 작전은 1944년 연합군이 독일에 점령된 북부 프랑스를 침공한 것이었다. 영·미 연합군 참모장들은 1943년 말 카이로와 테헤란에서 열린 회의에서 1944년 5월(6월 6일 디-데이 상륙까지 날짜가 연기되었다) 침공을 개시한다는 결정을 내렸다. MI5의 런던통제과(LCS) 과장 베번(Bevan) 대령이 '오버로드' 작전을 위해 기만 계획을 수립하라는 지시를 받았다. 그 계획의 핵심 목표는 다음과 같았다.

1. 독일군 사령부가 주력 공격과 후속 공격이 파 드 칼레(Pas de Calais) 지역이나 그 동쪽에서 이루어질 것이라고 믿도록 유도하고, 그에 따라 적이 그곳에 공군과 지상군 전력 및 방어시설을 유지하거나 강화함으로써 다른 지역, 특히 [노르망디의] 캉(Caen) 지역이 허술해지도록 고무함.
2. 적이 실제 공격 날짜와 시간에 대해 의심하도록 만듦.
3. 주력 공격 기간과 이후 적어도 14일 동안에는 적의 지상군과 공군을 최대한 파 드 칼레 지역이나 그 동쪽에 묶어둠.

세 가지 목표가 모두 달성되었다. 이중간첩들이 역정보를 흘리는 동시에 연합군의 가짜 신호가 독일 사람들이 가로채도록 저급 암호로 발신되었다. 그에 따라 독일군은 막강한 조지 패튼(George S. Patton) 장군이 지휘하고 도버(Dover)에 본부를 둔 거대한 '제1미군집단(FUSAG)'이 파 드 칼레를 침공하기 위해 대기하고 있다고 확신했다. '제1미군집단'은 군사 역사상 최대의 유령 전력이었다. '오버로드' 작전까지 몇 주 동안 신호정보(SIGINT)에 의해 독일군의 공중정찰 계획이 여러 번 포착되었다. 적의 공중정찰로 기만이 탄로 날 수도 있었지만,

해안사령부와 공군 전투사령부가 적의 계획을 모두 좌절시켰다.

디-데이 상륙에 앞서 '포티튜드(FORTITUDE, 상륙 지점을 오인하게 만든 공작의 암호명_옮긴이)' 기만 공작의 성공에 가장 크게 공헌한 이중간첩은 스페인의 반(反)파시스트 후안 푸욜(Juan Pujol)이었다. 푸욜에게는 그의 스타 기질에 대한 찬사로서 '가르보(GARBO, 스웨덴 태생의 미국 영화배우 그레타 가르보를 가리킨다_옮긴이)'라는 암호명이 붙었다. 1944년 전반기 6개월 동안 '가르보'는 자신을 담당하는 MI5 공작관 토머스 해리스(Tomas Harris)와 협력해 500개 이상의 메시지를 마드리드 주재 '압베르' 거점에 보냈다. '울트라' 정보에 따르면, 그 메시지들은 베를린으로 전달되었으며 대개 '긴급'으로 표시되었다.[16]

특수공작단(SOE)이나 비밀정보부는 미국의 전략정보실(OSS)과 껄끄러운 관계에 있었지만, MI5는 1943년 창설된 OSS 방첩과 'X-2'에 '가르보' 등 '더블크로스 시스템'에 관해 빠짐없이 설명했다. 한 'X-2' 장교는 MI5의 이중간첩 담당 과의 과장실에 책상을 배치 받았다. 'X-2'는 MI5와의 협력이 너무 긴밀해서 놀랐다는 속마음을 털어놓았다.

동맹국이라고 해도 모든 비밀 파일에 무제한으로 접근하고 그 출처를 알며 대부분의 은밀한 방법과 절차를 숙지하고 조직·공작의 인원과 시스템을 알도록 허용되는 것은 전례가 없거나 기대할 수 없었다. 그러나 영국인들은 모두 다 허용했다. 요컨대, 이번에 우리는 세계에서 가장 경험이 많고 효율적인, 따라서 가장 주의해서 보호되는 보안 시스템의 가장 내밀한 신비에 접근했다. 이

---

16 푸욜은 처음에 영국 정보기관에 자원했다가 거절당한 후, 독일 측에 자원해 '아라벨(ARABEL)'이라는 암호명의 스파이로 채용되었다. 해독된 '압베르' 전문에 따르면, 푸욜은 보고서를 자신이 주장한 대로 영국에서 '압베르'로 보내지 않았으며, 자신이 만든 역정보를 리스본에서 보내고 있었다. 푸욜은 1942년 3월 비밀정보부에 채용되었으며, 영국으로 이주한 후 한 달 만에 MI5로 이관되었다.

러한 사실은 충격으로 다가왔으며, 그저 값싸게 상호 이익을 교환한다는 의미로는 전혀 설명할 수 없다.

디-데이에 앞선 기만 공작의 마지막 조치는 적절하게도 최고의 실무자인 '가르보'와 토머스 해리스에게 맡겨졌다. 해리스는 몇 주 동안 압박한 끝에 본부의 허락을 받아낸 후, '가르보'가 연합군이 노르망디 해변으로 향하고 있다는 경고를 타전했다. 그러나 독일군이 그 경고 덕을 보기에는 너무 늦은 타이밍이었다. '가르보'는 노르망디 상륙은 하나의 주의 분산용이며 주력 공격 방향은 여전히 파 드 칼레라고 추가 경고했다. '압베르'의 마드리드 주재관은 통상 오후 11시 30분부터 오전 7시 30분까지 무선장비를 꺼 놨지만, '가르보'는 그에게 6월 6일(디-데이) 오전 3시에 메시지를 수신할 준비를 하고 있으라고 예고했다. 마드리드 주재관은 미상의 이유로 오전 6시 이후에 무선장비를 가동해 예고보다 몇 시간 늦게 그 경고 전문을 수신했다. 그러나 '가르보'에 대한 신뢰도는 엄청 제고되었다.

6월 6일 처칠 수상은 기대로 만석이 된 하원에서 아내와 장녀가 방청석에서 지켜보는 가운데 성명을 발표했다. "지난밤과 오늘 새벽에 걸쳐 유럽대륙에 오르는 일련의 상륙작전 중 첫 작전이 단행되었습니다." 디-데이 후속으로 다른 상륙작전이 있을 것이라고 언급한 처칠은 그 언급으로 인해 칼레 지역에서 연합군이 훨씬 더 큰 공격을 계획하고 있다는 독일군의 믿음이 강화될 것으로 생각했을 것이다. 그러나 B1a과의 타르 로버트슨(Tar Robertson) 등 여러 직원이 처칠의 발표에 깜짝 놀란 것은—처칠은 깨닫지 못했지만—그의 성명이 앞서 '가르보'가 '압베르'에 보고한 메시지, 즉 '추가 공격과 주의 분산용 공격'에 관해 어떤 공개적인 언급도 회피할 필요가 있다는 '정치공작단(PWE, 제2차 세계대전 때 선전활동을 통해 심리전을 수행한 영국의 비밀기관_옮긴이)'의 가짜 지침과 배치되었기 때

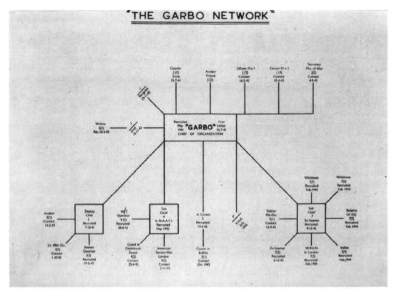

'가르보' 네트워크는 정보 역사상 최대의 가짜 스파이망이었다. 이 네트워크 덕분에 제2차 세계대전 때 전쟁 역사상 최대의 전략적 기만이 가능했다.

문이었다. 앞서 MI5는 처칠에게 기만 공작에 관해 보고하면(이 경우 그는 보고받았다), 그가 성급하게 자신의 독자적인 계획을 추진할지 모른다고 우려했었는데, 이번 처칠의 실수가 그러한 MI5의 우려를 정당화한 것으로 보인다. 6월 6일(디-데이) 오후 8시 '가르보'는 자신이 접촉한 '정치공작단' 단장이 그의 지침을 무시한 처칠의 처사에 실망했다고 마드리드에 타전했다. '가르보'가 '압베르'의 의심을 불러일으키지는 않았지만, 그는 수상이 하원과 국민에게 침공을 발표할 때 사실을 왜곡하지 않았어야 했다고 다소 설득력 없게 주장했다.

'가르보'는 마드리드 주재관에게 보낸 무선 메시지에서 디-데이 오전 3시에 무선장비를 켜놓지 않아 연합군의 임박한 노르망디 해변 상륙에 관한 중대 정보를 수신하지 못한 것을 맹비난해 주눅들게 하고는 다음과 같이 마무리했다. "이 때문에, 나는 당신의 성실성과 책임감에 대해 문제를 제기합니다. 따라서

나는 무슨 일이 있었는지 즉각적인 소명을 요구합니다." 다음 날 아침 '가르보'
는 밤새 뜬눈으로 지냈다면서 거듭 책망하는 메시지를 타전했는데, 이번에는
자기 연민을 섞었다.

생사가 걸린 이 투쟁에서 변명이나 과실을 받아들일 수 없는 나 자신이 역겹
습니다. … 나에게 이상과 신념이 없었다면, 나는 나를 실패자로 만든 이 일을
그만두었을 것입니다. 그동안의 과중한 업무로 인한 피로와 탈진으로 완전히
녹초가 되었음에도 나는 이 한밤중에 이런 메시지를 작성합니다.

오전 3시에 무선장비를 켜놓지 않는 잘못을 저지른 마드리드 주재 '압베르'
공작관은 '가르보' 정보의 가치에 대한 빛나는 찬사와 함께 사과 조로 답변했
다. "지난 몇 주 동안 당신의 활약 덕분에 우리 사령부가 완벽하게 사전 경보를
받고 대비할 수 있었다는 사실을 아주 분명하게 강조하고 싶습니다." '가르보'
와 해리스를 큰 소리로 웃게 했을 이 찬사는 보안부(MI5)가 수상에게 올리는 6
월 보고서에 인용되었다.

디-데이 전에는 파드칼레 공격 계획의 허구가 노르망디 상륙 후 10일 이상
유지될 수 없을 것이라고 예상되었다. 그러나 '울트라' 정보에 따르면, 히틀러
와 최고사령부 머릿속에 기만이 더 오랫동안 확고하게 각인되었다. 6월 말까
지 '가르보'와 또 다른 이중간첩 '브루투스(BRUTUS)'는 새로운 미군 부대가 속속
영국으로 밀려들고 있고 잉글랜드 남동부에 병력이 집결되고 있어 파 드 칼레
에 대해 공격할 태세로 보인다는 경보 보고서를 계속 전송했다. 디-데이 이후
4주 동안 독일 최고사령부는 존재하지도 않는 '제1미군집단(FUSAG)'의 공격을
격퇴하기 위해 22개 사단을 대기시켰다. 7월 3일 처칠에게 발송된 MI5의 6월
월례 보고서는 다음과 같은 결론을 내렸다.

독일군이 한때 일부 사단을 파 드 칼레 지역에서 노르망디로 이동시키려고 시도한 것은 사실로 보인다. 그러나 파 드 칼레 지역에 대한 위협 가능성에 대비해 이들 부대가 노르망디로 가는 도중에 멈추었는바, 거기서 꼼짝하지 않거나 복귀하라는 결정이 이루어진 것 같다.

처칠은 또 베를린이 '가르보'에게 철십자 훈장(2등급)을 수여했다는 보고를 받았다. '가르보'와 가상의 하위 스파이들에게 찬사가 쏟아졌다는 예로서, 그를 담당한 독일 공작관이 보낸 다음과 같은 무선 메시지가 처칠에게 올린 보고서에 인용되었다. "우리는 당신의 소중하고 완벽한 업무수행을 충분히 인정하고 있음을 총책인 당신에게 그리고 당신 협조자들 모두에게 거듭 말씀드립니다. 그리고 유럽의 장래를 위해 투쟁하는 이 지극히 결정적인 시기에 당신이 우리와 계속 함께하기를 빕니다. 꾸벅(Saludos)." MI5의 6월 보고서는 또 '가르보' 담당 독일 공작관이 보낸 '요란한 격려 메시지'를 인용했다. "부대의 이동과 집중(특히 공격을 준비하는 징후)에 관한 당신의 메시지는 굉장히 중요할 뿐만 아니라 전쟁의 결과까지도 결정할 수 있습니다."

디-데이 한 달 후, 아이젠하워가 선언했다. "파 드 칼레 지역에 대한 연합군의 위협을 최대한 오래 유지하는 것이 얼마나 중요한지 아무리 강조해도 지나치지 않는다. 그러한 위협 유지로 이미 엄청난 이득을 보았으며 잘 관리하면 앞으로도 계속 이득을 볼 것이다." 7월 마지막 주가 되어서야 서부전선 총사령관 게르트 폰 룬트슈테트(Gerd von Rundstedt) 육군 원수의 사령부가 결론을 내렸다. "몽고메리가 [노르망디] 교두보로부터 남쪽으로 더 많은 땅을 차지할수록, 그리고 그의 전진이 빠를수록 아직 잉글랜드에 있는 병력이 새로운 지점에 상륙을 단행할 확률은 작을 것이다."

디-데이를 준비하는 기간에 모스크바의 본부는 '케임브리지 5인방'을 다시 신뢰하게 되었다. 1944년 6월 26일 블런트가 '오버로드' 작전의 일환으로서 강구된 전체 기만 계획의 사본을 통째로 전달했다. 7월 7일 블런트는 MI5의 B국이 기만 공작에서 수행한 역할과 특히 B국의 이중간첩 활용에 관해 종합적으로 보고했다. (이중생활로 인한 스트레스는 '5인방' 중에서 블런트가 가장 심했다. 블런트가 받는 스트레스를 잘 아는 모스크바 본부는 전쟁이 끝나고 그가 미술사가 경력으로 복귀해 '왕실 그림 조사관'으로 전직하겠다고 결심했을 때 반대하지 않았다.) 6월 29일 본부는 '죈헨(SÖHNCHEN)'이라는 암호명의 킴 필비가 최근 제공한 중요한 비밀정보부 문건이 '다른 출처'(역시 소련 스파이가 침투한 미국의 전략정보실로 추정된다)에서 나온 자료에 의해 대부분 입증되었다고 런던 지부에 통보했다. "이 자료는 죈헨이 우리를 위해 정직하게 일했음을 제대로 확인해 주고 있는바, 이에 따라 우리는 그와 '5인방' 전원에 대한 우리의 태도를 재검토해야 합니다." 본부는 '5인방'의 정보가 '매우 소중하며' 어떤 대가를 치르더라도 유지되어야 한다는 것을 이제 분명히 인정하게 되었다. "우리를 대신해서 죈헨에게 매우 감사함을 표하시오. … 가능하고 적절하다고 판단되면 죈헨에게 100파운드의 상여금을 은밀하게 지급하거나 그에 상응하는 값어치의 선물을 하시오." 본부에서 침투공작원으로서의 필비의 경이적 활약을 빈번히 저평가하고 무시하거나 의심했던 세월이 있었지만, 필비는 이렇게 아주 늦게나마 자신의 성과를 인정받은 데 대해 거의 애처로울 정도로 고마워했다. 그는 모스크바 본부에 말했다. "이 일을 한 지난 10년 동안 당신네 선물을 받은 지금처럼 깊이 감동한 적이 없으며, 당신들의 [감사] 표명에 몹시 흥분한 것은 더 말할 나위도 없습니다." 필비에 대한 본부의 믿음을 회복시킨 정보는 특히 1944년 초 비밀정보부가 '소련과 공산주의자들의 과거 활동 기록을 조사하기 위해' '제9과(Section IX)'를 신설했다고 그가 보고한 것이었다. 그해 말 자신을 조종하는 신임 공작관 보리스 크뢰텐쉴트(Boris Krötenschield)의 요구에 따라 필비는 확대 개편된 제9과 과장이 되어 '영국 영토 밖의 전 세계에서 소련 등 공산국가의 스파이·전복 활동에 관해 첩보를 수집하고 해석하는 업무'를 관장했다. 그의 비밀정보부 동료였던 로버트 세실(Robert Cecil)의 후일 기술에 따르면, "필비는 한 방에 ⋯ 전후의 대공 방첩 활동을 모조리 크렘린에 알리게 되었다. 스파이활동 역사에 이처럼 절묘하게 성공한 기록은 거의 없다".

미국에 대한 소련의 정보 침투도 마찬가지로 특출했다. 대전 기간 내내 스탈린에게 공급된 미국 관련 정보와 루스벨트에게 제공된 소련 관련 정보 사이에는 굉장한 격차가 있었다. NKVD 본부는 루스벨트 행정부의 각 부처에 침투했지만, 전략정보실(OSS)은 영국의 비밀정보부와 마찬가지로 모스크바에 한 명의 요원도 없었다. 루스벨트 행정부는 소련의 미국 내 스파이활동 문제에 대해 무관심한 듯했다. 대전 발발 다음 날인 1939년 9월 2일 '제4국'(군사 정보기관 GRU의 전신_옮긴이) 운반책이었던 휘태커 체임버스(Whittaker Chambers)는 그 군사 정보기관의 미국 내 스파이망(최근 NKVD가 그 대부분을 인수했다)에 관해 알고 있는 것을 에이돌프 벌(Adolf Berle) 국무차관보에게 폭로했다. 루스벨트의 국내치안 보좌관을 겸하는 벌은 즉시 메모를 작성해 대통령에게 보고했다. 그 메모는 앨저 히스(Alger Hiss), 해리 덱스터 화이트(Harry Dexter White), 루스벨트의 주요 보좌관인 록우드 커리(Lockwood Curry) 등을 고위급 스파이로 적시했다. 루스벨트는 관심이 없었으며, 자신의 행정부에 소련이 침투했다는 생각을 터무니없다고 일축한 것 같다. 벌이 그저 보고서를 처박아둔 것도 똑같이 놀랍다. 그는 1943년 FBI의 요청을 받을 때까지 그 보고서 사본을 FBI에 보내지도 않았다.

소련 외무장관 몰로토프(Molotov)는 미국에서 오는 정보보고서를 워싱턴 대사관의 외교 전문보다 분명 더 중요하게 여겼다. 그는 1942년 9월 스탈린에게 외교 전문에 대해서는 별다른 흥미가 없다고 말했다. 1944년 지금까지 미국 대외정책에 관해 가장 풍부한 본부 출처였던 곳, 즉 모스크바 주재 미국 대사관에서 나오는 정보가 일시 끊겼다. FBI 전문가가 그동안 오래 지체되었던 대사관의 보안 상태를 점검한 결과, 12시간 만에 120개의 숨겨진 마이크를 찾아냈다. 한 목격자에 따르면, 이후 "그들은 새로 배달되는 책상이나 의자의 다리 속, 벽의 회반죽 속 등 곳곳을 뒤졌다". 그러나 미국 대사관에서 나오는 정보의 중단은 일시적일 뿐이었다.

대조국전쟁(Great Patriotic War)의 종전이 다가왔을 때, 미국 내 소련의 정치 정보 스파이 가운데서 가장 중요한 인물은 앨저 히스였다. 히스는 승승장구한 미국의 젊은 외교관으로서 암호명이 '알레스(ALES)'인 GRU(정보총국) 스파이였다. 루스벨트 행정부 내의 소련 스파이들은 '케임브리지 5인방'처럼 모스크바의 심한 의심을 사지는 않았는데, 그 부분적 이유는 루스벨트는 처칠과 달리 동맹국 러시아에 대해 음모를 꾸밀 사람이 아니라고 생각한 데 있었다. 1985년 2월 세 거두가 모인 얄타 회담에서 스탈린이 히스와 조우했는데, 이 특별한 조우는 정보 역사에 독특한 사례로 남아 있다. 스탈린이 리바디아 궁전(Livadia Palace)의 회의 테이블 너머로 시선을 돌렸을 때, 그는 루스벨트의 오른쪽 어깨 뒤편에 있는 스파이 알레스를 알아볼 수 있었다. 스탈린은 얄타 회담에 임하는 미국의 협상 입장에 관한 히스의 브리핑을 이미 읽은 것이 틀림없었다.

워싱턴에 주재하는 NKGB의 '합법적'인 주재관 아나톨리 고르스키(Anatoli Gorsky)가 한 달 뒤 본부에 다음과 같이 보고했다.

최근 알레스와 그의 조직 전체에 소련 훈장이 수여되었다. 그가 얄타 회담 후 모스크바에 갔을 때, 책임 있는 지위에 있는 한 소련 인사—알레스는 [외무차관 비신스키(Vyshinsky) 동지라고 했음—가 알레스를 접촉해 군부 이웃들[GRU]

의 요청으로 감사의 말 등을 전달했다고 한다.

틀림없이 스탈린은 히스에 대한 포상 결정을 승인했을 것이며, 당연히 책임지고 포상했을 것이다.

동맹국에 대한 소련의 전시 정보활동(일부는 헛수고였다)이 역대 어느 강대국보다 뛰어났지만, 적국에 대한 정보활동은 서방 동맹국들이 더 나았다. 태평양전쟁에서는 미드웨이 해전 이후 미국 정보기관이 일본 정보기관을 압도했다. 일본군 내에서 정보 부서가 열등한 보직으로 여겨지고 가장 유능한 장교들은 작전 부서로 갔다. 실제로 전략정보 평가를 담당한 부서는 육군과 해군 총참모부의 (정보를 잘 아는) 정보국이 아니라 작전국(제1국)이었다.[17] 영국의 합동정보위원회(JIC)를 어느 정도 모델로 해서 1940년 정보 평가를 조정·공유하기 위해 '내각정보국'을 창설했으나 소기의 목적을 달성하는 데 실패했다.[18] 육군 정보국장은 태평양전쟁 기간 동안 전쟁계획 수립에 아무런 중요한 역할을 하지 못했다. 작전국은 정보 보고서보다 전장의 야전부대에서 올라오는 보고를 더 선호했다. 마쓰오카 요스케(Yosuke Matsuoka) 외상은 자신의 견해와 일치하지 않는 정보는 늘 무시했다. 1943년 2월 일본군이 과달카날(Guadalcanal, 남태평양 솔로몬 제도의 섬_옮긴이) 전투에서 미군에 패하고 독일군이 스탈린그라드에서 붉은 군대에 패한 후, 도쿄는 육군 정보국장 출신의 오카모토 기요토미(Kiyotomi Okamoto) 소장이 인솔하는 대표단을 베를린에 파견했다. 그 대표단은 독일의 군사력이 태평양전쟁 개전 시 "우리가 예상했던 것보다 못하며,

---

17 일본 육군과 해군의 정보 부서는 미군 정보 부서와 비교해 규모 면에서 보잘것없었으며, 각각 육군 총참모부의 제2국, 해군 총참모부의 제3국이었다.
18 정보활동에 관한 부처 간의 논란 끝에 내각정보국은 선전 업무에 국한되었다.

독일이 승리하려면 많은 도전을 극복해야 할 것"이라고 보고했다. 독일이 승리할 수 없을 것이라고 분명히 암시하는 대표단 보고에 육군 정보국을 제외한 장교들 대부분이 놀라고 충격을 받았다.

태평양전쟁 기간 육군 정보국장이었던 아리스에 세이조(Seizo Arisue) 소장은 후일 '남의 의견에 대해서는 듣기조차 싫어한 작전국의 독선적인' 사고방식을 비난했다. 아리스에가 일본군 총사령부 작전실로 호출된 것은 1944년 3월 미얀마 전선의 임팔(Imphal)에서 영국·인도군을 공격하기 직전이 유일했다. 아리스에의 작전 반대 의견이 묵살되고 일본군은 패했다. 태평양전쟁에서의 최악의 정보 평가를 꼽는다면, 단연 6개월 뒤 일본군 총사령부가 일본 항공대가 진주만보다 훨씬 더 엄청난 승리를 올렸다고 공식 발표한 것이다. 일본군 총사령부는 필리핀의 레이테만(Leyte Gulf) 해전에 앞선 공중전에서 미국 항공모함 19척이 격침되었다고 발표했다. 그 발표에 일본 전체가 환호했다. 실제로는 17척의 미국 항공모함만 현장에 있었으며 격침된 항공모함도 없었다. 일본군 총사령부는 근거 없이 낙관적인 작전보고서에 의존했으며 신호정보 분석에 기반한 정보보고서는 전적으로 무시했다. 신호정보는 미국 해군의 피해가 전혀 없었음을 보여주었다.

대전 막바지 몇 달 간 소련 정보기관이 올린 최대의 개가는 미국이 일본을 패배시키려고 기획한 원자탄 계획을 입수한 것이었다. 앨라모고도(Alamogordo, 뉴멕시코 주 남부의 도시로 근처에 사막이 있다_옮긴이)에서 최초의 원폭 실험을 수행하기 9개월 전인 1944년 11월 NKVD 본부는 원자탄을 만드는 극비의 맨해튼(MANHATTAN) 프로젝트에 침투하는 데 실패한 뉴욕 지부를 엄중하게 질책했다. 본부는 대부분의 중요한 원자탄 정보가 미국이 아닌 영국에서 나오고 있다고 불만을 표시했다. 본부는 경쟁 기관인 GRU가 훨씬 더 잘하고 있어서 틀림없이 약이 올랐을 것이다. 단 두 명의 소련 정보관 아서 알렉산드로비치 애덤스

(Arthur Alexandrovich Adams)와 조르즈('조지') 아브라모비치 코발[Zhorzh(George) Abramovich Koval]만이 전시 미국에서 맨해튼 프로젝트에 침투한 공로로 '러시아의 영웅'이 되었다. 둘 다 GRU의 유대계 흑색 요원(illegal)인 애덤스와 코발은 기존의 원자탄 스파이활동 역사에서 거의 언급되지 않고 있다.

아서 애덤스는 제2차 세계대전 시 활동한 모든 정보관 중에서 가장 신비한 인물로 남아 있다. 그의 복잡한 경력에 관한 구체적인 사항은 아직 충분히 조사되지 않고 있다. 1885년 스웨덴에서 출생한 그는 어렸을 때 생모와 함께 러시아로 이주했다. 생모의 고향인 러시아에서 애덤스는 10대 때 차르 체제에 반대하는 혁명가가 되었으며 경찰의 핍박을 피해 미국으로 도망쳤다. 놀랍게도 그는 제1차 세계대전 기간에 미국 육군에서 복무해 소령까지 진급한 후, 1919년 미국 공산당 중앙위원회의 창설 멤버가 되었다. 이후 제2차 세계대전까지의 기간을 대부분 소련에서 보낸 그는 1935년 군 정보기관에 들어갔으며 1939년 미국 주재 GRU 흑색 지부의 책임자가 되었다. 애덤스의 부하 중에서 가장 생산적인 스파이는 시카고대학교 금속실험실에서 맨해튼 프로젝트에 참여한 클래런스 히스키(Clarence Hiskey)였을 것이다. 애덤스는 1944년 11월 FBI의 감시를 받기 전까지 방사성물질 표본뿐 아니라 5,000쪽 이상의 비밀문서를 입수했다.[19]

애덤스와 달리, GRU가 델마르(DELMAR)라는 암호명을 붙인 '조지' 코발은 1913년 미국 시민으로 태어나 아이오와 주 수시티(Sioux City)에서 성장했다. 그의 아버지 아브람(Abram)은 '소련 내 유대인 정착촌 추진협회(ICOR)'의 서기였

---

19   MI5의 애덤스 파일은 주로 미국으로부터 받은 정보에 기반한 것인데, 2014년 비밀해제되었다. 아이러니하게도 이 파일에는 1946년 킴 필비가 아직 비밀정보부에서 떠오르는 별이었을 때 필비가 애덤스에 관해 쓴 메모가 들어 있다. 애덤스는 FBI의 감시를 피해 1946년 모스크바로 귀환했는데, 아마 필비의 경고가 전달되었을 것이다.

다. 이 협회는 팔레스타인에 유대인 조국 건설을 추진한 시온주의 운동과 경쟁한 공산주의 단체였다. '조지'가 아이오와대학교에서 전기공학 전공 학부를 마치기 전인 1939년 가족이 만주와 접경한 소련 땅의 유대인 자치지역으로 이주했다. 몇 년 뒤 그들은 이디시어(Yiddish Language, 유대인 공통어_옮긴이)로 발행되는 한 뉴욕 신문과의 인터뷰에서 대공황 기간 '수시티에서 구멍가게를 하는 불확실한 생활'을 소련에서의 '걱정 없는 삶'과 맞바꾸었다고 주장했다. 1939년 코발은 모스크바에 있는 '멘델레예프(Mendeleev, 주기율을 발표한 러시아 화학자_옮긴이) 화학기술연구소'를 졸업하고 곧바로 GRU에 입사했다. 그는 소련 국민의 티가 나지 않는 고학력 과학자로서 미국에서 과학·기술(S&T) 스파이활동을 수행할 이상적인 후보자였다. 그의 미국인 친구는 "나는 항상 그가 아이오와 토박이라고 생각했다"라고 말했다. 코발은 1940년 10월 여권 없이 샌프란시스코에서 미국에 입국했는데, 나중에 그 경위를 밝혔다. "나는 작은 유조선을 타고 건너와서 같이 항해한 선장 부부와 그들의 어린 딸과 함께 유유히 통제소를 걸어 나왔다." 그는 1943년 2월 미국 육군에 입대했으며, 6개월 뒤 신설된 '육군 전문훈련 프로그램'에 선발되어 뉴욕 시립대학에서 전기공학을 공부하도록 파견되었다. 그 대학에서 코발은 포부가 큰 사람으로 빠르게 인정받았다. 1944년 초 코발은 테네시주 오크리지(Oak Ridge) 연구시설에서 맨해튼 프로젝트를 위해 일할 요원으로 선발되었다. 이리하여 그는 맨해튼 프로젝트에 침투한 유일한 소련 정보관(본부 공작관 또는 정보관이 포섭해서 조종하는 공작원이나 협조자와 반대되는 의미_옮긴이)이 되었다.

1944년 11월까지 NKGB의 '합법적(백색)' 뉴욕 지부에는 원자탄 스파이가 하나밖에 없었는데, 바로 페르시안(PERSIAN)이라는 암호명의 러셀 '러스' 맥넛(Russell 'Russ' McNutt)이었다. 맥넛을 포함해 일련의 과학·기술 스파이를 채용한 줄리어스 로젠버그(Julius Rosenberg)는 전기공학을 전공한 26세의 뉴욕 공산주의자로서 안테나(ANTENNA)와 리버럴(LIBERAL)이라는 암호명을 잇달아 썼다. 로젠버그의 과학·기술 스파이망에는 맥넛 외에도 여럿이 있었다. 암호명이 놈(GNOME)인 과학자 윌리엄 펄(William Perl)은 제트엔진 관련 정보를 제공했고, 암호명이 각각 미터(METRE)와 휴즈(HUGHES)인 조엘 바(Joel Barr)와 앨프리드 새런트(Afred Sarant)는 둘 다 육군의 전자기술자로서 레이더 전문가였다. 로젠버그의 아내 에설(Ethel)을 포함한 그의 조직원들은 1944년 여름 본부에서 주는 상여금을 현찰로 받았다. 그의 스파이망이 비밀의 과학·기술 문서를 너무 많이 제공하는 바람에 뉴욕 지부는 사진 찍을 필름이 모자란다고 고충을 토로했다. 뉴욕 지부가 모스크바에 보고한 바에 따르면, 로젠버그는 너무 많은 정보를 협조자들에게서 받는 통에 처리하기 곤란할 지경이었다. "우리는 리버럴이 과로로 쓰러질까 두렵습니다."

그러나 뉴욕 공산주의자 로젠버그처럼 러스 맥넛도 출발 시에는 NKGB의 기대주였지만 곧 심각한 실망을 안겼다. 맥넛이 뉴욕의 켈렉스(Kellex) 설계사무소에서 근무할 동안에는 테네시 주 오크리지에서 켈렉스가 건설하고 있는 거대한 우라늄 분리공장에 관해 정보를 제공하는 유용한 출처였다. 그러나 맥넛은 오크리지 근무를 거절함으로써 로젠버그와 뉴욕 지부를 실망시켰다. 그는 안락한 뉴욕 아파트에서 아내와 자식이 거주할 집도 없는 오크리지 시설로 가고 싶지 않았다. 뉴욕 지부는 GRU의 흑색 정보관 조지 코발이 1944년 초부터 이미 오크리지에서 근무하고 있다는 사실을 몰랐다. 코발의 보고에 따르면, 원자로에서 생산된 플루토늄이 너무 불안정해 설계 중인 원자탄용으로 쓸 수 없다는 것을 오크리지 과학자들이 발견했다. 오크리지는 원자탄의 플루토늄 핵이 연쇄반응을 일으킬 수 있도록 '기폭제'로 쓰일 또 다른 희귀 원소 폴로늄 210을 생산하고 있었다. 맥넛은 폴로늄 생산에 관한 정보를 운반책, 암호 전문 및 워싱턴 주재 소련대사관의 외교행낭을 통해 모스크바에 전달했다. 또 코발은 폴로늄이 오크리지에서 뉴멕시코 주의 로스앨러모스(Los Alamos) 실험실로 이송되어 거기에서 플루토늄과 우라늄이 원자탄용으로 만들어지고 있다는 사실을 누설했다.

로스앨러모스에 침투한 첫 NKGB 스파이 클라우스 퓨크스(Klaus Fuchs)는 독일 태생의 영국인 물리학자로서 1941년 GRU가 포섭한 인물이었다. 퓨크스는 헌신적이고 교조적인 공산주의자로서 공포통치 기간 동안 '영·소 문화교류협회'가 주최한 공개재판 기록 낭송회에 열성적으로 참여했었다. 그의 연구 지도교수로서 장래 노벨상 수상자인 네빌 모트(Neville Mott) 경은 그가 낭송회에서 검찰관 안드레이 비신스키(Andrei Vyshinsky) 역할을 하면서 보인 열정에 감동했다. "그토록 조용하고 얌전한 젊은이가 냉혹한 독설로 피고인들을 비난하는 모습은 상상이 안 되었었다." 퓨크스가 1943년 말 맨해튼 프로젝트에 참여할 영국 팀의 일원으로 영국을 떠날 때, 그는 자신이 베리야의 주장에 따라 GRU에서 NKGB로 이관되어 나중에 찰스(CHARLES)로 변경된 레스트(REST)라는 암호명이 붙은 줄 몰랐다. 퓨크스는 1944년 8월 로스앨러모스에 도착했다. 그러나 이후 NKGB와 접촉이 끊겼다가 그가 1945년 2월 뉴욕을 방문했을 때 접촉이 재개되었다.

1944년 11월 NKGB 뉴욕 지부는 로스앨러모스에 근무하는 조숙하게 총명한 하버드대 출신 물리학자 시어도어 '테드' 홀(Theodore 'Ted' Hall)이 소련 첩자가 되기를 승낙했다고 본부에 보고했다. 퓨크스는 나중에 소련 스파이로 활동했다고 자백했기 때문에 그가 홀보다 더 유명한 인물이 되었지만, 홀의 원자탄 스파이활동은 히로시마 [원폭 투하] 이후 반세기 동안 일반에 공개되지 않았다. 그러나 홀이 훨씬 더 유능한 과학자였다. 홀은 15세에 하버드대 물리학과에 입학해 1944년 19세 생일을 몇 달 앞두고 최우등으로(summa cum laude) 졸업했다. 원자탄 스파이들 중에서 가장 젊은 홀에게는 젊다는 뜻의 믈라드(MLAD)라는 다소 드러내는 암호명이 주어졌다. 그는 소비에트 노동자-농민 국가의 신화적 이미지를 확신한 신봉자였다. 그는 소련이 미국에서 만연한 대량실업 문제를 해결했으며 사상 처음으로 모든 국민에게 자기 자신을 최대한 최고로 활용할 기회를 주었다고 믿었다. 홀은 13세 때 1939년 뉴욕 세계박람회의 소련 관(館)에서 깊은 감명을 받았다. 전시물 중에는 모스크바 지하철 가운데 유명한 마야콥스카야(Mayakovskaya) 역의 실물 크기 모형이 있었다. 알렉세이 두시킨(Alexei Dushkin)이 설계한 그 역은 세계박람회 대상을 받았다. 홀은 나중에 필자에게 말했다. "소련관이 너무 훌륭해서 다른 나라 관은 문을 닫고 싶었을 겁니다." 홀은 또 미국의 핵 독점이 전후 세계의 평화를 위협할 것이라고 믿었다고 필자에게 말했다. 따라서 그가 보기에 맨해튼 프로젝트의 비밀을 모스크바에 전달하는 것은 소련뿐 아니라 '세계를 돕는' 길이었다. 로스앨러모스에서 홀은 현대 역사상 가장 젊은 주요 스파이로서 자신의 위상을 정립했다.

1945년 2월 범블비(BUMBLEBEE)와 캘리버(CALIBRE)라는 암호명의 데이비드 그린글래스(David Greenglass)로부터 나오는 저급 원자탄 정보도 NKGB에 도착하기 시작했다. 에설 로젠버그의 형부인 그린글래스는 로스앨러모스의 기술 하사관으로서 공산주의자였다. 그는 스탈린과 소련 지도부가 '하나같이 모두 천재'라고 믿었다. 그가 아내에게 편지를 썼다. "여보, 내가 줄리어스 로젠버그와 그의 친구들[NKGB]이 구상하고 있는 공동체 프로젝트[스파이활동]의 일원이 되면 너무 좋겠소."

1945년 7월 16일 앨라모고도에서 최초의 플루토늄 원자탄 실험이 성공했는데, 홀과 퓨크스는 각자 독자적으로 그 계획을 NKGB에 미리 제공했다. 이리하여 본부는 둘이 보낸 계획을 서로 대조해 확인할 수 있었다. 그러나 그 계획은 소련 과학자들이 미국 원자탄을 복제하는 데 필요한 모든 것을 제공하지는 않았다. 또 그들은 제조 과정, 특히 폴로늄 '기폭제' 사용을 이해할 필요가 있었다. 그 결정적인 정보를 조지 코발이 제공했다. 1945년 6월 27일 코발은 오크리지에서 오하이오 주 데이턴(Dayton)에 있는 또 다른 극비 시설로 전보되었는데, 그곳에서 폴로늄 기반의 기폭제가 생산되었다. GRU는 원자탄 스파이활동에서 코발이 수행한 핵심적인 역할을 그가 2006년 93세의 나이로 죽은 후에도 누설하지 않았다. 2007년 러시아 국방부 기관지 ≪크라스나야 즈베즈다(Krasnaya Zvezda)≫ 지가 1949년 소련의 첫 원폭 실험에 쓰인 기폭제는 "군 정보관 델마르(DELMAR), 즉 조르즈 아브라모비치 코발이 [1945년에] 제공한 '처방전'에 따라 준비되었다"라고 최초로 밝혔다. 코발 사후의 공개 기념식에서 푸틴 대통령은 그에게 '러시아의 영웅' 칭호를 추서하고 그를 기리는 샴페인 건배를 제의했다.

제29장

냉전과 정보 초강대국

1945년 4월 12일 루스벨트가 급사한 후 해리 트루먼(Harry S. Truman) 부통령이 대통령이 되었을 때, 새로운 세계 지도자로서 그보다 더 특별한 극비 브리핑을 받은 사람은 여태 없었다. 다음날 트루먼은 기자들에게 말했다. "여러분, 여러분이 기도하게 되면 이제는 나를 위해 기도해 주십시오. 건초 더미가 여러분을 덮친 적이 있는지 모르겠습니다만, 어제 그들이 그동안 있었던 일을 나에게 말했을 때 나는 달과 별과 모든 행성이 나를 덮친 것처럼 느꼈습니다." 이후 며칠 동안 트루먼은 전쟁 역사상 최대의 비밀 두 가지를 들었는데, 둘 다 루스벨트의 부통령인 그도 차단당했던 비밀, 즉 원자탄 제조와 '울트라' 정보였다. 신호정보 덕분에 트루먼은 제3제국 최후의 날들과 관련해, 그리고 더 중요하게는 태평양전쟁의 마지막 넉 달과 관련해 극적인 통찰을 얻었다.

그러나 트루먼은 제2차 세계대전 기간 동안 미국과 서방 전반에 대한 소련의 정보 침투가 역대 어느 전쟁에서도 볼 수 없는 수준의 성공을 거두었다는 사실을 전혀 몰랐다. 소련만큼 동맹국 비밀을 많이 알았던 국가는 과거에 없었다. 1945년 7월 포츠담에서 열린 세 거두 회담에서 트루먼이 자신의 결정으로 스탈린에게 "우리는 대단한 파괴력을 가진 신무기를 보유했다"라고 밝힌 것은 특별한 아이러니였다. 스탈린이 그가 말한 뉴스에 시큰둥한 반응을 보인 것은 어쩌면 당연했는데, 그것은 소련의 스파이활동 덕분에 그가 원자탄 제조 계획에 관해 열다섯 번이나 들었고 트루먼만큼이나 오래전에 알았기 때문이었다. 트루먼은 미국 군함 오거스타(Augusta) 호에 승선해 유럽에서 귀국하는 도중인 8월 6일 첫 원자탄이 히로시마에 투하되었다는 뉴스를 들었다. 그가 보인 첫 반응은 핵 시대의 동이 텄다는 예감보다는 원자탄이 성공적으로 폭발했다는 안도감이었다. 그는 오거스타 호 승무원들에게 "이것은 사상 최대의 사건"이라고 말했다.

그다음 주 트루먼 대통령은 매직(MAGIC) 정보에 힘입어 '일본의 항복 움직임'(대통령에게 보고된 신호정보 요약본에 나온 표현)을 추적할 수 있었는데, 당시 일본 군부는 무조건 항복이라는 굴욕을 회피하려고 애쓸 때였다. 매직 정보가 잡지는 못했지만, 두 번째 원자탄이 나가사키를 말살한 8월 9일, 일본에서는 6인 최고전쟁회의(Supreme War Council)가 열렸다. 그 회의에서 세 명은 전쟁을 계속하기를 원했지만, 나머지 세 명은 일왕 히로히토의 지위가 보전된다면 항복하자는 도고 시게노리(Shigenori Togo) 외상의 제안을 지지했다. 역시 매직이 잡지 못했지만, 일왕이 8월 10일 오전 "우리는 견딜 수 없는 것을 견뎌야 한다"라고 결정했고, 곧바로 최고전쟁회의가 도고 외상의 제안을 수용했다. 그러나 신호정보가 그 속편을 잡아냈다. 8월 10일 오전 8시 47분(일본 시간) 도쿄는 중립국 수도인 베른과 스톡홀름 주재 자국 공사관에 전문을 보내 일왕의 '대권'이 보전된다면 항복을 수락한다는 메시지가 연합국 정부에 전달되도록 조치했다. 트루먼은 공식적인 통보를 받기 전에 매직 정보를 통해 일본의 결정을 미리 알았다.

8월 14일 오후 6시 일본이 항복 조건을 공식적으로 수락한다는 메시지가 워싱턴 주재 스위스 대사대리에 의해 제임스 번(James F. Byrne) 국무장관에게 전달되었고, 번은 이를 즉시 백악관에 보고했다. 오후 7시 트루먼은 대통령 집무실(Oval Office)에 모인 신문 기자들에게 일본의 메시지를 읽어주고는 밖으로 나가 '처칠식으로 승리의 V자'를 표시하면서 군중의 환호에 답했다. 군중이 계속 늘어나자 트루먼은 백악관의 북쪽 현관으로 돌아가 확성기를 통해 간단한 연설을 했다. 그는 "오늘은 파시즘과 경찰 정부가 세계에서 종식된 날"이라고 선언했다. 트루먼이 파시즘과 묶어서 '경찰 정부'를 성토한 것은 평시의 인간정보 (HUMINT) 기관을 쉽사리 '게슈타포(Gestapo, 나치 독일의 비밀경찰_옮긴이)'에 비유하는 그의 인식의 혼선을 반영했다.

인간정보에 비해 신호정보(SIGINT)는 트루먼의 신경을 건드리지 않았다. 곧 전쟁장관직을 그만둘 헨리 스팀슨, 녹스의 후임 해군장관 제임스 포리스털 (James Forrestal), 그리고 번 국무장관 유고로 장관직을 대행하고 있는 딘 애치슨 (Dean Acheson)이 3인 공동으로 트루먼에게 극비 메모를 전달했다. 그 메모는 대통령에게 연합국 암호분석관들이 독일과 일본을 물리친 연합군의 승리에 현저하게 공헌했음을 상기시키고 통신정보 분야에서 미국과 영국 간의 협업을 지속하도록 대통령의 재가를 권고하는 것이었다. 트루먼은 놀랍도록 신속한 반응을 보였는데, 같은 날 협업 지속이 "미국의 최선의 이익에 부합한다"고 재가하는 한 문장의 메모에 서명했다. 곧이어 호주, 캐나다 및 뉴질랜드를 포함하는 영-미 신호정보 협정이 1946년 3월과 1948년 6월 체결되었다. 특히 후자의 협정은 유쿠사(UKUSA) 협정으로 불린다. 5개국 정보동맹은 '다섯 눈'으로 불리게 되었다. 전후 영국의 신호정보 기관인 정부통신본부(GCHQ)에는 유쿠사 협정을 조지 1세 시대에 하노버왕가와 맺은 신호정보 동맹과 비교할 만큼 장기적인 역사적 안목을 가진 사람이 없었다. 1952년 정부통신본부에 입사한 마이클 허먼(Michael Herman)은 "나를 포함해서 우리 모두 역사의식이 크게 부족했다"라고 회고하고 있다.[1]

미국과 영국은 전후 신호정보 협정을 체결한 이후 역대 어느 두 강대국보다

---

[1] 허먼은 옥스퍼드대 퀸스칼리지에서 현대사를 전공하고 최우등으로 졸업한 인물이었다. 몇 년 뒤 그는 18세기 초 하노버왕가와의 신호정보 협업 경험을 냉전 시대 미국과의 신호정보 협업과 비교했는데, 아마도 정보관 중에서는 최초였을 것이다. "신호정보 실무자들로서는 국제적 교류가 다른 전문가들과 함께 기법과 해석을 연마할 유일한 기회다. 18세기 영국과 하노버왕가의 '검은 방'들이 자신들의 심오한 예술에 관해 대화한 것처럼 말이다."

더 많은 비밀을 공유했다. 냉전 기간에 대서양 양편에서 신호정보 보안은 제2차 세계대전 이전보다 훨씬 더 성공적으로 유지되었다. 1946년과 1948년 신호정보 협정의 조항들은 2010년까지 비밀이 해제되지 않았다. 제2차 세계대전이 끝나고 정부통신본부는 에니그마 등 적국의 고급 암호를 해독해 추출한 전시 울트라 정보의 비밀이 무한정 유지되기를 바랐지만 몇 년 뒤에는 그 비밀이 밝혀질 것이라고 예상했다. 신호정보 기록이 비밀로 분류되었음에도, 정부통신본부는 울트라에 대한 단서가 너무 명확해서 사학자들이 놓칠 리 없다고 생각했다. 제1차 세계대전 때 영국 암호분석관들이 독일 암호를 해독했으며 널리 공개된 독일 해독물, 즉 치머만 전문이 미국의 참전을 재촉했다는 것은 공지의 사실이었다. 그러나 사학자들은 정부통신본부가 예상했던 것보다 훨씬 호기심이 덜했다. 제1차 세계대전뿐 아니라 제2차 세계대전 때도 독일 암호가 광범위하게 해독되었을 가능성을 검토한 사학자는 1973년 울트라 정보가 폭로될 때까지 거의 없었다.[2]

전시 울트라 비밀이 폭로된 후에도 사학자들과 국제관계 전문가들은 여전히 냉전에서의 신호정보 역할에 관해 놀랍도록 호기심이 없었다. 트루먼의 전기 작가들은 영국과의 신호정보 협업을 재가한 트루먼의 역할에 대해 언급하지 않고 지나갔다. 마틴 길버트(Martin Gilbert) 경이 쓴 윈스턴 처칠 경의 아홉 권짜리 장편 전기는 처칠이 전쟁 지도자로서 울트라 정보에 보인 열정을 중시하지만 1951~55년 평시 수상으로서 신호정보에 지속적인 관심을 보인 것은 전적으로 무시하고 있다. 드와이트 아이젠하워(Dwight D. Eisenhower) 장군은 울트라 정보가 자신의 전쟁 수행에 '무한한 가치'가 있다고 보았으며, 1945년 블레츨리

---

2 1945~46년 미국 의회의 '진주만위원회' 회의에서 일본 외교암호 퍼플(PURPLE)의 해독 사실이 공개되었다는 점에서 볼 때, 독일과의 전쟁 기간에 신호정보가 수행한 역할에 관한 전후 사학자들의 호기심 결여는 더더욱 놀랍다.

파크의 모든 사람에게 '연합국의 전쟁 수행에 대한 그들의 아주 결정적인 공헌에 진심어린 존경과 감사'를 전했다. 처칠처럼 신호정보에 대한 아이젠하워의 열정이 냉전 시대에도 계속되었지만, 스티븐 앰브로즈(Stephen Ambrose)가 쓴 아이젠하워 대통령 전기에는 그에 관한 언급이 없는 점이 옥의 티다.

종래 분산되었던 미국의 신호정보 공동체가 처음으로 통합되어 1952년 창설된 국가안보국(National Security Agency: NSA)은 곧바로 최대의 인원과 예산을 가진 서방 정보기관이 되었다. 그러나 마지막 냉전 대통령인 조지 H. W. 부시(George H. W. Bush)가 신호정보가 자신의 대외정책에서 '주된 요소'였다고 인정했음에도, 냉전 시대의 미국 대외정책에 관한 연구 가운데 국가안보국을 언급하는 연구는 드물다. 사정에 밝은 워싱턴의 일부 사람들은 국가안보국(NSA)이 '부재 기관(No Such Agency)'이라는 뜻이라고 농담하곤 했다.[3] 1986년 로널드 레이건(Ronald Reagan) 대통령이 메릴랜드 주 포트 미드(Fort Meade)에 있는 국가안보국 본부를 방문할 때까지[4] 국가안보국을 찾은 역대 공화당 대통령은 없었다. 그 후 30여 년이 지났어도 국가안보국을 공개 방문한 민주당 대통령은 아직 없다.[5] 이와 대조적으로 약 4세기 전 리슐리외 추기경과 루이 13세는 프랑스의 위대한 암호해독관 로시뇰(Rossignol)의 저택을 공개 방문했었다.

제2차 세계대전 이후 국제관계 역사에서는 신호정보가 사실상 배제됨으로써 냉전에 대한 이해가 상당히 왜곡되었다. 이 점을 입증하는 것이 바로 1995~96년 비밀해제된 최초의 냉전 시대 신호정보다. 1939~48년 기간 동안 소련의

---

3   사학자들이 좀처럼 언급하지 않는 캐나다와 노르웨이의 냉전 시대 신호정보 기관도 제2차 세계대전 이전보다 확대되었을 것이다.
4   레이건이 방문한 것은 방송에서 신호정보(적어도 일부는 영국의 정부통신본부에서 받은 것이다)를 누설한 데 대해 사과할 필요성 때문이었을 것이다. 그 신호정보는 리비아의 카다피(Gaddafi) 정권이 서베를린 주둔 미군에 대한 테러 공격을 지시한 것이었다. 레이건은 방문 시 국가안보국 업무에 대해 미국 대통령으로서 최초로 공개적인 찬사를 표했다.
5   그러나 오바마 대통령이 2015년 포트 미드를 비공개 방문한 것으로 보인다.

정보와 기타 전문을 절취한 약 3,000건(암호명: VENONA)이 비밀해제되었는데, 일부는 당시 소련이 '1회용 암호표(one-time pad)'를 잘못 사용한 바람에 1940년 대 말과 1950년대 초 미국과 영국의 암호해독관들이 해독했었다. 가장 중요한 해독물 대부분은 모스크바의 정보기관과 그 미국 지부 사이에 교환된 메시지 였는데, 이는 미-소 관계뿐 아니라 미국 정치사에 대해서도 시사하는 점이 많 다.[6] 1950년대 초 상원의원 조지프 매카시(Joseph McCarthy)가 자기 위주로 반공 산주의 마녀사냥을 시작해 터무니없이 과장한 바람에 진보 진영에서는 남은 냉전 기간 동안 소련 정보 공세의 실재성을 의심하게 되었다. 매카시는 자신도 모르게 냉전 시대 KGB의 가장 성공적인 영향력 공작원 역할을 했다고 본다. 소련 정보기관의 운반책으로 활동한 엘리자베스 벤틀리(Elizabeth Bentley)와 휘 태커 체임버스(Whittaker Chambers)에 대한 가장 신빙성 있는 공개 증거는 널리 조롱의 대상이 되었다. 베노나(VENONA) 해독물은 이 두 사람에 대한 강력한 보 강증거를 제시하고 있다. 소련 정보기관이 로스앨러모스에서 전략정보실(OSS) 에 이르기까지 전시 루스벨트 행정부에 성공적으로 침투했다는 것은 이제는 명백한 사실이다. 베노나 해독물을 통해 이러한 침투를 알았기 때문에 냉전 시 대까지 그 침투가 계속되는 것을 대부분 막을 수 있었다.

베노나 비밀은 영국의 클레멘트 애틀리(Clement Attlee) 수상 및 3대 정보기관 과 공유되었지만, 주로 에드거 후버(J. Edgar Hoover) FBI 국장의 주장에 따라 트 루먼 대통령과 공유되지 않았으며 1952년 말까지 CIA와도 공유되지 않았다. 이에 따라 킴 필비가 1949년 워싱턴 주재 비밀정보부 거점장으로 부임할 때 그 는 베노나 문제를 CIA가 아니라 FBI와 상의할 수 있다는 지침을 받았다. 그는

---

6   베노나 해독물의 비밀해제가 1995년 시작되었지만, 그 존재는 1980년대 초 비공식적으로 폭로되
     었으며 그 내용 일부가 이후 10년 동안 유출되었다. 그러나 1990년대 말까지 대부분의 미국 사학
     자들이 베노나를 무시했다.

이 지침을 준수해 그 해독물을 CIA 측에 언급하지 않았으나 자신을 담당하는 KGB 공작관에게는 누설했다. 필비와 미국 신호정보 기관 내 소련 스파이 윌리엄 와이스밴드(William Weisband) 덕분에 스탈린은 냉전 시대 초기 미국 암호해독관들이 거둔 성공에 관해 트루먼보다 더 많이 알았다. 1949년 필비는 다수의 해독물에 레스트(REST)와 찰스(CHARLES)라는 암호명으로 잇달아 등장한 로스앨러모스의 주요 원자탄 스파이가 독일 태생의 영국인 물리학자 클라우스 퓨크스(Klaus Fuchs)임이 발각되었다고 모스크바에 보고할 수 있었다. 이리하여 모스크바는 퓨크스와 함께 적발된 미국인 스파이들이 멕시코를 통해 도주해야 한다고 미리 경고했다. 그렇게 탈출한 스파이들 중에서 모리스 코헨(Morris Cohen)과 로나 코헨(Lona Cohen)은 나중에 피터 크로거(Peter Kroger)와 헬렌 크로거(Helen Kroger)라는 가명을 쓴 KGB 흑색 요원으로 영국에 다시 나타났으며 1961년 간첩 혐의로 유죄판결을 받았다. 모리스 코헨이 1995년 죽은 후, 보리스 옐친 대통령은 그에게 '러시아연방의 영웅' 칭호를 추서했다. 1951년 봄 필비는 가이 버지스를 통해 영국 외무부의 도널드 매클레인에게 그 역시 베노나 해독물에 의해 소련 스파이로 지목되었다는 경고를 전달할 수 있었다. 1951년 5월 버지스와 매클레인은 모스크바로 도주했다.[7]

모스크바가 베노나 해독물을 가능하게 만든 일회용 암호표 사용상의 실수를 발견하고 바로잡은 다음부터 유쿠사(UKUSA) 동맹은 냉전이 끝날 때까지 소련의 고급 난이도의 신호정보를 거의 입수하지 못했다. 울트라 정보와 최초 전자계산기 발명의 그늘에 가려 덜 유명한 블레츨리 파크의 업적 중에는 특히 공

---

7   버지스가 워싱턴 주재 대사관에 근무하는 동안 필비의 집에 묵었다는 사실로 인해 미국의 요청으로 필비가 런던으로 소환되어 그의 비밀정보부 직원 경력이 끝났다. MI5와 달리 필비의 비밀정보부 동료들은 그가 무고하다고 계속 믿었다. 필비가 1963년 1월 모스크바로 탈주할 때까지 비밀정보부는 그와의 접촉을 유지했다.

군과에서 저등급 암호통신과 전자신호(ELINT, 전자정보)로부터 귀중한 정보를 뽑아내는 데 성공한 것을 들 수 있다. 전시 공군과의 독일공군 정보분석팀장이었던 아서 '빌' 본살(Arthur 'Bill' Bonsall)은 냉전 초기에 이와 유사한 저등급의 신호정보 활동을 주도해 동독 주둔 소련군의 전투서열을 식별하고 소련의 군사태세와 방위비 지출에 관해 폭넓은 통찰을 제공했다. 1955년 정부통신본부(GCHQ)는 소련 및 바르샤바조약에 관한 신호정보를 담당하는 'J국(J Division)'을 신설했는데, 본살이 그 초대 국장이었다. 역대 어느 신호정보 기관보다 뛰어났던 정부통신본부는 지난 대전에서 교훈을 학습했다. 1978년까지 냉전 시대 정부통신본부의 수장은 모두 블레츨리 파크 출신이었다.[8]

냉전 시대 때 최고 등급의 암호 시스템은 제2차 세계대전 때보다 풀기가 더어려웠지만, 소련 정보기관과 유쿠사(UKUSA) 동맹이 생산한 신호정보의 총량은 대폭 증가했다. 대부분의 제3세계 국가가 최첨단 암호 시스템을 결여했기 때문에 그들의 외교통신은 동·서 양 진영에서 암호를 분석하기 쉬운 대상이었다. 1956년 수에즈 위기(이집트의 수에즈 운하 국유화로 인한 제2차 중동전쟁_옮긴이) 직전 영국 외무장관 셀윈 로이드(Selwyn Lloyd)는 자국의 신호정보 기관인 정부통신본부의 수장을 정식으로 치하했는데, '모든 중동제국에 관해 방대한 물량의 뛰어난' 해독물을 외무부에 공급했다는 이유에서였다. "이 자료가 우리에게 얼마나 소중했는지 당신에게 알리려고 이 편지를 씁니다." 셀윈 로이드가 언급하지 않았지만, 그 해독물은 유쿠사 협정 조항에 따라 정부통신본부와 국가안보국이 합동으로 작업한 산물이었다. 소련의 암호분석관들도 중동의 외교통

---

8   블레츨리 파크 출신의 정부통신본부 수장은 1973~78년 재직한 본살이 마지막이었다. 데이비드 오맨드(David Omand) 경의 기술에 따르면, "본살의 과묵하고 검소한 업무 스타일이 위신과 예산을 두고 아귀다툼하는 화이트홀에 적합하지 않았어도, 그는 가장 명석한 냉전 시대 수장이었다는 것이 직원들의 견해다".

신에 대해 그와 비슷한 수준의 성공을 거두었을 것이다. 1950년대 이후 냉전 기간에는 KGB가 공산당 중앙위원회(주로 그 국제부)에 연간 10만 건 이하의 외교 해독물을 보낸 적이 없을 것이다. 1967년 KGB는 총 67개국이 채용한 152개 암호 시스템을 해독할 수 있었다.

KGB가 신호정보에서 성공을 거둔 것은 대체로 모스크바 주재 외국 대사관의 암호 서기 등 직원들을 포섭한 덕분이었다. KGB의 일정한 침투를 모면한 대사관은 거의 없었다. 미국 대사관은 1933년 양국 간 외교관계가 수립된 이후 적어도 1960년대 중반까지는 사실상 계속 침투되었다. 놀랍게도 미-소 관계에 관한 대부분의 연구는 30년 이상 계속해서 외교 비밀의 출혈을 무시하고 있다. KGB와 정보총국(GRU, 총참모부 소속의 군 정보기관_옮긴이)은 또 국가안보국(NSA)의 허술한 보안 덕분에 이득을 취할 수 있었다. 1960년 KGB와 1년 전 접촉했던 두 명의 국가안보국 직원 버논 미첼(Bernon F. Mitchel)과 윌리엄 마틴(William H. Martin)이 모스크바로 탈주해 거기서 몇 년 동안 심문에 응했다. 1960년 9월 6일 모스크바의 언론인회관에서 미첼과 마틴은 미국 정보 공동체 역사상 가장 당혹스러운 기자회견을 열었다. 가장 난처한 상황은 국가안보국이 미국의 일부 우방국과 동맹국의 통신을 해독해 왔다는 폭로였다. 마틴이 그런 국가를 거명했다. "이탈리아, 터키, 프랑스, 유고슬라비아, 통일아랍공화국(이집트와 시리아), 인도네시아, 우루과이 등입니다. 큰 그림을 그리기에 이 정도면 충분하다고 생각합니다."[9]

모스크바 주재 미국 대사관의 보안은 1960년대 중반 이후 개선되었지만 다른 나라 대사관은 대개 그러지 못했다. 이탈리아 해외정보기관인 SISMI 수장

---

9   1963년 잭 던랩(Jack E. Dunlap) 하사가 자살했는데, 그는 여러 해 동안 GRU를 위해 포트 미드의 국가안보국 본부에서 극비문서를 훔쳐냈었다.

으로서 1984~91년 재직한 풀비오 마르티니(Fulvio Martini) 제독에 따르면, 소련권 주재 이탈리아 대사관의 보안 태세를 계속해서 특징지은 것은 '가벼움과 얄팍함'이었다. 냉전 시대 소련의 신호정보 활동은 제3세계와 서방 외무부에 침투한 공작에 의해 도움을 받았다. 1945년 국가보안부(MGB: KGB의 전신으로서 1953년까지 존속했다_옮긴이)의 파리 지부가 케 도르세(Quai d'Orsay, 프랑스 외무부의 별칭_옮긴이)의 23세 암호관을 포섭해 주르(JOUR)라는 암호명을 부여했는데, 그는 1980년대 초까지 활동했다. 이탈리아 외무부의 다리오(DARIO)도 그처럼 장기간 KGB 스파이 겸 인재 물색관으로 활동했다. 불완전하나 현재 가용한 증거에 따르면, 냉전 시대 상당한 기간 동안 프랑스와 이탈리아는 자신도 모르게 소련에 대해 공개외교에 가까운 것을 수행하고 있었다. 예를 들어, 1983년 모스크바 주재 프랑스 대사관은 인쇄전신기 내의 도청장치(bug)가 지난 6년 동안 모든 송수신 전문을 KGB에 중계했다는 것을 알았다. 발견 당시의 프랑스 대통령 프랑수아 미테랑(François Mitterrand)은 냉전 시대 정치지도자의 한 사람으로서 국내 도청으로 입수되는 신호정보에 깊은 관심을 보였었다. 미테랑은 1970년대 야당 시절에 자신을 도청한다는 정보기관 직원들을 '바보천치'라고 공개적으로 비난했었다. "이런 수천 마디 말을 훔쳐서 실제로 뭘 하겠다는 것인가?" 그러나 미테랑은 대통령이 된 후 도청업무를 담당하는 밀실을 엘리제궁에 설치했으며 자신의 일부 정적부터 수상의 부인에 이르기까지 공직자들을 광범위하게 도청했다.

냉전 시대 인간정보(HUMINT)가 수행한 역할은 신호정보(SIGINT)보다 잘 이해되고 있다. 트루먼 대통령은 평시에도 신호정보 활동이 필요하다는 점을 빠르게 확신했지만, 전후 스파이활동 기관의 필요성을 납득하는 데는 무척 더뎠다. 트루먼은 영국과 신호정보 협업을 계속하기로 승인한 지 일주일이 지난 1945년 9월 20일 전시 해외정보기관인 전략정보실(OSS)을 폐쇄했다.[10] 미국의 장래 평시 정보활동을 둘러싸고 관료적 논쟁이 벌어진 끝에 나온 결론이 1946년 1월 22일 대통령 훈령에 포함된 국가정보회의(NIA) 설립 계획이었다. 국가정보회의 구성원은 국무장관, 전쟁장관, 해군장관 외에 트루먼을 대변하는 대통령 비서실장 리히(Leahy) 제독이었다. 트루먼의 훈령은 또한 중앙정보장(Director of Central Intelligence: DCI) 직을 신설했는데, 그 역할은 표결권 없이 국가정보회의에 참석하고 신설된 중앙정보단(CIG) 업무를 지휘하는 것이었다. 중앙정보단은 정보공동체 전체가 수집한 정보를 분석하고 처리하는 작은 분석기관이었다. 이러한 조직개편의 주 설계자인 시드니 수어스(Sidney W. Souers) 제독은 초대 중앙정보장을 맡으라는 트루먼의 요청을 6개월만 봉직한다는 조건으로 수락했다. 트루먼은 축하 행사로서 백악관 역사상 가장 기이한 오찬을 베풀었는데, 직접 참석자들에게 일일이 검은 외투, 검은 모자, 목제 단검을 나누어주었다. 그리고 그는 리히 비서실장을 앞으로 불러내 그의 윗입술에 커다란 검은 콧수염을 붙였다. 트루먼은 수어스가 '중앙 염탐(Snooping)장'으로 임명되었다고 발표했다. 이 웃기는 의식이 시사하듯이, 트루먼은 아직 미국의 평시 스파이활동에 대해 진지하게 생각하지 않았다. 트루먼이 자신의 국제관계 무경험을 의식해 중앙정보단으로부터 바란 것은 '일일 요약, 즉 국무부가 해외 대사들에게 보내는 것이나 해군부와 전쟁부가 해외 주둔군에 보내는 것 등 여러 부처에서 나오는 발송물을 요약한 것'이었으며, "그런 메시지는 우리 대외정책에 일정한 영향을 미칠 만한 것이기 때문"이었다.

10　대통령령 9621호에 의해, OSS의 평가·지원(R&A) 업무는 국무부로 이관되고 첩보·방첩 활동 업무는 육군의 신설 전략정보단(SSU)으로 이관되었다. 어느 쪽에서도 그리 환영하지 않았다.

냉전의 시작이 스파이활동과 비밀공작에 대한 트루먼의 태도를 바꾸어놓았다. 1947년 3월 12일 트루먼은 의회 양원 합동회의에 출석해 그리스와 터키를 공산주의 위협에서 구하기 위한 4억 달러의 지원 자금을 요청하고 이른바 '트루먼 독트린'을 발표했다. "나는 소수 무장세력이나 외부 압력에 의한 정복에 저항하고 있는 자유 국민을 지원하는 것이 미국의 정책이 되어야 한다고 믿습니다." 이후 40년간 소련 위협의 '봉쇄'는 미국 대외정책의 토대가 되었다. 냉전 시대 미국 대통령들은 모두 '봉쇄'에는 비밀 측면이 있어야 한다고 수긍했다. 1947년 7월 26일 '국가안전보장법'에 의해 '국가안전보장회의(NSC)'가 창설되었다. 트루먼의 의도는 '국가안전보장회의에서 군사적·외교적 문제와 자원 문제를 검토하고 끊임없이 평가하는 것'이었다. 또 '국가안전보장법'에 의해 '국가안보와 관련된 여러 정부 부처와 기관의 정보활동을 조정하기 위한 목적으로' 중앙정보부(CIA)가 창설되었다. CIA 부장이 중앙정보장(DCI)을 겸직했다. 중앙정보장은 원칙적으로 해외정보 공동체 전체를 통할할 권한이 있으나 실제로 전권을 행사한 적은 없다.

CIA는 주요 강대국에서 의회 입법을 통해 공개적으로 창설된 최초의 해외정보기관이다. 의회는 냉전이 시작되었기 때문이 아니라 6년 전의 진주만 기억 때문에 CIA 창설을 전폭적으로 승인했다. 랠프 에드윈 처치(Ralph Edwin Church) 하원의원(공화당, 일리노이)이 국가안전보장법(안)에 관한 하원 청문회에서 선언했다. "우리가 정보업무에서 지극히 후진적이었다는 점을 가장 잘 보여주는 증거는 우리가 진주만에서 완전 기습을 당했다는 사실이다. 국가안보의 일환으로서 이렇게 정보활동을 강조하게 되어 다소 안심이 된다." 놀랍도록 초당적인 청문회에서 특히 카터 마나스코(Carter Manasco) 하원의원(민주당, 앨라배마)이 처치 의원을 지지했다. "우리가 강력한 중앙정보기관을 보유했더라면, 아마도 우리는 진주만 공격을 당하지 않았을 것이며, 제2차 세계대전도 없었을 것이다."

영국에서는 냉전 기간 내내 해외정보기관 문제에 관한 의회 토론이 벌어진 적이 없다. 비밀정보부의 존재조차 1992년 여왕의 의회 개회 연설 때까지 공식적으로 인정되지 않았다.

1950년대에 국제관계와 정보를 지배한 것은 세계적 규모로 활동한 두 초강대국, 즉 미국과 소련이었다. 은퇴한 트루먼은 정보 냉전 초기에 자신이 한 역할을 받아들이기 어려웠다. 그는 "내가 CIA를 설립했을 때 CIA가 비밀과 의문에 덮인 평시 공작에 투입될 것이라고는 전혀 생각하지 못했다"라고 주장했다. 트루먼이 쿠바의 피델 카스트로(Fidel Castro)를 전복하기 위한 1961년 피그만(Bay of Pigs) 상륙 등의 공작을 승인한다는 것은 정말 상상하기 어렵다. 그러나 그가 나중에 비밀활동(정보수집 공작이 아니라 주로 사태 추이에 영향을 미치려는 공작)에 대한 모든 책임을 부인하려고 시도한 것 또한 액면 그대로 받아들이기 어렵다. 국가안전보장회의(NSC)가 CIA에 배정한 처음의 역할에는 정보의 수집과 분석 외에 'NSC가 수시로 지휘하는 대로 국가안보에 영향을 미치는 정보와 관련된 다른 기능과 임무'도 포함되었다. 트루먼의 특별자문관 클라크 클리퍼드(Clark Clifford)의 후일 증언에 따르면, 이처럼 주도면밀하게 모호한 공식은 '제한된 범위와 목적'이기는 하지만 비밀공작을 포함하도록 의도된 것이었다. "우리가 비밀공작을 직접 언급하지 않은 것은 그런 활동을 벌인다는 사실을 광고하는 것이 우리 국가 이익에 해롭다고 느꼈기 때문이었다." 후일 트루먼이 '비밀과 의문에 덮인 평시 공작'에 대한 책임을 전적으로 부인하려고 했을 때, 1953~61년 중앙정보장으로 재직한 앨런 덜레스(Allen Dulles)가 트루먼에게 트루먼이 시초에 '아주 중요한 역할'을 했음을 넌지시 상기시켰다.

트루먼이 후일 개인적 책임을 회피하려고 했지만, 그가 승인한 최초의 비밀공작은 1948년 4월 이탈리아 총선에서 공산당이 승리할지 모른다는 두려움에서 추진되었다. 1947년 11월 14일 NSC가 최초로 일련번호를 붙여 발행한 문서 'NSC 1/1'이 경고했다. "이념적으로 서방 민주주의 성향인 이탈리아 정부가 현재 강력한 공산당의 계속된 공격에 시달리고 있다." NSC가 궁지에 몰린 이탈리아 정부에 대한 미국의 공개적 지지 외에 추가로 권고한 것은 '효과적인 미국의 정보 프로그램을 통해 그리고 눈먼 자금의 사용을 포함해 가능한 모든 수단을 동원해 이탈리아에서 공산주의 선전에 능동적으로 대처'하라는 계획이었다. 몰수된 추축국 자금 중에서 1,000만 달러 이상이 1848년 봄 이탈리아 총선 운동용으로 세탁되었다. 그 일부는 비밀리에 기독교민주당의 알치데 데 가스페리(Alcide de Gasperi) 수상에게 전달되었으며, 그의 기독교민주당이 574석 중 307석을 획득했다.

영국의 비밀정보부도 과거보다 더욱 적극적으로 비밀공작을 벌이게 되었는데, 그것은 '유럽에 불'을 지르겠다는 낙관적 희망에서 1940년 창설된 전시 '특수공작단(SOE)'의 유산을 물려받은 부분적 결과였다. 비밀정보부의 장래에 관한 외무부의 1944년 보고서는 전후 비밀공작에 대해 대단한 역할을 기대하지 않았지만, "영국 정부가 대외정책의 진척을 위해 뇌물 등에 호소하는 것(이것은 정보수집에 대해서만 금전을 지급한다는 엄격한 비밀정보부 관행에 어긋난다)이 유용할 경우가 거의 모든 국가에서 발생할 것이므로 그런 수단의 원칙적 포기는 잘못"이라는 결론을 내렸다. 냉전 시대 영국의 첫 수상인 애틀리가 이에 동의했다. 비밀정보부는 공산국가 알바니아에서 반란을 부추기려고 밸류어블(VALUABLE) 공작을 1948년 시작했지만 실패했다. 그 공작을 지지한 애틀리 수상이 뇌물을 사용하라고 제안했다. 그는 '알바니아의 국민성에 대한 평가'를 요청하면서 "그 사람들을 매수할 수 없나요?"라고 물었다. 비밀정보부가 누구를 매수할지 특정할 수 없었지만, 외무부의 상임 차관 윌리엄 스트랭(William Strang) 경이 뇌물은 "은밀한 수법의 하나임이 분명하며 적당할 때 사용할 수 있도록 염두에 둘 것"이라고 애틀리를 안심시켰다. 병든 윈스턴 처칠이 애틀리의 후임 수상이 되었는데, 그는 비밀공작 광이었다. 1953년 CIA와 비밀정보부가 연합한 공작으로 이란의 반(反)서방 모하메드 모사데크(Mohammed Mossadeq) 수상이 축출되고 국왕이 권좌에 복귀했다. 이후 처칠이 그 공작의 CIA 책임자 커밋 루스벨트(Kermit Roosevelt, 루스벨트 대통령의 사촌)를 다우닝 가 10번지의 자기 침실로 호출했다. 루스벨트에 따르면, 병환에서 회복 중이던 처칠이 그에게 말했다. "이보게 젊은이, 내가 몇 년만 더 젊었어도 이 대단한 모험에서 당신 휘하에 들어가 일하는 것보다 내가 더 좋아할 일은 없을 걸세."

냉전 기간 내내 서방의 주요 비밀공작을 실행한 것은 줄곧 CIA였다. CIA 비밀공작은 1948년 이탈리아 총선에서 거둔 명백한 성공을 계기로 급속하게 확대되었다. 이후 6년 동안 한국전쟁이 발발하고 정보 광인 드와이트 아이젠하워(Dwight D. Eisenhower)가 1953~61년 재직한 대통령으로 선출된 것이 비밀공작을 미국 대외정책의 주요 무기로 바꾸어놓았다. 비밀공작에 대한 아이젠하워의 열정은 제2차 세계대전 때의 인간정보(HUMINT) 교훈을 오해한 데서 일부 비롯되었다. 독일군 전선 배후의 레지스탕스 운동을 지원한 전시 경험은 냉전 시대 유럽에서 공산당 지배에 반대하는 세력을 지원하는 비밀공작에는 별다른 도움이 되지 못했으며 그런 공작은 모두 실패했다.

1976년 처치(Church)위원회 보고서에 따르면, 1951~75년 기간 미국이 벌인 다수의 작은 비밀공작 외에 큰 비밀공작이 약 900건 있었다. 1954년 아이젠하워가 주문한 두리틀(Doolittle) 보고서는 비밀공작을 위한 논거를 오싹할 정도로 제시했다.

지금 우리는 화해할 수 없는 적과 대치하고 있는 것이 명백하며, 그 적이 공언한 목표는 어떠한 수단을 쓰든 어떠한 대가를 치르든 세계를 지배하는 것이다. 지금까지 받아들여진 인간의 행위 규범은 적용되지 않는다. 미국이 살아남으려면, '페어플레이(fair play)'라는 미국인의 오랜 관념을 재검토해야 한다.

아이젠하워가 동의했다. 그는 소련의 '세계 지배' 위험을 과장하고 미국 비밀공작의 효험도 과장했다. 1953~54년 아이젠하워 행정부의 첫 18개월 동안 이란과 과테말라에서 이른바 친소(親蘇) 정권을 전복시키는 비밀공작이 빠르게 분명한 성공을 거두었다. 그 결과, 아이젠하워 행정부는 나중에 실패한 다른 공작들이 남긴 경고 신호를 무시하게 되었다. 1958년 인도네시아의 아크멧 수카르노(Achmed Sukarno) 대통령을 축출하려는 시도가 실패한 후, 장래 CIA의 정보 담당 차장이 될 레이 클라인(Ray Cline)이 예언적으로 기술했다. "준군사적 비밀공작의 약점은 CIA 연계가 드러나는 단 한 번의 불운으로도 미국이 대의 명분을 완전히 포기하거나 명시적인 군사 개입 정책으로 전환해야 한다는 점 이다." 그 교훈을 배우지 못해 공개적인 치욕이 초래되었다. 1961년 4월 반(反)카스트로 망명자들로 구성된 '쿠바 여단'이 CIA 지원을 받아 피그만을 서툴게 침공해 웃음거리가 되었다. 이후 절망한 존 케네디(John F. Kennedy) 대통령이 특별자문관 시어도어 소렌슨(Theodore Sorensen)에게 물었다. "그들을 보내다 니, 내가 어찌 그리 어리석었단 말인가?" 그러나 미국 국민은 성조기와 대통령 을 중심으로 결집했다. 의회는 대실패를 조사할 생각도 하지 못했다.

그러한 사건들이 세계적으로 공개되고 가장 잘 팔리는 음모론에 의해 증폭 되는 바람에 냉전 기간 KGB(국가보안위원회)가 CIA보다 더 큰 규모의 비밀공작 을 벌인 사실은 거의 인식되지 않았다. 전후 유럽 동부와 중부에서 소련 블록이 형성되는 데는 비밀공작이 중심적인 역할을 했다. 동독의 공산당 지도자 발터 울브리히트(Walter Ulbricht)가 1945년 4월 30일 망명지 모스크바에서 베를린으 로 귀환한 후, 자신의 핵심 세력에게 알렸다. "민주적으로 보여야 합니다. 그러 나 모든 것을 우리가 통제해야 합니다." 새로운 소련 블록의 모든 국가에서 민주주의 외관이 유지되어야 했기 때문에, 비(非)공산당 정권을 축출하기 위한 공개적인 무력 사용은 가능한 한 피해야 했다. 그 대신, MGB(국가보안부, KGB의 전신)를 본떠 공산당이 통제하고 소련 '고문관들'의 감독을 받는 보안 기관이 신설되었다. 이 보안 기관이 주로 배후에서 협박을 통해 이른바 '인민민주주의'로의 전후 이행(移行) 과정을 지원했다. 최종적으로는, 모든 가시적 반대파를 숙청한 스탈린주의 일당체제가 보안 기관이 조작한 부정선거를 통해 공산주의자들에 의해 기만적인 압승을 거둠으로써 '인민민주주의'로 합법화되었다.

냉전 초기 스탈린주의 정보공작의 뚜렷한 특징은 1930년대와 마찬가지로 현실의 반대파뿐 아니라 가상의 반대파도 엄청나게 표적으로 삼았다는 점이다. 제2차 세계대전 전에는 진짜 또는 더 많은 가상의 트로츠키주의자들을 사냥했지만, 전후의 수색·섬멸 공작은 대부분 가상의 티토주의·시온주의 음모자들을 겨냥했다. 스탈린과 MGB는 1948년 유고슬라비아의 티토(Tito) 원수가 모스크바와 결별한 것을 소련 블록을 와해시키려는 광범위한 제국주의 음모의 일환이라고 해석했다. 티토와 서방의 비밀 정보기관이 연계되었다는 주장은 일면에서는 그를 폄훼하려는 계획의 일환이었다. 그런 주장의 다른 측면은 스탈린과 MGB 본부가 보인 피해망상적 경향의 산물이었다. 결국 양 측면이 불가분하게 얽히게 되었다.

냉전 초기에는 소련 고문관들이 소련 블록의 보안 기관들을 철저하게 장악했다. 마녀사냥과 공개재판을 통해 집권 공산당 내의 이른바 티토주의자들과 시온주의자들을 숙청하는 일을 총지휘한 곳은 모스크바였다. 헝가리 내무장관 라슬로 라지크(László Rajk)는 존재하지도 않은 티토주의 음모 혐의로 1949년 처형되었다. 그의 공범자 가운데 한 명의 기록에 따르면, 수사하는 도중 헝가리 보안 기관인 '국가보위부(AVO: AVH의 전신)'의 관리들이 "말을 걸어오는 러시아인들에게 아첨하고 굽실거리는 미소를 지었으며, [MGB] 관리들의 전혀 위트가 없는 농담에도 아부하는 과한 웃음을 터뜨려 반응했다". 1949년 부다페스트에서 라지크와 일곱 명의 공범자에 대해 열린 공개재판은 티토와 서방 정보기관의 전복 음모를 연계시킨 거대한 음모론의 결정판이었다. 검찰관이 최종 논고에서 선언했다.

이 재판은 국제적으로 중요합니다. … 라지크와 그의 공범들이 여기 피고석에 있지만, 그들을 조종하는 외국인들, 즉 베오그라드와 워싱턴에서 온 제국주의 교사자들도 함께 앉아 있습니다. … 라지크의 스파이 조직이 실행하도록 티토 일당이 계획한 헝가리 음모는 미국 제국주의자들의 국제적 계획이라는 맥락을 벗어나서는 이해될 수 없습니다.

부다페스트 주재 MGB 고문관 발레리 크로토프(Valeri Krotov)가 가장 생생하게 기억한 것은 라지크가 처형 직전에 남긴 마지막 말이었다. "공산주의 만세!"
스탈린의 지시로 티토 암살계획이 10년 전 트로츠키 암살 때처럼 신중하게 준비되었다. MGB는 흑색 요원 이오시프 로무알도비치 그리굴레비치(Iosif Romualdovich Grigulevich)를 암살자로 선발했다. 처음에 그는 1940년 5월 멕시코시티에서 거의 성공할 뻔했던 트로츠키 암살 시도에서 주도적인 역할을 했으며 제2차 세계대전 때는 중남미 사보타주 단체를 이끌었다. 1951년 그는 코스타리카 사람 '테오도로 카스트로(Teodoro Castro)'로 행세하면서 코스타리카의 로마 주재 대사대리(나중에는 전권공사)가 되었다. 베오그라드에는 코스타리카 외교공관이 없었기 때문에 당시 마크스(MAKS)라는 암호명의 그리굴레비치는 주유고슬라비아 비상주 사절 직책도 획득할 수 있었다. MGB가 1953년 2월 스탈린에게 보고했다. "[마크스가] 1952년 하반기 외교 임무를 수행하면서 유고슬라비아를 두 차례 방문해 환영받았습니다. 그는 티토의 참모들과 가까운 사회단체에 접근해 티토 접견을 약속받았습니다." 그리굴레비치는 1953년 2월 초 빈에서 가진 MGB 관리들과의 비밀회합에서 접견 시 또는 외교행사에서 소음(消音) 권총, 독약, 독가스 등을 사용하는 여러 가지 암살 방법을 상의했다. 신임장을 받은 중미 국가의 외교관을 티토 암살자로 쓰는 것은 그가 MGB의 하수인임을 최대한 효과적으로 은폐하려는 의도였다. 그리굴레비치는 '테오도로 카스트로'라는 자신의 가명을 사용해 멕시코인 아내에게 작별 편지를 작성했다. 그는 암살실행 중에 잡히거나 죽을 경우, 그 편지가 공개되어 자신의 코스타리카인 가장 신분을 강화할 요량이었다. 3월 1일 자정 무렵 스탈린은 티토 '제거' 공작에 관한 진척 보고서를 읽었다. 그 보고서는 그가 3월 2일 새벽 치명적인 뇌졸중을 일으키기 전에 읽은 마지막 문서였을 것이다.

3월 5일 스탈린이 죽은 후, 티토 암살계획이 유보되었다. 5월 들어, 전전에 소련을 탈출한 알렉산드르 오를로프(Aleksandr Orlov)가 스탈린과 NKVD에 관한 회상을 ≪라이프(Life)≫ 잡지에 공개하기 시작하자 그리굴레비치가 서둘러 모스크바로 철수했다. 본부는 스페인 내전 시 그리굴레비치의 사보타주 공작을 알고 있는 오를로프가 그의 가장 신분을 벗길까 봐—정작 폭로하지는 않았지만—두려웠다. 어리둥절한 코스타리카 외무부와 로마 외교단으로서는 '테오도로 카스트로' 부부가 그저 허공으로 사라진 것이었다. 1980년 작성된 그의 KGB 파일 메모에는 서방 정보기관들은 실종된 외교관 카스트로가 흑색 요원 그리굴레비치인 줄 결코 몰랐음이 분명하다고 기록되어 있다. 모스크바로 돌아온 그리굴레비치는 실명을 사용해 박사학위를 취득하고 '과학 아카데미'에서 중남미에 관한 전문 학자 겸 저자로서 새로운 경력을 쌓는 데 성공했다. 그의 저서 다수가 영어로 번역되어 영국의 대학 도서관들이 구매했다.

정보공작은 다양한 방식으로 냉전을 안정시키기도 하고 불안정하게 만들기도 했다. 냉전이 열전으로 바뀌는 것(일부 사람들이 예측하고 많은 사람이 두려워했던 것)을 예방하는 데 일조한 정보의 역할을 평가하는 작업은 학자들 대부분이 꺼리는 역사실(逆事實)적인 조건법적 분석을 어느 정도 가미하지 않고는 불가능하다. 동서 양 진영에서 상대방의 군사(특히 핵) 역량에 관해 믿을 만한 정보가 없었다면 그들의 정책이 어떠했을까를 적어도 개략적이나마 상상해야만 정보가 실제로 수행한 안정화 역할의 중요성을 평가할 수 있다. 1950년대 말 이후 소련의 핵 타격력에 관한 믿을 만한 정보가 거의 없었다면 미국의 냉전 정책이 어떠했을까를 상상하는 것은 비교적 간단하다. 그것은 1950년대 초중반 미국이 정확히 그런 위치에 있었기 때문이다. 그러한 무지[정보 부재]가 불안정하게 만든 효과는 그 후로 계속 공급된 우수한 정보가 얼마나 중요했는지를 통찰할 수 있는 소중한 근거다.

냉전 연구서들은 '소련이 가지고 있지 않은 것'에 관한 정보는 소련이 가지고 있는 것에 관한 정보 못지않게 중요하다는 아이젠하워 금언의 진리를 흔히 망각하고 있다. 두려운 상대방에 대한 무지는 반드시 상대방의 힘에 대한 과대평가로 이어진다. 1950년대 초 믿을 만한 정보의 부족은 '폭격기 격차'에 이어 '미사일 격차'라는 미국의 위험한 신화, 즉 소련이 점차 장거리 폭격기와 대륙간탄도미사일(ICBM)을 미국보다 많이 생산하고 있다는 환상을 탄생시켰다. 1955년 미국 공군의 정보 판단서는 1950년대 말이면 소련의 장거리 공군이 미국의 전략공군보다 더 강해질 것이라고 계산했다. 전략공군 사령관 커티스 르메이 (Curtis Le May) 대장은 위험하게도 소련의 핵 우위를 방지하기 위한 선제 타격 아이디어에 끌렸었다. 냉전이 한창일 때 상대방의 핵 타격력을 모니터할 수 있는 양 초강대국의 능력은 결정적으로 영상정보(imagery intelligence: IMINT)의 혁명에 의존했다. 그 혁명의 시작은 1954년 12월 CIA와 록히드(Lockheed)사가 체결한 극비의 U-2기 제작 계약이었다. 세계 최초의 고고도 첩보기인 U-2기는 세계 최고의 해상도를 가진 카메라를 장착했다. 1956년 U-2기가 도입되고 4년 뒤 최초의 첩보 위성이 발사되면서 생산된 영상정보를 통해 아이젠하워 행정부는 소련의 핵 타격력이 사실 미국을 따라잡지 못했음을 확신하게 되었다. 아이젠하워의 기술에 따르면, U-2기의 임무는 "이른바 '폭격기 격차'와 '미사일 격차'의 공포가 무책임이 빚어낸 가상에 불과하다는 증거를 제공했다". 영상정보 혁명이 없었다면, 미국의 대(對)소련 정책은 틀림없이 소련의 핵 역량에 관한 다른 신화들에 의해 불안정한 가운데 계속 혼란스러웠을 것이다. 1962년 쿠바 미사일 위기의 진행도 아주 달라졌을 것이다. U-2기에서 나온 영상정보—이 영상정보의 해석은 GRU 내 영·미 스파이 올레그 펜코프스키(Oleg Penkovsky)가 제공한 극비문서에 크게 의존했다—가 없었다면,[11] 흐루쇼프(Khrushchev)가 미사일 기지를 완전히 가동할 때까지 그 건설을 은폐하려는 야심을 성취했을 것이 거의 틀림없다. 그렇게 되었을 경우, 필수 자재의 수송을 저지해 기지 완성을 막겠다는 뜻에서 미국 해군이 쿠바 주변 해역의 '검역'(봉쇄)을 선언한 옵션이 존재하지 않았을 것이다. 세계는 열핵(熱核) 전쟁으로 더 다가갔을 것이다.

그러나 세계는 당시에 인식한 것보다 더 가까이 전쟁에 다가갔었다. 소련 선박들이 미국 해군의 쿠바 주변 봉쇄망에 접근할 때 동행한 잠수함 호위대는 핵 어뢰를 장착하고 있었다. 잠수함 호위대와의 통신상의 문제로 인해, 그 지휘관들은 모스크바의 승인 없이 어뢰를 발사할 권한을 가지고 있었다. 미국 함대가 소련의 폭스트로트(Foxtrot)급 잠수함 B-59호를 강제로 수면으로 부상시켜 식별하려는 의도에서 연습용 폭뢰를 투하하기 시작했을 때, 잠수함 함장은 핵 어뢰를 발사하기를 원했다. 소함대 사령관이 갑판 위에 모습을 드러내지 않았다

---

11   미사일 위기 기간에 가동된 NSC 집행위원회(EXCOMM)에는 '쿠바 내 소련 미사일 위협'에 관한 평가서가 매일(또는 더 빈번히) 배포되었다. 그 평가서에 달린 암호명 아이언바크(IRONBARK)는 펜코프스키가 제공한 미사일 기지 건설에 관한 문서를 가리키는 것이었으며, 그 문서가 U-2기 영상을 해석하는 데 활용되었다. 일부 평가서 사본이 매콜리프(McAuliffe)가 편집·출간한 『1962년 쿠바 미사일 위기 관련 CIA 문서』에 들어 있다.

면 그는 어뢰를 발사했을 것이다. 그 사령관은 어뢰 발사를 허락하지 않았다.

쿠바 미사일 위기 이후, 동서 양 진영에서 상대방의 핵 타격력의 수준과 전개에 관한 가용 정보가 냉전을 안정시키는 필수요소가 되었다. 사반세기 동안 CIA와 백악관에서 근무하면서 1991~93년 중앙정보장(DCI: CIA 부장이 겸직했다_옮긴이)까지 오른 로버트 게이츠(Robert Gates)에 따르면,

> CIA와 정보공동체의 분석관들은 1960년대 말부터 소련 붕괴 시까지 계속해서 소련의 실제 군사 규모와 역량을 놀랍도록 정확하게 기술함으로써 대단한 힘과 성공을 보여주었다. … 그리고 군비통제 협상과 군사계획에서 국방부를 포함한 행정부, 의회와 우리 동맹국들은 이러한 소련 수치와 역량을 신뢰하고 의존했다. [12]

영상정보와 신호정보의 결합을 기초로 한 '국가기술수단(NTMs, 완곡하게 표현한 용어다)'이 없었다면, 냉전 후반에 군비통제와 군비제한 협정을 검증하기가 불가능했을 것이다. '국가기술수단'의 결정적 중요성은 1989년의 전략무기감축협상(START) 조약에서 명시적으로 인정되었다. 그 조약에 따라 미·소 양국은 전략핵무기를 약 30% 감축할 의무뿐만 아니라 '상대방이 검증하는 국가기술수단을 방해하지 아니하고 국가기술수단에 의한 검증을 저해하는 은폐 수단을 사용하지 아니할' 의무도 지니고 있었다. 의정서는 양측이 모두 상대방의 미사일 원격측정(telemetry)을 방해받지 않고 모니터할 수 있도록 보장하기 위한 세부 조건을 규정했다.

냉전 중반기에 미국에서 가장 성공적으로 활동한 KGB 장교는 풀브라이트

---

12 그러나 미국과 영국의 정보기관은 소련의 생물학전 프로그램을 대부분 놓쳤다.

(Fulbright) 장학생인 올레그 다닐로비치 칼루긴(Oleg Danilovich Kalugin)이었다. 1958년 미국 유학생으로 선발된 소련의 풀브라이트 장학생 제1진 18명 중에서 절반은 학생 신분으로 활동하는 KGB나 GRU 장교들이었으며, 나머지 절반도 '그들과의 협력을 기대할 수 있는' 사람들이었다. 그 18명 중 4명이 컬럼비아대로 갔다. 칼루긴을 포함한 둘은 KGB고 하나는 GRU였으며, 네 번째 인물인 알렉산드르 야코블레프(Alexander Yakovlev)는 나중에 미하일 고르바초프(Mikhail Gorbachev, 공산당 서기장) 휘하의 정치국원이 되었고 '글라스노스트(glasnost, 개방)의 대부'로 유명해졌다. 칼루긴은 컬럼비아대의 나머지 세 명의 풀브라이트 장학생과 마찬가지로 초기에는 뉴욕 생활 경험에 거의 압도되었다.

첫 몇 주 동안 나는 쉴 새 없이 맨해튼 주변을 거닐면서 그 힘과 아름다움, 부산함에 압도당했다. 당시 세계적 도시라기보다 거대한 촌락처럼 보였던 소련 수도에는 모스크바국립대학교의 30층 첨탑보다 높은 빌딩이 없었다. 나처럼 촌스러운 눈에는 엠파이어스테이트 빌딩과 맨해튼의 다른 마천루들이 딴 세상의 장엄한 창조물처럼 보였다.

칼루긴은 뉴욕에 인상을 남기기도 했다. ≪뉴욕 타임스≫에 실린 그의 프로필은 그를 가리켜 '진짜 인물감'이라고 했다. 그는 컬럼비아대학교 학생회에서 활동한 최초의(어쩌면 마지막) KGB 장교였다.

올레그 칼루긴은 컬럼비아대 유학을 계기로 소련 해외정보기관에서 출세 가도를 달렸다. 그는 1965~70년 대사관 언론담당관이라는 가장 신분으로 워싱턴 주재 KGB 지부에 부임했는데, PR(정치정보)팀장 겸 부지부장이었다. 1965년 9월 국가안보국(NSA)의 20세 육군 행정병 로버트 립카(Robert Lipka)는 백악관에서 몇 블록 떨어진 16번가의 소련 대사관에 도착해 KGB 지부를 크게 흥분시켰다. 그는 국가안보국에서 비밀문서를 파기하는 보직을 맡고 있다고 말했다. 칼루긴에 의해 공작원 단(DAN)으로 채용된 립카는 1944년 로스앨러모스에서 19세의 테드 홀(Ted Hall)이 자원해서 협조한 이후 미국의 고급 정보에 접근한 최연소 소련 스파이였을 것이다. 립카는 국가안보국 근무가 끝날 때까지 2년 동안 돈을 받고 고급 비밀문서를 제공했다. 그는 2주에 한 번꼴로 파기하지 않은 비밀문서를 수수소(dead-letter box), 스치는 접촉(brush contact), 공작관과의 회합 등을 통해 전달했다. 칼루긴은 비좁은 지부 사무실에서 자료 더미를 훑어보면서 가장 중요한 문서를 골라내 본부에 전문으로 보고하고 나머지는 외교행낭으로 발송하느라 '끝없는 시간'을 보냈다고 했다.

립카가 국가안보국을 떠나면서 그의 KGB 스파이 경력이 끝난 후 몇 달이 지나자 KGB 워싱턴 지부는 고급 신호정보에 규칙적으로 접근하는 또 다른 자발적 스파이(walk-in)를 채용했다. 1967년 말 '미국 대서양함대 잠수함부대 사령관(COMSUBLANT)' 참모부의 통신 당직 장교인 존 앤서니 워커(John Anthony Walker) 선임 준위는 소련 대사관에 들어와 말했다. "나는 해군 장교입니다. 나는 돈을 벌고 싶습니다. 그 대가로 당신들에게 어떤 진짜 물건을 드리겠습니다." 워커는 계급이 낮았음에도 미국 해군 암호의 열쇠 묶음을 포함해 최고급 암호에 접근했다. 칼루긴과 워싱턴 지부장 보리스 알렉산드로비치 솔로마틴(Boris Aleksandrovich Solomatin)은 미덥지가 않아 워커가 대사관으로 가져온 자료 표본을 검토했다. 칼루긴에 따르면, 솔로마틴은 워커의 문건을 넘기면서 눈이 휘둥그레졌다. "바로 이거야!"라고 그가 외쳤다. 그들이 나중에 인정했듯이, 워커는 '일생에 한 번' 있을 법한 스파이 급이었다. 소련 암호해독관들이 미국 해군의 암호를 풀 수 있으면 소련이 미국 함대 이동을 모니터함으로써 '엄청난 정보 우위'를 점하게 될 것이라고 칼루긴은 생각했다. 워커는 18년 동안 스파이로 활동하면서 아들과 형, 그리고 해군 친구인 제리 휘트워스(Jerry

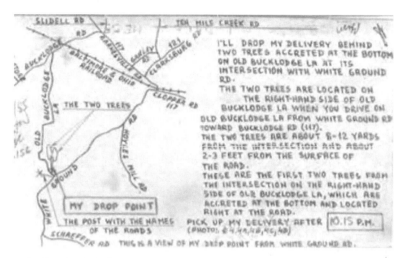

18년 동안 소련 스파이로 활동한 미국 해군의 존 워커 선임 준위가 그린 지도. 그가 KGB에 전달한 극비 문서들 중 하나에 대한 '투하 지점(drop point)' 위치를 보여주고 있다.

Whitworth)를 포섭해 그 자신의 스파이망을 만들었다. 립카와 워커 사례에서 칼루긴은 '미국의 일부 극비기관의 보안상태가 믿을 수 없을 정도로 허술한 것'을 알고 깜짝 놀랐다. 두 사례의 성공에 힘입어 솔로마틴은 '붉은 기 훈장'을 받았고 나중에 KGB 해외정보국 부국장으로 승진했다. 칼루긴도 그 덕을 보았다. 칼루긴은 1974년 소련의 최연소 해외정보국장이 되었다.

립카와 워커 사례의 또 다른 특징은 냉전 시작 이후 미국 내 소련 스파이들의 동기 변화를 잘 보여준다는 것이다. 제2차 세계대전 기간과 그 이전에 가장 중요한 공작원들은 이념적 스파이였다. 그러나 스탈린과 그 후계자들의 이념적 호소력은 제2차 세계대전 이후 미국 내 급진주의자들 사이에서 급속히 쇠퇴했다. '케임브리지 5인방'이나 원자탄 스파이들처럼 소련이 새로운 문명을 건설할 수 있다는 신념에 고취된 새로운 세대의 서방 스파이들이 나오지 않았다. 워커처럼 냉전 시대 미국 내 스파이들 대부분은 '돈을 벌고' 싶어 했다. 립카와 워커처럼 자발적 스파이로 KGB에 채용된 올드리치 에임스(Aldrich Ames)는 KGB 의 가장 소중한 CIA 내 스파이로서 기록적인 수준의 돈을 벌었다. KGB와 소련 해체 후의 그 승계 기관은 1985년 4월 에임스를 채용한 이후 9년 동안 그에게 거의 300만 달러(러시아 역사상 스파이 보수로 최고 금액일 것이다)를 지급했으며 추가로 200만 달러를 약속했다.

1970년대 중반 KGB와 CIA의 대중적 이미지는 뚜렷한 대조를 보였다. KGB 는 여전히 국내 비판이 면제되어 있었다. '붉은 광장' 부근의 KGB 본부 바깥에 서 있는 그 창설자 펠릭스 제르진스키(Felix Dzerzhinsky) 동상은 모스크바에서 가장 높고 두드러진 랜드마크였다. 야심적인 KGB 의장 유리 안드로포프(Yuri Andropov)는 1973년 정치국원으로 선출된 후 꾸준히 자신의 정치적 힘을 키웠다. 1982년 레오니드 브레즈네프(Leonid Brezhnev)가 죽자 안드로포프가 정보 수장 출신의 첫 소련 지도자가 되었다. 이와 대조적으로 CIA는 베트남전쟁과 워터게이트 여파로 전례 없는 대중의 비판에 직면했다. '정보의 해'인 1975년, CIA의 '비열한 계략(dirty tricks)'—특히 피델 카스트로 등 외국 정치인에 대한 암살 음모 와 카오스(CHAOS) 공작(1967~74년 미국 내 반전운동 등에 대한 해외의 영향을 탐지하기 위해 미국인들을 사찰한 것_옮긴이) 기간 동안 미국 시민들에게 감행한 불법 사찰—이 충격적 으로 폭로됨으로써 대중 사이에 혐오감이 폭넓게 번졌다. 권력 남용을 조사하기 위해 설치된 상원 특별위원회의 위원장 프랭크 처치 상원의원이 선언했다. "CIA가 난동을 부리는 깡패 코끼리처럼 행동한 것 같다." 나중의 의회 보고서 는 더 정확한 결론을 내렸다. "CIA는 통제를 벗어나기는커녕 전적으로 대통령 과 국가안보문제 담당 대통령 보좌관의 지시에 따랐었다." 그러나 공식적으로 승인된 '비열한 계략'에 대한 비난은 백악관이 아닌 CIA를 향했다.

미국 비밀공작의 정확한 폭로와 더불어 1970년대 CIA의 비열한 계략에 관 한 근거 없는 주장들도 등장했다. 그런 근거 없는 주장이 자주 반복되는 바람에 사회통념이 되었고 아직도 냉전 역사서에 옥의 티로 나타나고 있다. 닉슨 대통령은 불명예스럽게도 1970년 칠레의 마르크스주의 대통령 살바도르 아옌데(Salvador Allende)의 당선을 저지하고 칠레 경제가 '비명을 지르도록' 만들라고 CIA에 지시했다. 그러나 크리스천 구스타프슨(Kristian Gustafson) 박사가 입증했듯이, CIA가 1973년 아옌데 정권의 전복(심지어 그의 죽음까지도)과 그의 후임자 아우구스토 피노체트(Augusto Pinochet) 장군의 부상을 지휘했다고 반복적으로 제기된 주장은 잘못된 것이다.

> … 칠레 군사정권은 필사적으로 미국과 엮이지 않으려고 했다. … 쿠데타 후 CIA 정보 회보(bulletin)는 피노체트의 개인적인 논평을 실었다. "나와 나의 동료들은 방침에 따라 미국 쪽에 우리의 거사 결심에 대한 어떠한 암시도 주지 않았다." … 칠레 군부는 쿠데타를 일으키는 데 미국이 필요하다고 생각했다면 그들의 자부심에 상처가 났을 것이다. 칠레의 관점에서 볼 때, CIA를 가끔 흘려주는 첩보로 제어하되 그밖에는 완전히 차단하는 것이 최선이면서 가장 간명했다.

'정보의 해'인 1975년의 폭로는 틀림없는 권력 남용을 드러냈지만 가장 잘 팔리는 음모론을 낳기도 했다. 그중에서 으뜸가는 음모론은 CIA가 케네디 대통령을 암살했다는 근거 없는 주장이었는데, 미국인들 대다수가 그렇게 믿었고 KGB는 전력을 다해 그런 주장을 고무했다.[13] 만일 CIA가 자국 대통령 암살

---

13 케네디 암살 30주기인 1992년의 여론조사에 따르면, 미국인 3/4이 CIA가 대통령을 죽였다고 믿었다. 여기에는 올리버 스톤(Oliver Stone) 감독이 그 음모론을 영화로 만든 〈JFK〉가 엄청난 영향을 끼쳤다. 한 열정적인 미국 사학자의 주장에 따르면, 영화 〈JFK〉는 『엉클 톰스 캐빈(Uncle Tom's Cabin)』(노예제도 폐지에 큰 영향을 준 소설_옮긴이)을 제외하고 미국 역사상 여론에 가장 큰 영향을 끼친 예술 작품일 것이다.

에 가담했다면, CIA가 외국 정권을 전복하고 비위에 거슬리는 다른 정치인들을 암살하는 데는 아무런 제약이 없었다고 추론하는 것이 합리적이었다. KGB의 '적극적 조치'(영향력 공작)는 주효해서 CIA가 카스트로 암살과 그의 정권 전복을 시도하면서 사용한 방법들을 전 세계의 '진보적인' 정부에 대해서도 사용하고 있다는 믿음을 확산시켰다. 소련이 1975년 중동에서 벌인 '적극적 조치' 공작은 지난 10년간 CIA가 성공하거나 실패한 암살 시도의 대상자들이라는 45명의 정치지도자 명단을 뿌렸다. 인디라 간디(Indira Gandhi) 여사도 이른바 CIA 음모에 사로잡힌 다수의 제3세계 지도자 중 하나였다. 1973년 11월 여사가 피델 카스트로에게 말했다. "그들[CIA]은 아옌데에게 한 짓을 나에게도 하려고 합니다. 칠레에서 행동했던 그 외국 세력과 연계된 사람들이 여기에도 있으며, 그들이 나를 제거하려고 합니다." 아옌데가 냉혹하게 살해되었으며 CIA가 여사를 똑같은 운명으로 점찍어 놓았다는 믿음이 강박증처럼 생겨났다. 간디 여사는 아옌데가 대통령궁이 습격당했을 때 자신의 총으로 자살했다는 미국의 정확한 주장을 일축하면서 선언했다. "내가 살해되면 그들은 내가 자살했다고 말할 것이다." 비극이지만, 간디 여사는 1984년 자신을 살해한 경호원들의 진짜 위협보다 CIA 암살 음모라는 가상 위협에 더 주의를 기울였다.

냉전 시대 미국의 제3세계 정책과 관련해, CIA의 역할을 생략하는 기술은 없다. 반대로 소련과 개도국의 대외정책 역사서는 대부분 KGB의 비밀공작을 거의 언급하지 않고 지나간다. 그 결과, 제3세계에서의 냉전 정보활동에 관한 기술은 기이하게 한쪽으로 치우쳤는데, 이는 외손뼉으로 소리를 내는 격이다. 예컨대, 존 루이스 개디스(John Lewis Gaddis)가 쓴 훌륭한 냉전 역사서는 칠레, 쿠바, 이란 등에서의 CIA 비밀공작을 언급하고 있지만 같은 나라에서 광범위하게 전개된 KGB 공작에 관해서는 아무런 언급이 없다. 사실,

적어도 1960년대 초 이후 KGB가 수행한 세계적인 역할은 CIA보다 훨씬 더 적극적이었다. 소련은 제3세계에서 냉전을 이길 수 있다는 믿음에 근거해 정보활동 어젠다를 바꾸었다. 1961년 젊고 활기찬 KGB 의장 알렉산드르 셸레핀(Alexandr Shelepin)은 흐루쇼프의 승인하에 제3세계에서 '주적(主敵)' 미국에 대해 공격적이고 새로운 대(大)전략을 전개하면서 민족해방운동 등 반제국주의 세력을 활용했다. 흐루쇼프는 곧 셸레핀 의장을 야심이 적고 고분고분한 블라디미르 세미차스트누이(Vladimir Semichastny)로 교체했지만, KGB의 대전략은 살아남았다. 장차 KGB 정보평가국장이 될 니콜라이 레오노프(Nikolai Leonov)는 당시 제1(해외정보)총국 제2(중남미)과의 젊은 장교였다. 그의 후일 회고에 따르면, "물론 기본적으로 우리를 이끈 사상은 미국과 소련간, 자본주의와 사회주의 간 세계적 대결의 운명은 제3세계에서 결판날 것이라는 생각이었다. 이것이 기본 전제였다". 1964년 실각한 흐루쇼프를 레오니트 브레즈네프(Leonid Brezhnev)가 승계한 후에는, 크렘린이나 외무부보다 KGB 본부가 제3세계에서 냉전을 이길 수 있다는 믿음을 더욱 확고하게 가졌다. 유리 안드로포프는 1967년 세미차스트누이에게서 KGB 의장직을 승계한 순간부터 그러한 믿음을 열정적으로 품었다. 반대로 소련의 장수 외무장관 안드레이 그로미코(Andrei Gromyko)는 제3세계에 대한 관심이 거의 없었다고 똑같은 장수 주미 대사 아나톨리 도브리닌(Anatoli Dobrynin)이 술회했다. 레오노프에 따르면, 그로미코뿐 아니라 대부분의 외무부 직원들이 제3세계를 '공개적으로 멸시'했다.

1960년대 초 서반구 최초의 공산주의 '교두보'(KGB가 카스트로의 쿠바에 대해 붙인 암호명이었다)와 동맹을 맺을 때부터 마지막으로 1980년대 아프가니스탄의 공산 정권을 방어하는 재앙에 이르기까지 소련이 제3세계에 침투한 주요 순간마다 안드로포프는 그로미코의 분노를 사지 않으려고 조심했다. 그러나 소련 공산당 중앙위원회의 국제부가 항상 지원한 KGB는 외무부보다 영향력이 더 셌다. 카스트로는 소련 외교관들보다 KGB 장교들과 어울리는 것을 선호했다. 그는 아바나 주재 첫 KGB 주재관 알렉산드르 알렉세예프(Aleksandr Alekseev)에게 "우리 회동은 외무부와 모든 의전 규칙을 우회한 것"이라고 말했다. 1962년 주로 카스트로의 요청으로 알렉세예프가 인기 없는 소련 대사를 대신했다. 카스트로처럼 소련 외교관보다 KGB 장교를 선호한 다른 저명한 중남미 지도자들을 꼽자면, 칠레의 살바도르 아옌데, 볼리비아의 후안 호세 토레스(Juan Jose Torres), 파나마의 오마르 토리호스(Omar Torrijos, 아버지 토리호스를 말한다), 코스타리카의 호세 피게레스(Jose Figueres) 등이 있다. 후안 페론(Juan Peron)과 이사벨(Isabel) 페론 부부가 1973년 망명지에서 아르헨티나로 귀국하기 전에 처음 접촉한 것은 소련 외교관이 아니라 KGB였다. 니카라과에서 산디니스타(Sandinista) 반군이 1979년 집권했지만, KGB는 이미 20년 전에 반군 지원을 시작했었다.

중남미와 마찬가지로 아시아, 아프리카와 중동에서도 1960년대와 1970년대 소련의 정책 주도권은 외무부보다 KGB가 쥐는 경우가 더 많았다. 올레그 칼루긴은 세계에서 가장 큰 민주국가 인도를 "KGB의 제3세계 정부 침투의 모델"이라고 기술했다. 인도에서와 마찬가지로, KGB의 제3세계 공작은 지속적인 영향력보다는 과도적인 성공으로 이어졌다. 그러나 1970년대 당시에는 그렇게 보이지 않았다. 1974~88년 기간 KGB 제1(해외정보)총국의 수장이었던 블라디미르 크류치코프(Vladimir Kryuchkov)는 '비동맹운동'을 "우리의 자연적 동맹"이라고 기술했다. 1979년 '비동맹운동'은 동맹을 맺은 것이 분명한 피델 카스트로를 의장으로 선출했다. 이에 따라 "카스트로의 허영심이 점점 더 뚜렷해지고 있다"라고 KGB 아바나 지부가 비판했다. 소련이 해체되기 불과 10년 전에도 KGB 지도부는 제3세계 공작의 성공을 성급하게 낙관하고 있었다. 안드로포프는 1980년 한 베트남 장관에게 자랑했다.

소련은 세계혁명에 관해 그저 말만 하는 것이 아니라 실제로 지원하고 있습니다. … 미국과 다른 서방국가들이 왜 1970년대에 데탕트(détente)에 합의하고서도 이후 정책을 변경했겠습니까? 제국주의자들이 국제적 긴장 완화가 사회주의 체제에 유리하게 작용한다는 것을 깨달았기 때문입니다. 이 기간에 앙골라, 모잠비크, 에티오피아와 아프가니스탄이 해방되었습니다.

10년 뒤 '해방된' 4개국은 모두 소련의 영향권을 벗어났다.

한 세대 전 카스트로에 대한 KGB의 열광이 제3세계에서 소련의 전진 정책을 개시하는 데 일조했듯이, 그 정책의 종식을 가져온 아프가니스탄 군사 개입 재앙도 대체로 KGB 지도부 책임이었다. CIA 비밀공작, 특히 1986년 여름부터 견착식 스팅어(Stinger) 미사일을 무자히딘(mujahideen, 이슬람 전사)에 공급한 공작이 소련군의 아프가니스탄 철수를 재촉했을 것이다. 1986년 이슬라마바드 주재 CIA 거점의 조율하에 300여 개의 침투로를 통해 트럭과 노새로 6만 톤의 무기와 기타 보급품이 무자히딘에 제공되었다. CIA 거점장 밀트 비어든(Milt Bearden)은 "전 세계에서 사육되는 노새보다 더 많은 노새가 필요하다"라고 본부에 고충을 토로했다.

니카라과의 산디니스타 정권을 겨냥한 미국의 비밀공작—1981년 12월 로널드 레이건 대통령이 처음 승인했다—은 아프가니스탄에서 소련군을 겨냥한 공작에 비하면 큰 실패였다. 형편없는 콘트라(Contra) 반군이 산디니스타 정권을 상대로 벌인 게릴라전을 CIA가 비밀리에 지원한 사실이 미국 언론에 의해 폭로되어 의회가 그 지원을 금지했다. 당시 정보분석 담당 CIA 차장 로버트 게이츠(Robert Gates)는 1984년 12월 CIA 부장을 겸하는 빌 케이시(Bill Casey) 중앙정보장(DCI)에게 콘트라 반군에 대한 비밀 지원이 역효과를 낳고 있으며 "니카라과 공산 정권을 더욱 강화하는 결과가 될 것"이라고 보고했다. 산디니스타 정권을 전복할 수 있는 유일한 길은 미국이 공중 폭격과 함께 콘트라 반군을 공개적으로 지원하는 것이었다. 케이시나 레이건은 이 불편한 진실을 받아들이고 싶지 않았다. 의회의 금지조치를 우회하기 위한 시도에서 백악관은 '이란–콘트라' 사건이라는 블랙 코미디를 꾸몄다. 이 사건은 이란에 비밀리에 판매한 무기 대금을 콘트라 반군 지원에 전용하려는 불법적 시도였다. 1986년 11월 이란–콘트라 스캔들이 폭로됨으로써 레이건 대통령에게 가장 심각한 위기가 초래되었다. 조지 부시 부통령이 자신의 일기에 적은 일련의 단문은 백악관의 허탈한 분위기를 잘 집약했다. "행정부가 혼란 상태—외교정책도 혼란 상태—은폐—누가 언제 무엇을 알았는가?" 의회의 조사 결과, 이란–콘트라 사건의 '궁극적 책임'이 레이건에게 있다는 결론이 나왔다. "대통령은 국가안보 보좌진이 무엇을 하는지 몰랐다면 반드시 알았어야 했다."

　소련 블록의 정보공작이 냉전 기간에 서방에서 거둔 최대의 성공은 과학·기술 정보 분야였을 것이다. 과학·기술 분야는 냉전 시대 정보활동의 비대칭성을 추가로 보여준다. 서방은 소련 기술에서 배울 것이 거의 없었다. 반대로 소련은 서방, 특히 미국의 방위산업에서 배울 것이 엄청나게 많았다.[14] 제2차 세계대전 말 모스크바가 영국인과 미국인 스파이를 통해 입수해 1949년 소련의 첫 원자탄 제조에 활용한 미국의 첫 원자탄 계획은 종래 정보기관이 입수한 것 가운데 가장 중요한 과학 비밀이었을 것이다. 또 소련이 레이다, 로켓 공학, 제트 추진 등을 개발한 초기에는 서방에서 비밀리에 획득한 기술에 크게 의존했

14　소련 엔지니어들은 첨단 마이크로 전자기술은 없었지만, 그 대신 방공 미사일 같은 시스템에 아날로그 방식을 사용하는 길을 찾아냈다.

다. 냉전 기간 내내 서방, 특히 미국의 과학·기술이 엄청나게 유출되었다는 것은 소련이라는 국가의 핵심적인 역설을 설명하는 데 도움이 된다. 헬무트 슈미트(Helmut Schmidt) 서독 수상이 "미사일을 보유한 오트볼타(Upper Volta, 아프리카 서부 부르키나파소의 옛 국명_옮긴이)"라고 묘사해 한때 유명해진 그 역설은 군사적 초강대국이 유아 사망률 등 사회적 박탈 지수에서는 제3세계 수준이라는 사실이었다. 소련과 서방 사이의 무기체계 격차는 다른 산업생산 분야의 격차보다 훨씬 작았는데, 이는 단지 소련 시스템 내에서 우선순위가 높았기 때문이 아니라 과학·기술 정보수집이 성공했기 때문이기도 했다. 냉전 기간 동안 소련 정보기관은 미국 연방정부보다 미국 방위산업에 침투하기가 훨씬 더 쉬웠다.

1975년 과학·기술 공작을 수행한 KGB 제1총국의 'T국'은 미국 내외에서 미국 표적을 겨냥해 활동하는 77명의 스파이와 42명의 '비밀 접촉선'을 보유하고 있었다. 신호정보 역시 주요한 출처였다. 워싱턴, 뉴욕 및 샌프란시스코 주재 KGB 지부의 신호정보팀은 국립 브룩헤이븐 연구소(Brookhaven National Laboratory)와 주요 미국 기업들의 전화와 팩스 통신을 가로채는 데 성공했다. 과학·기술 정보활동에서 미국은 세계의 다른 나라를 모두 합친 것보다 더 중요하고 생산적인 표적이었다. 소련 군사산업위원회(VPK)가 주로 군사 분야에 대한 과제를 할당했는데, 이 기관이 1980년 수취한 과학·기술 정보의 61.5%가 미국 출처(일부는 미국 바깥의 출처)에서 나온 것이었으며, 10.5%는 서독, 8%는 프랑스, 7.5%는 영국, 3%는 일본에서 나온 것이었다. 1980년 군사산업위원회는 3,617건의 '획득 과제'를 하달했는데, 그중 1,085건이 1년 내 완수되어 소련의 3,396개 연구·개발 프로젝트가 혜택을 입었다고 한다. 그 주된 수집 기관이 'T국'이었다. 1980년대 소련 민간경제에서는 과학·기술 정보를 활용하려는 시도가 증가했다. 1984년 제1총국의 수장 크류치코프는 간부 회의에서 "지난 2년간 민간 산업 부문에 이전된 자료와 표본의 양이 다시 50% 증가"했으며, 특히 에너지와 식량 생산에서 "실질적인 경제 효과를 냈다"고 말했다. 그러나 크류치코프는 산업경영의 경직성으로 인해 군수 생산보다 민간경제에서 과학·기술 정보를 활용하기가 훨씬 더 어렵다는 사실은 언급하지 않았다.[15] 반대로 소련군은 더욱 과학·기술 정보에 의존하게 되었다. 1979년 KGB 보고서에 따르면, 소련 방위산업의 개발 프로젝트 가운데 절반 이상이 서방에서 입수한 과학·기술 정보에 기반했다. 1980년대 초 미국 국방부의 추정에 따르면, 바르샤바조약기구의 현행 무기체계 가운데 70%가량이 다양한 수준의 서방 기술, 주로 미국 기술에 기반했다. 이리하여 냉전의 양 진영, 즉 바르샤바조약기구(WTO)와 북대서양조약기구(NATO)가 모두 미국의 노하우에 의존하게 되었다. 냉전의 정치 역사뿐 아니라 군사 역사를 이해하는 데도 정보활동은 긴요하다.

정치정보 수집에 관한 한 소련 블록이 서방에 대해 내재적 우위를 가졌다. 일당 국가의 권위주의·비밀주의 정치체제는 본질상 민주국가의 정치체제보다 힘든 표적이다. 그러나 소련 블록은 정보 평가에서 내재적 약점을 안고 있었다. 모든 일당 국가에서 정치정보 분석은 (대개의 과학·기술 정보와 달리) 정치적 정당성이 끊임없이 요구됨으로써 반드시 왜곡되기 마련이다. 이리하여 정치정보 분석은 외부세계에 대한 체제의 오해를 바로잡기보다 강화하는 기제로 작용한다. 대체로 독재자들은 듣고 싶은 것만 듣는다. 이와 반대로, 영국 비밀정보부의 한 수장은 자신의 역할을 "수상이 알고 싶어 하지 않는 것을 그에게 말하는 것"이라고 정의했다. 물론 서방 정보기관들도 이 숭고한 소명에 충실하지 못할 때가 더러 있었다. 민주주의 체제 내에서도 정보의 정치화가 때

---

15   동독의 민간경제도 서방의 과학·기술 정보를 충분히 활용하는 데 비슷한 어려움을 겪었다.

때로 평가의 질을 떨어뜨리지만, 모든 독재체제에서는 정보의 정치화가 구조화되어 있다.

비밀로 분류된 두꺼운 KGB 용어집에 정보 분석에 관한 항목이 드물다는 사실은 소련에서 정보 분석의 위상이 하찮다는 것을 반영하고 있다. 스탈린 시대와 그 후 몇 년 동안 소련의 정보보고서는 통상적으로 특정 주제에 대해 관련 첩보를 선별해서 편집한 것에 불과했으며, 정치 지도부의 견해와 어긋날지 모른다는 두려움 때문에 거의 해석을 시도하지 않았다. 안드로포프 의장 휘하에서 정보 분석이 개선되었지만, 서방 기준으로는 여전히 한참이나 수준 미달이었다. 니콜라이 레오노프(Nikolai Leonov)는 제1총국의 분석국 부국장에 보임되어 실망했던 인물인데, 그는 분석국의 중요성이 CIA 정보국(분석국)의 10%에 불과했다고 추정하고 있다. 따라서 그 위신도 낮았다. 레오노프의 경우처럼, 공작 부서에서 분석국으로 전보되는 것은 '수도 경비여단에서 시골 벽지에 있는 수비대로 전보되는 격이었다'. 나중에 제1총국의 초대 부총국장으로 승진한 바딤 키르피첸코(Vadim Kirpichenko)의 회고에 따르면, 비관적인 정보보고서는 레오니트 일리치(Leonid Ilyich)[브레즈네프]의 심기를 뒤틀리게 할 것이라는 이유로 그에게 차단되었다. 레오노프에 따르면, "모든 여과 단계는 걱정스러운 중요 첩보가 보스들 눈에 띄지 않도록 만드는 작업이었다. [그러한 첩보는] 미리 가시를 다 제거하고 달콤하게 다듬어서 보고되었다".

소련의 정책이 은폐될 수 없는 좌절을 겪었을 때, 분석관들은 그러한 좌절을 소련 체제의 실패 탓이 아니라 제국주의 계략, 특히 미국의 계략 탓으로 돌리면 안전하다는 것을 알고 있었다. 냉전 말기 한 제1총국 장교가 인정했다. "우리는 상관들을 기쁘게 하려고 '모든 일을 미국인들 탓으로 돌리면 만사형통'이라는 원칙에 따라 조작되고 편향된 첩보를 올렸다." 안드로포프가 수장이던 시절 KGB 본부 내에서는 제3세계에 관해—예컨대, 나세르 대통령 사후 이집트에서의 소련 입지에 관해 또는 아옌데 대통령 치하 칠레의 경제적 붕괴 위협에 관해—정치 지도부에 보고하는 의견보다 훨씬 더 솔직한 의견을 표명할 수 있었다. 그러나 그 KGB 수장이 집권한 순간부터 제1총국 내 비판자들은 고개를 수그리고 자중했다.

소련에서 정치적 정당성 요구에 따른 피해는 KGB가 반복해서 음모론에 의존하고 위기 시에는 피해망상적 경향까지 보이는 바람에 더욱 가중되었다. 영국의 합동정보위원회 의장과 마거릿 대처(Margaret Thatcher) 수상의 외교정책 보좌관을 역임한 퍼시 크래독(Percy Cradock) 경은 냉전을 되돌아보면서 옳게 지적했다. "소련 정보 시스템이 취약했던 주된 원천은 다면적인 서방에서 공급되는 우수한 첩보를 적대와 음모라는 과도하게 단순화된 틀 속에 억지로 넣으려고 한 것이었다." 1960년대 초와 1980년대 초 KGB는 미국이 소련에 대해 선제 핵 타격을 계획하고 있다고—끔찍하게 엉터리로—정치국에 보고했다.

냉전 기간 동안 서방 정보분석관들의 주된 약점 하나는 정치적 정당성 요구와 음모론으로 인해 소련의 정보 평가가 질적으로 얼마나 저하되었는지 파악하지 못한 것이었다. 이 약점은 궁극적으로 독재체제의 첩보 처리에 관해 장기적 관점이 부족한 데서 비롯되었다. 1980년대 서방 분석관들이 KGB와 GRU의 20년 전 정보 평가를 알았더라면, 소련이 레이건 행정부를 얼마나 두려워했는지 더 빨리 깨달았을 것이 틀림없다. 1960년 6월 29일 KGB 의장 셸레핀이 흐루쇼프에게 미국의 정책에 관한 기우성 평가를 직접 보고했다. 그 평가는 전략공군 사령관 커티스 르메이(Curtis Le May) 대장이 한 막말 첩보를 근거로 했을 것이다.

CIA에서 알기로는, 펜타곤 지휘부가 '최대한 이른 시기에' 소련과 전쟁을 벌일 필요성을 확신하고 있다. … 지금 당장 미국은 폭격기 부대로 소련의 미사일 기지 등 군사 목표물을 쓸어버릴 역량을 가지고 있다. 그러나 얼마 후면 소련의 방위력이 성장할 것이고 … 기회도 사라질 것이다.

흐루쇼프는 이 경고를 심각하게 받아들였다. 2주도 지나지 않아 그는 "최근 실험에서 보았듯이 우리는 1만 3,000km 떨어진 목표지점에 정확히 도달할 수 있는 로켓을 보유하고 있음을 잊지 말라"라고 펜타곤(Penstagon)에 공개 경고를 보냈다. 1962년 3월 GRU는 위험하게 잘못된 보고서 두 건을 생산해 펜타곤이 선제 핵 타격을 계획하고 있다는 KGB의 앞선 경고를 재확인했다. GRU가 주장한 바에 따르면, 전년도인 1961년 6월 미국은 9월에 소련에 대해 기습 핵 공격을 단행할 것을 결정했지만 마지막 순간에 소련 핵무기가 펜타곤이 인식했던 것 이상으로 강력하다는 것을 보여준 소련 핵실험에 의해 그 공격이 억제되었다.

소련 정보기관은 로널드 레이건 행정부 초기에 거의 기우에 휩싸인 분위기였다. 병색이 완연한 레오니트 브레즈네프가 1981년 5월 KGB 간부 회의에서 비밀연설을 통해 레이건의 정책이 세계평화를 심각하게 위협하고 있다고 맹비난했다. 그에 이어 유리 안드로포프 KGB 의장이 연단에 올랐는데, 그는 18개월 뒤 브레즈네프를 승계해 소련공산당 서기장이 될 인물이었다. 안드로포프는 정치국의 결정에 따라 KGB와 GRU가 사상 처음으로 협업해서 리안(RYAN)이라는 암호명의 세계적 정보공작을 추진할 예정이라고 발표했다. '핵미사일 공격'을 뜻하는 러시아어(Raketno-Yadernoye Napadenie)의 머리글자를 따서 만든 신조어 리안(RYAN) 공작은 소련에 대해 선제 핵 공격을 단행할 레이건 행정부와 나토 동맹국들의 계획—추정일 뿐 존재하지 않는 계획—에 관해 정보를 수집하는 것이었다. 안드로포프는 "제2차 세계대전 종전 이후 현재처럼 국제 상황이 폭발 직전인 적이 없었다"라고 KGB 해외 지부에 통보했다. 그는 1982년 11월 브레즈네프 서기장을 승계한 뒤에도 KGB를 여전히 장악했으며, 그를 가장 빈번히 찾은 사람은 KGB 간부들이었다. 안드로포프가 서기장으로 재직한 동안 리안은 소련 정보활동의 최우선순위였다. 여러 해 동안 모스크바는 레이건의 정책에 대한 '피해망상적 해석'—워싱턴 주재 소련 대사 아나톨리 도브리닌의 표현—에 굴복했다.

나머지 소련 블록에서도 리안 공작에 협조하라는 요청을 받아 정보활동이 왜곡되었다. 마르쿠스 볼프(Markus Wolf)는 동독 정찰총국(HVA: 슈타지 산하에서 해외정보를 총괄한 기관_옮긴이) 수장으로 장수한 유능한 인물인데, 그가 보기에 KGB 연락관들은 리안 공작과 나토의 선제공격 위협에 '사로잡혀' 있었다.

정찰총국은 그러한 기습 공격을 파헤치라는 지시를 받고서 이 일을 수행할 비상 지휘본부뿐 아니라 대책반과 상황실도 설치했다. 나와 부하 직원들 대부분이 이러한 전쟁 연습을 성가신 시간 낭비로 보았지만, 이 지시는 다른 상부 지시와 마찬가지로 토론의 대상이 아니었다.

볼프처럼, 서방 제국의 수도에 주재한 대부분의 KGB 지부도 안드로포프나 본부보다 덜 걱정했다. 올레그 고르디예프스키(Oleg Gordievsky)는 1974년 비밀정보부가 KGB 내 스파이로 포섭한 인물인데, 그는 1982년 6월 런던 지부에 부임했을 때 PR(정치정보)팀의 동료들이 모두 리안 공작에 관해 회의적임을 알았다. 그러나 본부의 평가에 이의를 제기해 자신의 경력을 위험에 빠뜨릴 사람은 아무도 없었다. 사실상 지부는 경보 첩보를 끝까지 찾아내라는 지시를 받았다. 본부는 지부가 공급하는 첩보에 당연히 놀랐고 첩보를 더 요구했다. 크류치코프(Kryuchkov)의 후배인 워싱턴 지부장 유리 안드로소프(Yuri Androsov)가 그런 첩보를 공급하느라 고생했다.

본부는 1983년 '전략방위구상(SDI, 스타워즈)' 계획의 발표를 핵전쟁에 대비해 미국 국민을 심리적으로 준비시키는 과정으로 해석했다. 1983년 9월 28일 임종이 가까운 안드로포프가 병석에서 냉전 심화 이후 전례가 없는 종말론적 언어로 미국 정책을 맹비난하는 성명을 발표했다. "미국은 무지막지한 군사적 정신병에 걸렸다. 레이건 행정부가 제국주의 야심에서 너무 나가고 있는바, 한 계선을 넘는 행정부를 막을 수 있는 어떤 제동장치가 도대체 워싱턴에 있는지 의심이 들기 시작한다. 제정신을 가진 사람이라면 그 한계선에서 멈추어야 한 다." 본부 내부의 기우가 극도에 이른 것은 1983년 11월 나토 훈련 '유능한 궁 수(Able Archer) 83'이 실시될 때였다. 그 훈련은 데프콘(DEFCON, 방어준비태세) 1 단계의 모의 핵 공격을 위해 핵 발사 절차를 연습한 것이었다. 한동안 크렘린과 KGB 지휘부는 그 훈련의 의도가 진짜 핵 선제공격을 위한 가장 구실일지도 모 른다는 공포에 시달렸다. 서방에 주재한 일부 KGB 장교들은 이제 서방의 기습 공격 위협보다는 본부의 기우를 더 걱정했다.

서방이 리안 공작에 관해 처음으로 입수한 신빙성 있는 정보는 올레그 고르 디에프스키가 1982년 6월 KGB 런던 지부에 부임한 후 제공한 것이었다. 그는 구두로 첩보를 제공했을 뿐만 아니라 본부의 리안 공작 지침도 정기적으로 지 부에서 빼돌려 제공했다. 후일 비밀정보부 수장으로 승진한 존 스칼릿(John Scarlett)이 당시 고르디에프스키를 담당한 영국 공작관이었다. 처음에 그는 고 르디에프스키가 제공한 정보에 '깜짝 놀랐으며 거의 믿을 수 없었다'. 그러나 곧 영국 정보공동체뿐 아니라 마거릿 대처 수상과 제프리 하우(Geoffrey Howe) 외무장관도 그 정보가 매우 중요하다고 인정했다. 그러나 워싱턴과 그 정보를 공유했을 때, 중대한 견해 차이가 바로 드러났다. 하우 외무장관이 나중에 기 술했듯이, 영국 측에서 볼 때 '유능한 궁수 83' 훈련 기간에 고르디에프스키는 "실전 핵 공격에 대해 러시아가 유별나지만 진짜 공포를 느꼈음을 확실하게 제 시했다".[16] 대부분의 CIA 분석관들은 여기에 동의하지 않았는데, 그것은 소련의 정보 분석에서 차지하는 음모론의 역할을 인정하기 어려웠기 때문일 것이다. 몇 달 뒤 나온 '특별 국가정보판단서(SNIE)'의 결론을 보면 이렇게 되어 있다. "우리는 소련의 행동이 미국과의 전쟁이나 대결이 임박했다는 진정한 위험에서 비롯된 것이 아니며 소련 지도부도 그렇게 인식하지 않는다고 굳게 믿는다." 고르디예프스키와 기타 출처에서 나온 정보를 나중에 재검토한 결과, 그 결론이 극적으로 수정되었다. 로버트 게이츠의 회고록을 보면,

> 그 당시 소련 지도부의 아주 특이하고 뒤틀린 사고방식을 보여주는 첩보가 소련 붕괴 이후 입수되었다. 그 첩보를 보면, 1983년의 다른 모든 사건을 접한 그들이 정말로 나토 공격이 적어도 가능하다고 느꼈을 확률이 상당히 높다는 생각이 든다. … 미국 정보기관은 그들의 불안이 진정으로 어떤 수준이었는지 파악하지 못했다. 1990년 '대통령 해외정보자문단(PFIAB)'이 사건 전체를 재검토해서 내린 결론에 따르면, 이 모두가 정치적 효과를 노린 소련의 가식이라는 정보공동체의 확신은 잘못된 것이었다.[17]

'대통령 해외정보자문단'의 1990년 보고서는 2015년이 지나서 비밀해제되었는데, 그 결론을 보면,

> 미국이 결정적인 군사적 우위를 확보하는 계획에 착수해 소련에 대한 기습

---

16 고르디예프스키의 경고에 이어, 합동정보위원회(JIC) 평가팀의 해리 버크(Harry Burke)가 기술정보(TECHINT) 속에서 소련의 군사적 경계태세에 관한 증거를 찾았다. 그의 상관인 마이클 허먼의 후일 회고에 따르면, 처음에 버크는 자신의 결론을 회의적인 합동정보위원회에서 관철하기 위해 싸워야 했다.

17 고르바초프가 소련 지도자가 되었을 무렵에는 리안 공작이 소련 정보활동의 주된 우선순위가 아니었지만, 관료적 타성이 일부 작용해 미국과 나토의 핵 선제공격 징후에 관한 상세한 격월 보고서가 1991년 11월까지 계속되었다.

적인 핵 공격을 단행할지 모른다는 믿음이 소련 지도부의 핵심 인사들 사이에 실제로 있었다. … 소련 정보기관이 과거 '유능한 궁수' 훈련을 모니터했지만, 1983년 훈련에 대해 바르샤바조약 군대와 정보기관이 보인 반응은 전례가 없었다.

단일 출처 스파이 보고는 대체로 전술적인 중요성밖에 없지만, 올레그 펜코프스키(Oleg Penkovsky)나 고르디예프스키의 경우에는 전략적 중요성도 대단했다. 리안 공작 기간 동안 고르디예프스키가 비밀정보부에 제공한 KGB 지침의 백미는 본부가 미국의 기습 핵 공격을 두려워했다는 사실과 함께 서방 사회에 관해 한심할 정도로 무지했다는 사실이었다. KGB 본부는 영국의 헌혈자들이 돈을 받지 않는다는 것을 모르고 1983년 런던 지부에 헌혈자들이 받는 가격을 조사하라는 지시를 내렸다. 그 지시를 내린 것은 그 가격 인상이 전쟁을 준비하는 징후라고 믿었기 때문이었다. 또 본부는 교회 지도자들과 주요 은행장들이 핵 선제공격 계획을 비밀리에 통보받았을 것으로 생각하고 지부에 조사하도록 지시했다.

고르바초프가 1985년 3월 당 서기장이 된 후, 그가 대외정책에 도입한 '신사고(new thinking)'를 가장 잘 보여주는 증거는 KGB의 편향된 정치적 보고에 불만을 표시한 것이었다. 1982년부터 KGB 의장을 맡은 빅토르 체브리코프(Viktor Chebrikov)는 1985년 12월 고르바초프가 보낸 엄중한 각서를 논의하기 위해 간부 회의를 소집했다. '소련공산당 중앙위원회 등 통치기관에 보내는 공문과 첩보 보고서에서 사실관계의 왜곡을 용납할 수 없음'에 관한 그 각서는 정치적 정당성을 추구한 종래의 관행을 강력하게 비판한 것이었다. KGB 간부 회의는 아부성 보고를 금지할 필요성에 아부성으로 동의했으며, '우리는 오직 완전한 진실만을 요구한다는 레닌주의 원칙'을 국내외에서 완수하는 것이 모든 체카(Cheka)인들의 의무라고 선언했다. 1988년 해외정보를 담당하는 제1총국의 수장으로서 크류치코프를 승계한 레오니트 셰바르신(Leonid Shebarshin)에 따르면, 제1총국은 "더는 긍정적인 관점에서 조작된 견해를 제시하지 않아도 되었다". 그러나 직원들이 모두 평생의 버릇을 즉각 버렸다고 믿기는 어렵다.

냉전 기간 내내 동서 양 진영의 정보 우선순위에는 중요한 대칭성 요소와 비대칭성 요소가 모두 있었다. KGB는 미국을 '주적(主敵)'이라는 용어로 불렀는데, 이는 CIA가 소련을 주적으로 간주한 것과 같다. 그러나 서방 정보기관과 달리 KGB에는 두 개의 '주적'이 있었다. 두 번째 주적은 KGB가 말하는 이른바 '이념적 사보타주'였는데, 이는 소련 블록 안팎에서 공산주의 일당 국가의 권위를 저해하는 모든 활동을 일컬었다.

　동서 양 진영 정보공동체의 우선순위에서 나타난 비대칭성은 소속 국가 내에서 담당했던 역할이 크게 다른 데서 비롯되었다. 볼셰비키 혁명 후 6주 만에 창설된 체카(Cheka)와 그 후신들이 소련 시스템의 작동에 핵심적인 역할을 한 것은 서방 제국의 정부와 정보공동체 관계에서는 볼 수 없는 방식이었다. 일당 국가 내에서 정보기관의 근본적인 역할은 폭력에 의하든 아니면 거대한 감시망을 동원하는 보다 정교한 사회통제 시스템에 의하든 모든 형태의 반체제를 모니터하고 억압하는 것이었다. 독일민주공화국(동독)의 제보자들 수는 나치 독일의 7배나 되었다. KGB와 그 동맹국 정보기관은 1956년의 헝가리 봉기 진압, 1968년의 프라하의 봄 분쇄, 1979년의 아프가니스탄 침공, 1981년 폴란드 공산당정권을 압박해 민주화 연대(Solidarity) 운동을 질식시킨 사건 등에서 핵심적인 역할을 했다. KGB의 엘리트 흑색 요원들(신분을 깊이 가장해 외국 국민으로 행세하는 정보 요원들)은 냉전 기간에 미국 등 서방 표적에 배치된 수보다 소련 블록 내의 반체제 운동에 침투하는 데 투입된 수가 더 많았다.

반체제와의 전쟁은 KGB의 국내 공작뿐 아니라 해외 공작에서도 중요한 부분을 차지했다. 실로 가장 중요한 해외 공작은 해외정보를 담당하는 제1총국과 이념적 전복 대응 업무를 담당하는 제5국이 합동으로 추진한 것이었다. 예를 들어, 1977년 초 주요 반체제인사 안드레이 사하로프(Andrei Sakharov, 안드로포프는 그를 '공적 제1호'라고 불렀다)와 그의 아내 엘레나 보네르(Elena Bonner)의 명예와 사기를 떨어뜨리려는 30여 건의 '적극적인 조치'가 소련 안팎에서 진행 중이거나 개시될 참이었다. 루돌프 누레예프(Rudolf Nureyev), 나탈리아 마카로바(Natalia Makarova) 등 소련 발레 무용수들이 서방으로 탈출한 후, 그들을 불구로 만들려는 계획은 시행되지 않았지만, 그들의 평판을 파괴하는 활동이 대대적으로 이루어졌다. 1978년 필리핀에서 개최된 세계 체스 선수권대회에서 반체제인사 빅토르 코르치노이(Viktor Korchnoi, 소련 언론은 그저 '상대 선수' 또는 '도전자'라고 불렀다)가 정통파 아나톨리 카르포프(Anatoli Karpov)와 타이틀 경쟁을 벌임으로써 용서할 수 없는 죄를 저질렀을 때, KGB는 코르치노이가 지도록 만들기 위해 18명의 공작관을 파견했다. 그들의 존재가 영향을 끼친 것은 확률이 높지는 않지만 가능한 일이다. '숯불처럼 이글거리는 눈빛의'(≪뉴욕 타임스≫ 특파원의 표현) 소련 '초심리학자' 블라디미르 주카르(Vladimir Zukhar)가 관중석 앞자리에 앉았을 때, 코르치노이가 버럭 화를 냈다. 카르포프가 결국 6 대 5로 이겼다.

회고컨대, 미하일 고르바초프 치하에서 소련 사회를 통제하는 거대한 기구가 해체되기 시작했을 때 비로소 KGB가 소련의 존속에 얼마나 중요한 역할을 했는지 분명하게 드러났다. 블라디미르 크류치코프(Vladimir Kryuchkov) KGB 의장이 주동한 1991년 8월 쿠데타에서 강경파 지도자들이 발표한 선언문은 이념적 전복 활동에 대한 탄압을 완화한 것이 일당 국가의 기초를 흔들었다고 암묵적으로 인정했다. "모든 수준의 당국이 국민의 신뢰를 상실했다. … 모든 국가기관이 악의적 조롱거리가 되고 있다. 국가가 사실상 통치 불능이 되었다." 쿠데타 음모자들은 시계를 거꾸로 돌리기에 너무 늦었다는 것을 파악하지 못했다. 고르바초프의 후일 기술에 따르면, "쿠데타가 1년 반이나 2년 전에 일어났다면 아마 성공했을지 모른다. 그러나 지금은 사회가 완전히 변했다." KGB의 협박 위력에 대한 존중이 사그라진 것이 사회 분위기를 변화시킨 결정적인 요인이었다. KGB는 그때까지 모스크바에서 어떤 시위 움직임이 있으면 모두 사전에 질식시킬 수 있었다. 8월 쿠데타 실패를 가장 상징적으로 보여준 사건은 KGB 본부 밖의 광장 한복판에 있는 체카 창설자 펠릭스 제르진스키의 거대한 동상을 주춧돌에서 넘어뜨린 것이었다. 몇 년 전만 해도 감히 모이지 못했을 대규모 군중이 루비안카(Lubyanka, KGB 청사)를 둘러싸고 열광적으로 환호했다. 그들은 '펠릭스 동상'을 올가미로 묶어 모스크바 시 정부가 제공한 대형 크레인에 매달아 행진했다.

당시 소련 체제의 붕괴 속도는 (서방 정보공동체를 포함한) 거의 모든 관찰자를 깜짝 놀라게 했다. 그러나 지금 와서 가장 주목할 만한 점은 1991년 말 공산주의 정권이 갑자기 소멸했다는 것이 아니라 공산주의 정권이 거의 75년 동안 존속했다는 사실이다. KGB의 거대한 감시·사회통제 시스템이 없었다면, 소련 역사는 상당히 단명했을 것이다. 따라서 KGB의 가장 지속적인 성과는 20세기 최장수 일당 국가를 지탱한 것이었다. KGB는 소련 해체를 지연시킴으로써 냉전 또한 연장했다.

제30장

'성스러운 테러'

냉전에서 9·11로

냉전이 끝났을 무렵, 서방 정보기관들은 신학자들의 심각한 부족으로 고초를 겪었다(비록 그들은 깨닫지 못했지만 말이다). 제2차 세계대전과 냉전 기간에 서방 정보기관들은 나치와 공산주의 이데올로기에는 조예가 깊었다. 그러나 점차 세속화된 20세기 말의 서방은 이슬람 근본주의의 호소를 파악하는 데는 매우 큰 어려움을 겪었다. 종교적 극단주의의 정치적 힘에 대한 서방의 이해를 생생하게 보여준 것이 1979년 초 이란 위기였다. 이 위기로 친서방 이란 국왕(Shah)이 몰락하고 14년 동안 망명 생활을 했던 78세의 시아파 아야톨라(Ayatollah, 고위 성직자에 대한 호칭_옮긴이) 루홀라 호메이니(Ruhollah Khomeini)가 부상했다. 이맘(Imam, 예배를 인도하는 성직자_옮긴이) 호메이니(이란에서는 이 호칭이 가장 보편적이었다)가 종교적 통치체제, 즉 벨라예테 파키흐(velayet-e faqih) 수립을 요구했을 때, 독실한 크리스천인 지미 카터(Jimmy Carter) 미국 대통령도 그 요구의 대중적 호소력을 거의 이해할 수 없었다. 백악관의 이란 담당 보좌관 게리 시크(Gary Sick)는 후일 인정했다. "대중혁명이 신정(神政)국가 수립으로 이어진다는 것은 터무니없는 생각으로 보일 만큼 가능성이 희박했다." 한 국무부 관리는 "도대체 종교를 심각하게 여긴 사람이 누가 있는가?"라고 호메이니 집권 후 반문했다. 그러나 이란의 종교혁명은 서방이 이해하기 쉬웠던 대부분의 정치혁명보다 더 인기가 많았다. 1979년 이란에서 거리로 쏟아져 나온 사람들은 두 세기 전 프랑스혁명 때보다 다섯 배나 더 많았을 것이다.

테헤란 주재 영국 대사 앤서니 파슨스(Anthony Parsons) 경은 "우리는 지금 고전적인 혁명 상황을 목격하고 있다"고 보고했으며, 미국 국무부의 마이클 위어

(Michael Weir) 중동 담당 차관보는 "분명히 레닌 같은 사람이 이란 무대에 등장할 단계로 보인다"고 예측했다. 둘 다 종교적 혁명이 아니라 세속적 혁명 관점에서 잘못 생각하고 있었다. 이란 국왕이 망명하기 두 달 전인 1978년 11월 22일 마침내 테헤란 주재 영국 대사관이 호메이니의 수많은 성명 중 하나를 런던에 타전했다. 이와 비슷하게 몇 년 동안 CIA의 '국가대외평가센터(NFAC)'는 호메이니와 이란 종교계에 거의 관심을 보이지 않았다. 1960년대 중반부터 호메이니와 이란 종교에 관한 정보 보고는 '사실상 중단되었다'. 1978년 2월까지 NFAC는 호메이니의 아들이 전년도 10월에 죽은 사실을 알지 못했으며, 다시 석 달이 지나서야 호메이니가 아들의 죽음에 대해 미국을 비난하고 있다는 사실을 알았다. CIA는 1979년 1월 이란 국왕이 몰락한 다음에야 그가 종교단체에 주는 보조금을 대폭 삭감했었다는 것을 공개 출처를 통해 알았다. CIA는 이란 혁명을 예상하지 못한 데 대한 사후분석에서 방어적인 결론을 내렸다. "조직 형태를 떠나서 우리보다 더 잘한 다른 나라 정보기관은 없는 것 같다."

1983년 고위자문단이 중앙정보장(DCI)에게 올린 보고서의 결론을 보면, 다수의 잘못된 국가정보판단서(National Intelligence Estimate: NIE, 미국 정보공동체가 외국 또는 비국가행위자의 안보 위협에 대해 전략적으로 평가하는 연례 보고서_옮긴이)에서 이란 국왕의 몰락과 호메이니의 부상을 예측하지 못한 것은 '기본적인 역사의 불연속성'에 입각한 데서 비롯되었다. "각 국가정보판단서의 기본적인 문제는 추세, 연속성 및 선례의 가치를 비생산적인 것으로 보지는 않았지만 질적인 변화를 매우 무시하는 식으로 인식해서 사태를 다룬 것이었다." 그 보고서는 전략정보에 대한 단기적 접근의 위험성을 전형적으로 보여준다. 1978~79년의 단기적 '불연속성'을 인식하지 못한 것보다 더 심각한 실패는 종교적 극단주의의 정치적 힘을 해석하는 데 있어서 장기적 관점이 부족했다는 것이다.

서방 정보기관들은 이란에서 시아파 아야툴라 호메이니라는 권력자가 부상한 데 깜짝 놀란 후 10년이 지나서 똑같은 어려움에 봉착했는데, 바로 수니파 극단주의자들의 점증하는 테러 위협의 성격과 정도를 파악하는 일이었다. 1988년 오사마 빈 라덴(Usama bin Laden)의 주도로 가장 위험한 이슬람 테러 단체 알카에다(Al Qaeda) '기지'가 창설되었지만, 이는 당시 서방 정보기관의 관심을 끌지 못했다. 1999년까지 그 조직을 조사한 미국 정보기관은 없었다. 영국의 MI5도 세속적인 아일랜드공화군(IRA)보다 이슬람 알카에다를 이해하기가 훨씬 더 힘들었다. 1990년대 MI5는 잘 기획된 아일랜드공화군의 일련의 런던 공세를 막는 데 선도적인 역할을 담당했다. 그러나 1995년 12월 MI5는 경찰 특수부 부장들을 모아놓고 오만하게 말했다. "세계적인 이슬람 극단주의 네트워크가 서방에 대해 테러 공격을 단행할 태세라고 언론에서 시사하고 있는 것은 크게 과장되었습니다."

9·11 이전 대부분의 서방 정보기관들은 알카에다의 호소력과 알카에다가 제기하는 테러 위협을 이해하려면 그 이데올로기의 뿌리를 이해해야 한다는 사실을 파악하지 못했다. 알카에다 지도자 오사마 빈 라덴은 사우디아라비아 왕정의 전복과 미국에 대한 성전(지하드)을 요구하는 자신의 주장을 정당화하기 위해 14세기 이븐 타미야(Ibn Taymiyya)의 '마르딘 파트와(Mardin fatwa, 터키 도시 마르딘에서 열린 회의에서 발표한 이슬람법의 유권 해석_옮긴이)'를 때마다 미심쩍게 활용했다. 그의 신학에 가장 큰 영향을 미친 사람은 현대 이슬람 근본주의의 원조이며 이슬람교도의 성전을 가장 강력하게 옹호한 사이드 쿠틉(Sayyid Qutb)이었다. 쿠틉은 이집트 정부 전복을 시도한 혐의로 1966년 처형되었지만, 이슬람 세계 밖으로는 거의 알려지지 않은 인물이다. 쿠틉은 이슬람과 이른바 자힐리야(Jāhiliyya), 즉 신의 섭리에 대한 무지 사이에서 벌어지는 세계적 전쟁에서 중도는 없다고 주장했는데, 그는 자힐리야의 불신, 야만성과 음탕함에 대해 비난했다. 모든 이슬람교도는 자힐리야에 대한 투쟁에 동참할 의무가 있으며, 그

러지 못하면 불신자로 선고받는다는 것이었다.

쿠틉의 영향을 이해하려면 또 그의 음모론을 이해할 필요가 있었다. 그는 확연히 이슬람 판인 반유대주의를 주창했다. 쿠틉은 선천적으로 사악한 유대인들이 이슬람이 탄생할 때부터 이슬람을 파괴하려고 혈안이 되었다고 선언했다. "이것은 결코 끝이 없을 지구전이다." 쿠틉은 아우슈비츠 석방 6개월 후에 쓴 『유대인과의 투쟁(Our Struggle with the Jews)』에서 유대인을 이슬람 최악의 적이라고 맹비난했다. "그들은 역사 전체를 훼손하고 조작한다. … 예언자들을 죽이고 학살하고 헐뜯는 그런 인간들에게서 우리는 그들의 계략과 악폐를 가중하는 유혈과 더러운 수단을 기대할 수 있을 뿐이다." 쿠틉은 중동에서 널리 진짜라고 인정받는 엉터리 『시온 장로 의정서(Protocols of the Elders of Zion)』를 반복해서 인용했을 뿐 아니라 기묘한 음모론도 거론했다. 예컨대, 세속국가 터키의 국부(國父) 케말 아타튀르크(Kemal Atatürk)가 실제로는 유대인이라고 주장했다.

1948~50년 이집트 교육부는 당시 장학사였던 쿠틉을 교수법을 공부하라고 미국에 유학 보냈다. 그는 귀국한 후 미국 사회를 본의 아니게 웃기게 혹평하는 책을 출간했는데, 20세기 말 미국 정보공동체 내의 극소수 독자는 이슬람 테러주의자들에 대한 그의 신학적 호소를 심각하게 받아들이지 않았다. 쿠틉은 대부분의 미국 생활을 콜로라도 주 그릴리(Greeley)에 있는 콜로라도 주립사범대학(현재는 노던 콜로라도대학교)에서 보냈다. 그릴리는 주류 판매가 불법인 보수적인 도시였지만, 그는 매력적인 젊은 여성들 때문에 성적 위협을 느꼈다. "미국아가씨는 자신의 몸이 지닌 유혹 능력을 잘 알고 있다. … 그녀는 유혹하는 힘이 둥근 가슴, 풍만한 엉덩이, 매끈한 다리와 맵시 있는 허벅지에 있다는 사실을 알고, 이 모든 것을 드러내고 감추지 않는다." 쿠틉은 미국인의 성적 무절제('정글의 법칙')의 기원을 필그림파더스(Pilgrim Fathers, 1620년 메이플라워 호를 타고

미국으로 건너간 영국 청교도들_옮긴이)의 '육체적 쾌락에 대한 과도한 욕망'에서 찾았다.

이슬람 테러주의가 9·11에 이르는 기간에 미국의 최대 위협이 된 요인은 순교 사명을 강조한 데 있었다. 쿠틉은 순교가 20세기 성전의 필수요소라고 강력히 주장했다. 그는 1966년 카이로에서 사형선고를 받은 재판에서 자신을 순교자로 선언했다. 30년 뒤, 빈 라덴은 아랍 언론인 압델 바리 아트완(Abdel Bari Atwan)에게 말했다. "나의 인생의 최대 야심은 순교자의 죽음을 맞이해 나보다 먼저 천국에 간 사람들과 합류하는 것입니다."[1] 9·11에 비행기를 자살 납치한 19명의 알카에다 테러범은 모두 자신들은 순교 사명을 다해 천국으로 가고 자신들이 죽인 비행기 탑승객들은 지옥에서 불탈 것이라고 믿었다. 그러나 그 10년 전에는, 테러 위협에 대한 이슬람 신학의 영향을 심각하게 생각한 서방 정보 분석관이 거의 없었을 것이다. 후일 오바마 대통령의 국가정보장(DNI)이 된 제임스 클래퍼(James Clapper) 장군은 1991~95년 국방정보국(DIA) 국장으로 재직하는 동안 종교의 역할을 거론하는 간부를 한 사람도 보지 못했다.

1990년대 초반 동서 양 진영의 정보기관들은 이슬람 테러주의의 대두가 아닌 냉전의 종식과 소련 해체에 사로잡혀 있었다. CIA는 1991년 미하일 고르바초프를 향한 쿠데타 발생 가능성과 관련해 고르바초프보다 더 현실적으로 평가했다. 고르바초프는 KGB 의장 블라디미르 크류치코프 등 강경파의 위협을 과소평가했다. 8월 17일 미국 대통령은 일일 브리핑을 통해 쿠데타 준비 동향에 관해 상세한 보고를 받았다. 다음날 고르바초프는 음모자들에 의해 흑해 별장에 연금되었다. 그러나 이 경우에는 장기적 관점이 쿠데타의 성공

---

[1]   아트완은 빈 라덴의 아프가니스탄 은신처에서 그를 인터뷰한 몇 안 되는 언론인 중 한 사람이었다.

가능성에 관해 잘못된 지침을 제공했다. 1991~93년 중앙정보장(DCI)을 역임한 로버트 게이츠는 후일 이렇게 기술했다. "러시아와 소련 역사의 모든 과거 경험에 비추어 볼 때, KGB, 군과 당이 모두 함께 쿠데타를 시도했다는 것을 당신이 처음부터 안다면 당신은 그 쿠데타의 실패 확률을 거의 제로로 보게 마련이다." 8월 쿠데타가 굴욕적으로 실패한 후, 한동안 KGB 전체 조직이 와해될 것처럼 보였다. 크류치코프는 고르바초프에게 굽실거리는 편지를 보내 주모자들의 나이와 건강을 고려해 투옥은 면해달라고 탄원하면서 대안으로 '엄중한 가택 연금'을 제시했다. 그는 "전반적으로 나는 매우 부끄럽습니다"라고 주장하면서 고르바초프에게 '과거처럼 깊은 존경'을 표시했다. 고르바초프는 확신하지 못했다. 크류치코프는 이후 3년을 감옥에서 보냈다.[2] 소련과 소련 블록의 해체로 미국이 유일한 군사 초강대국이자 정보 초강대국으로 남는 것처럼 보였다.

소련 최후의 몇 달 동안 KGB 의장이 된 개혁파 내무장관 바딤 바카틴(Vadim V. Bakatin)은 모스크바 쿠데타가 실패한 지 한 달도 채 되지 않아 제임스 베이커(James A. Baker) 미국 국무장관을 루비안카(Lubyanka)의 자기 사무실로 초청해 양국 관리들을 놀라게 했다. 바카틴은 "KGB가 변했습니다. 그렇지 않다면 내가 적임자가 아니지요"라고 낙관적으로 말했다. 베이커가 대답했다. "미국 국무장관이 여기 KGB 본부에서 만나고 있다는 사실보다 현재 소련에서 진행되고 있는 변화를 더 잘 상징할 수 있는 것이 없다고 생각합니다." 바카틴이 소련의 종말과 자신의 KGB 의장직 마감을 몇 주 앞둔 12월 훨씬 더 큰 충격을 일으켰다. 그는 신임 미국 대사 로버트 스트라우스(Robert S. Strauss)를 사무실로 불

---

2   크류치코프는 1994년 사면된 후, 고르바초프가 자신을 향한 쿠데타를 사전에 알았다는 이야기를 지어내기 시작했다.

러 대사관 도청과 관련한 두꺼운 기밀문서 파일과 전자 도청 장비로 가득한 여행 가방을 그에게 건넸다. 바카틴이 말했다. "대사님, 이것은 당신네 [신축] 대사관 도청이 어떻게 이루어졌는지 밝혀주는 계획이고, 저것은 거기에 사용된 도구입니다. 나는 아무런 부대조건 없이 이것들을 당신 정부에 넘기고 싶습니다." 대부분의 KGB 직원들은 바카틴이 전통적으로 생산성이 높았던 정보 출처를 기꺼이 훼손하는 것을 보고 충격을 받았다. 1992년 초 KGB의 국내 및 국경 보안 기능이 신설 러시아 보안부로 이관되었을 때, 정보수장으로서의 그의 짧은 경력이 갑자기 끝났다. 1993년 12월 보안부가 연방방첩부(FSK)로 개편되었으며, 연방방첩부는 1995년 4월 오늘날의 연방보안부(FSB)로 대체되었다.

바카틴이 마지막 KGB 의장으로서 몇 달 동안 남긴 것 가운데 가장 영속적인 유산은 국내정보보다 해외정보 분야였다. 구 KGB 제1(해외정보)총국이 독립기관인 해외정보부(SVR)로 재편되어 종전처럼 모스크바 외곽의 야세네보(Yasenovo)에 본부를 두었다. 소련과 소련 블록의 해체로 러시아 해외정보 활동은 (쿠바를 제외한) 대부분의 동맹국과 그들 영토 내의 약 150개 신호정보 거점을 상실했다. 바카틴의 제의로, 동양학연구소와 세계경제·국제관계연구소(IMEMO) 소장을 역임한 예브게니 프리마코프(Evgeny Primakov)가 초대 SVR 수장이 되었다. 그 두 연구소는 소련 과학아카데미 회원이자 고르바초프의 주요 대외정책 자문기관이었으며, 1990~91년 고르바초프의 대통령자문회의 구성원이었다. 1991년 9월 옐친 대통령이 프리마코프의 SVR 수장 취임을 축하하기 위해 야세네보를 방문한 것은 러시아 지도자가 해외정보 본부를 방문한 역대 최초의 사례였다.

프리마코프가 SVR 수장으로서 중단을 선언한 냉전 시대 정보공작 중에서 으뜸은 리안(RYAN) 공작이었다. 1981년 시작된 리안 공작은 레이건 행정부와 나토 동맹국들이 소련에 대해 핵 선제공격을 단행할 것이라는, 실재하지 않은 계획을 모니터하는 것이었다. 고르바초프가 소련 지도자가 되었을 무렵 리안 공작은 소련의 해외정보에서 더는 주요 우선순위가 아니었지만, 주로 관료적 타성으로 인해 워싱턴 등 나토 회원국 수도에 주재한 KGB 지부가 여전히 바빴다. 예를 들어, KGB 지부는 펜타곤 등 각국 국방부의 심야 점등 수를 여전히 모니터해야 했는데, 그 수치는 10년 전에 기습 공격을 준비하는 지표의 하나로 식별되었었다. KGB 지부는 또한 여전히 상세한 보고서를 격월로 본부에 보고해야 했다. 프리마코프가 볼 때, 리안 공작은 소련 시대가 남긴 '전형적인 시대착오'로서 계속해서 '많은 재정적·인적 자원'이 소요되었다.

프리마코프는 소련 시대 해외정보 수장들보다 서방을 더 잘 이해했다. 음모론의 공격에 취약했던 소련 시대 수장들과 달리 그는 서방측 상대와 편하게 지냈으며 특히 미국의 CIA 부장이 겸직하는 중앙정보장(DCI)들과 교환 방문했다. 1992년 10월 로버트 게이츠가 모스크바를 방문했을 때, 만찬 후 분위기가 화기애애했다. 당시 CIA의 슬라브 및 유라시아 담당 분석국장이었던 존 맥러플린(John McLaughlin)은 마술사협회 회원이었으며 장래 CIA 차장이 될 사람이었다. 만찬 후 그는 1달러 지폐를 접었다 펴는 마술 시범으로 CIA가 냉전 종식 이후의 예산 삭감에 대처하는 방식을 보여주었다. 그가 접은 1달러 지폐를 펴자 100달러짜리로 변해 있었다. CIA는 직원 감축에도 불구하고 옐친 대통령의 정치에 관해 대체로 정통했다. 왜냐하면, 그의 정치가 소련 시대 전임자들보다 훨씬 더 투명했기 때문이었다. 맥러플린에 따르면,

- 1993년 가을 옐친이 국가를 마비시키는 헌정 교착상태를 타개하기 위해 공산당이 지배하는 최고회의(Supreme Soviet)를 해산했을 때, 우리 분석관들은 폭력사태 위기를 예상했다.
- 1994년 우리는 제1차 체첸(Chechen)전쟁을 경고했다.

- 1995~96년과 1999~2000년 대선과 총선 결과를 대담하게 예측했다. 그리고 우리는 러시아의 조직범죄가 큰 이슈로 돌출하기 오래전에 부패문제와 조직범죄 증가에 대해 폭넓게 발표하고 보고했다.
- 경제 분야에서, 우리는 1998년 8월 루블화 가치가 폭락하기 두 달 전에 경제위기 도래를 정책결정자들에게 경고했으며, 우리가 경제회복을 거론한 것은 학계 전문가들과 업계에서 거론하기 한참 전이었다.

CIA는 1990년대 말 블라디미르 푸틴(Vladimir Putin)의 혜성 같은 부상을 예측하지 못했다.[3] 그러나 프리마코프나 푸틴 자신도 예측하지 못했을 것이다. 프리마코프의 후일 기술에 따르면, "나는 해외정보부 부장으로 재직하는 동안 푸틴을 만난 적이 없고 그에 관해 한마디도 들은 적이 없다".

모스크바가 냉전 종식, 소비에트연방의 해체 및 바르샤바조약 동맹국들의 이탈로 맞이한 정보활동의 주된 도전과제는 새로운 러시아연방의 정보공동체를 재건하는 일이었다. 이와 대조적으로, 대서양 양편의 주요 나토 회원국들은 냉전 종식에 따라 병력뿐 아니라 정보기관도 감축할 수 있게 됨으로써 '평화 배당금'을 실현할 수 있을 것이라고 믿었다. 1992년 봄 조지 부시(41대) 대통령은 다가오는 11월 대선에서 재선에 성공한 다음 냉전 종식 후 정보공동체에 닥친 변화에 개인적 관심을 보일 것이라고 널리 기대되었다.

미국 정보공동체는 한 세대 동안 역대 어느 대통령보다 부시 대통령을 더 신뢰했다. 미국은 쿠바 미사일 위기에서 승리하고 기술적으로 첩보 위성과 신호정보 수집에서 경이적인 성취(백악관은 대중에게 알려진 것보다 아주 상세하게 알고 있

---

3   맥러플린은 '평화 배당금'을 실현하기 위한 예산 삭감에 대응해 CIA의 슬라브 및 유라시아 담당 분석국 직원을 3년 동안 42% 감축했다.

었다)를 이루었지만, 이로 인해 냉전 시대 대통령들은 정보공동체가 성취할 수 있는 것에 대해 과도하게 기대하게 되었다. 로버트 게이츠의 회고에 따르면, "내가 [1968~93년 기간] 모신 역대 대통령 중에서 부시 대통령만 정보에 대해 과도하게 기대하지 않았다". 부시 전임자들 대부분이 정보의 역할에 대한 장기적 이해가 부족했기 때문에 고작 '비밀'과 '수수께끼' 간의 중요한 구분도 혼동해서 이해했다. 1962년 소련의 쿠바 미사일 기지 건설과 같은 '비밀'은 적절한 정보 활동 방법을 쓰면 밝힐 수 있었다. 외국 정책결정자의 의도와 같은 '수수께끼'는 추론하지 않으면 밝힐 수 없는 것이다. 바르샤바조약 군대의 배치에 관해 영상정보와 신호정보가 대단히 상세하게 보여주는 데 제대로 감명을 받은 역대 대통령들은 CIA가 해외의 정치적 변동을 예측하지 못했을 때 실망했고 때로는 비판했다. CIA가 1970년 캄보디아 시아누크(Sihanouk) 공의 전복을 예측하지 못했을 때, 닉슨 대통령은 유명한 불만을 터뜨렸다. "랭글리(Langley, CIA 본부 소재지_옮긴이)에 나가 있는 저 바보들은 젠장 뭘 하는 거야?" 조지 부시 대통령은 중앙정보장(DCI)을 역임한 경험에 힘입어 냉전 시대의 어느 대통령(아이젠하워는 예외일 수 있다)보다 더 분명하게 정보분석관들에게서 무엇을 합리적으로 기대할 수 있는지 이해했다. 그는 "의도를 측정하는 것은 대단히 어려운 과업"이라고 인정했다.

1992년 11월 부시의 대선 패배를 예상한 정치 전문가는 거의 없었다는 점에서 그의 패배는 정치적 예측의 어려움을 적절히 예시했다. 부시의 몰락을 예견하지 못한 일부 평론가는 자신들은 미국 대선 결과를 예측하는 데 정확하지 못했으면서도 CIA가 소련의 정치적 변화를 정확하게 예측하지 못했다고 크게 책망했다. 1993년 1월 백악관에 입성한 빌 클린턴(Bill Clinton) 대통령은 부시가 정보에 대해 가졌던 것과 같은 깊은 개인적 관심이 없었으며 경험도 없었다. 그가 자신이 임명한 첫 중앙정보장 제임스 울시(James Woolsey, 1993년 2월부터 1995

년 1월까지 재직)와 직접 대면한 횟수는 역내 어느 대통령보다 적었다.[4]

클린턴 1기 미국 정보기관의 가장 중요한 업적은 핵확산 억제를 지원한 것이었다. 소련이 해체됨에 따라 구소련 영토에 러시아연방 말고도 3개의 신생 핵보유국—우크라이나, 카자흐스탄 및 벨라루스—이 탄생했다. 우크라이나는 약 2,000개의 전략 핵탄두를 보유했는데, 이는 영국, 프랑스와 중국을 합한 것보다 많았다. 1994년 1월 모스크바에서 열린 정상회담에서 옐친, 클린턴, 레오니드 크라프추크(Leonid Kravchuk) 우크라이나 대통령은 우크라이나에 있는 모든 핵탄두를 러시아에서 파기하고 비용은 미국이 부담하기로 합의했다. 그 합의가 가능했던 것은 오로지 클린턴 행정부가 냉전 시대의 전임 행정부와 마찬가지로 구소련 우크라이나 내 미사일 기지에 관해 정밀하고 정확한 정보를 가지고 있다고 확신했기 때문이었다. 윌리엄 페리(William Perry) 국방장관이 후일 기술한 바에 따르면, 핵탄두를 파기하기 전에 러시아 장교들이 우크라이나의 페르보마이스크(Pervomaysk) 미사일 기지에서 미국을 공격할 경우 그 무기들을 어떻게 사용했을지 그에게 보여주었다.

　　나는 공직에 있으면서 모의 군사훈련에 참여한 적이 자주 있었지만, 그렇다고 해도 이것을 경험할 준비는 안 되어 있었다. 나로서는 상황이 너무 황당했다. 나는 젊은 러시아 장교들이 워싱턴, 뉴욕, 시카고, 로스앤젤레스, 샌프란시스코 등을 파괴하는 시뮬레이션을 지켜보면서 그 순간에 미국 미사일은 바로 우리가 서 있는 장소를 조준하고 있다는 것을 아는 모순에 처한 것이었다. 정

4　거의 1,000쪽에 이르는 클린턴 회고록은 중앙정보장으로서 '제임스 울시가 짧게 재임했다'고 딱 반 줄 언급하고 있다.

말이지, 냉전의 초현실적인 공포가 그 순간보다 더 생생하게 나에게 다가온 적이 없었다.

카자흐스탄에 있는 핵물질은 우크라이나보다 경비가 더 허술했다. 1993년 여름 한 미국 관리가 원자로용 연료를 제조하는 우스티카메노고르스크(Ust-Kamenogorsk, 카자흐스탄 동부의 광업도시_옮긴이)의 한 공장으로부터 농축우라늄을 판매할 것을 제의받았다. CIA 보고에 따르면, 이란 첩자들이 이미 그 우라늄을 추적하고 있었으며 그 우라늄은 겨우 철조망으로 보호되는 창고에 보관되어 있었다. 술탄 나자르바예프(Sultan Nazarbayev) 카자흐스탄 대통령이 사파이어(SAPPHIRE)라는 암호명의 미국 비밀작전을 승인했는데, 우스티카메노고르스크의 1,000여 개 컨테이너에 들어 있는 농축우라늄을 테네시 주의 오크리지(Oak Ridge)국립연구소로 수송하는 작전이었다. 록히드 C-5 수송기가 여러 차례 공중급유를 받으면서 델라웨어 주 도버(Dover) 공군 기지로 비행했으며, 그곳에서 우라늄이 아무런 표시가 없는 대형 트럭에 옮겨져 오크리지로 향했다. 윌리엄 페리 국방장관이 1994년 11월 23일 극적인 기자회견에서 처음으로 그 작전을 공개했다. "우리는 이 폭탄급 핵물질을 잠재적인 암상인, 테러범이나 신규 핵 보유 정권이 닿지 않는 곳에 영구히 옮겨놓았다." 페리 장관은 펜타곤, CIA, 국무부와 에너지부 간의 협력이 사파이어 작전이 성공한 비결이라고 믿었다. 나중에 9·11 사건이 보여주듯이, 미국 안보에 대한 '내부의' 위협에 대처하는 부처 간 협력은 성취하기가 훨씬 더 어렵다.

CIA가 구소련에서 [대량살상무기의] 반(反)확산에 공헌했음에도 불구하고 1994년은 대중의 평판 면에서 CIA 재난의 해였다. 2월 21일 FBI가 CIA에서 분석관과 방첩관으로 오래 근무한 올드리치 에임스(Aldrich Ames)를 체포했는데, 그는 1985년부터 자원해서 KGB를 위해 일했었다. 그는 9년 뒤 재판에서 '미국의 대외·국방·안보 정책에 관해 엄청난 양의 첩보'를 제공했을 뿐 아니라 '그가 알고 있는 CIA 등 미국과 외국 정보기관의 소련 내 스파이들을 사실상 모두' 누설했다고 인정했다. 에임스가 FBI 수사관들에게 밝혔듯이, 그를 조종한 KGB와 SVR(러시아 해외정보부) 공작관들은 거의 10년 동안 의심을 사지 않고 CIA 사무실에서 극비 파일을 가지고 나올 수 있었던 그의 능력에 놀랐다. 상원 정보특별위원회는 조사 결과를 바탕으로 '보안이 느슨하고 비효과적인 상태임에도 직원들의 심각한 개인적·직업적 비리에 대해 지나치게 관대한 정보 관료주의'를 비난했다. 에임스는 미국 역사상 최고의 보수를 받은 스파이였다. 1994년 FBI가 에임스를 체포할 때까지 KGB와 SVR은 그에게 총 250만 달러를 지급했으며, 그에게 추가로 지급할 210만 달러가 모스크바의 한 은행 계좌에 예치되어 있었다. 에임스는 가석방될 가능성이 없는 종신형을 선고받았다.

CIA 평판을 더욱 실추시킨 것은 CIA에 대한 클린턴의 가시적인 관심 부족이었다. (부시와 게이츠가 친밀한 관계를 보인 것과는 아주 대조적으로) 대통령과 중앙정보장(DCI) 사이에 개인적인 접촉이 없다는 풍자 기사가 신문 1면에 실린 때는 1994년 백악관 보안이 기이하게 뚫린 후였다. 9월 12일 ≪뉴욕 타임스≫ 보도를 보면,

　　오늘 새벽 2시 직전 적·백색의 경비행기 한 대가 수도 한복판의 17번가 상공을 저공으로 비행하다가 워싱턴 기념비 부근에서 기체를 왼쪽으로 기울여 유턴한 후 곧장 백악관의 대통령 침실로 향했다.
　　그것을 멈추려고 한 사람은 아무도 없었다.

도난당한 세스나(Cessna) 150 경비행기는 앤드루 잭슨(Andrew Jackson) 대통령(1829~37년 재임)이 식수한 목련 가지에 충돌한 후 당시 사람이 없었던 클린

턴 침실의 두 층 아래에서 멈추었다. 당시 백악관 마당에 있던 비밀경호실(US Secret Service) 요원들은 자신들의 목숨이 아까워 달아났다. 워싱턴 재담가들은 세스나기 조종사는 드디어 대통령과 만나려고 필사적으로 시도한 제임스 울시였다고 주장했다. 울시도 1995년 초 사임한 후 똑같은 농담을 했다.[5]

　언론은 클린턴이 자신의 첫 중앙정보장과의 접촉이 부족하다는 사실을 잘 알았지만, 그가 두 명의 전임 공화당 대통령 레이건과 부시와 달리 두 차례 임기 동안 포트 미드(Fort Mead)에 있는 국가안보국(NSA) 본부를 한 번도 방문하지 않은 사실은 알아채지 못했다. 국가안보국은 미국뿐 아니라 서방세계 전체에서 조직 규모가 가장 크고 예산도 가장 많이 쓰는 해외정보기관이다.[6] 부시 대통령이라면 국가안보국 감축 문제를 특히 그 국장인 존 마이클 '마이크' 매코널(John Michael 'Mike' McConnell) 해군 중장과 직접 상의했을 것이다.[7] 클린턴 대통령은 그렇게 하지 않았다. 클린턴 대통령 임기 중 단행된 감축은 만일 부시가 재선되었더라면 그렇게 대대적이지 않았을 것이 거의 확실하다. 1992년과 1995년 사이에 국가안보국은 예산과 인원의 1/3을 잃었다. 의회가 조사 후 내린 결론에 따르면, "국가안보국의 축소, 외주 및 조직변경에 따른 부작용은 프로그램 관리 전문지식, 시스템 엔지니어링, 소요 판단 기량 등 요긴한 것을 상실한 것이었다". 이러한 부작용은 클린턴 대통령의 임기 마지막 해인 2000년 1월 24일 미국 역사상 최악의 신호정보 붕괴로 이어졌다. 그 전년도부터 국가안보국 국장을 맡은 마이크 헤이든(Mike Hayden) 장군에 따르면, "엄청난 수집 물

5　도난당한 세스나기 조종사는 충돌로 사망했는데, 그는 개인적 문제가 많은 메릴랜드 주 트럭 운전사였다.

6　국가안보국은 클린턴의 긴 회고록에서 거론되지 않았다. 단 한 번 언급된 문장을 보면, "CIA, 국가안보국, FBI 등 우리의 대테러 기관 전체는 새천년이 시작되기 전 두 달 동안 테러 공격을 예방하기 위해 열심히 일했다"라고 기록하고 있다.

7　매코널은 후일 아들 부시 대통령의 국가정보장(DNI)으로 2007~09년 재직했다.

량이 재편된 우리 조직의 역량을 압도했다. … 모든 점에서 국가안보국이 뇌사 상태였다". 72시간 동안의 신호정보 붕괴로 '진정한 안보 위기'가 초래되었으며, 그 위기는 대대적인 하드웨어와 소프트웨어 업그레이드를 시작해야만 해소할 수 있었다.

러시아 해외정보부(SVR)와 그 수장 프리마코프는 미국 정보공동체 또는 과거 KGB의 해외정보 부문보다 훨씬 더 공공연하게 적극적이었다. 1993년 프리마코프는 나토 확대를 러시아 안보에 대한 위협이라고 공격하는 보고서를 발표했는데, 당시 옐친의 외무장관 안드레이 코지레프(Andrei Kozyrev)는 유화적인 노선을 취하고 있었다. 1994년 9월 옐친 대통령이 워싱턴을 방문하기 전날 밤 프리마코프는 서방에 대해 러시아와 구소련 제국 간의 정치적·경제적 재통합을 반대하지 말라고 공개적으로 경고함으로써 다시 외무부가 받을 관심을 가로챘다. 프리마코프의 직속 차장으로서 나중에 그로부터 SVR 부장직을 승계한 비야체슬라프 트루브니코프(Vyacheslav Trubnikov)는 SVR은 외무부와 의견이 다르더라도 공개적인 목소리를 낼 권리가 있다고 주장했다. "우리도 말하고 싶다. … 우리는 필요하다고 간주하면 우리의 견해를 표현한다."[8] 1994년 올드리치 제임스가 CIA에서 소련 스파이로 9년 동안 활약한 사실이 드러나자 SVR의 사기가 크게 진작되었다. 프리마코프가 자랑했다. "FBI가 에임스의 다수 비밀 수수소(dead drop) 가운데 하나도 찾을 수 없었을 정도로 러시아 정보활동이 매우 전문적임이 판명되었다."

프리마코프는 정보의 역사를 서방 주요국의 어느 정보수장보다 더 길게 보았다. 1995년 그가 편집을 지휘해 러시아 정보활동의 역사를 여섯 권의 책으로

---

8   옐친 대통령의 재임 첫 5년 동안 벌어진 SVR과 외무부 간의 경쟁을 SVR의 결정적 승리로 끝낸 사건은 1996년 12월 프리마코프가 코지레프 후임으로 외무장관으로 임명된 것이었다.

출간하는 작업이 시작되었는데, 제1권은 소련 시대 이전의 네 세기를 다루었다. 그 역사서는 대부분 믿을 수 있는 사실적 정보의 보고(寶庫)이지만, 소련 정보활동의 역사를 용감하게 살균 처리해 해석하고 있다. 스탈린 치하에서도 해외정보기관은 공포통치의 하수인이라기보다 피해자로 묘사되고 있다. 1930년대 말 해외에서 '인민의 적'을 색출하는 일이 그 기관의 주요 임무 중 하나였는데도 말이다. 프리마코프는 '케임브리지 5인방'을 열렬하게 추앙했는데, "세계 정보 역사에 그들에게 필적할 만한 사람은 없을 것"이라고 주장했다. 프리마코프는 '5인방' 중에서 도널드 매클레인을 개인적으로 알았는데, 그에 대한 과장된 찬사에서 그가 백만장자 귀족이었다고 부정확하게 주장했다. "스코틀랜드 귀족인 그는 결코 돈을 바라고 소련 정보기관과 어울리지는 않았을 것이다. 사실 그는 소련 해외정보기관을 유지할 수 있을 정도로 많은 돈을 가지고 있었을 것이다. 매클레인은 순전히 이념적인 이유에서 소련 정보기관과 협력하기 시작했다." 1995년 프리마코프는 소련 해외정보기관(SVR이 그 후신임을 자처하고 있다)의 창설 75주년을 기념하기 위해 75명의 주요 정보관의 이력을 기리는 책 출판을 지시했다. 그러나 그 책은 소련 시대에 대한 무비판적이고 칭찬 일색인 전기에 불과하다.

프리마코프는 러시아 해외 정보활동을 분식(粉飾)한 역사를 기획하면서도 SVR이 자체 역사 관리에 실패한 줄은 몰랐다. 3년 전에 KGB 해외정보 아카이브에서 영국의 비밀정보부로 전례 없는 유출이 있었다. 그 출처는 KGB 제1총국(해외정보국)의 선임 문서관리관이었던 바실리 미트로킨(Vasili Mitrokhin)이었다. 그는 1972~82년 기간 제1총국의 아카이브 전체를 루비안카에 있는 포화 상태의 모스크바 중앙 사무실에서 야세네보에 핀란드풍으로 신축한 제1총국 본부로 이전하는 작업을 감독했다. 1982년 제1총국의 수장이자 후일의 KGB 의장인 블라디미르 크류치코프는 효율적으로 이전을 지휘한 미트로킨을 공식적으로 표창했다. 미트로킨은 이전 기간 10년과 이후 1984년 퇴직할 때까지 2년 동안 거의 매일 야세네보로 이전되는 파일을 수기했으며, 그 기록을 자신의 아파트로 빼돌린 다음 모스크바에서 36km 떨어진 별장으로 다시 옮겼다. 최종적으로 그 기록은 큰 우유 통 하나, 빨래 삶는 양철통 하나, 주석 트렁크 둘과 알루미늄 상자 둘을 채웠다. 미트로킨을 그 모든 용기를 별장 땅속에 묻었다.

미트로킨의 동료들과 크류치코프는 그가 은밀한 반체제인사인 줄 전혀 몰랐다. 소련이 '프라하의 봄'을 진압한 후인 1960년대 말, 소련 반체제인사들의 인권 투쟁이 미트로킨의 정치적 견해에 깊은 영향을 미쳤다. 그는 KGB 파일을 통해 그 인권 투쟁을 추적하고 서방 방송을 통해 보완할 수 있었다. 미트로킨은 소련 인권운동과 노골적으로 보조를 맞춘다는 생각은 전혀 없었지만, 「시사 문제 연대기(Chronicle of Current Events)」 등 지하출판물에서 영감을 받은 결과, 반체제인사들이 소련 체제의 부당성을 기록하려고 시도한 것처럼 그러한 시도의 극비 버전을 만들겠다고 생각하게 되었다. 제1총국 기록물의 야세네보 이전이 그에게 그럴 기회를 제공했다.

미트로킨은 자신의 목숨을 걸고 KGB의 해외공작과 관련된 극비 기록물을 모았다. 만일 발각되었더라면, 그는 비밀재판에 부쳐져 뒤통수에 총알 한 방을 맞고 처형되었을 것이다. 그가 자신의 아카이브 내용을 밝힐 유일한 기회는 그것을 가지고 서방으로 탈출하는 것이었다. 1991년 말 소련이 해체되고 러시아와 새로 독립한 구소련 공화국 사이의 국경 통제가 비교적 느슨해짐으로써 미트로킨에게 기회가 생겼다. 비밀정보부는 발트 3국에서 미트로킨과 몇 차례 만난 후, 볼셰비키 혁명 75주년인 1992년 11월 7일 그와 그의 가족을 전체 아카이브와 함께 러시아에서 탈출시켰다. 그 탈출 공작의 세부사항은 아직 비밀로 분류되어 있지만, 공작이 아주 성공적이어서 여러 해 동안 러시아 정보기관은 미트로킨이 러시아를 떠난 줄 몰랐으며 SVR은 그에게 연금을 계

속 지급했다.[9]

1994년 올드리치 에임스가 간첩 혐의로 유죄판결을 받은 후, 미국 의회는 '정보공동체에 관한 독립적이고 객관적이며 믿을 만한 검토'를 요청했다. 백악관이 그 검토에 동의했다. 이에 따라 1995년 '미국 정보공동체의 역할과 역량에 관한 대통령위원회'가 발족했다. 연이은 두 위원장의 이름을 따서 '애스핀-브라운(Aspin-Brown)위원회'로 더 유명한 그 위원회는 의회와 대통령이 선임한 위원들로 구성되었다. 애스핀-브라운위원회는 처치(Church)위원회 이후 처음으로 정보공동체 전체에 관한 보고서를 1996년 3월 발표했다. 이 보고서는 냉전 이후의 정보활동을 보는 워싱턴 정가의 세계관이 지닌 무의식적인 편협함을 통찰력 있게 보여준다. 그 위원회는 일부 구체적인 비판이 있었음에도 자신만만하게 결론을 내렸다.

의심할 여지없이 미국은 전 세계에서 가장 유능한 정보기관을 보유하고 있다. 이 기관이 생산한 정보 덕분에 미국은 세계 각지의 사건을 이해할 때, 난세를 예측하고 준비할 때, 군대를 파견할 때, 그리고 기타 수많은 정치적·경제적 결정을 내릴 때 상당한 우위를 누린다.

예산 삭감에도 불구하고, 미국의 기술적 수집 역량은 그 자체로 수준급이었으며 지금도 여전히 그렇다. 그러나 5년 뒤 발발한 9·11 사태는 미국 정보 역량에 심각한 한계가 있었으나 애스핀-브라운위원회가 이를 간과했음을 실

---

9   미트로킨의 모스크바 아파트 이웃들은 그가 자신이 소유한 두 별장 중에서 모스크바에서 더 멀리 떨어진 곳으로 이사했다고 생각한 것 같다. 미트로킨 아카이브에 대한 서방 정보기관의 평가는 후술한다.

증했다.

불과 10년 전만 해도 KGB 내부로부터 CIA가 받은 가장 소중한 일부 정보는 영국 비밀정보부와 프랑스 국토감시국(DST)이 제공했었다는 사실(위원회 보고서에는 언급되지 않았다)에도 불구하고, 위원회는 미국의 인간정보(HUMINT) 공작이 타국, 특히 동맹국 정보기관으로부터 배울 점이 있을 것이라고는 전혀 생각하지 못했다. 그러나 위원회 구성원 모두는 소련의 리안(RYAN) 공작 기간과 1983년 나토 훈련 '유능한 궁수(Able Archer)'로 빚어진 위기 기간에 비밀정보부 스파이 올레그 고르디예프스키가 제공한 KGB 지침 등 대단히 중요한 정보에 관해 알았거나 알았어야 한다. 왜냐하면 레이건 대통령이 백악관 집무실에서 고르디예프스키를 직접 치하했기 때문이다. 마찬가지로 그들은 소련의 미국 내 과학·기술 공작에 관해 가장 상세하게 다룬 최고의 정보가 소련 제1총국의 T국 내 프랑스(DST) 스파이로서 암호명이 페어웰(FAREWELL)인 블라디미르 베트로프(Vladimir Vetrov)에게서 나왔다는 사실을 알았어야 했다. 또 위원회는 10년 전 영국과 프랑스 정보기관은 예산 삭감에도 불구하고 고르디예프스키와 베트로프의 공작 보안을 잘 지켰지만, 미국 정보기관은 KGB 내 미국 스파이의 공작 보안을 그처럼 잘 지키지 못했다는 사실을 알았어야 했다.

역사적·비교적 관점이 충분하지 못한 위원회는 미국이 '세계에서 가장 유능한 정보기관'을 보유하고 있다는 자만에 찬 확신이 엄격한 증거 평가를 거쳐 나온 것이 아니라 중국 왕조의 '중화사상(Middle Kingdom complex)'과 유사한 국가 우월성을 무비판적으로 가정한 데서 비롯된 것임을 깨닫지 못했다. 그러한 국가 우월성 가정은 항상 초강대국이나 예비 초강대국 지위를 정의하는 특성이었다. 예를 들어, 팍스 브리태니카(Pax Britannica, 19세기 영국의 지배에 의한 평화_옮긴이)와 프랑스의 문명화 사명(mission civilisatrice)의 제국주의 사고방식에도 그러한 가정이 핵심이었다.

애스핀-브라운위원회는 보고서를 작성할 당시 모르고 있었지만, 바로 그 순간에 미국 정보공동체에서 선발된 일단의 분석관들이 엄청난 분량의 KGB 극비자료에서 많은 것을 알아내고 있었다. 그 자료는 바실리 미트로킨이 런던으로 가져와 비밀정보부가 복사해서 제공한 것이었다. 아마 영국의 강력한 주장에 의해, 그 자료는 위원회 구성원들에게 누설되지 않았다. 그러나 나중에 미국 정보공동체가 공개적 논평을 허락받았을 때, FBI는 미트로킨 아카이브에 대해 "역대 어느 출처에서 받은 어느 정보보다 더 완전하고 광범위한 정보"라고 말했으며, CIA는 이를 "전후 최대의 방첩 노다지"라고 표현했다. 미트로킨 아카이브에는 여러 표적 중에서도 (KGB의 '주적'인) 미국을 겨냥한 냉전 공작 관련 자료가 가장 많았지만, 제1총국이 전 세계에서 벌인 공작과 관련한 중요한 자료가 들어 있었다. 유럽국가 중에서 안도라, 모나코, 리히텐슈타인 등 소국들만 그 아카이브에서 빠졌다(그러나 소국인 산마리노와 관련해서는 흥미로운 자료가 들어 있었다). 미트로킨은 제1총국에서 최고 등급의 비밀로 분류되는 파일, 즉 흑색 요원을 운용하는 S국의 파일도 폭넓게 기록했다. S국에서 운용하는 KGB 스파이들은 대부분 소련 국민이면서 해외에서 신분을 잘 가장해 외국 국민으로 행세했다. 그들의 훈련과 가짜 신원('전설'이라고 한다) 조작을 완성하는 데는 여러 해가 걸렸다.

미트로킨의 탈출과 그의 아카이브 비밀이 초기에 매우 철저하게 유지되었기 때문에, 그 사실을 모르는 올드리치 에임스는 1994년 체포되기 전에 러시아 해외정보부(SVR)에 경고할 수가 없었다. 미트로킨의 탈출 소식이 독일에서 처음 폭로되었을 때 SVR이 보인 반응은 충격을 받은 모습이었다. 1996년 12월 독일 잡지 ≪포커스(Focus)≫가 한 전직 KGB 장교가 '수백 명의 소련 스파이 명단'을 가지고 영국으로 귀순했다고 보도했을 때, SVR 대변인 타티야나 사몰리스(Tatyana Samolis)는 '허무맹랑한 이야기'라고 비웃었다. "수백 명이라니! 있을 수 없어! 어느 탈주자라도 한두 명, 어쩌면 세 명까지는 스파이 이름을 입수할수 있겠지만, 수백 명은 아니야!" 실제로 미트로킨 아카이브에는 수백 명이 아니라 수천 명의 KGB 스파이 인적사항이 상세하게 들어 있었다. 독일에서의 폭로에 뒤이은 SVR 수사는 마침내 미트로킨의 실종을 밝혀냈고, 아마도 그가 아카이브를 숨겼던 별장 땅속의 은닉처도 찾아냈을 것이다. 점차 진실이 밝혀지면서(1999년 『미트로킨 아카이브』 제1권이 출간될 때까지 완전히 밝혀지지는 않았겠지만) 체카 시대부터 고르바초프 시대 직전까지 기간의 소련 스파이 중에서 신원 비밀이 안전하다고 확신할 수 있는 스파이는 아무도 없었다. 본부는 1984년 이전에 훈련이나 '전설' 조작을 시작한 흑색 요원들 가운데 누구든 신원이 안전하다고 확신할 수 없었다.[10] 미트로킨 아카이브로 인해 프리마코프가 개인적으로 난처해졌는데, 그것은 그 아카이브에 그가 막심(MAKSIM)이라는 암호명으로 KGB에 발탁된 스파이로 여러 번 언급되었기 때문이다. 막심은 일련의 임무를 띠고 중동과 미국에 파견되었었다. 또 프리마코프 SVR 부장 밑에서 차장으로 있다가 부장직을 승계한 비야체슬라프 트루브니코프(Vyacheslav Trubnikov)의 역할에 관한 언급도 있었는데, 그는 인도에서 KGB 주재관으로서 명성을 쌓았었다.[11]

SVR이 미트로킨 아카이브의 폭로에 적응하기 시작한 1990년대 중반, SVR은 CIA와 FBI에 동시에 침투하는 대단한 성과를 달성했다. 에임스의 유죄판결후 두 달 만인 1994년 6월 금전적 동기에서 SVR을 위해 일하기 시작한 해럴드 니콜슨(Harold J. Nicholson)은 다른 강대국의 스파이 노릇을 한 역대 CIA 직원 중

---

10   본부가 21세기 첫 10년 동안 미국 내에 미트로킨의 폭로에 때 묻지 않은 흑색 요원 네트워크를 재
      건하려고 시도했다. 그러나 그 시도는 2010년 열 명의 흑색 요원이 FBI에 체포됨으로써 재난으로
      끝났다. FBI는 유령 이야기들(GHOST STORIES) 공작을 몇 년 동안 펼치면서 그들을 감시했다.
11   의미심장하게도, 프리마코프는 자신의 회고록에서 고르디예프스키 등 서방의 주요 스파이들을
      폄훼하려는 목적에서 그들을 언급했지만 미트로킨에 대해서는 전혀 언급하지 않았다.

에서 최고 직급이었다. 그는 스파이로 포섭된 직후 CIA 본부에 있는 '대테러센터'의 과장이 되었다. 에임스가 자신의 보안에 관해 부주의를 반복했음에도 9년 동안 탐지되지 않았다는 사실이 그보다 신중한 니콜슨으로 하여금 탐지를 완전히 피할 수 있다고 믿도록 고무했을 것이다. 그러나 니콜슨이 의심을 받은 것은 거짓말탐지기 테스트를 통과하지 못한 뒤였다. 후일의 한 CIA 부장에 따르면, 거짓말탐지기 테스트는 '에임스 참사 후 재활성화'되었었다. 니콜슨이 1996년 11월 워싱턴 덜레스 공항에서 체포되었을 때, 그는 스위스 취리히에서 SVR에 건네기로 계획한 비밀서류를 지니고 있었다. 1997년 6월 니콜슨은 간첩죄로 유죄판결과 함께 23년의 징역형을 선고받았는데, 이것은 검찰에 협력함으로써 더 무거운 형량을 피한 것이었다.[12]

1966년 니콜슨이 체포되었을 무렵, 다른 강대국의 스파이 노릇을 한 역대 FBI 직원 중에서 최고 직급인 로버트 한센(Robert P. Hanssen)은 1년 동안 워싱턴 지역 내 일련의 수수소에 SVR로 보내는 극비자료를 배달했었다.[13] 한센의 주된 동기는 에임스와 니콜슨처럼 금전적이었지만, 한 친구가 자신의 부부간 성관계를 볼 수 있도록 비디오 연결을 설치했을 만큼 성적 환상과 노출을 즐기는 사람이기도 했다. FBI와 CIA는 워싱턴에 신원 미상의 SVR 스파이가 있다는 것을 알았다. 그러나 양 기관의 합동 수사는 완전히 그릇되었다. 수사반장은 러시아 스파이가 브라이언 켈리(Brian J. Kelley)라는 CIA 직원이라고 확신했지만, 그는 전문성이 높고 전적으로 무고한 사람이었다. 켈리가 자백하도록 만들기 위해 켈리뿐 아니라 그의 가족도 심한 추궁을 받았다. 한 번은 수사관들이 보낸

---

12 2011년 니콜슨은 아들을 시켜 자신의 과거 스파이활동의 대가로 4만 7,000파운드를 SVR 관리들로부터 수금한 혐의로 8년 형을 추가로 선고받았다. 그 아들은 5년간의 집행유예를 받았다.

13 한센은 1979년부터 여러 해 동안 군 정보총국(GRU)과 접촉했었다. 미트로킨은 KGB 파일에만 접근했기 때문에 그의 아카이브에는 이 접촉에 관해 아무런 언급이 없었다.

가짜 SVR 장교가 그의 집 현관에서 FBI가 그에게 불리한 증거를 가지고 있어서 도주하는 것이 불가피하다고 경고했다. "내일 밤 [워싱턴의] 비엔나 지하철역에서 우리와 만나시오. 어떤 사람이 당신에게 다가갈 것이오. 우리는 당신을 위한 여권을 가지고 있고, 당신을 국외로 빼내겠소." 켈리는 문을 쾅 닫고 이 일을 FBI에 신고했다. 그가 마침내 혐의를 벗게 된 것은 FBI가 700만 달러를 들인 공작으로 2000년 SVR 아카이브에서 파일을 빼낸 결과였다. 그 파일에는 미국 스파이가 러시아 공작관에게 하는 말을 녹음한 테이프가 들어 있었다. FBI와 CIA 수사관들은 브라이언 켈리의 목소리가 들리기를 기대했다. 그런데 켈리 대신에 로버트 한센의 목소리가 들렸다. 2001년 2월 18일 한센이 체포될 때 그는 FBI 요원들에게 물었다. "왜 그렇게 오래 걸렸소?"[14] 7월 한센은 가석방 가능성이 없는 종신형을 선고받았다.

방첩에 관한 한, 켈리 수사의 무능한 처리와 함께 에임스, 니콜슨 및 한센 사건은 집합적으로 '의심할 여지없이 미국은 세계에서 가장 유능한 정보기관을 보유'하고 있다는 1996년 애스핀-브라운위원회의 주장을 허물고 있다. 그러나 그 위원회는 미국 정보기관의 세계적 우월성을 대체로 신뢰하면서도 정보기관과 워싱턴의 정책결정자들 간의 관계가 여러 동맹국에 비해 원활하지 못하다고 간단하게 인정했다.

정보는 그 서비스를 받는 사람들과 더 가까워져야 한다. 정보기관은 어떤 역할을 할 것인가 그리고 무엇을 수집하고 분석할 것인가와 관련해, 정책 수준으로부터 더 좋은 지침을 제시받을 필요가 있다. 정책결정자들은 정보가 무엇

---

14 2001년 CIA에 복직한 켈리는 나중에 '공로 정보 훈장(Distinguished Career Intelligence Medal)'을 받았으며, 2007년 퇴직했다.

을 제공할 수 있는지 제대로 인식하는 동시에 정보 역량이 어떻게 사용되는지 더 숙지할 필요가 있다. 정보는 또한 공동의 목표를 성취하기 위해 법 집행 등 정부의 다른 기능과 더욱 밀접하게 통합되어야 한다.

영역 다툼 해소하기, 정보 우선순위 설정하기, 정책결정자의 신뢰 획득하기, 그리고 정보공동체와 외무부, 국방부, 재무부 대표들의 평가 조율하기에서 영국의 합동정보위원회(JIC)는 국가안전보장회의(NSC) 등 미국의 어느 기관보다 앞선 것으로 판명되었다. 영국인 한 명이 저자로 참여한 '미국 정보활동의 미래에 관한 20세기 기금 T/F'가 그와 비슷한 견해를 더욱 강력하게 주장함으로써 애스펀-브라운위원회에 그늘을 드리웠다. 그 T/F의 결론에 따르면, 국방부를 제외하고 대부분의 미국 정부 관리들은 "자신들이 수취하는 정보 분석을 그다지 중시하지 않았다".[15] 정보보고서를 중시하는 국방부 관리들조차 그것을 읽는 시간이 아주 적었다. 정보에 특별한 관심이 있는 저명한 하버드대 학자 조지프 나이(Joseph S. Nye) 2세가 애스펀-브라운위원회에서 발언한 바에 따르면, 그는 1994~95년 국제안보문제 담당 국방 차관보로 재직할 때 정보보고서를 읽는 데 하루 5분 이상 시간을 내기가 어려웠다. 나이는 시간을 내서 읽은 보고서에는 많은 첩보(information)가 들어 있었지만 많은 통찰은 없었다고 말했다.

나이의 논평은 지금 보면 1990년대 중반 테러리즘에 관한 미국 정보보고서의 한계를 공정하게 평가한 것이었다. 1995년 국가정보판단서(NIE)가 '새로운 유형의 테러리즘'의 등장을 경고했었지만, 후일 '9·11 위원회'는 "테러리스트

---

15   '20세기 기금'은 근거지가 뉴욕인 싱크 탱크로서 이후 '세기 재단(Century Foundation)'으로 개명했다.

를 국가의 요원 또는 국내 범죄자로 생각하는 관리들이 많았다"라는 결론을 내렸다. 브루스 호프만(Bruce Hoffman)은 장래 '성스러운 테러(Holy Terror)'로부터의 위협을 가장 분명하게 알아본 학계의 테러리즘 전문가인데, 호프만이 그러한 예지를 지닌 것은 주로 그가 대부분의 정보기관보다 훨씬 더 장기적인 견해를 취했기 때문이었다. 1980년에 활동한 64개 테러 단체 가운데 단 두 개의 단체만이 주된 동기가 종교였으며 둘 다 이란 혁명과 밀접하게 연관되었다. 이후 15년 동안 극적인 변화가 있었다. 1995년 무렵에는 활동적인 국제 테러 단체의 거의 절반이 종교에 기반했다. 그해의 가장 치명적인 공격은 모두 종교적 테러리스트에 의해 수행되었다. 호프만이 지적한 대로, 종교적 테러리즘의 증가는 20세기 말의 단기적 일탈이기는커녕 '성스러운 테러'라는 먼 옛날의 전통으로의 회귀를 드러낸 것이었다. 프랑스혁명 이전까지 테러를 정당화하기 위해 쓰인 유일한 논거는 종교적인 것이었다.

그러나 1990년대 중반 종교적 광신자들의 테러 위협은 계속 과소평가되었다. 1993년 칼리드 셰이크 모하메드(Khalid Sheikh Mohammed: KSM)—8년 뒤 발발한 9·11 공격의 주된 기획자—는 자신의 조카 람지 유세프(Ramzi Yousef)가 뉴욕 세계무역센터의 쌍둥이 타워 하나를 파괴하려는 계획과 자금에 첫 지원을 시도했으며, 빈 라덴으로부터 적극적인 도움도 받았다. 유세프는 뛰어난 기술적 재간을 보였다. 무역센터 지하주차장에 남겨진 트럭 속 폭탄은 한 타워의 7층을 뚫고 구멍을 냈다. 놀랍게도 사망자는 6명에 불과했지만, 부상자가 1,000명이었다. 클린턴 행정부와 미디어는 주요 미국 표적에 대해 제기하는 알카에다의 위협 증가에 초점을 맞추기보다 공격을 보조하는 역할만 했던 트럭 폭탄 테러범 모하메드 살라메(Mohamed Salameh)의 순진함에 더 관심을 기울였다. 공격에 사용된 트럭을 임차했던 살라메는 어리석게도 그 트럭이 도난당했다고 주장하면서 보증금으로 지급한 400달러 가운데 일부를 돌려달라고 렌터카 회사에 거듭 청구했다. 그는 세 번째 시도에서 일부를 돌려받는 데 성공한 후 곧바로 FBI에 체포되었다.

1993년과 2001년 9·11 두 번의 세계무역센터 공격과 관련된 정보 수사를 저해한 것은 FBI와 CIA 간 협력 부족이었으며, 이는 냉전 기간에 반복되었던 문제였다.[16] 유세프가 1995년 체포되고 유죄판결까지 받은 후, 제임스 울시 중앙정보장(DCI)이 불만을 토로했다.

모든 수사가 법집행기관에 의해 진행되고 있었기 때문에 우리는 수사로 무엇을 찾아냈는지 몰랐다. 연방 형사소송법 제6조 E항에 의거해, 대배심에 따라 입수된 모든 것은 검사팀 밖으로 공유될 수 없다. 일정한 제한된 조건에서는, 예컨대 주 또는 지방 검사는 그들과 첩보를 공유할 수 있지만, 정보공동체는 그럴 수 없다. 따라서 모든 첩보가 재판이 개시되기 전 적어도 2년 동안 법집행기관 내부에 폐쇄되었다.

'폐쇄' 문제는 오래된 것이었지만, 연방법 개정이 이를 더욱 악화시켰다. 과거 CIA 역사가(지금은 국가안보국 역사가)였던 마이클 워너(Michael Warner) 박사의 결론에 따르면,

1990년대 미국은 국가권력에 맞서 선진국 역사상 최고의 인권 보호를 제공하기 위해 법집행·정보활동의 첩보 공유에 관한 규정을 효과적으로 개정했다. '벽'이라는 별명이 붙은 새 규정은 CIA와 FBI 관리들이 더 폭넓게 의미를 파악

---

16   냉전 초기 5년 동안 FBI 국장 에드거 후버(J. Edgar Hoover)는 베노나(VENONA) 해독물, 즉 당시 미국 정보기관에 가장 소중했던 소련 정보를 CIA와 공유하기를 거부했다.

했을 중요한 단서를 공유할 수 없게 만들었다.

FBI와 CIA 간 더욱 긴밀한 협력 필요성은 1993년 세계무역센터 공격을 당하고도 배우지 못한 정보 교훈이었는데, 그런 사례는 더 있었다. 그로부터 10년 전 이란이 지원한 시아파 자살폭탄 테러범들이 베이루트 주재 미국 대사관을 트럭 폭탄으로 공격해 63명을 죽인 사건에 비추어 볼 때, 자동차와 트럭 폭탄에 대해 추가로 예방조치를 취하지 못한 것은 더욱더 뼈아프다. 1983년 희생된 17명의 미국인 가운데에는 8명의 CIA 직원, 특히 거점장과 중동정보 분석팀장이 포함되었다. 이듬해 쿠웨이트 주재 미국 대사관과 프랑스 대사관, 베이루트 주재 미국 해병대와 프랑스 공수부대 막사, 그리고 베이루트의 새 미국 대사관이 자살 자동차·트럭 폭탄으로 공격당하는 중대한 사건이 추가로 발생했다.

1995년 국무부 내에 외교보안국과 외교보안대가 창설되었어도 대단한 개혁은 이루어지지 않았다. 1996년 프루덴스 부시넬(Prudence Bushnell)은 케냐 나이로비에 미국 대사로 부임한 후, 대사관 보안이 심각하게 취약하다고 거듭 고충을 제기했다. 나이로비에 알카에다 세포조직이 있다는 것을 알고도 국무부는 그녀의 고충 제기에 거의 반응을 보이지 않았다. 그 세포조직에 관한 정보도 대부분 부시넬과 공유되지 않았다. "첩보가 '알 필요성' 기준에 따라 엄격하게 구획되었으며, 워싱턴은 분명히 미국 대사는 알 필요가 없다고 생각했다. 그래서 나는 알카에다의 존재를 알고 있었고 미국 팀이 여럿 오가는 것도 알고 있었지만, 그들이 도대체 무엇을 습득하고 있는지는 알지도 듣지도 못했다." 1998년 8월 7일 나이로비에서 자살 테러범이 몬 폭탄 트럭이 미국 대사관과 그 주변 건물들을 거의 허물었으며, 10분 뒤 탄자니아 다르에스살람(Dar es Salaam)에서도 미국 대사관이 큰 피해를 보았다. 나이로비에서 213명(그중 12명만 미국인이었다)이 죽고 수천 명이 부상했는데, 150명은 유리 파편에 실명했다. 다르에스살람에서는 사망자 11명과 부상자 85명의 피해가 발생했다. 나이로비의 알카에다 세포조직은 폭탄테러 후 자신들의 소행임을 밝히는 증거를 제시했다. CIA는 그 세포조직에 관해 이미 '이례적으로 좋은 정보'를 입수했었는데, 이는 후일 9·11 위원회가 확인한 사실이었다. 동시다발적인 자살폭탄 공격은 1998년 동아프리카의 미국 표적을 대상으로 처음 사용되었지만, 3년 뒤 미국 내에서 훨씬 더 큰 규모로 반복될 것이었다.

클린턴 대통령의 후일 회고록에 따르면, "누구 말을 들어도 빈 라덴은 자신이 절대적 진리를 알고 있고 따라서 무고한 사람들을 죽임으로써 자유로이 신행세를 할 수 있다는 확신에 젖은 사람이었다". 그러나 클린턴 1기 행정부는 그가 제기하는 새로운 위협이 어느 정도인지 파악하지 못했다. 1997년까지 CIA의 대테러센터조차 계속해서 그를 '극단주의 자금줄'로 기술했다. 이와 대조적으로, 그 전해 CIA 공작국(Operations Directorate) 내에 설치된 빈 라덴 대책반은 이제 그가 자금줄 이상임을 깨달았으며, 알카에다 군사위원회가 미국의 이익을 겨냥한 세계적 작전을 기획하고 있고 핵물질을 입수하기 위해 적극적으로 노력하고 있다고 보고했다. 1998년 2월 빈 라덴은 공개적으로 미국에 대한 전쟁을 선포했다. 아이만 알-자와히리(Ayman al-Zawahiri)의 이집트 이슬람 지하드가 알카에다와 통합한 후, 빈 라덴은 그와 공동으로 유대인과 십자군에 맞서는 '세계이슬람전선(World Islamic Front)'이라는 이름으로 파트와(fatwa)를 발표했다. "미국인과 그들의 동맹─민간인과 군인─을 죽이라는 결정은 그렇게 할 수 있는 모든 나라에서 그렇게 할 수 있는 모든 이슬람교도의 개인적 의무다."[17]

17 　서방에서는 지하드 전사들이 시(詩)에 대해 지닌 열정을 잘 몰랐기 때문에 빈 라덴이 앞서 1996년 행한 연설을 '미국에 대한 선전포고'로 잘못 알았다. 사실 그 연설은 주로 사우디아라비아를 겨냥한 것이었는데, 이 점을 분명히 보여준 15개 인용 시는 대부분 번역되지 않았다.

이후 빈 라덴은 미국 정보활동의 주요 표적이 되었지만, 미국 정부가 알카에다 제거를 명백한 전략 목표로 채택한 것은 9·11 이후였다.

9·11 이전 몇 년 동안 미국 내에서 테러 위협에 대해 가장 선견지명 있는 평가는 정보공동체에서가 아니라 1999년 9월 공개된 공식 보고서에서 나왔다. 그 보고서는 의회 도서관 연방연구부의 렉스 허드슨(Rex Hudson)이 쓴 『테러리즘의 사회학과 심리학: 누가 왜 테러리스트가 되는가?』였다. 허드슨은 비밀자료에 접근할 수 없었지만, 대부분의 정보분석관보다 더 장기적이고 폭넓은 관점에서 테러 위협을 보았다. 그는 '점차 위험해지고 있는 신종 종교적 테러리스트들'을 1990년대에 등장한 주요 위협으로 정확하게 식별했다. "종교적 동기의 테러리스트들이 정치적 동기의 테러리스트들보다 더 위험한 것은 그들이 메시아적 혹은 종말론적 환상을 추구하면서 대량살상무기(WMD)를 개발하고 사용할 확률이 가장 높기 때문이다." 주된 직접적 위협은 자살폭탄이었다. 1990년대 초 가장 헌신적인 자살폭탄은 스리랑카의 힌두교 극단주의 '타밀 호랑이들(Tamil Tigers: LTTE)' 대원 중에서 나왔다. 이 단체는 세 명의 정부 수반을 암살한 유일한 테러 단체로, 1991년 라지브 간디(Rajiv Gandhi) 인도 수상, 1993년 라나싱헤 프레마다사(Ranasinghe Premadasa) 스리랑카 대통령, 1994년 스리랑카 야당 지도자 가미니 디사나야케(Gamini Dissanayake) 등을 암살했다. 그러나 허드슨은 서방, 특히 미국을 겨냥한 '가장 위험한 유형의' 자살폭탄으로 '이슬람 근본주의자'를 지목했다. "알카에다의 이슬람 순교자대대에 소속된 자살폭탄들은 C-4, 셈텍스(semtex) 등 고성능 폭약을 실은 항공기로 펜타곤, CIA 본부 또는 백악관으로 돌진할 수 있을 것이다." 실제로 9·11 자살폭파범들이 납치한 네 대의 항공기 중 하나가 펜타곤으로 돌진했다(고성능 폭약 없이도 폭발을 일으켰다). 납치된 다른 항공기 하나는 승객들에 의해 제압되었을 때 미상의 고명한 워싱턴 목표물을 향하고 있었다. 지금까지 알려진 바로

는, 고명한 목표물에 대한 자살폭파범들의 공중 위협을 허드슨처럼 정확하게 식별해 낸 미국 정보공동체 분석관은 없었다.

허드슨 보고서와 관련해 가장 놀라운 일은 선견지명 있는 그 통찰을 떠나 당시 그 보고서가 거의 주목받지 못했다는 점이다. 알카에다에 관한 공개 출처 첩보는 믿을 만한 내용이 거의 없었으며 여러모로 각색된 것이었다. 미국 의회의 '테러리즘과 비정규전에 관한 T/F' 팀장 요세프 보디안스키(Yossef Bodiansky)는 1990년대 중엽 빈 라덴이 '런던 교외 웸블리(Wembley)에 부동산을 매입해 정착'했다고 주장했는데, 이것이 허드슨을 오도했다. 미국 정보분석관의 눈에는 이 주장으로 허드슨 보고서의 전반적인 신뢰성이 틀림없이 떨어졌을 것이다. 세계에서 최장신 주요 테러리스트였을 빈 라덴은 추정 키 196cm에 긴 턱수염을 기르고 흘러내리는 가운을 입었기 때문에 웸블리에 살았다면 자신의 존재를 감추기가 매우 힘들었을 것이다. 그러나 그가 거기에 산다는 언론 보도가 계속되었다. 예를 들어, 미국 텔레비전 채널 NBC와 런던 ≪이브닝 스탠다드(Evening Standard)≫ 지 둘 다 빈 라덴이 개인 제트기로 런던을 정기적으로 출입한다고 보도했는데, MI5는 '웃기는' 주장이라고 일축했다.

새천년이 시작될 때 영국 정보공동체는 이슬람교도 테러리즘의 영국 안보에 대한 더 작지만 심각한 잠재적 위협에 대해 동맹국 미국보다 더 잘 대처할 준비가 되어 있었다. 미국처럼 여러 정보기관과 경찰 간의 협력을 가로막는 '벽'이 없었으며, 1990년대 MI5와 경찰은 아일랜드공화군(IRA)에 대응해 과거보다 더 효과적으로 협력했다. 2000년 7월 MI5는 암호명 라지(LARGE) 공작을 통해 경찰의 강력한 지원을 받아 영국 내 첫 이슬람교도 폭탄 공장을 적발했다. 그 공장을 세운 모이눌 아베딘(Moinul Abedin)은 방글라데시 태생의 영국인 이슬람교도로서 버밍엄의 스파크브룩(Sparkbrook) 출신이었다. 아베딘은 폭죽 기업을 설립하고 있었다고 개연성 없는 주장을 했지만, 유죄판결과 함께 20년형을 선고받았다. 아베딘이 체포되었을 때, MI5는 그가 알카에다와 연계가 없다고 믿었다. MI5는 그의 폭탄 공장을 고립된 사건으로 해석했다.[18] 실제로, 라지 공작은 나중에 영국 내에서 지하드 전사 음모가 가장 활발한 중심지로 드러난 곳을 찾아냈었다. 20세기 말 이후 영국에서 유죄판결을 받은 테러범의 10%가 버밍엄의 스파크브룩과 인근 네 개 선거구 출신이었다.

9·11 발생 1년 전 MI5는 반(反)확산 공작을 전개하다가 생물무기(BW)를 개발하려는 알카에다의 시도를 저지하는 데 성공했는데, 당시에는 그런 줄 모르고 있었다. 2000년 9월 파키스탄 미생물학자 라우프 아흐마드(Rauf Ahmad)가 영국에서 열린 위험한 병원체 관련 학술회의에 참석해 다른 대표단으로부터 표본을 입수하려고 시도했으며, 생물 반응장치(bioreactor)와 세포 계수기 획득도 도와달라고 했다. 영국을 떠나려는 그의 수하물을 수색한 결과, 그가 '장비 매입용'이라고 주장한 현금 1만 3,000파운드, 영국 회사 등 그의 연락처에 관한 상세 문서, 그리고 그의 이력서 사본이 발견되었다. 그 이력서에 따르면, 아흐마드는 파키스탄의 한 대학교에서 박사학위를 따고 1997년과 1999년에도 영국에서 열린 학술회의에 참석했으며, 탄저병에 관한 과학 논문을 발표했었다. 아흐메드와 접촉한 영국 회사들은 MI5의 설명을 듣고 그와의 거래를 끊었다. 그러나 그의 영국 방문은 당시 드러난 것보다 훨씬 더 큰 중요성을 지니고 있었다. 그가 영국을 방문한 목적은 미군이 9·11 이후인 2001년 말 아프가니스탄에서 발견한 서류에 의해서야 명백히 밝혀졌다. 그 서류 가운데에는 생물무기 생산을 위한 장비 확보, 배양 및 훈련에 관해 '아부 모하메드(Abu Mohamed)'와 '아부 이브라힘(Abu Ibrahim)'이라는 가명의 두 이슬람교도가 주고받은 서신이

---

18   MI5는 나중에 생각을 바꾸었다. 추가 수사를 통해 나온 결론에 따르면, 아베딘의 폭탄 공장은 알카에다의 세계 지하드 이념에 의해 고취되었지만 알카에다가 '운영 임무를 부여하거나 지시'하지 않았다.

들어 있었다. '아부 모하메드'는 빈 라덴의 제2인자 아이만 알-자와히리(Ayman al-Zawahiri)로 곧 밝혀졌다. '아부 이브라힘'을 추적하는 데는 시간이 오래 걸렸다. 그러나 서신에서 언급된 그의 해외여행, 영국 학술회의 참석, 위험한 병원체 확보 시도 등이 MI5 파일에 적힌 아흐메드 기록과 정확히 일치하는 것으로 드러났다. 이 발견은 빈 라덴이 '유대인과 십자군'의 해괴한 음모에 대응해 사용할 대량살상무기 획득을 '종교적 의무'로 계속 간주하고 있다는 두려움을 확인시켰다. 빈 라덴은 쿠틉(Qutb)처럼 그 해괴한 음모가 지난 1,000년 동안 이슬람을 위협했다고 확신했다.

2000년 1월 3일 예멘 남부의 아덴(Aden) 항에서는 작은 보트에 승선한 알카에다 자살폭파범들이 미국 전함 설리번스(Sullivans) 호를 공격하려고 돌진했다. 그 보트가 폭발물을 과적해 전함에 이르기 전에 침몰했지만, 알카에다는 그 실수에서 배움을 얻었다. 2000년 10월 12일에는 자살폭파범들과 폭발물을 안정되게 실은 또 다른 보트가 아덴 항의 미국 해군 유도미사일 구축함 콜(Cole) 호에 충분히 접근해 폭발했다. 그 폭발로 콜 호 측면에 큰 구멍이 뚫렸고 승무원 가운데 17명의 사망자와 40명의 부상자가 발생했다. 빈 라덴은 그 공격을 기리는 시를 지어서 아들 결혼식에서 낭송했음이 나중에 밝혀졌다. 조지 테닛(George Tenet) 중앙정보장(DCI)의 후일 회고에 따르면, "공격이 발생한 이후, 이미 알고 있는 알카에다 요원들이 공격에 가담한 것은 분명했지만, CIA 정보나 FBI의 범죄 수사는 오사마 빈 라덴과 그 지도부가 공격을 승인·지휘·통제했는지를 확정적으로 입증할 수 없었다". 부처 간의 '벽'이 증거를 찾으려는 시도를 또다시 방해했으며 현장의 FBI 사무실도 좌절시켰다. 한 FBI 분석관은 콜 호 공격 시의 알카에다의 역할을 수사하는 데 필요한 정보에 접근하는 문제로 좌절해 이렇게 적었다. "이번 사건이 어떠했어도 언젠가 누군가 죽을 것이다. 벽이야 있든 없든, 대중은 왜 우리가 어떤 '문제'에 대해 더 효과적으로 대응하지 못했고 우리의 모든 자원을 투입하지 않았는지 이해하지 못할 것이다." 후일 9·11 위원회의 결론에 따르면, "정보 경로로 입수되는 첩보의 공유와 사용을 규율하는 규칙에 관해 관계자가 모두 혼란스러워했음이 이제는 분명하다".

2000년 대선 운동 기간에 공화당 후보 조지 부시(George W. Bush)는 민주당 후보 앨 고어(Al Gore)처럼 CIA로부터 테러리즘 위협에 대한 고급 브리핑을 정기적으로 받았다. 브리핑을 받기 전까지 부시는 대부분의 미국인과 마찬가지로 알카에다를 들어본 적이 없었다. 미국 표적을 공격하려는 알카에다의 계획에 관한 정보가 두리뭉실하다는 생각이 든 부시가 보고자에게 말했다. "근데 내 생각에 내가 대통령이 되면 좋은 자료(good stuff)를 보기 시작할 겁니다." 테닛이 나중에 적었듯이, 부시가 깨닫지는 못했지만 "그는 이미 '좋은 자료'를 보고 있었다". 부시는 정보의 중요성을 확신했지만, 아버지처럼 정보를 이해하지는 못했다. 조지 부시가 대통령 출마를 선언하기 두 달 전인 1999년 4월, CIA는 그의 아버지에게 전례 없는 특별한 헌정식을 거행했다. 부시 전 대통령과 바버라 부시(Barbara Bush) 여사가 임석한 가운데 버지니아 주 랭글리에 있는 CIA 본부가 '조지 [H. W.] 부시 정보센터'로 공식적으로 개명되었다.

미국 구축함 콜 호 공격에 대한 대응 부족을 둘러싸고 클린턴 행정부 내에서 막후 언쟁이 벌어졌음에도, 후일 9·11 위원회가 말한 2000년 대통령 선거운동의 특징은 '알카에다 위협이나 테러리즘에 관한 진지한 토론이 뚜렷하게 없었다는 점'이었다. 11월 7일에 끝난 선거운동은 미국 역사상 최대 접전 중 하나였으며, 가장 근소한 차이의 부시 승리는 6주 뒤 대법원의 5 대 4 결정으로 확정되었다.

2001년 1월 20일 조지 W. 부시 대통령이 취임할 무렵, 테닛은 자신이 보기에 "무언가 큰 것이 다가오고 있었지만, 큰 좌절감을 느낄 정도로 우리는 정확히 무엇이, 어디서, 언제 또는 어떻게 올지 결정할 수 없었다". 2000년 봄과 여름, 다가오는 테러 공격을 '경고하는 신호의 증가'는 이러한 질문에 대답하지 못했다. 영국의 정보보고서도 미국 표적에 대한 대규모 알카에다 공격을 가리켰지만, 그 공격 계획을 알아내지 못했다. 6월 22일 화이트홀의 고위 관리들에게 올라간 보고서는 사우디아라비아, 바레인, 쿠웨이트, 요르단, 터키 및 케냐에 있는 미국 이익에 대한 구체적인 위협을 경고했다. 7월 6일 MI5의 결론에 따르면,

> 오사마 빈 라덴과 그의 동지들이 서방 이익을 대상으로 한 다수의 대대적인 공격작전 기획을 현재 잘 진행하고 있음을 가리키는 보고서가 대폭 증가하고 있다. … 오사마 빈 라덴과 그의 동지들이 공격을 노리는 서방 이익의 소재지로 가장 유망한 곳은 걸프 제국 또는 더 넓게는 중동지역이다.

그러나 2001년 여름의 정보보고서들은 미국 내의 대대적 공격 또는 항공기 납치에 기반한 공작을 가리키지 않았다. MI5는 미국의 대테러 보안 역량을 과대평가했다. 9·11 발생 2년 전의 MI5 보고서에 따르면, "오사마 빈 라덴이 미국 내에서 공격을 감행하려고 하지만, 그는 자신의 조직으로는 미국의 작전 환경이 힘들다는 것을 알고 있는 것으로 정보상으로 추정된다". 9·11에 자살 항공기 납치범들이 이용한 미국 공항의 보안 수준은 알카에다가 '힘든 작전 환경'에 처해 있다는 MI5의 믿음을 정당화하기 어려웠다. 9·11 이전 몇 년 동안 미국 연방항공청(FAA)은 납치된 항공기 두 대가 이륙한 보스턴 로건(Logan) 공항의 보안 위반을 거듭 지적했다. 일반적인 믿음과는 반대로, 로건 공항 외에도 납치된 비행기가 출발한 다른 두 공항, 즉 뉴어크(Newark) 국제공항과 워싱턴 덜레스(Dulles) 공항에는 탑승구에 CCTV조차 없었다.

납치범들 여럿이 9·11 한참 전에 로건 공항에서 보안 검색대를 조사하는 것

을 본 목격자가 적어도 세 명 있었으나, 당시 무시되었다. 아메리칸항공사 직원인 한 목격자는 2001년 5월 납치범 두목 모하메드 아타(Mohamed Atta)가 로건 공항 검색대를 촬영하고 조사하는 것을 본 후 그와 마주쳤다. 그 직원이 아타를 공항 보안국에 신고했으나, 아타는 검문받지 않았다.[19] 항공 여행의 안전을 책임진 연방항공청이 9·11 당일 유지한 감시 명단(watch list)에는 12명의 이름만 들어 있었다. FBI와 CIA는 그 명단에 추가되었어야 할 수백 명을 알고 있었다. 감시 명단을 확대하지 못한 것은 대체로 관료적 내분 탓이었다.

9·11 발생 전 몇 달 동안 국가안보국(NSA)이 가로챈 이슬람교도 메시지 20여 건은 국가안보국 국장 마이크 헤이든(Mike Hayden) 장군의 말을 인용하면, "무언가 임박했음"을 분명히 했다. 9·11 전야에 한 하급 알카에다 구성원으로부터 절취한 메시지는 "경기가 곧 시작된다"라고 알렸다. 같은 날 또 다른 절취물은 "내일은 영시(zero hour)"라고 언명했다. 두 메시지 모두 9월 12일까지 번역되지 않았다. 나중에 두 메시지가 9·11 공격을 예고한 것이라는 주장이 나왔다. 실제로는, 임박한 공격을 언급한 국가안보국의 다른 절취물과 마찬가지로 그 두 메시지는 9·11 공격을 예고하지 않았다. 후일 내려진 결론에 따르면, 그 절취물들은 9월 9일 아프가니스탄의 북부동맹 우두머리 아흐마드 샤 마수드(Ahmad Shah Massoud)의 암살 여파를 언급했을 것이다. 후일 테닛이 인정했다. "우리─CIA, 정보공동체, 수사기관, 정부를 통틀어─는 9·11이 정확히 '언제 어디인지'를 놓쳤다. 우리에게는 연결할 점들이 많지 않았는바, 이것은 우리의 숙명이다." 일부 점들이 빠진 것은 9·11에 절정에 달한 순교 사명의 종교적 동기를

---

19   그 목격자의 설명이 보스턴발 납치 비행기에서 죽은 마크 베이비스(Mark Bavis)의 가족이 제기한 소송에서 표면화되었다. 이 송사는 재판으로 가지 않고 2011년 수백만 달러의 합의금으로 조정되었기 때문에 그 증거가 공개 법정에 제출되지 않았다. 그러나 베이비스의 변호사들이 나중에 그 기록을 공공 아카이브에 공탁했다.

중시하지 않은 전략적 실패 때문이었다. 빈 라덴은 순교 사명을 수행한 자기 추종자들의 종교적 열성을 이해하지 못하는 미국인들을 조롱했다. 그는 9·11 이후 한 파키스탄인과의 인터뷰에서 말했다. "우리는 죽음을 사랑한다. 미국인들은 삶을 사랑한다. 이것이 둘 사이의 큰 차이다."

알카에다가 미국 내 항공기 납치를 준비하고 있다는 중요한 단서를 놓친 이유는 FBI와 CIA 간의 소통 부족뿐 아니라 FBI 본부와 지부 간의 소통 부족 때문이기도 했다. 2001년 7월 FBI 피닉스(Phoenix) 지부의 한 요원이 본부와 뉴욕의 국제테러리즘 대책반에 메모를 보내 오사마 빈 라덴이 조직적 노력을 기울여 미국 항공학교에서 테러범들을 훈련할 가능성을 경고했다. 그는 '수사 관심을 끄는 개인들이 너무 많이' 애리조나 주의 여러 항공학교에 다니고 있다고 보고했다. 피닉스에서 보낸 그 메모는 FBI 본부가 항공학교들과 관계를 수립하고 외국인 지원자들의 비자 정보를 입수할 권한을 확보하도록 건의했지만, 본부는 이를 무시했다. 본부에서 빈 라덴과 급진적 근본주의를 담당하는 부서 간부들은 9·11 이후까지 그 메모를 보지 않았으며, 뉴욕 지부는 메모를 읽었으나 아무런 조치도 취하지 않았다.

FBI 본부가 피닉스 메모에 따라 움직였더라면, 8월 15일 미니애폴리스 지부의 경고를 보다 진지하게 받아들였을 것이다. 그 경고에 따르면, 프랑스인 이슬람 극단주의자 자카리아스 무사위(Zacarias Moussaoui)는 급진적 근본주의 목표를 진척시키는 모종의 장래 행동을 준비하면서 미네소타 주 이건(Eagan)에 있는 팬암(Pan-Am) 국제항공학교에서 강습을 받고 있었다. 무사위는 비자 기간 만료로 이민·귀화국(INS)에 의해 체포되었으나, FBI 미니애폴리스 지부는 그가 잠재적 자살 비행기 납치범임을 본부에 납득시키지 못했다. 설전이 오가는 가운데 미니애폴리스 지부의 한 간부는 한 본부 요원에게 무사위가 비행기를 납치해 세계무역센터에 돌진하지 말라고 누군가를 말리고 있다고 말했다. 그

본부 요원은 이런 일은 일어나지 않을 것이며 무사위가 테러리스트인지는 불분명하다고 대답했다. FBI의 국장 대행이나 대테러담당 부국장보는 무사위 사건에 관해 보고를 받지 않았다.[20] 무사위는 나중에 9·11 공격에서 미국 국민 살해를 모의한 혐의로 유죄판결을 받았다.

미국 정보공동체 내부와 관련해 후일 9·11 위원회가 내린 결론을 보면,

> 9·11 공격은 해외 위협과 국내 위협 사이의 빈 곳에 떨어졌다. 해외정보기관들은 해외를 주시하면서 해외의 미국 이익에 대한 해외의 위협을 경계했다. 국내 기관들은 미국 내에 잠복한 세포조직의 국내 위협 증거를 찾고 있었다. 국내 표적에 대한 해외의 위협을 찾고 있는 기관은 없었다. 다가오는 위협은 잠복한 세포조직에서 오는 것이 아니었다. 그것은 해외의 위협이었지만 미국에 침투한 외국인들에게서 오는 것이었다.

2001년 9월 10일 FBI 관리들은 의회 보고에서 가장 임박한 국내 테러 위협은 동물의 권리 옹호자들이 제기하고 있다고 말했다. 다음날 알카에다는 미국에 대해 진주만 이후 최대의 기습 공격을 감행했다. ≪워싱턴 포스트≫ 지는 1면 전단에 다음과 같은 표제를 실었다. "테러범들, 비행기 4대 납치; 2대가 세계무역센터 파괴; 1대는 펜타곤 타격; 네 번째 비행기는 추락." 3,000명 가까운 사람들이 죽었다. 부시 대통령의 국가안보보좌관 콘돌리자 라이스(Condoleezza Rice)의 후일 기술에 따르면,

---

20   2001년 8월 무사위 사건에 관해 보고를 받은 테닛 CIA 부장은 나중에 9·11 위원회에 다음과 같이 말했다. "당시 그가 알카에다와 연계되었는지 여부가 분명하지 않았다. 나는 이 문제를 FBI 사건이라고 보고 백악관이나 FBI 내 누구와도 논의하지 않았다."

종전과 똑같아 보이는 안보 이슈는 없었으며, 매일 우리의 뇌리를 사로잡은 압도적인 생각은 제2의 공격을 피하는 것이었다. 미국은 군사적으로, 경제적으로 세계 최강국이었다. 그런데도 우리는 세계 최빈국아프가니스탄에서 활동하는 비(非)국가 극단주의 네트워크의 대단히 파괴적인 공격을 막을 수 없었다. 우리의 안보 개념 전체가 근저에서 흔들렸다.

불과 5년 전 '미국 정보공동체의 역할과 역량에 관한 대통령위원회'가 지녔던 안이한 낙관론이 민낯을 그대로 드러냈다.

미국 정보공동체는 다음에 무슨 일이 닥칠지 몰랐다. 조지 테닛의 기술에 따르면, "CIA에 있는 우리는 앞으로 몇 시간 또는 며칠 안에 추가 공격이 있을 수 있고 9·11은 미국 본토에 대한 다면적 공격의 서막일 뿐이라고 믿을 만한 충분한 이유가 있었다".[21] 여러 달 동안 정보분석관들은 때때로 비현실적인 거짓 경보와 심각한 안보 위협을 구분하기 힘들었다. 9·11 후 한 주가 지난 뒤에는 탄저균 포자가 들어 있는 편지가 여러 뉴스 매체와 두 민주당 상원의원에게 배달되기 시작해 감염자 22명 가운데 5명이 죽었다. 조지 부시 대통령의 회고에 따르면, "극심한 공포가 전국으로 확산했다. 수백만 미국인이 우편함 열기를 두려워했다". 처음에는 이라크의 사담 후세인(Saddam Hussein)과 알카에다를 의심했지만, FBI 역사상 가장 복잡한 수사 끝에 나온 결론에 따르면, (기소되지 않은) 범인은 미국 정부의 한 과학자였으며 자살했다.

'탄저균 편지'가 시작되고 한 달 동안 백악관은 생물학전 공격을 받고 있다고 믿었다. 부시 대통령과 콘돌리자 라이스 국가안보보좌관은 상하이에서 열린 아시아·태평양경제협력(APEC) 정상회의에 참석 중일 때, 딕 체니(Dick Cheney)

---

21   9·11 이후 2년 동안 CIA는 매월 평균 400건의 구체적인 위협을 부시 대통령에게 보고했다.

부통령과 보안 모니터를 통해 화상 통화를 했다. 당시 체니는 어울리지 않게 흰색 나비넥타이를 매고 연미복을 입고 있었는데, 한 기금조성 만찬에서 연설을 앞두고 있었다. 후일 부시의 회고에 따르면, "나는 딕을 보자마자 무언가 잘못되었다는 걸 알았다. 그의 얼굴이 넥타이처럼 창백했다. 그는 '대통령님, 생물 검출기(bio-detector) 하나가 백악관에서 터졌습니다. 보툴리누스 독소 흔적이 검출되었습니다. 우리 모두 노출되었을 확률이 있습니다'라고 말했다". 체니는 FBI가 보툴리누스 독소 함유가 우려되는 의심 물질을 백악관에서 발견해 생쥐에게 시험하고 있다고 보고했다. 생쥐들이 24시간 동안 생존하면, 대통령도 무사할 것이었다. 그러나 생쥐들이 죽는다면, "우리는 가망이 없는 사람입니다". 다행히 생쥐들이 살아남았다. FBI는 부시에게 '거짓 경보'라고 보고했다.

일주일 후 워싱턴에서 심각한 보안 경보가 또다시 발생했다. 조지 테닛이 '매우 믿을 만한 출처'에 따르면 10월 30일 또는 31일 세계무역센터 공격보다 훨씬 더 큰 공격이 있을 것이라고 부시에게 보고했다. "이것은 9·11 이후 우리가 안 것 중에서 최악입니다." 그러나 이 경보 역시 거짓으로 판명되었다. 테닛은 '아무리 신빙성이 없어도 깜짝 놀랄 첩보는 즉각적으로 우리 국내에 쫙 퍼진다는 것'을 알았다.

얼마나 많은 외국인이 비자 기간 만료 후에도 체류하고 있는지에 대한 충분한 데이터가 없었으며, 대학교에 다니기 위해 입국한 젊은이들이 실제로 수업에 출석했는지 혹은 전공을 음악에서 핵물리학으로 바꾸었는지 여부를 알 수 있는 추적 시스템도 없었다. … [9·11] 직후에는 미국 내에서 일어나고 있는 일에 관해 우리가 모르고 있다는 생각이 우리의 뇌리를 떠나지 않았다. 우리는 본능에 근거해 판단을 내려야 했다.

4년 뒤 9·11 위원회의 보고서는 알카에다 공격을 예견하지 못한 것은 정보 공동체의 구체적인 실패 탓이기보다 일반적인 '상상력의 실패' 탓이라고 설득력 있게 주장했다. "우리는 지도자들이 위협의 무게를 파악하지 못했다고 생각한다. 빈 라덴과 알카에다의 테러 위험은 대중이나 언론 매체와 의회에서 정책토론의 주요 주제가 아니었다. 실로, 테러 문제는 2000년 대선 운동 기간에 거의 대두되지 않았다." 9·11 위원회는 그 업적에도 불구하고 상상력의 실패가 어느 정도로 단기주의(short-termism) 때문인지를 식별해 내지 못했다. CIA 부사(部史) 편찬실에 근무했던 제럴드 헤인즈(Gerald Haines)는 9·11 발생 4년 전에 공개적으로 다음과 같이 지적했다.

대부분의 CIA 관리들과 정책결정자들은 매일 역사적 유추법을 사용하지만, 기본적으로 몰역사적이다. 그들은 역사에 할애할 시간이 없거나 그럴 필요성이 없다고 생각한다. 현행 위기관리와 일상적인 정보 생산활동에 사로잡힌 그들은 역사가 'CIA 기억'(과거에 무엇을 했으며, 어떻게 대응했는가?)의 보존자로서뿐만 아니라 중요한 훈련 기제로서, 그리고 전반적인 정책 결정 과정의 도구로서도 가치가 있다는 것을 인정하지 않았다.

9·11 이전에 이슬람교도의 테러 위협을 가장 잘 파악한 사람들은 브루스 호프만(Bruce Hoffman)을 위시해 장기의 역사적 관점을 가진 사람들이었다.

과거의 실수에서 배우지 않는 자는 그 실수를 반복하기 마련이라는 말이 있다. 미국이 60년 전 진주만에서 맛본 20세기 최대의 정보 실패에서 배우지 못한 것이 9·11의 정보 실패에 이바지했다. 1941년 12월 7일 루스벨트와 처칠이 당한 '완전한 기습'은 그들이 적을 얼마나 잘못 파악했는지를 보여주었다. 루스벨트나 처칠은 일본인이 그토록 정교하게 진주만을 기습 공격할 수 있으리라고는 상상도 하지 못했다. 인종적 편견은 덜 작용했지만, 일본인과 비슷하게 빈 라덴과 알카에다도 과소평가했다. 종교적 광신자들이 그렇게 복잡하고 은밀한 작전을 기획할 수 있으리라고는 생각지도 못했다.

2001년 8월 6일의 '대통령 일일 브리핑(PDB)'은 알카에다의 미국 내 공격 가능성을 처음 제기한 PDB였다. 그 브리핑은 첫 문단에서 경고했다. "빈 라덴은 1997년과 1998년 미국 텔레비전 인터뷰에서 자신의 추종자들이 세계무역센터 폭파범 람지 유세프를 본보기로 삼아 '미국에서 전투를 벌일' 것임을 시사했다." 그러나 유세프가 영국에서 전기공학 학위를 취득하고 1993년 세계무역센터 타워 7층까지 큰 구멍을 낸 폭탄을 제조한 사실이 있음에도 불구하고, 알카에다가 현재 세계무역센터 쌍둥이 타워에 대한 더 큰 규모의 테러 공격을 강구하고 있을 가능성은 검토되지 않았다. 유세프는 또한 1994년 자신의 숙부 칼리드 셰이크 모하메드(Khalid Sheik Mohammed)로부터 자금 지원을 받아 12대의 대서양횡단 여객기에 폭탄을 적재해 비행 도중에 동시 폭파하려는 음모를 꾸몄었다. 유세프는 세계무역센터 공격 혐의로 체포되기 몇 주 전인 1994년 12월 시험 삼아 한 여객기에 폭탄을 심었다. 그 폭발로 일본인 승객 한 명이 죽고 여러 명이 부상했으며 객실 바닥에 구멍이 뚫렸으나 놀랍게도 동체는 무사했다. 그런데도 알카에다가 2001년 미국에 대한 공격에서 다수의 상업용 여객기 사용을 고려하고 있을 가능성은 진지하게 검토되지 않았다.

부시의 후일 기술에 따르면, "9·11 관련 정보공동체가 무언가 큰 것을 놓친 것은 분명했다. 그 실수가 나를 경악시켰다". 부시 대통령은 정보 경고의 부재를 개인적으로 옳게 비판했지만, 그 자신은 많은 브리핑을 받았음에도 이슬람교도 테러리즘의 성격을 제한적으로 파악했다. 9·11 후 5일 동안 그는 대테러 전쟁을 '십자군'으로 공개적으로 묘사함으로써 그 자신의 '상상력의 실패'를 생생하게 보여주었다. 이슬람교도들은 일반적으로 십자군을 서방 제국주의의 공격 행위로 간주한다는 사실과 불과 1년 전에 교황 요한 바오로 2세가 십자군에 대해 사과했었다는 사실을 부시가 몰랐던 게 분명하다.[22]

알카에다 지도부는 9·11 공격을 준비하면서 미국의 대테러 관료기관보다 더 큰 상상력과 더 효과적인 관리 기량을 보였다. 그 지도부는 적을 과소평가하는 워싱턴의 실수를 답습하지 않았다. 후일 9·11 위원회의 보고서에 따르면, "우리가 자신 있게 말할 수 있는 것은 미국 정부가 1998년부터 2001년까지 취한 조치 가운데 알카에다 음모의 진척을 방해하거나 지연시킨 것이 전혀 없었다는 사실이다. 정부 전체적으로 상상력, 정책, 역량 및 관리에서 실패가 있었다". 이러한 실패의 근저에는 필자가 말하는 '역사적 주의력 결핍 장애(HASDD)', 즉 장기적 관점의 부재가 자리 잡고 있었는바, 그러한 관점 없이는 이슬람교도의 테러 위협을 충분히 이해하는 것이 불가능했다.

---

22   부시 대통령은 2002년 2월 미군 부대 연설에서 '십자군'이라는 말을 반복했다.

결론

장기적 관점에서 본 21세기 정보활동

1984년 필자와 데이비드 딜크스(David Dilks)가 지적했듯이, 정보활동은 대부분의 정치사와 국제관계사에서 '누락된 차원'이었다. 우리는 "학계 사학자들은 정보활동을 통째로 무시하거나 중요성이 거의 없는 것으로 다루는 경향을 빈번히 보였다"라고 주장했다.[1] 보수당과 노동당을 불문하고 역대 영국 정부는 사학자들의 무시를 반겼으며, 특히 정보기관의 모든 과거 기록을 비밀로 유지하고 가장 오래된 파일의 비밀해제를 위한 기한 설정조차 거부함으로써 '누락된 차원'에 관한 연구를 단념시켰다.[2] 전시 정보관 맬컴 머거리지(Malcolm Muggeridge)는 다년간의 비밀정보부 근무 경험에서 '제의(祭衣)가 미사에 필수

---

[1] 정보를 '누락된 차원'으로 처음 묘사한 이는 1938~46년 영국 외무부 상임차관을 지낸 알렉산더 카도간(Alexander Cadogan) 경이다.

[2] 그러나 영국 정부는 제2차 세계대전 기간(전전이나 전후 기간은 제외) 화이트홀 각 부처와 야전 사령관들이 받은 많은 정보보고서를 비밀해제했다. 1985년 출간된 나의 저서 『비밀기관: 영국 정보 공동체의 형성(Secret Service: The Making of the British Intelligence Community)』은 정부 검열망을 통과한 정보 관련 문서들을 추적함으로써 가능했다. 국가기록보관소의 외무부 파일에서 제외된 문서가 때로는 재무부 파일에서 발견될 때(또는 그 반대의 경우)가 있었다. 다양한 아카이브에 있는 상당한 수의 사문서 속에도 화이트홀이 결코 순순히 방출하지 않았을 정보문건이 들어 있었다.

이듯이, 또는 어둠이 심령술사 작업에 필수이듯이, 비밀성은 정보에 필수이며, 합목적성 여부를 떠나서 무슨 수를 써서라도 유지'되어야 한다는 교훈을 도출했다. 전시 정보의 역사 편수관 마이클 하워드(Michael Howard) 경은 1985년 다음과 같이 기술했다. "공식적인 정부 정책에 관한 한, 영국의 보안·정보기관은 존재하지 않는다. 적 스파이는 구스베리 나무 밑에서 줍는 것이고 정보는 황새가 물어다 주는 것이다."

영국과 미국은 정보 동맹국이었지만 정보공동체의 가시성 면에서 뚜렷한 대조를 보였다. 미국 '정보의 해'인 1975년 중앙정보부(CIA)는 공공의 정밀조사를 받았는데, 중앙정보장(DCI) 윌리엄 콜비(William Colby)의 표현에 따르면, "이런 기관이 이 나라뿐 아니라 세계 어디에서도 경험하지 못했을 가장 면밀하고 가장 혹독한 조사"였다. 영국에서 비밀정보부의 존재는 1992년까지 공식적으로 인정되지 않았다. '다섯 개의 눈(Five Eyes, 정보동맹을 맺은 미국·영국·호주·캐나다·뉴질랜드 5개국_옮긴이)' 가운데 나머지 4개국에서 정보기관의 공공적 가시성이 더욱 합리적인 수준으로 증가한 데다 영국에 없는 다양한 대외적 책임 시스템이 수립된 데 힘입어 영국에서도 '황새와 구스베리 나무' 전통, 즉 영국 정치 최후의 주요 금기가 20세기 말에 사라지게 되었다.[3]

서론에서 언급한 이 책의 주된 목적은 '지난 3,000년 동안의 세계 정보활동에서 숨은 역사를 일부 복원하고, 그 복원이 현행 역사편찬을 어떻게 수정하는지, 그리고 21세기 정보활동과는 어떤 관련성으로 이어지는지 보여주는 것'이다. 세계에서 가장 성공적인 최신 정보기관, 즉 1949년 창설된 이스라엘의 모사드[Mossad, 해외정보기관인 '이스라엘 비밀정보부(ISIS)'의 별칭_옮긴이]와 신베트[Shin Beth, 국내 보안기관인 '이스라엘 보안부(ISA)'의 별칭으로 샤바크(Shabak)라고도 불린다_옮

---

3   전통적 정보 금기를 버리는 첫 주요 단계는 1989년의 '보안부법(Security Service Act)'이었다. 이
     법으로 MI5가 창설 후 80년 만에 드디어 성문법상의 근거를 가지게 되었다.

간에는 매우 장기적인 관점을 가지고 있다. 현 이스라엘 수상 베냐민 네타냐후 (Benjamin Netanyahu)는 이스라엘 정보활동이 '고대와 현대의 방법을 모두' 사용할 필요성이 있다면서 "모사드가 가장 뛰어난 방식으로 바로 그렇게 하고 있다"라고 주장한다. 모사드의 현저한 특성 하나는 '표적 살해'(암살)를 사용한다는 것이다. 그 이념적 명분은 탈무드(Talmud)의 훈계에 근거한다. "누가 너를 죽이러 오면, 일어나 먼저 그를 죽여라." 로넨 버그만(Ronen Bergman) 박사는 새로운 경지를 개척한 자신의 역사서 『일어나 먼저 죽여라(Rise and Kill First)』를 집필하기 위해 다수의 이스라엘 정보관리들과 정책결정자들을 인터뷰했는데, 그들 대부분이 표적 살해의 명분으로서 탈무드를 인용했다. 이스라엘 국가를 창설하기 전에도 두 시온주의 준군사 단체, 즉 미래의 이스라엘 수상 메나헴 베긴 (Menachem Begin)이 이끄는 '이르군 즈바이 레우미(Irgun Zvai Leumi)'와 '레히(Lehi)'라고도 불린 '스턴 갱(Stern Gang)'은 영국의 팔레스타인 위임통치 종식을 가속하려는 시도에서 표적 살해를 사용했다. 1947년 '스턴 갱'은 런던의 식민부(Colonial Office)를 폭파하는 데 아슬아슬하게 실패했다. 어니스트 베빈(Ernest Bevin) 외무장관 등 영국 각료들을 암살하려는 계획은 편지 폭탄 공세에도 불구하고 성공과 거리가 멀었다. '표적 살해'를 은밀한 국가정책으로 삼기로 중대한 결정을 내린 사람은 이스라엘의 '국부'이자 초대 수상인 다비드 벤구리온(David Ben-Gurion)이었다. 1948년 독립하기 전에는 벤구리온도 준군사 단체의 '표적 살해' 사용에 반대했었다. 그러나 홀로코스트의 전모가 알려진 후 그는 생각을 바꾸었다. 로넨 버그만의 기술에 따르면, 그 이후로 "유대인을 방어하기 위해서는 가장 공격적인 조치까지 모든 조치를 다 취한다는 이 본능이 이스라엘의 DNA로 박혀버렸다". 버그만은 이스라엘이 약 2,700건의 '표적 살해 공작'을 수행했다고 추정하고 있는데, 이는 서방세계 어느 나라보다 많은 수치다.

　이스라엘의 독립 후 줄곧 암살이 선언되지 않은 국가정책이 된 이유는 일련

좌우명이 적혀 있는 모사드 로고. 모사드 좌우명은 잠언 11장 14절을 인용한 것이다. "지도력이 없으면 백성이 쓰러지고, 조언자가 많으면 안전하다." 모사드 수장은 이스라엘 수상에게 직접 보고한다.

의 암살 공작이 성공을 거두었기 때문이었다. 1972년 뮌헨 올림픽에서 11명의 이스라엘 선수가 학살당한 후, 표적 살해는 마침내 팔레스타인해방기구(PLO) 지도자 야세르 아라파트(Yasser Arafat)가 유럽에서 '검은 9월단'의 테러 공작을 중지시킨 부분적인 요인으로 작용했다. 뮌헨 학살 이전에는 골다 메이어(Golda Meir) 이스라엘 수상(1969~74년 재직)이 유럽에서 표적 살해를 금지했었다. 뮌헨 학살 이후 메이어가 그 금지령을 해제했다. 1978년 모사드는 팔레스타인인민 해방전선(PFLP)의 해외 공작 책임자이자 나쇼날리스트(NATSIONALIST)라는 암 호명의 KGB 스파이인 와디 하다드(Wadi Haddad)를 그가 쓰는 치약에 독을 넣어 암살하는 데 성공했다. 하다드는 유럽의 '시온주의자' 표적을 겨냥해 전 세계 톱뉴스를 장식한 항공기 납치와 테러 공격을 가하는 전략을 고안했었다. 최근에는 표적 살해가 이스라엘 안보에 대한 잠재적 주요 위협인 이란의 핵 프로그램을 늦추는 데 일조한 것이 거의 틀림없다. 그러나 표면적으로는 성공한 공작이 역효과를 낸 경우도 일부 있었는데, 특히 1988년 튀니스에서 아라파트의 제2인자로서 카리스마 있는 아부 지하드(Abu Jihad)를 사살한 것을 들 수 있다. 일부 이스라엘 관리들은 지금도 아부 지하드가 아라파트보다 훨씬 더 효과적으로 평화회담에 공헌했을 것이라고 믿고 있다. 최근 표적 살해의 규모가 드러나면서 이스라엘 국민은 법적·도덕적 딜레마에 직면하게 되었다. 버그만은 그 딜레마를 '두 종류의 법'이라고 부른다. "하나는 우리 모두인 보통 시민을 위한 법인바, 여기서 살인은 가장 중한 범죄다. 다른 하나는 대개 성문화되지는 않았지만 매우 효과적인 법으로서 정보공동체와 보안기관을 위한 법인바, 여기서는 나라를 보호하기 위해 공격적인 조치가 허용된다."

비밀 파일의 공개로 이스라엘의 표적 살해에 관한 버그만의 폭로가 가능해진 것처럼, 최근 비밀 파일이 공식적·비공식적으로 공개된 덕분에 19세기의 정보공작보다 20세기의 전례 없이 많은 정보공작에 관해서는 믿을 만한 출처 자료가 더 많다. 영국 정보계에서 '황새와 구스베리 나무' 전통이 사라진 데 힘입어, 냉전 시대의 여러 시기까지 미국보다는 작은 규모지만 상당한 수의 정보 파일이 비밀해제되었다.[4] 전통적으로 엄중하게 보호된 KGB 아카이브도 대대적인 유출을 겪었다.

이러한 정보 기록물에 대한 조사는 20세기 정치와 국제관계에 대한 역사적 이해를 중요하게 바꾸기 시작했다(비록 시작에 불과하지만 말이다). 전후의 유쿠사 (UKUSA) 협정은 대부분의 20세기 영·미관계 역사서에 언급되지 않았는데,

---

4   영국 정보기관과 관련 기관의 기록에 대한 접근성에는 큰 편차가 있다. 영국 기관들은 '정보의 자유법(FOIA)'상의 의무에서 완전히 면제되지만, MI5는 50년이 지난 다수의 파일을 (때때로 편집을 거쳐) 비밀해제하고 있다. 대조적으로 비밀정보부는 파일을 전혀 공개하지 않지만, 일부 비밀정보부 문서가 비밀해제된 MI5 등의 파일에서 발견된다. 이 책을 집필할 당시 합동정보위원회(JIC) 회의록과 메모는 1968년도분까지 이용할 수 있었다.

2010년 이 협정을 비밀해제한 것이 신호정보(SIGINT) 기록물의 공개에 전환점이 되었다. 그전에는 영·미 양국이 다음과 같은 협정을 공개한 적이 없었다.

> 외국의 통신에 관해 다음 활동의 산물을 교환한다.
> - 통신의 수집
> - 통신문서와 장비의 획득
> - 통신분석
> - 암호분석
> - 암호해독과 번역
> - 통신 기관, 관행, 절차 및 장비에 관한 첩보의 획득

20세기의 평시 국제관계 역사를 서술한 대다수 문헌에서는 이러한 비밀활동에 관한 언급을 모두 생략했다―앞선 장에서 보았듯이, '암호분석과 암호해독, 번역'에서 서방 제국 간 양자가 협업한 사례가 16세기까지 거슬러 올라간다는 사실에도 불구하고 말이다. 이제는 신호정보가 국제관계 역사에서 완전히 배제되지는 않는다. 유쿠사의 비밀해제로 인해 유쿠사가 영·미 '특수 관계' 및 '다섯 개의 눈' 신호정보 동맹의 중심에서 수행한 역할이 점차 인식되었다. 정부통신본부(GCHQ)가 2019년 첫 공인 역사서를 발간한 데다 최대한 많은 출처 문서를 역사에서 꺼내 국가기록보관소로 넘기겠다고 약속했기 때문에 이러한 과정은 가속될 것이다.

제2차 세계대전 후 20년 기간의 파일들이 최근에 비밀해제되었는데, 이러한 자료는 영국 역사의 가장 중요한 전환점의 하나, 즉 세계 최대의 해외 식민지제국의 종식에 관해 새로운 관점을 제공하고 있다. 최근까지 영국의 탈식민지화에 관한 최고의 역사서조차 정보의 역할을 거의 또는 전혀 언급하지 않았다. 사

실은 1960년대 말까지 보안부(MI5)가 영국뿐 아니라 해외 식민지제국과 영연방의 정보활동도 담당했는데도 그랬다. 냉전 초기 MI5 신입 직원들은 경력의 1/4 또는 1/3을 해외에서 근무한다고 기대할 수 있었다. 해외여행 기회가 오늘날보다 더욱 제한되었던 당시의 그들에게는 해외 근무가 MI5에 입사하는 매력 중 하나였다. 한 서기관의 회고에 따르면, 스리랑카 콜롬보에서 2년 근무를 제의받았을 때 '그는 자신의 행운을 믿을 수 없었다'.

MI5 파일에 따르면, 구 영국 식민지 가운데 다수가 MI5의 보안연락관(SLO)이 독립한 이후에도 잔류하는 데 동의했다. 예를 들어, 인도의 자와할랄 네루(Jawaharlal Nehru) 정부도 동의했는데, 이는 네루의 전기 작가들이 최근까지도 몰랐던 사실이다. 거의 사반세기 동안 MI5와 인도 측 카운터파트였던 델리정보부(DIB) 간의 관계는 영국과 인도 정부의 어느 부처 간의 관계보다도 긴밀하고 신뢰가 깊었다. 영국과 독립 케냐 간의 정보 관계는 아주 긴밀하게 유지되어 1967년에는 한 MI5 관리가 조사팀장인 동시에 케냐타(Kenyatta) 대통령에게 직접 보고하는 신설 '케냐 국가보안부' 장관에 임명되었다. 케냐 수도 나이로비 주재 보안연락관이 1968년 런던에 보고한 바에 따르면, 그 MI5 관리는 케냐 '특수부'와 그 파일에 접근할 수 있었는데, 이는 '요즘 시대 아프리카에서 거의 유일한 사례'였다.[5]

영국의 잔존 식민지에서의 정보활동 및 구 식민지와의 정보협력(유쿠사 신호정보 동맹에서 주요한 역할을 했다)에 관해 역사 연구를 진척시키려면 추가적인 비밀해제가 필요할 것이다. 정보 사학자 콜더 월턴(Calder Walton)은 신호정보가 '영국 탈식민지화의 최대 비밀'이라고 말한다. 그 비밀이 대부분 온전히 유지되

---

5   1960년대 말 비밀정보부가 영연방과 잔존 식민지제국에서 MI5의 정보업무를 대부분 인수했다. 모든 비밀정보부 파일이 계속해서 폐쇄되어 있어 보안연락관의 철수 이후 영국-케냐 간 정보 관계에 관한 문헌 조사가 막혀 있다.

고 있다. 냉전 시대 영국의 정부통신본부(GCHQ)와 미국의 국가안보국(NSA)이 연합해 전 세계에서 전개한 활동과 관련된 대다수 파일이 아직 비밀로 분류되어 있다. 그러나 홍콩에서의 신호정보 활동 덕분에 1964년 중국이 최초의 핵무기 폭발을 준비하는 움직임이 드러났다는 설득력 있는 증거가 있다.

21세기 초 대서양 양편에서는 정보가 헤드라인 뉴스가 되었다. 그러나 그 헤드라인은 유쿠사와 식민지제국 종식에 관한 역사상의 폭로에서 나온 것이 아니라 현용 정보(current intelligence) 논란, 특히 2001년 9·11 테러 공격과 2년 뒤의 이라크전 발발에 따른 논란에서 비롯되었다. 2004년 출간된 『9·11 위원회 보고서(9/11 Commission Report)』는 600쪽 가까운 두께에도 불구하고 미국의 역대급 베스트셀러 공식 보고서가 되었다. 2003년 이라크전이 시작될 당시 사담 후세인이 대량살상무기(WMD)를 구축하고 있었다는 미국과 영국 정보기관의 잘못된 믿음은 진주만 이후 가장 광범위하게 연구되는 정보 실패 사례가 되었다.

2001년 2월 조지 부시 대통령이 취임한 직후, 중앙정보장(DCI) 조지 테닛이 의회에서 진술했다. "우리가 사담 후세인에 관해 가장 심각하게 우려하는 것은 그가 다른 모든 역내 강국이 WMD를 보유하거나 추구한다는 이유로, 그리고 신뢰성을 이유로 새로운 WMD 역량을 추구할 가능성이다." 한 달 뒤 영국의 합동정보위원회(JIC)가 보고했다. "정보가 매우 부족하지만, 우리는 이라크가 핵무기 프로그램을 추진하고 있다는 판단을 유지한다. … 우리의 평가로는 그 프로그램이 기체 원심분리 우라늄 농축을 바탕으로 한다." 사담이 추진한다는 핵무기 프로그램에 관해 정말로 '정보가 매우 부족'했다는 사실이 경보를 울렸어야 했다. 비밀정보부는 리비아 지도자 카다피(Gaddafi)의 WMD 프로그램에 관해, 그리고 파키스탄 핵 프로젝트의 전직 책임자 칸(A. Q. Khan) 박사가 운영하는 네트워크(이란, 리비아 및 북한에 핵물질을 은밀하게 공급했다)에 관해 고품질의 정보를 생산했었다. 그러한 전력이 있었기 때문에 비밀정보부 정보가 이라크 WMD에 관해서는 매우 취약했더라도 합동정보위원회와 토니 블레어(Tony Blair) 수상이 비밀정보부의 정보를 과도하게 확신했을 것으로 보인다.[6] 비밀정보부는 리비아의 27개 WMD 기지의 위치에 관해 정확하고 상세한 정보를 가지고 있었다. 사담 후세인이 전복된 후, 카다피는 고위급 비밀정보부 팀을 리비아로 초청해 WMD 제거를 가져온 협상을 시작했다. 비밀정보부는 독일·이탈리아 정보기관과 연합한 공작을 통해 칸 네트워크에서 리비아로 원심분리기 부품을 운반하는 독일 국적 선박을 낚아채서 카다피의 핵무기 프로그램에 관해 반박의 여지가 없는 증거를 제시했다.

이와 대조적으로, 사담 후세인의 WMD에 관한 미국과 영국의 전전(戰前) 정보는 비참하게 잘못된 것으로 판명되었다. 블레어 수상이 나중에 인정했다. "기술된 전쟁의 목적은 사담의 WMD에 관한 UN 결의안을 이행하는 것이었으며, 우리는 이라크를 장악한 후에 WMD를 전혀 발견하지 못했다. 우리는 활성 WMD 프로그램이 있다고 생각했으나 없었다." 2003년 사담 제거에 따른 여파는 유혈과 파괴, 혼란이었다. 2001~09년 기간 동안 영국의 이라크 정책을 공식적으로 조사한 끝에 2016년 나온 보고서는 정보를 주요한 주제로 삼아 완성하는 데 7년이 걸렸으며, 총 260만 단어 분량이다. '칠콧(Chilcot) 보고서'로 더 유

---

6   2004년 제출된 「대량살상무기에 관한 정보 검토(Review of Intelligence on Weapons of Mass Destruction)」(버틀러 보고서)는 비밀정보부가 리비아와 칸 네트워크에 대한 WMD 정보공작에서 거둔 성공을 칭찬했다. 이 보고서의 결론에 따르면, "이라크의 금지된 무기[WMD]에 관해 결론을 내리는 것은 시기상조일 것이다. 적대행위가 중지된 후 벌어진 약탈과 무질서 속에서 잠재적 증거가 대거 파괴되었을 것이다. 제제(製劑, agent)나 무기 비축을 포함해 다른 물질은 모래 속에 숨겼을 것이다. 현 단계에서 이라크가 생물학 제제나 화학 제제 또는 금지된 미사일을 비축하고 있다는 증거는 존재하지 않거나 발견되지 않을 것이라고 주장하는 사람은 성급한 사람이라고 우리는 생각한다".

명한 이 보고서는 영국 역사상 가장 긴 역사 논문일 것이다.

서론에서 언급한 이 책의 목적 가운데 하나는 장기적 경험이 21세기 정보활동과 어떤 관련성으로 이어지는지를 보여주는 것이다. 9·11과 이라크전이라는 두 정보 실패 사례의 공통점은 과거 경험을 심각하게 무시한 것이었다. 앞장에서 논의했듯이, 9·11 공격이 발생하기 전까지는 종교적 극단주의가 제기하는 테러 위협에 관한 장기적 관점이 만성적으로 부족했다. 비밀정보부 내 최고의 아랍 연구가인 마크 앨런(Mark Allen) 경이 9·11 이후 내린 결론이다. "우리는 그저 엉뚱한 데를 보고 있었다. … 제2차 세계대전 이후 급진적 이슬람의 중요성을 인식하지 못한 것은 대체로 아랍 민족주의가 핵심 이슈라는 우리 사고방식의 귀결이었다." 1916~19년 나온『아랍 불리틴(Arab Bulletin)』은 대체로 잊혔지만, 이 불리틴은 아랍 민족주의에 상세한 관심을 기울인 최초의 정보보고서였을 뿐 아니라 영국 역사상 가장 잘 쓴 정보보고서였을 것이다. 매우 장기적인 관점을 취한 이 불리틴은 '아랍인과 아랍어를 말하는 땅에 관해 모든 새로운 역사 자료를 기록하고 보존하는 동시에 실제 상황을 설명하는 데 도움이 될 옛 사실들을 망각에서 구해내는 것'이 중요하다는 것을 강조했다.

이라크전에서 '미래를 위한 교훈을 찾으려는' 2016년 '칠콧 보고서'의 시도는 세부적인 증거를 꼼꼼하게 검토했음에도 불구하고, 비교 관점과 장기 관점을 모두 결여함으로써 가치가 훼손되었다. 존재하지 않는 이라크 WMD에 대한 영국과 미국의 믿음은 훨씬 더 큰 국제적 정보 실패의 일부였는데도, 칠콧은 이를 검토하지 않았다. 이라크전에 반대한 주요 강대국—특히 독일, 프랑스, 러시아, 중국 등—정보기관들도 미국과 영국의 정보기관과 마찬가지로 사담이 활성 WMD 프로그램을 추진하고 있다고 믿었다. 칠콧 보고서는 비교 관점뿐 아니라 역사 관점도 결여하고 있다. 이 보고서는 블레어 정부에 대해 엄청나게 세부적으로 파고들지만, 블레어의 정보 사용을 전임자들과 비교하려고 시도하지 않았는데, 이는 블레어의 외교·국방·국내 정책에 관한 이전의 훌륭한 연구보다 더 좁은 접근법을 채택한 것이다.

여러 수상의 전기에서 가장 큰 차이가 나는 것은 역시 그들의 정보 사용법이다. 존 뷰(John Bew)가 영국의 가장 성공한 노동당 수상 클레멘트 애틀리(Clement Attlee)에 관해 최근 쓴 전기가 정당한 찬사를 받고 있는데, 그 전기가 바로 좋은 예다. 뷰가 암시하지는 않지만, 애틀리 수상은 20세기 다른 어느 수상(블레어 포함)보다 훨씬 더 많이 MI5 부장과 자진해서 독대했다. 20세기 수상 중에서 애틀리가 처칠에 관해 안 것만큼 전임자의 정보 활용에 관해 잘 안 수상은 거의 없다. 해럴드 윌슨(Harold Wilson)은 애틀리 내각 출신이지만 차기 노동당 수상이 되기 전까지 전시 울트라 비밀을 몰랐을 것이다. 윌슨 수상의 각료들은 대부분 정보 경험이 없었다. 윌슨 정부의 대법관 가드너(Gardiner) 경은 보안부(MI5)를 무척 의심했는데, 애틀리와 달리 그는 "MI5가 십중팔구 나의 사무실 전화를 도청하고 있다고 생각했다". 가드너는 법무장관 엘윈 존스(Elwyn Jones) 경과 은밀히 상의할 일이 있을 때면, 그들을 차에 태운 운전사에게 빙빙 돌라고 부탁했는데, "MI5가 나 모르게 자동차까지 도청하지는 않을 것"이라고 확신했기 때문이었다.[7] 윌슨(또는 가드너)의 음모론을 답습한 후임 수상은 없었다. 그러나 후임 수상과 정보수장 간의 관계는 큰 편차를 보였다. 블레어 수상은 제2기 재임 중 비밀정보부 부장 리처드 디어러브(Richard Dearlove) 경과 이라크전에 국한되지 않은 긴밀한 관계를 형성했는데, 이는 윌슨이 정보기관을 의심한 것과 뚜렷한 대조를 이루었다.[8]

---

7 대법관은 쓸데없이 의심하는 데다 무척 순진했다. MI5가 법률을 위반해 가드너의 차에 도청 장비를 설치했다면(설치하지도 않았지만), 운전사가 몰랐을 리 없다.
8 정보기관 수장들은 수상에게 접근할 권리가 있지만, 비밀정보부와 정부통신본부에 대한 각료 책임은 외무장관에게, MI5에 대한 각료 책임은 내무장관에게 있다.

이라크전 도중이나 그 이전에 런던과 워싱턴은 장기간의 정보 경험이 현행 정책과 관련성이 있다는 생각을 거의 하지 못했다. 칠콧 조사단에 증거 자료를 제공한 한 비밀정보부 직원의 회고에 따르면, 이라크전을 앞두고 "2002년 초부터 정보 요구가 이라크 WMD를 중점적으로 강조하면서 정부의 실무적 필요성과 전쟁 준비에 초점이 맞춰졌다. 만일 이라크의 역사가 오늘날에 미친 영향이나 그 정치적 지형에 관해 우리가 의견을 표명했더라면, 사람들은 우리에게 입 닥치라고 말했을 것이다".[9]

그러나 전쟁에 앞서 미국은 전례 없이 냉전 정보활동 최대의 공개적인 성공을 재현하려고 시도했다. 미국과 영국은 대서양 양편에서 전 세계인을 대상으로 사담이 활성 WMD 프로그램을 추진하고 있다고 확신시키려고 했다. 그러한 시도 가운데 가장 극적인 것은 미국 국무장관 콜린 파월(Colin Powell)이 2003년 2월 5일 UN 안전보장이사회에서 발표한 일이었다. 파월과 조지 부시 행정부는 1962년 미사일 위기 시 UN 안보리에서 미국 대표 애들레이 스티븐슨(Adlai Stevenson)이 만든 선풍적인 선례에서 강한 영향을 받았다. 당시 스티븐슨은 소련이 쿠바에 미사일 기지를 건설하고 있음을 입증하기 위해 그때까지 극비였던 U-2기 영상을 공개했었다. 꼬박 40년이 지난 뒤에 파월은 '사담 후세인 정권이 대량살상무기(WMD)를 추가 생산하려는 활동을 은폐'하고 있다는 증거로서 훨씬 더 광범위한 정보를 공개했다.

도청된 전화 통화, 위성사진 등 일부는 기술적인 출처에서 나왔습니다. 다

---

9   비밀정보부(SIS) 직원이 편집한 증거 자료는 'SIS4'로만 표시되었다. 'SIS4'는 이라크에 관한 비밀정보부 보고서가 '이라크 역사의 영향'을 다루지 않는 것이 '어떤 면에서' 적절하다고 인정했는데, 그것은 정보 고객이 원하지 않았기 때문이다. 그러나 이라크 현황에 관한 모든 보고서가 역사적 맥락에서 볼 때 더 이해하기 쉽다는 것은 사실이다.

른 출처는 사담이 정말 매달리고 있는 것을 세계에 알리기 위해 목숨을 건 사람들입니다.

… 이라크의 생물학 무기에 관한 우리의 두꺼운 정보 파일에서 드러나는 가장 걱정스러운 것은 생물학 제제를 만드는 데 사용되는 이동식 생산시설의 존재입니다.

여러분을 그 정보 파일 속으로 안내해, 목격자의 설명으로 우리가 아는 것을 여러분과 공유하고 싶습니다. 우리는 레일 위에서 바퀴로 움직이는 생물학 무기 공장에 관해 직접 묘사한 것을 가지고 있습니다. … 몇 달이면 그들이 이라크가 걸프전 이전 몇 해 동안 생산했다고 주장한 전체 분량과 맞먹는 양의 생물학적 독소를 생산할 수 있습니다.

그리고 파월은 (존재하지 않는) 이동식 생물무기 공장을 도해로 보여주었으며, 미국은 '사담이 핵무기 획득 결심을 버리지 않고 있다는 증거를 10여 년간 축적'했다고 자신만만하게 발표했다.

당시 콘돌리자 라이스 국가안보좌관(나중에 파월 다음의 국무장관이 되었다)은 파월의 발표를 '역작'으로 간주했다. 부시 행정부 대부분이 그랬다. 파월이 씁쓸하게 회상했다. "모든 사람이 나의 UN 발표를 기억한다. 그것은 이 나라와 전 세계에 엄청난 충격을 주었다. 그 발표로 많은 사람이 우리가 옳게 가고 있다고 확신했다." 파월은 쿠바 미사일 위기 시 안보리에서 거둔 애들레이 스티븐슨의 성공을 재연한 것으로 보였다. 그러나 스티븐슨의 정보는 전적으로 정확했지만, 파월의 정보는 한심하게 부정확했다(블레어 주도로 2002년 9월 출간된 영국 합동정보위원회의 '이라크의 대량살상무기'에 관한 보고서도 마찬가지였다).[10] 파

---

10 이라크전 도중이나 이후 아무런 WMD가 발견되지 않았을 때, 파월의 승리는 굴욕으로 바뀌었다.

월이 말한 이라크 생물학 무기 공장의 '직접적' 증거는 주로 암호명이 커브볼 (CURVEBALL)인 독일인 출처에서 나온 가짜 정보에 근거했다. '칠콧 보고서'는 커브볼의 정보 일부와 숀 코네리와 니콜라스 케이지가 출연한 1996년 할리우드 스릴러 영화 〈더 록(The Rock)〉 간에 유사성이 있다고 보았다.[11]

이라크 WMD 관련 정보 실패로 이 책의 몇 배 분량의 문헌이 생산되었으며, 그 일부는 정보의 '정치화'에 관해 근거 없는 주장을 펴고 있다.[12] 2002~03년 가장 기본적인 정보 실패는 사담이 WMD를 보유하고 있다는 가정에 이의를 제기하지 않은 것이었다. CIA의 역사가였다가 현재는 국가안보국 역사가인 마이클 워너(Michael Warner)의 후일 기술에 따르면, 이전 몇 해 동안 "사담이 WMD를 보유하고 있다는 기본 가정이 반론을 제기할 수 없는 확실성으로 굳어졌다는 것을 알아챈 사람이 워싱턴이나 런던에 거의 없었다". 2004년 상원 정보특별위원회 보고서에 따르면, "이러한 '집단 사고(group think)'로 인해 정보공동체의 분석관, 수집관과 관리자들은 모호한 증거에 대해 WMD 프로그램을 가리키는 것으로 확정적으로 해석하고 이라크가 활성·확장 WMD 프로그램을 보유하지 않는다는 증거는 무시하거나 최소화하게 되었다". 2005년 '대통령 WMD 위원회'의 보고서는 정보수집의 기본적 실패를 지적했다. 미국과 영국 정보기관은 "WMD 활동에 관해 안다고 주장하는 출처뿐만 아니라 그런 활동이 벌어지고 있다면 당연히 알고 있었을 사람들이 실제로는 아무것도 보지 못한 사례까지 찾아서 보고하도록 수집 요원들에게 지시했어야 했다".

파월이 자신을 추슬러 여전히 "기억 속에 생생하게" 남아 있는 그날을 기술하기까지는 거의 10년이 걸렸다. 그는 나중에 "또다시 집필하지는 않을 것"이라고 썼다.

11 커브볼과 대조적으로, 쿠바 미사일 위기 이전에 미국과 영국의 주요 스파이인 올레그 펜코프스키는 극비 문서정보를 제공했으며 비밀정보부와 CIA 관리들의 심문도 받았었다.

12 상원 정보특별위원회는 "정보분석관들이 이라크 WMD에 관한 판단을 변경하도록 행정부 관리들이 강요하거나 영향력이나 압력을 행사했다는 증거를 전혀 찾지 못했다"(2004년 7월 9일 미국 정보공동체의 이라크에 관한 전전의 정보 평가에 대해 작성한 상원 정보특별위원회 보고서).

그러나 양국 정보기관은 그러지 않았다. "사담이 금지된 무기 프로그램을 끝냈다고 결론짓지 않은 것도 잘못이지만, 그러한 가능성을 고려조차 하지 않은 것은 또 다른 잘못이다."

수집 요원들에 대한 임무 부여의 실수는 적어도 부분적으로는 역사적 기억 상실증에서 비롯되었다. 영국 정보기관은 제2차 세계대전 기간 동안 독일 신무기에 관한 첩보 보고를 받았을 때, 수집 요원들이 본부가 보내는 메시지를 무기의 존재를 확인하라는 요청으로 해석할 위험이 있다는 것을 잘 알고 있었다. 그래서 수집 요원들에게 적의 무기 프로그램에 관한 첩보 보고를 요청할 때, 독일이 개발하고 있을 것으로 생각되는 무기를 명시하지 않았다. 60년 뒤, CIA는 이라크 WMD에 관한 스파이 정보를 요청할 때 그와 비슷한 주의를 기울이지 않았다.[13]

후세인 정권이 전복되고 아무런 WMD도 발견되지 않은 후에도, 미국 정보 공동체 지휘부는 사담 후세인을 생포할 경우 그를 직접 심문함으로써 자신들의 오판과 관련해 교훈을 끌어낼 생각을 하지 않았다. 약 반세기 전, 그들의 선배들은 제2차 세계대전이 끝난 뒤 나치 생존 간부들에 대한 심문을 훨씬 더 잘 준비했었다. 특히 헤르만 괴링(Hermann Göring)은 히틀러가 자살한 이후 독일의 최고위 정치·군사 지도자였을 뿐 아니라 후세인 같은 전범이었다. 1945년 5월 독일이 항복한 후 3일 만에 괴링을 심문한 사람은 그의 공군 상대, 즉 유럽

---

13 영국은 대전 말기에 핵무기 개발 시도에 관여한 것으로 보이는 열 명의 독일 과학자를 체포한 후에 나치의 WMD에 관한 정보를 수집하기 위해 엡실론(EPSILON)이라는 암호명의 마지막 공작을 추진했다. 영국 군사정보 당국은 과학자들(적어도 두 명이 나치당원이었다)을 직접 심문하면 그들이 개인적인 책임 인정을 두려워해 아는 것도 숨길 것임을 인식했다. 그래서 그들을 케임브리지셔(Cambridgeshire) 지방 고드맨체스터(Godmanchester) 팜홀(Farm Hall)에 있는 쾌적한 환경의 시골집에 억류해 놓고, 정교한 도청 장치를 통해 그들의 사적 대화를 모니터했다. 8월 6일의 히로시마 원폭 뉴스에 깜짝 놀라는 반응을 보이는 등 그들의 토론 내용에 비추어 볼 때 독일의 원폭 제조는 거의 진전이 없었음이 분명했다.

지역 미국 공군 최고사령관 칼 스파츠(Carl Spaatz) 장군이었다. 공군 역사가 브루스 호퍼(Bruce Hopper)가 그 심문의 역사적 중요성을 깊이 인식하고 일련의 질문지를 작성해 스파츠의 심문을 도왔다. 며칠 뒤 장시간의 제2차 심문이 시작되었다. 그 심문을 담당한 미군 정보기관 조사단은 스파츠의 정보참모부와 영국 공군부에서 작성한 질문지를 사용했다. 그 심문 과정에서 조사관들은 이중의 목적을 추구했는데, 하나는 뉘른베르크(Nuremberg) 전범 재판의 증거를 수집하는 것이었고, 다른 하나는 영국 외무부가 '미래를 위한 교훈'으로 생각하는, 역사의 중요한 기록을 남기는 것이었다. 나치 외교의 실수에 관해 괴링은 놀랍도록 솔직했다. 그는 대전 내내 '이탈리아, 루마니아, 스페인 등 어디서나 외교적 실패와 실수로 점철'되었다고 인정했다.[14]

2003년 후세인 심문을 위한 준비는 1945년 괴링의 경우와 비교가 되지 않았다.[15] 2003년에는 미국과 영국 군대가 침공하면 후세인이 사살되거나 자살할 것이라는 가정이 널리 퍼져 있었지만 근거가 없었다. 2003년 12월 '수염 기른 부랑자'(≪뉴욕 데일리 뉴스≫의 표현)처럼 헝클어진 모습의 후세인이 그의 옛 고향 마을 인근의 지하 굴속에 숨어 있다가 발견되었다. 당시 그에 대한 심문을 어떻게 시작할지 비상계획조차 없었다. 아랍어를 말하는 조사관도 없었다. 아랍어를 모르는, 이라크 주재 CIA 분석관 존 닉슨이 며칠 뒤 통역의 도움을 받아 후세인 심문을 담당했다. 닉슨은 이미 기본적인 실수가 있었다고 보고했다. "죄수를 심문해 본 경험이 있는 사람이라면 의당 최초의 24~48시간이 결정적이라고 말할 것이다. 그 시간에는 체포 충격이 그대로 살아 있고, 죄수가 환경의 변

---

14 이 심문 기록은 후세인 기록보다 더 중요한 사료로 남아 있다. 뉘른베르크 재판에서 괴링은 전쟁 범죄와 반인도 범죄로 유죄판결을 받았지만, 교수형 집행 전날 밤에 청산가리를 먹고 자살했다.

15 1245~46년으로 거슬러 올라가서 프랑스 툴루즈(Toulouse) 남서쪽 로라게(Lauragais) 지방에서 행해진 도미니코 수도회의 종교재판에서 심문을 준비한 것도 2003년 후세인 때보다 틀림없이 더 나았을 것이라고 본다.

화와 수감자라는 새로운 신분 때문에 가치 있는 첩보를 발설할 수 있기 때문이다." 후세인이 닉슨과 마주했을 때, 그는 이미 '수염 기른 부랑자' 모습이 아니었다. 그는 이발하고 콧수염을 잘랐으며 헝클어진 턱수염도 면도했다. 후세인이 생포 충격에서 벗어나 자신감을 상당히 회복한 것이 뚜렷했다. 그는 WMD 프로그램에 관한 질문을 받았을 때, 냉소적으로 답변했다. "당신들이 나를 찾았는데, 왜 대량살상무기도 가서 찾아보지 그래."

사담 후세인을 조사한 닉슨의 견해에 따르면, '후세인이 세상을 어떻게 보는지 워싱턴이 엉터리로 파악'하고 있었음이 빠르게 드러났다. 닉슨이 조사한 바로는, 후세인은 개인적 카리스마와 타고난 교활성에도 불구하고 교육 혜택을 거의 받지 않았으며, 국제관계를 혼란스럽게 파악하고 군사 문제도 초보적으로 이해했다. 후세인이 생포된 후 두 달이 지난 2004년 2월 마침내 아랍어를 하는 조사관을 찾아냈다. FBI 특수요원 조지 피로(George Piro)가 아랍어를 못하는 닉슨을 승계했다. 닉슨도 인정했듯이, 후세인은 "첫눈에 피로를 좋아했다".[16] 피로는 (오해의 소지가 있지만) 영악하게도 부시 대통령에게 직접 보고한다는 인상을 심어주었다. 닉슨처럼 피로 역시 '우리가 후세인에 관해 너무 모르며 후세인도 우리에 관해 너무 모른다는 것'을 강하게 느꼈다. 만일 워싱턴이 전통적 논리에 반하는 신념을 강하게 지닌 독재자들의 의식구조를 이해하면서 과거 사례를 좀 더 검토했었다면, 후세인에 관해 너무 몰랐다는 것을 충격적으로 알게 되지는 않았을 것이다. 제2차 세계대전 발발 시에 스탈린이 (나폴레옹 황제 이후 최대의 위협을 러시아에 제기한) 아돌프 히틀러에 관한 정보보다 (6,000마일 이상 떨어진 멕시코 망명지에서 모스크바에 아무런 현실적 위협도 제기하지 않

---

16   피로가 후세인 조사관 직책을 승계할 것이라고 닉슨에게 통보한 CIA 변호사 설명에 따르면, FBI 는 사담 후세인이 국제 테러주의와 미국에 대한 범죄행위와 연계되었다는 혐의를 바탕으로 그를 형사사건으로 기소할 예정이었다.

은) 위대한 이단자 레온 트로츠키 암살에 더 높은 우선순위를 부여하고 있었다는 것을 깨달을 만큼 스탈린의 의식구조를 잘 이해한 서방의 분석관이나 정책결정자는 아무도 없었을 것이다. 또 히틀러가 '최종 해법' 성취에 그토록 사로잡힌 나머지 동부전선에서 절실히 필요로 한 병력자원을 기꺼이 유대인 대량학살에 투입하고 있다는 것을 대전 도중에 파악한 사람도 없었을 것이다.

1991~93년 중앙정보장(DCI)을 역임한 로버트 게이츠는 역사학 박사학위를 보유한 첫 CIA 부장이었으며 나중에 국방장관으로 오래 봉직했다. 그는 다음과 같은 금언을 자신의 책상 위에 붙여놓았다. "일반적으로 전략적 기습을 완벽하게 성취하는 가장 좋은 방법은 말도 안 되거나 자기 파괴적인 짓을 하는 것이다." 단순하지만 효과적인 이러한 방법으로 기습을 성취하는 정치인이나 장군은 언제나 나오기 마련이다. 특히 자기 파괴적인 사담 후세인이 그런 사람이었다. 후세인이 WMD가 없다는 증거를 기꺼이 제공했었다면, 그는 2003년의 비참한 군사적 패배와 정권 전복을 피했을 것이고 3년 뒤 반인도 범죄로 자신이 처형되는 것도 피했을 것이다. 그러나 후세인은 조사 초기에 닉슨에게 미국 주도의 침공 이전에 '다가오는 폭풍의 엄청난 강도를 이해하지 못했다'는 사실을 솔직하게 인정했다. 그는 미국인들이 '교착상태에 빠지든가 폭력과 살육의 중지를 바라는 국제사회에 의해 설득을 당할 것이며, 그렇지 않으면 UN이 개입해 휴전을 강제할 것'이라고 스스로 확신했다.

피로는 후세인을 조사하면서 바그다드 함락 후 2003년 4월 미국 합동군사령부(USJFCOM)가 이라크 정권의 내부 작동을 파헤치기 위해 시작한 '이라크 관점 프로젝트'와 협업했다. 이후 2년 동안 그 프로젝트는 정권의 모든 수준에서 나온 수십만 종의 공문서를 검토하는 동시에 수십 명의 생포된 이라크 고위관리와 정치지도자들을 인터뷰했다. 2006년 발표된 그 프로젝트의 공개 보고서는 '사담의 망상'이라는 적절한 제목이 붙었다. 미군이 바그다드에 입성하기

24시간 전인 2003년 4월 6일 이라크 국방부는 휘하 군대에 "우리가 이기고 있다!"라고 말했으며, 장교들에게는 "적군의 능력을 과장하지 말라"라고 당부했다. 후세인의 대변인이자 공보장관인 무하마드 사이드 알-사하프(Muhammad Said Al-Sahaf)는 서방 매체에서 놀림감이 되었는데, 영국에서는 '웃기는 알리(Comical Ali)'[17]라는 별명이 붙었고 미국에서는 두운(頭韻)을 맞추어 '바그다드 밥(Baghdad Bob)'으로 불렸다. 알-사하프는 4월 8일 마지막 기자회견에서 미군 탱크가 불과 몇백 미터 가까이 왔는데도 미군이 항복하려 한다고 발표했다. 그러나 '이라크 관점 프로젝트'의 결론에 따르면, "사담과 주변 인물들이 자신들의 선전기관이 발표하는 말을 사실상 모두 믿었음을 분명히 보여주는 증거가 이제 드러났다". 사담 후세인이 패배의 불가피성을 받아들일 수 없었던 것은 자신의 뛰어난 자기기만 능력 때문이기도 했지만 동시에 망상이 덜한 부하들의 '권력자에게 진실 말하기'를 가로막았던 두려움 탓이기도 했다. 이러한 자기기만과 두려움은 사담처럼 아첨꾼들에게 둘러싸인 과거의 숱한 독재자들에게서 나타나는 공통된 현상이었다.

사담 후세인은 4개월 동안의 심문 끝에 마침내 왜 그가 WMD 프로그램이 없다는 증거를 UN 무기사찰단에 제공하기를 꺼렸는지 믿을 만한 설명을 피로에게 털어놓았다. 서방의 각국 정부와 정보기관은 그가 미국의 공격보다 이란의 공격을 더 두려워한다는 것을 깨닫지 못했다.

후세인은 UN 사찰단의 이라크 재입국 불허에 대한 미국 측의 반향보다 이란이 이라크의 약점과 취약성을 발견하는 것을 더 우려했다고 진술했다. 그가

17　사담 후세인의 사촌 알리 하산 알마지드(Ali Hassan al-Majid)가 1987년 쿠르드족 민간인들에게 화학무기를 사용한 후 그에게 붙은 별명 '케미컬 알리(Chemical Ali)'를 변형한 것이다.

보기에, UN 사찰단은 이라크에 최대한의 타격을 가할 곳이 어딘지 직접 이란 사람들에게 알려줄 터였다.

닉슨은 후세인이 '이란인들에 대한 증오심을 감출' 수 없다는 것을 진작 알았다. '후세인은 이란인들에 관해 이야기하는 것만으로 꼭지가 돌 때도 가끔 있었다'.[18] 후세인이 미국보다 이란을 더 큰 위협으로 본다는 것을 워싱턴이 일찍 파악하지 못한 것은 워싱턴의 세계관이 때때로 편협하다는 뚜렷한 증거였다.

이라크전 발발 시 분석관들 대부분은 자신들의 주된 문제가 정보수집의 문제, 즉 후세인의 WMD 프로그램에 관해 찾기 힘든 증거를 찾는 문제라고 보았으며, 그 증거가 이라크 내 어디선가 발견될 것이라고 확신했다. CIA 정보 연구소의 딕 휴어(Dick Heuer)가 자신의 대단한 연구서 『정보 분석의 심리학 (Psychology of Intelligence Analysis)』에서 내린 결론에 따르면, "주요한 정보 실패는 대개 수집의 실패가 아니라 분석의 실패로 야기된다. 관련 첩보가 지배적인 심성 모형(mental model) 또는 마인드세트(mind-set)에 맞지 않기 때문에 배제·오역·무시·거부되거나 간과된다". 이라크전을 앞두고 분석을 왜곡시키는 데 가장 큰 역할을 한 마인드세트는 '거울 이미지(mirror-imaging)', 즉 후세인이 워싱턴이 생각하는 그의 최대 이익을 좇아 행동할 것이라는 믿음이었다. 휴어는 후세인에 대한 평가에서 나타났듯이 "다른 나라의 국가이익을 보는 미국의 관점은 정보 분석에서 대체로 부적절하다"라고 논쟁적으로 주장했다. 2008년 CIA는 휴어의 『정보 분석의 심리학』 출판을 허용했다. 휴어는 CIA 70년 역사에서 가장 뛰어난 분석관 가운데 한 사람이었다.[19]

---

18 후세인은 테헤란이 8년간의 이란–이라크전쟁에 대해 복수할 것이라고 두려워했는데, 그는 1980 년대에 그 전쟁을 일으킨 장본인이었다.
19 CIA 정보국(분석국)과 훈련센터, 국가정보위원회(NIC) 등에서 근무한 잭 데이비스(Jack Davis)

정보가 계속해서 헤드라인 뉴스가 된 것은 9·11과 이라크전에 관한 공식 조사가 장기화한 데다 '내부고발자들(whistle-blowers)'에 의해 전례 없는 양의 비밀문건이 폭로되었기 때문이었다. 줄리언 어산지(Julian Assange)가 설립한 웹사이트 위키리크스(WikiLeaks)가 2010년 공개하기 시작한 온라인 문서는 지금은 첼시로 개명한 미국 육군 이등병 브래들리 매닝(Bradley Manning)이 국무부와 군 데이터베이스에서 다운로드한 것이었다.[20] 매닝이 위키리크스에 넘긴 25만 1,287건의 비밀문서는 지금까지의 내부고발자 폭로 중에서 단연 최대 규모였다. 2017년 초 CIA 부장이 된 마이크 폼페이오(Mike Pompeo)는 위키리크스를 '적대적인 비국가 정보기관'이라고 맹비난했다.

21세기 정보에 관한 다른 보도와 마찬가지로, 위키리크스에 쏟아진 세계 언론의 엄청난 관심은 대체로 역사적 관점이 없었다. 민감한 미국 외교문서 공개는 위키리크스보다 거의 한 세기 반 앞서 언론이 아닌 미국 정부에 의해 훨씬 더 작은 규모로 시작되었다. 19세기 후반 일부 미국 대사들은 주재국 정부를 비판하는 발송물을 워싱턴으로 좀처럼 보내지 않았는데, 그것은 국무부에 의해 그 발송물이 공개되는 것을 두려워했기 때문이었다. 위키리크스가 공개한 외교 발송물 일부는 한 세기 전 국무부가 누설한 것과 아주 흡사했다. 2012년 1월 아랍의 봄 초기에 튀니지의 '재스민 혁명(Jasmine Revolution)'이 부패한 독재자 벤 알리(Ben Ali) 대통령 정권을 무너뜨렸다. 그 혁명 기간에 가장 유명해진 문서는 튀니지 주재 미국 대사 로버트 고덱(Robert Godec)이 2009년 7월 워싱턴에 보고

는 『정보 분석의 심리학』 서문에서 휴어, 셔먼 켄트(Sherman Kent), 로버트 게이츠와 더글러스 맥이친(Douglas Mac-Eachin) 네 명을 CIA에서 "분석의 품질을 높인 주요 공헌자"로 꼽고 있다. "딕 휴어는 CIA 내에서 켄트, 게이츠와 맥이친보다 훨씬 덜 유명했으며 지금도 그렇다. 켄트는 전문적 분석의 아버지로서 폭넓은 칭송을 받았지만, 휴어는 그런 칭송을 받지 못했다. 게이츠와 맥이친은 CIA 차장(분석 담당)으로서 관료적 권력을 휘두를 수 있었지만, 휴어는 그런 권력이 없었다. 그러나 CIA 분석의 품질에 미친 그의 영향은 적어도 다른 세 사람만큼 중요했다고 본다."

20 2013년 매닝은 35년 징역형을 선고받았으나, 오바마 대통령의 감형 조치로 2017년 석방되었다.

한 전문을 위키리크스가 공개한 것이었다.

> 벤 알리 대통령 일가는 현금, 서비스, 땅, 건물이나 남의 요트라도 가리지 않고 탐을 낸다고 소문나 있으며, 원하면 다 얻는다고 한다. … 종종 준(準)마피아로 불리기도 하는데, '일가'라고 에둘러 말하면 어느 집안을 이야기하는지 충분히 알아듣는다. 튀니지 경제계의 얼핏 절반은 혼맥을 통해 벤 알리와 연결된다고 주장할 수 있다. …

이러한 보고서 공개는 거의 틀림없이 미국 해외공관의 평판을 높였다. 그러나 소수의 대사가 사직하거나 임지를 옮겨야 했다.

내부고발자로서 매닝의 성과를 훨씬 능가한 사람은 국가안보국(NSA) 도급업자 에드워드 스노든(Edward Snowden)이었다. 그는 국가안보국의 전자 도청이 통제를 벗어나 급증했다고 주장했다. 2013년 스노든은 150만 건의 극비 정보문서를 섬네일(thumbnail, 축소화면) 드라이브로 다운로드했는데, 이는 서방의 신호정보(SIGINT) 보안을 침해한 최대 사건이었다. 줄리언 어산지조차 깜짝 놀랐다. 어산지의 자서전(완성이 요원하다) 대필을 위촉받은 앤드루 오하건(Andrew O'Hagan)이 보기에 "스노든이 세계적 슈퍼스타로 등장하는 바람에 빛이 바랜 어산지는 늙은 영화배우처럼 되었다". 스노든은 전 세계 매체에 공개할 문서를 뿌리기 시작하면서 홍콩과 모스크바로 잇달아 망명했다. 그 결과 벌어진 대소동은 인터넷 시대에 공식적 감시의 적정한 한계를 둘러싼 국제적 논란에 불을 지폈다. ≪워싱턴 포스트≫와 ≪가디언(Guardian)≫ 지가 스노든의 폭로에 근거해 국가안보국 감시에 관한 기사를 게재함으로써 미국 언론에서 최고의 포상인 공익부문 퓰리처상을 받았다. 이와 반대로, 국가안보국 국장과 CIA 부장을 모두 역임한 마이크 헤이든(Mike Hayden) 장군은 "스노든에 대해 그리고 그가 한 짓에 대해 속에서 부아가 치밀었다"면서, "미국 정보공동체 내 거의 모두가 그랬다"고 주장했다.

영국에서는, 장기적 정보 관점이 습관적으로 부족한 탓에 스노든 충격의 강도가 왜곡 평가되었다. 2013년 극비 유쿠사(UKUSA) 신호정보 공작에 관한 스노든의 폭로는 19세기 중엽 마치니(Mazzini) 서신의 공식적 절취에 관한 폭로에 비해 영국 정부의 정책이나 여론에 영향을 미친 강도가 훨씬 더 작았는데, 스노든의 지지자나 반대자들 가운데 이 사실을 인식한 사람은 거의 없었다.[21] 데이비드 캐머런(David Cameron) 총리가 2014년 옳게 주장한 대로 미국이나 독일과 달리 영국에서는 스노든이 '엄청난 국민적 충격'을 주지는 않았다. "내 판단으로는 대중의 반응이 경악 수준은 아니었으며, '정보기관이 정보업무를 수행하는 건데, 괜찮다'라는 정도가 주류였다고 생각한다." 이와 반대로 1844년 마치니 서신의 개봉에 대한 빅토리아 여왕 시대의 의회와 대중의 반응은 '경악 수준'이었다. 토머스 칼라일(Thomas Carlyle)이 "남의 호주머니를 소매치기하는 것과 유사한 관행"이라고 맹비난한 그 서신 개봉으로 인해 하원에서 맹렬한 항의가 벌어졌고 이후 70년 동안 영국의 모든 신호정보 활동(인도 아대륙의 북서 변경은 제외)이 정지되었다. 그 결과, 영국은 주요 동맹국인 프랑스·러시아와 달리 신호정보 기관 없이 제1차 세계대전에 돌입하게 되었다.[22]

≪가디언≫ 지 편집국장 앨런 러스브리저(Alan Rusbridger)는 스노든의 성과에 대해 다음과 같이 썼다. "현재의 컴퓨터광 세대가 오기 전까지는, 3중으로 잠근 문서 캐비닛과 금고로 가득한 도서관 전체 물량을 전자적으로 훔쳐 달아

---

21 정부통신본부(GCHQ) 수장 출신의 정보·보안조정관 데이비드 오맨드(David Omand) 경은 드문 예외였다. 그는 이라크조사단에 이렇게 증언했다. "1844년 마치니 사건 이래 각료들이 무심코 정보 출처를 훼손한 긴 역사가 있다."

22 그러나 전시에 놀랍도록 급조한 결과, 영국의 제1차 세계대전 신호정보 기관이 세계 선두주자가 되었다.

나는 것이 가능하다고 인식한 사람이 없었다."[23] 그러나 컴퓨터광들의 새로운 공헌에도 불구하고, 21세기 초 가장 유명한 내부고발자로서의 스노든의 역할은 미국에서 비밀자료가 누설된 길고 복잡한 역사 속에서만 충분히 이해될 수 있다. 맬컴 글래드웰(Malcolm Gladwell, 캐나다의 저널리스트·저술가_옮긴이)에 따르면, "누설은 비중이 큰 문제이며 미국 정부 같은 정부 형태에서는 누설이 없을 수 없다고 생각하는 미국인들이 많다. 에피소드처럼, 누설은 정치적 광분을 낳는다".

미국 정부 공무원이 국가기밀을 폭로하는 것은 법적으로 금지되지만 1949~62년 기간에 ≪뉴욕 타임스≫와 ≪워싱턴 포스트≫ 지 1면 기사 가운데 2.3%는 공무원의 누설에 근거한 것으로 추정되었다. 그러나 지난 세기에 누설 공무원에 대한 연방의 기소는 단 12건에 불과했다.[24] 정치 저널리스트 밥 우드워드(Bob Woodward)는 현대 미국 저자들 가운데 논픽션 베스트셀러를 가장 많이 저술했는데, 그의 특별한 성공은 '사람들이 말해서는 안 되는 것을 말하게 만드는 그의 능력'(로버트 게이츠 전 CIA 부장의 표현) 덕분이었다. 30여 년 동안 우드워드는 자신의 은밀한 주요 출처 가운데 최초이자 가장 중요한 출처를 '디프 스로트(Deep Throat)'라는 암호명으로만 신원을 밝혔다. 1970년대 초 우드워드가 칼 번스타인(Carl Bernstein)과 함께 워터게이트 사건을 파헤칠 때, 그 '디프 스로트'가 결정적인 단서를 제공했다. 2005년 '디프 스로트'의 정체가 마침내 밝혀졌는데, 전 FBI 부국장(제2인자) 마크 펠트(Mark Felt)였다.[25] 그는 미국 정보공동체

---

23   그러나 러스브리저는 "공개할 목적으로 세계 최강의 정보 조직에서 극비 파일을 대량으로 퍼낸 사람이 스노든 이전에는 없었다"라고 틀리게 주장했다. 몇 년 앞서 바실리 미트로킨이 훨씬 더 길고 힘든 작업을 통해 KGB 아카이브에서 바로 그렇게 했다.

24   연방정부의 각 부처가 자신들의 이미지를 제고시킨다고 판단한 비밀정보를 반복해서 누설하는 습관이 있었던 것이 문제를 복잡하게 만든 요인이었다.

25   우드워드는 워터게이트를 함께 파헤친 ≪워싱턴 포스트≫ 지 동료 기자 칼 번스타인에게 2008년까지 펠트를 소개하지 않았다.

역사상 내부고발자로서 최고위직이었다. 버지니아 주 로슬린(Rosslyn)의 한 지하주차장 위에 있는 기념 명판이 펠트가 우드워드에게 짧게 얘기했던 위치를 표시하고 있다.[26]

펠트를 제외하고, 냉전 시대 미국에서 가장 유명한 내부고발자는 대니얼 엘스버그(Daniel Ellsberg)였다. 펜타곤과 백악관에서도 근무한 적이 있는 그는 랜드연구소(RAND Corporation)의 전략 분석원이었다. 1971년 엘스버그는 1945~68년 기간의 베트남 관련 미국의 의사결정에 관해 연구한 7,000쪽의 극비 연구서 사본('펜타곤 문서'로 불리게 된다)을 ≪뉴욕 타임스≫에 은밀하게 전달했다. 마크 펠트와 달리, 엘스버그의 신원은 빠르게 공지의 사실이 되었다. 그를 기소한 12가지 중범죄 혐의는 모두 합해서 최대 115년 징역형에 해당했지만, 그는 1973년 재판에서 정부의 위법행위와 그에 대한 불법증거 수집을 이유로 무죄 판결을 받았다.[27] 엘스버그는 나중에 위키리크스, 첼시 매닝 및 에드워드 스노든의 후원자가 되었다.

엘스버그를 본보기로 삼아 국가안보국(NSA)의 첫 내부고발자가 된 페리 펠웍(Perry Fellwock)은 베트남전에 반대한 25세의 전직 분석관이었다. 그는 1972년 급진적 잡지 ≪성벽(Ramparts)≫과 인터뷰했지만, 국가안보국에 관해 폭로한 것이 거의 없었다. 고작 그는 국가안보국의 예산이 CIA보다 많다고 폭로하고 전 세계 유쿠사(UKUSA) 네트워크를 약간 상세히 설명한 최초의 내부자가 되었다. 그러나 그는 소련에 대한 신호정보(SIGINT) 공작이 완벽하게 성공하고 있다고 주장함으로써 신뢰성이 떨어졌다. "사실 우리는 그들이 가지고 있는 모든 암호를 풀 수 있으며, 그들이 가지고 있는 모든 종류의 통신장비와 암

---

26 그러나 그 지하주차장 자체가 철거될 예정이다.
27 '펜타곤 문서'에 대한 닉슨 대통령의 강박관념이 그 공개보다 더 국가이익을 위협했다. 법정에서 엘스버그를 추궁하려는 시도가 실패하자 닉슨은 비밀 공작으로 전환했다.

호기를 이해할 수 있다."[28] ≪뉴욕 타임스≫ 지가 보도한 바에 따르면, "정부 안팎에 있는 신문사 자체의 정보 출처는 펠윅 씨 이야기를 대체로 확인해 주었지만 미국이 소련 등 주요 강대국의 정교한 암호를 해독했다는 것은 강력하게 부인했다". ≪성벽≫ 지는 펠윅의 인터뷰 기사를 게재하기 전에, 엘스버그의 변호사로부터 "정부가 더 많은 비밀을 드러낼 위험이 있어서 그 기사를 가지고 그들을 공개적으로 수사하지는 않을 것"이라는 말을 들었다. 그 변호사 말이 맞았다. ≪뉴욕 타임스≫ 지의 보도 때문에 기소하기가 더 어려웠을 것이다. 소련에 대한 국가안보국의 신호정보 활동이 성공을 거두었다는 펠윅의 주장을 반박한 ≪뉴욕 타임스≫의 '정보 출처'도 연방법을 위반했지만, ≪더 타임스≫ 지에 국가기밀을 누설한 사람들 대부분처럼 그 출처들도 자신들이 기소되지 않을 것이라고 확신한 것이 틀림없다. 펠윅 자신은 국가안보국에 관해 추가로 인터뷰하지 않았다. 그는 몇 년 동안 정치 활동을 한 후, 대중의 시야에서 벗어났다가 2013년 잠깐 재등장해 스노든을 '애국자'라고 칭송했다.

엄청난 수의 국가안보국 파일을 다운로드하는 데 성공한 스노든의 사례가 보여주듯이, 2013년 이전의 국가안보국은 내부고발자로부터 자신을 보호하는 예방대책이 심각하게 부족했다. 20세기 서방에서 신호정보 보안이 침해된 주요 사례는 대부분 내부고발자에서가 아니라 서방 정치인들의 무분별한 행동과 소련의 정보공작에서 비롯되었었다. 1911년 프랑스 외무장관 쥐스탱 드 셀브 (Justin de Selves)는 독일 외교통신 일부를 해독할 수 있는 케 도르세 '검은 방'의 능력을 누설함으로써 제1차 세계대전을 앞두고 프랑스의 가장 중요한 정보 출처를 직접 훼손했다. 전후 영국 각료들이 소련 해독물 내용을 거듭 누설하는 바

---

28 펠윅은 또한 국가안보국이 소련 우주비행사가 우주선 고장으로 불타 죽기 전에 지상 통제소에 "죽기 싫다. 뭐라도 해보라"라고 말하는 것을 들었다고 틀린 주장을 내놓았다.

람에 스탈린은 1927년 정보와 고급 외교통신용으로 사실상 해독 불가능한 '1회용 암호표(one-time pad)'를 도입했다. 1930년대 소련 정보기관은 모스크바 주재 각국 대사관과 해외의 각국 외무부 내에서 암호 등을 담당하는 직원을 포섭하는 데 상당한 성공을 거두었는바, 그 성공은 제2차 세계대전 이후에도 이어졌다. 냉전 초기 유쿠사(UKUSA) 동맹의 가장 중요한 정보 출처, 즉 소련 정보 전문을 푼 베노나(VENONA) 해독물이 케임브리지 5인방의 하나인 킴 필비와 역시 소련 스파이로 포섭된 미국 암호 서기 윌리엄 와이스밴드(William Weisband)에 의해 훼손되었다. 1960년 모스크바로 탈주한 국가안보국 내 두 명의 KGB 스파이 버논 미첼(Bernon F. Mitchell)과 윌리엄 마틴(William H. Martin)은 기자회견에서 미국이 우방국과 동맹국들의 통신을 성공적으로 해독한 사실을 상세하게 폭로함으로써 미국을 엄청 당혹스럽게 만들었다. 서방 정치인들이 신호정보를 누설하는 무분별한 행위가 간헐적으로 이어졌다. 1982년 포클랜드 전쟁이 시작될 때, 노동장관을 역임한 테드 롤랜즈(Ted Rowlands)는 영국 하원에서 "우리는 다년간 [아르헨티나의] 전문을 해독해 왔다"라고 말했다. 레이건 대통령은 1986년 4월 백악관 집무실에서 행한 TV 연설에서 미군이 자주 출입하는 서베를린의 한 디스코텍 폭파 사건에서 카다피 정권이 공범임을 입증하기 위해 정부통신본부(GCHQ)와 국가안보국이 절취·해독한 리비아 전문 내용을 인용함으로써 영국과 미국의 암호분석관들을 불안하게 했다.

2013년 스노든의 폭로 이후, 미국 정보공동체 내에서는 내부고발자가 제기하는 위험을 새삼 강조했다. 2017년 6월 마이크 폼페이오 CIA 부장은 공적 비밀의 누설이 주로 "에드워드 스노든을 흠모해 급증했다"고 주장했다. 미국의 다른 고위 정보관리들과 마찬가지로 폼페이오 역시 스노든의 폭로가 미국 신호정보 활동에 심각한 타격을 입혔음을 인정하고 있다. "국가안보국의 우리 동료 한 사람이 최근[2017년 봄] 설명한 바에 따르면, 실제로 해외의 1,000여 개의 표적—사람, 단체 또는 기관—이 스노든 폭로의 결과로 자신들의 통신 방식을 변경하거나 변경을 시도했다. 그 수가 충격적이다." 가상의 예를 들자면, 한 테러 단체는 스노든 자료를 통해 전화와 전자우편은 절취될 수 있지만 스카이프(Skype, 인터넷을 통한 화상 통화 시스템_옮긴이)는 절취될 수 없다는 것을 발견하고는 다음 작전을 기획할 때 어쩔 수 없이 스카이프로 전환할 것이다.

정보활동 내부고발을 아주 편협하고 단기적인 관점에서 보는 경우가 아직도 흔하다. 정보활동 내부고발은 서방에서가 아니라 권위주의 체제에서 정보 공동체가 수행하는 역할을 이해하는 데 가장 크게 공헌했다. 내부고발자들 덕분에 우리의 지식이 크게 늘고 바뀐 사례를 들자면, 특히 냉전 시대의 KGB 공작, 북한의 보안 기관이 운영하는 정치범수용소, 중국의 민주화 시위자들에 대한 천안문광장 학살 등을 들 수 있다.

으뜸가는 KGB 내부고발자는 고위 문서보관 담당자로서 은밀한 반체제인사였던 바실리 미트로킨(Vasili Mirtokhin)이었다. 그는 10여 년 동안 KGB 해외 정보 본부에서 엄청난 분량의 극비자료를 빼돌렸으며, 1992년 영국의 비밀정보부가 그 자료를 영국으로 빼냈다. 미트로킨은 런던에 도착한 후 여러 해 동안 주 5일을 자신의 아카이브를 정리하면서 보냈는데, 주로 영어 번역을 검토하고 KGB 공작에 관해 5대륙의 정보기관들이 보낸 질문에 답하는 작업을 했다. 다음 단계로 자신의 아카이브를 주된 기반으로 해서 KGB 역사에 관한 한두 권의 책을 출간하기로 처음부터 합의했다. 1996년 필자는 그와 협업해 3년 뒤에 출간된 『미트로킨 아카이브: 유럽과 서방의 KGB』를 집필하기 시작했다. 저자와 미트로킨이 함께 책 두 권을 탈고한 후, 우리의 변함없는 궁극적인 목적은 그의 아카이브 전체를 일반인들이 열람할 수 있도록 만드는 것이었다. 미트로킨의 아카이브는 2014년 7월부터 케임브리지대 처칠 칼리지 아카이브 센터(Churchill College Archives Centre)에서 열람할 수 있게 되었으며, 전 세계의 연구자들을 그리로 끌어들이고 있다.[29] 가장 관심을 끄는 아카이브 자료는 서방에서의 KGB 공작과 관련된 것이지만, 반체제인사에 대한 소련의 은밀한 탄압에 관해서도 새롭게 조명하고 있다. 미트로킨 덕분에 이제 우리가 알게 된 사실을 보자면, 냉전이 한창일 때 서방 표적에 투입된 흑색 요원(illegal)의 수보다 소련 블록 내의 반체제인사들을 색출하고 훼손하기 위해 투입된 흑색 요원이 더 많았다. 예를 들어 1968년 '프라하의 봄' 기간에 KGB는 체코슬로바키아 개혁 운동에 침투하는 최선의 전략은 그들에게 동조하는 서방 언론인, 기업인, 학생, 관광객 등으로 신분을 가장한 흑색 요원을 파견하는 것이라고 정확하게 판단했다. '프라하의 봄'을 저지하기 위해[프로그래스(PROGRESS) 공작] 체코슬로바키아에 1차로 파견된 흑색 요원 20명은 서방에서의 KGB 공작에 투입된 흑색 요원보다 많았다.

어산지나 스노든과 비교해 아주 미미한 대중적 관심을 받지만, 오늘날 가장 중요한 정보 내부고발자는 북한을 탈출한 귀순자들이다. 이들이 현재의 국가보위성(MSS) 집단수용소에 관해 폭로한 내용은 1936~38년 스탈린의 '대공포통치' 기간에 NKVD(내무인민위원회)가 운영한 강제수용소에 관해 서방에 알려진 것보다 더 많았다. 서방에서 스탈린의 공포통치에 관한 이해가 얼마나 빈약했던지, 30년 뒤에 로버트 콘퀘스트(Robert Conquest)가 이제는 유명해진 그의 저서를 통해 스탈린 공포통치의 규모와 무서움을 폭로했을 때 폭넓은 경악과 상당한 회의론을 불러일으켰다. 이와 대조적으로, 2017년 7월 서울의 한 비정부단체(NGO)인 '전환기 정의 워킹그룹(TJWG)'이 훨씬 더 끔찍한 김정은의 강제수용소에 관해 『북한 반인도범죄 매핑』이라는 제목의 보고서를 발표했

---

29   처칠 칼리지 아카이브 센터는 또한 윈스턴 처칠, 마거릿 대처 및 다수의 정보관 문서도 소장하고 있다.

다. 그 보고서는 375명의 탈북자 인터뷰를 바탕으로 했는데, 그들 대부분이 북한의 친인척을 보호하기 위해 실명을 밝히지 않았다. 탈북 귀순자들은 구글 어스(Google Earth) 영상(물론 스탈린 시대에는 없었다)의 도움을 받아 333개 처형 장을 찾아내고 거기에서 자행된 참상 일부를 상세하게 진술할 수 있었다. 소수의 탈북자가 2014년 UN 조사위원회에서 증언했고 그 위원회는 '체계적이고 총체적이며 광범위한 인권 침해'를 보고했다. 종종 처형 수단으로 쓰이는 가학성 고문, 굶주림, 강간, 강제 낙태 등은 표준 관행이다. 호주 법관 출신의 조사위원장 마이클 커비(Michael Kirby)는 북한의 참상을 나치 독일의 참상과 비교했다. "북한에서 자행되는 형언할 수 없는 잔학행위의 심각성, 규모, 지속 기간과 성격은 현대 세계에서 유례가 없는 전체주의 국가의 모습이다." 국제 사면위원회(Amnesty International)도 주요 정치범수용소 두 곳을 위성영상으로 조사하고 탈북자들을 인터뷰한 후, '반인도 범죄'에 대해 김정은 정권을 비난하고 있다.

아직 더 많은 연구가 필요하지만, 이제는 정보가 북반구 역사에서 '누락된 차원'이 아니다. 이와 반대로, 중국에서는 대부분의 정보 역사가 아직도 금기사항이다. 1949년 중화인민공화국이 수립된 직후, 중국공산당 정치국이 승인한 중앙위원회 '정보업무 결의안'은 민족주의 국민당에 대한 승리에서 정보업무가 수행한 역할을 칭송했다. 그러나 그 역할이 구체적으로 무엇이었는지는 전후 영국의 울트라(ULTRA) 정보처럼 대부분 비밀로 남았다. 특히 가장 민감한 주제는 건국 전 10년 동안 충직한 중국 공산주의자들을 숙청한 마오쩌둥(毛澤東)의 책임이었다.

1938~46년 기간 동안 마오의 옌안(延安) 혁명기지에서 잔인한 공안 수장이었던 캉성(康生)은 그 이전 몇 년 동안 모스크바에서 피해망상증이 가장 심했던

시기의 NKVD에서 본보기를 학습했다. 그는 똑똑한 학생임이 드러났다. 스탈린의 '대공포 통치' 기간에 캉성은 이주한 중국공산당 당원들을 대부분 가상의 범죄 혐의로 추방하는 모범적 열성을 보였으며, 이후 옌안에서도 마녀사냥을 계속했다. 1943년부터 당 간부들을 검증하고 적 스파이를 색출하는 기간에는 국민당이나 일본군이 점령한 지역에서 지하활동을 하던 사람들이 거의 모두 의심을 받았다. 심지어 일부 초등학생들까지 적의 첩자라고 자백했다. 마오는 나중에 충직한 공산당 간부들을 다수 처형한 데 대해 동지들 앞에서 비밀리에 사과해야 했다. 현재 캉성은 공개적인 비난을 받고 있지만, 마오의 평판에 해가 될 대부분의 정보 파일은 여전히 폐쇄되어 있다. 스탈린의 공개재판에서처럼, 마오의 문화혁명(1966~76년) 기간에는 실각한 고위관리들 모두가 과거나 현재의 적 스파이로 규탄되었다.[30]

오늘날 중국의 주무 정보기관인 공안부(MSS)가 1983년 창설될 당시, 공개·비공개 정보 역사의 집필을 장려하기 위해 현재 '정보역사조사국'으로 알려진 부서가 함께 탄생했다. 역사 출판의 가장 중요한 출처는 아마도 과거 정보 반역자로 몰린 이들의 복권에 관한 문서였을 것이다. 그 대표적 인물이 판한녠(潘漢年)인데, 그는 한때 (존재하지 않는) '판한녠 반혁명 도당'의 우두머리로 매도되었다. 그는 1963년 반역죄로 유죄판결을 받고 정치범노동수용소에서 야만적인 대우를 받았지만, 복권되어 중국혁명의 지하 정보전 영웅으로 등장했다. 2006년 판한녠의 탄생 100주년에 즈음해 20권의 책, 수많은 기사, TV 연속극 등으로 그의 업적이 기려졌다.

중국에서는 정보 역사서가 잘 팔린다. 그래서 신뢰도 수준이 다양한 스파이

---

30 1967년 드러난 '반역자들' 중에 중국의 민간정보기관 수장 쩌우다펑(鄒大鵬)이 있었다. 그는 역시 고위 정보관리였던 아내와 동반 자살했다.

이야기책들을 파는 '길거리 좌판' 시장이 번성하고 있다. 주간 TV 일정표에는 대개 스파이활동 드라마나 다큐멘터리가 적어도 하나는 들어 있다. 정보에 강한 흥미를 느끼는 중국 대학생들도 많다. 필자가 2001년 베이징대학교(베이징에서 가장 오래된 대학)에서 『손자병법』이 어떻게 20세기 서방의 정보·기만 공작 일부를 예견했었는지를 강연했을 때, 필자의 강연이 끝나자마자 청중석에서 일제히 손을 들었다. 내가 시간을 내서 답변한 질문 대부분이 우수하거나 뛰어난 영어로 이루어졌다.[31] 손자(요즈음 국민적 영웅이다)에 관한 지식 덕분에 중국 대학생들은 서방 대학생들에게는 부족한 장기적 관점을 가지게 되었다. 그러나 그들이 현대 중국의 정보공작에 관해 가지고 있는 믿을 만한 지식은 서방 측에 비해 미미한 수준이었다. 9·11 공격과 이라크전에 관해 공개된 정보문건은 너무 방대해서 가장 열성적인 서방 독자들도 읽기에 벅차다. 이와 반대로 중국에서는 1989년 6월 4일 베이징 중심부의 천안문광장에서 민주화 시위자들을 대량학살한 사건이 여전히 통째로 금기사항이다. 천안문광장에 있는 중국의 국립박물관은 대대적인 혁신을 거쳐 2011년 재개장했지만, 그 시위(또는 지방 도시의 유사한 시위)를 가리키는 전시물은 전혀 없다.

'천안문 문서'라고 불리게 된 공식 문서가 유출되어 시위자들에게 동정적인 내부고발자에 의해 서방으로 밀반출되었다. 그 문서에 따르면, 왕젠(王震) 부주석, 리펑(李鵬) 총리 등 국가 지도부는 공산주의 정권이 전복 위협을 받고 있다고 믿었다. '천안문 문서'에는 공안부(MSS)가 당 지도부에 올린 기우 보고서도 일부 들어 있는데, 그 보고서는 미국 정보기관이 공산주의 정권을 전복하는 데 학생 민주화운동을 이용하려고 그 운동에 침투했었다고 주장했다. 그러나 민

---

31   필자의 강연은 베이징대학교에서 영어를 사용하는 학자가 정보에 관해 강연한 최초의 사례라고 들었다.

주화 시위자 대학살에 관해 정보기관 보고서보다 더 심하게 왜곡한 것은 군의 보고서였다. 유혈사태의 주범인 제38군단은 '곤봉과 쇠막대기를 휘두르는 시위자들'과 맞서 부대원들이 용감했다고 환호했지만, 시위자들의 죽음은 전혀 언급하지 않았다. 이와 대조적으로, 공안부는 시위자 편을 들지는 않았지만, 일부 병력이 통제를 벗어났다고 솔직하게 인정했다. "돌멩이에 맞은 일부 군인들이 자제력을 잃고 '파시스트들!'이라고 외치거나 돌멩이와 벽돌을 던지는 사람들을 향해 총을 난사하기 시작했다. 적어도 100명의 시민과 학생들이 땅바닥에 쓰러져 피바다를 이루었다. 대부분이 다른 시민과 학생들에 의해 근처의 푸싱(復興)병원으로 급히 옮겨졌다." 천안문 대학살과 다른 도시들에서 민주화 시위자들에 대한 학살이 발생한 이후, 공안부는 대군단의 온라인 검열관들을 이끌고 1989년 민주화운동에 대한 인민 대중의 기억을 지우는 데 전념했으며, 중국을 한 작가의 표현대로 '기억상실 인민공화국'으로 전환시켰다. 정부의 검열은 천안문광장과 관련된 모든 검색어를 제거하는 한편, 숫자 6, 4와 1989의 모든 조합을 봉쇄함으로써 온라인에서 6월 4일의 대학살을 지칭하는 어떤 것도 방지하려고까지 하고 있다.

정부의 검열에도 불구하고, 중국의 온라인 공동체가 세계 최대라는 사실에 힘입어 공안부는 국내외 표적을 겨냥해 기록적인 수의 해커들(중국 매체에서 금기시되는 또 다른 주제다)을 쉽게 채용하고 있다. 2015년 미국 인사관리처(OPM)는 (명시하지는 않았지만, 중국의) 해커들이 지난 15년간 미국 정부의 신원조회를 거친 모든 사람—총 1,970만 명 외에 그들의 가족, 친구, 지인 등 180만 명—에 관한 파일에서 '민감한 정보'를 훔쳤다고 발표했다. 제임스 코미(James B. Comey) FBI 국장이 기자들에게 말했다. "국가안보와 방첩 활동 관점에서 매우 큰일입니다. 이것은 미국 정부에 과거 근무했거나 근무를 지원한 사람과 현재 근무하고 있는 모든 사람에 관한 정보의 보물창고입니다." 코미는 자신의 표준서식 86호(모든 신원조회 신청자가 작성해야 한다)도 해커들이 훔쳤을 것이라고 믿었다. "여러분이 나의 표준서식 86호를 가지고 있다면, 당신은 내가 18세 이후 살았던 모든 장소, 그 주소에서 접촉했던 사람들과 이웃들, 그리고 내가 미국 밖으로 여행한 모든 장소를 아는 것입니다. 당신이 외국 정보기관이고 그 데이터를 가지고 있다고 상상해 보세요."[32]

중국의 스파이활동에 관한 언급은 모두 베이징에서 검열되고 있지만, 공안부는 중국 내 외국 스파이들의 위협을 유난히 강조하고 있다. 2016년 4월 중국 정부는 '침투, 전복, 분열, 파괴와 절도를 치열하게 수행하는 외국 스파이기관 등'에 대한 공공의 경각심을 높이기 위해 연례 '국가안보 교육의 날'을 제정했다. 공안부 등 정부의 방첩 및 대(對)전복 선전의 특성으로 인해 외국인들이 보기에는 아주 우스운 것들이 더러 있었다. 예를 들어, '위험한 사랑'이라는 제목의 16쪽 만화 포스터가 베이징 시내 벽과 중앙정부와 지방정부 청사 게시판에 붙었다. '위험한 사랑' 이야기의 두 주인공은 샤오 리(또는 작은 리)라는 애칭으로 불리는 젊고 매력적인 중국 공무원과 그녀를 유혹하는 붉은 머리의 서양인 방문학자 데이비드다. 데이비드가 샤오 리의 미모에 대해 거듭 칭찬하면서, 그녀에게 장미 꽃다발과 비싼 저녁을 사주고 함께 로맨틱하게 산책한다. 데이비드는 실은 샤오 리보다 국가기밀에 더 관심이 있는 외국 스파이다. 정부 청사에 근무하는 그녀가 담당 업무에서 기밀문서를 빼돌려 데이비드에게 건넨 후 둘 다 체포된다. 경찰이 샤오 리 손에 수갑을 채우고, 국가 공무원으로서 비밀엄수에 대한 이해가 부족하다고 말한다. 장기적 관점에서 볼 때, 샤오 리의 교훈

---

32 2015년 7월 인사관리처 발표가 베이징을 약간 곤혹스럽게 만든 것은 시진핑 주석이 두 달 뒤 미국을 국빈 방문할 예정이었기 때문이다. 중국 정부는 피해를 최소화하려고 했으나 설득력이 없었다. 즉, 중국 정부는 인사관리처 도둑질을 소수의 민간인 해커들 짓으로 돌렸으며 그들을 체포했다고 발표했다.

적인 만화 이야기는 독재 정권의 보안기관이 방문학자 등 외국 전문가들의 전복 잠재력을 깊이 의심하는 전통이 달리 나타난 것이다. 공안부가 당 지도부에 올린 보고서에 따르면, 중화인민공화국 건국 이후 줄곧 서방, 특히 미국이 "공산당 전복과 사회주의 체제 파괴를 겨냥해 나쁜 짓을 많이 했으며, '민주주의', '자유', '인권' 등과 같은 구호를 사용해 정치적 반대를 고무하고 조성했다".

2017년 4월 제2회 '국가안보 교육의 날'을 맞이해 중국 정부는 베이징에서 방첩 활동에 대한 대중의 지원을 촉구하는 행사를 벌였는데, 외국 스파이 관련 제보에 대해 약소한 금액인 1만 위안부터 매우 중요한 제보에 대해서는 (미화로 7만 달러가 넘는) 50만 위안까지 현찰 포상금을 내걸었다. 중국 당국은 방첩 캠페인의 중요성을 강조하기 위해 희한하게 그 캠페인을 만리장성과 비교함으로써 장기 역사적 관점에서 의미를 부여하려고 했다. 만리장성 건설은 약 2,500년 전에 중국 문명을 야만족의 침입으로부터 보호하기 위해 시작되었는데, 2017년 베이징 시 공무원들은 '악에 맞서고 스파이들을 막기 위해 철의 만리장성을 건설'하자고 시민들에게 촉구했다.

정보의 장기 우선순위에서 오늘날의 중화인민공화국이 다른 주요 강대국들과 가장 유사하게 공유하는 분야는 대테러 활동이다. UN 주재 중국 대사 류제이(劉結)가 2017년 초 안보리에서 말했다. "테러리즘은 인류의 공동의 적이다. 테러가 언제 어디서 어떤 형태로 발생하든 단호하게 대처해야 한다." 그러나 중국은 여전히 테러리즘을 주로 국내적 맥락에서 보고 있다. 정보에 기반한 중국의 대테러 활동은 주로 인구밀도가 희박한 북서쪽 신장·위구르 자치구(XUAR) 내의 위구르족 이슬람교도를 대상으로 한다. 이 지역에는 문화혁명 기간에 이슬람 사원이 폐쇄되고 코란 경전이 불태워진 모진 기억('기억상실 인민공화국'에서는 거의 언급되지 않는다)이 남아 있다. 일부 위구르 가정은 돼지 사육을 강요받았다.

중국을 제외한 주요 강대국에서, 다음 세대의 세계적 정보 우선순위는 국제(주로 이슬람교도) 테러리즘이 될 가능성이 가장 크다. 그러한 위협에 성공적으로 대처하려면, 9·11 이전에 이슬람교도 테러의 제1차 물결에 대응할 당시 명백하게 요구되었던 역사적 관점보다 더 긴 역사적 관점이 요구될 것이다.[33]

지금까지 영국에서 대량의 인명피해를 낸 유일한 이슬람교도 공격은 2005년 7월 7일 지하철 객차 3량과 런던 버스 1대에 탄 자살폭파범들이 자신들과 함께 52명을 죽음으로 이끈 사건이었다. 그날 필자는 램버스(Lambeth) 궁 맞은편 밀뱅크(Millbank)에 있는 MI5 본부(템스 하우스)에서 온종일 MI5 100년사를 집필했다. 그날 아침 필자는 케임브리지에서 출발해 킹스크로스(King's Cross) 역에 도착한 후 지하철이 폐쇄된 것을 알았는데, 과전류(power surge) 때문인 것으로 잘못 알았다. 필자가 템스 하우스까지 걸어가는 동안, 테러 공격이 있었음이 밝혀졌다. 7·7 테러로 보안부(Security Service, MI5)가 받은 충격은 2주 뒤 7월 21일의 실패한(그러나 또 예상하지 못한) 테러 공격으로 배가되었다. 한 MI5 간부가 후일 필자에게 말한 바에 따르면, 영국의 다른 정보기관들조차 MI5가 "7월 공격으로 얼마나 충격과 불안에 떨었는지, 그리고 재발 방지 필요성을 얼마나 통감했는지 이해하지 못했다".

7·7 및 7·21 공격 직후, 차기 보안부 수장에 오를 조너선 에번스(Jonathan Evans)가 자문했다. "그들이 우리를 파상적으로 공격하는 것 아닌가?" 이후 10년 동안 테러 공격이 단 한 명의 인명피해―2013년 퓨질리어스(Fusiliers) 연대의 리 릭비(Lee Rigby)―만 내고 영국 본토에서 희소한 사망 원인이 되리라고 예상한 사

---

33 1970년 KGB 카자흐스탄 지부는 모스크바 본부에서 파견된 '특수임무대'와 협동해 신장·위구르 자치구에 무기와 폭발물을 숨길 은닉처와 사보타주 기지를 만드는 알가(ALGA) 공작에 착수했었다.

람은 2005년 7월에 아무도 없었다. 보안기관의 활동 성과를 판단하는 으뜸 기준은 발생하지 않는 일, 특히 요즘에는 발생하지 않는 테러 공격이다.

2005년 후반부터 2017년 봄까지 영국에서 지하디스트의 주요 테러 음모가 적시에 적발되어 차단되었다. 그런 음모를 적발한 주된 요인은 전통적인 용의자 감시였다. 감시 기술은 시간이 흐르면서 발전하는 법이지만, 용의자 감시는 신뢰할 수 있는 대테러 또는 방첩 전략의 핵심으로 자리한 지 오래다. 2000년 MI5가 라지(LARGE) 공작을 펴면서 성공적인 감시를 하지 않았다면, 이슬람교도의 테러 공격이 미국의 9·11 공격보다 앞서 십중팔구 영국에서 발생했을 것이다.

MI5와 경찰 역사상 최대의 감시 공작인 오버트(OVERT) 공작은 2006년 영국 역사상 가장 위험한(MI5의 판단) 테러 음모를 적발하는 데 결정적인 역할을 했다. 그 음모는 자살폭파범들이 런던 히스로(Heathrow) 공항에서 북미 여러 도시로 가는 일곱 대의 대서양 횡단 여객기를 비행 도중 3시간에 걸쳐 폭파할 계획이었다. MI5는 런던 외곽의 월섬스토(Walthamstow) 포레스트(Forest)길 386a 번지에 있는 침실 두 개짜리 아파트에 도청 장치와 몰래카메라를 설치한 덕분에 이 아파트가 이슬람교도 폭탄 공장이 되는 과정을 지켜볼 수 있었다. 2006년 8월 3일 카메라 동영상을 보면, 런던시립대학교 공대를 졸업한 주모자 압둘라 아흐메드 알리(Abdullah Ahmed Ali)와 그의 조수 탄비르 후사인(Tanvir Hussain)이 음료수병 바닥에 구멍을 뚫고 있는데, 이는 그 뚜껑을 열지 않고 내용물을 액체 폭발물로 대체하려는 목적이었다. 또 그 동영상에 따르면, 알리, 후사인과 그들의 동료 자살폭파범들이 대서양횡단 여객기에 탑승할 때 휴대하려고 계획한 폭발물 병의 기폭장치는 겉보기에는 무해한 AA 건전지였지만, 그 내용물이 HMTD(헥사메틸렌 트리퍼옥사이드 디아민)로 교체되었다. 그 음모자들은 폭탄을 준비하기 전에 체포되었지만, 후일 BBC 프로그램 〈파노라마(Panorama)〉에서 무기 전문가 시드니 알퍼드(Sidney Alford) 박사가 그들이 만들려고 했던 폭발 장치를 조립해 여객기 동체에 구멍을 내는 것을 시연했다.

월싱엄이 엘리자베스 1세 여왕에 대한 암살 음모를 성공적으로 분쇄한 이후, 줄곧 이어진 메시지 절취가 대테러 활동에서도 중요한 역할을 했다. MI5는 2006년 여름 월섬스토 아파트의 이슬람교도들의 폭탄 조립을 모니터하고 있을 때, 주모자 알리가 파키스탄으로 보낸 이메일을 절취했다. 그 메일은 테러 공격 계획이 임박했음을 음어로 표시한 것 같았다. "나는 지금 내 이동 가게를 차렸다. 이제는 개업 시기만 정하면 된다." MI5는 음모자들이 '순교자 비디오'를 녹화하는 장면을 지켜보았다. 그 비디오는 그들이 죽어서 (그들이 믿는) 천국으로 들어간 후에 공개될 예정이었다. 2006년 이후 현재까지 액체와 젤의 기내 반입이 금지됨으로써 항공 여행의 특성이 바뀐 것은 오버트(OVERT) 공작의 유산이다.

영국 본토에서 큰 테러 공격이 발생하지 않았던 10년은 2017년 일련의 공격으로 끝이 났다. 가장 심각한 사건은 5월 22일 맨체스터 경기장에서 공연 끝 무렵에 이슬람교도 자살폭파범 살만 아베디(Salman Abedi)가 감행한 공격이었다. 아베디를 포함해 23명이 죽고 250명이 부상했다. 일련의 다른 공격은 예방되었다. 성공한 공격이든 실패한 공격이든 간에 모두 메시지 절취와 더불어 테러 용의자 감시가 중요하다는 것을 다시 한번 분명히 보여주었다.

테러리즘이 대량살상무기(WMD) 시대로 진입함에 따라 성공적인 감시 활동이 훨씬 더 긴요해질 것이다. 우리가 알리의 월섬스토 폭탄 공장에서 계획된 것보다 훨씬 더 위험한 이슬람교도 공격에 직면하는 것은 단지 시간문제다. 일찍이 1998년 빈 라덴은 추종자들에게 WMD 획득이 '종교적 의무'라고 말했다. 9·11 발생 1년 전에 MI5는 당시 빈 라덴의 그런 발언을 모른 채, 생물무기를 개발하기 위해 영국에서 재료를 획득하려는 알카에다의 첫 시도를 반(反)확산 공작을 통해 분쇄했다.

빈 라덴의 WMD 획득 지시를 따르려고 한 최초의 영국인 이슬람교도는 힌
두교에서 이슬람교로 개종한 디렌 바롯(Dhiren Barot)이었다. 그는 라임(RHYME)
공작 기간에 감시를 받다가 2004년 체포되어 2년 뒤 재판에 회부되었다. 바롯
은 알카에다에 의해 핵심 인물로 간주되어 9·11 미국 공격의 주모자 칼리드 셰
이크 모하메드(Khalid Sheikh Mohammed)가 그를 직접 선발해 훈련까지 감독했
다. 바롯은 지하철 열차가 템스 강 밑의 터널을 지나갈 때 폭탄을 터뜨리는 계
획에 관해 신이 나서 적었다. "강력한 폭발이 여기를 뚫고 나와 강 자체를 파열
시킨다면 어떤 혼란이 야기될지 상상해 보라. 이로 인해 폭발, 홍수, 익사 등 대
혼란이 발생할 것이다." 바롯의 궁극적 야심은 런던 한복판에서 방사능이 가득
한 '더러운 폭탄(dirty bomb)'을 최초로 터뜨리는 것이었지만, 그는 '필요한 접촉
을 당분간' 확보하지 못했다고 불평했다.[34]

오늘날이라면 바롯이 방사능 물질을 훨씬 더 쉽게 찾았을 것이다. 2015년
채텀 하우스(Chatham House, 왕립 국제문제연구소의 별칭_옮긴이)는 '조직범죄가 방
사능 물질을 테러범들에게 이동시킴에 따른 위협 증가'라는 제목의 보고서를
생산했다. 몰도바(Moldova, 루마니아와 우크라이나 사이에 있는 공화국_옮긴이)의 범
죄단체가 이미 방사능 물질을 ISIS, 이른바 이라크·시리아 이슬람국가로 밀수
한 것으로 보인다. 채텀 하우스 보고서의 결론에 따르면, "방사능 무기 제조는
기술적·과학적 전문지식을 거의 요구하지 않으며, 다이너마이트 등 재래식 무
기와 방사능 물질을 함께 사용해 '더러운 폭탄'을 성공적으로 만들 수 있다". 아
마 이르면 향후 10년 내 영국에서 처음으로 핵 시대의 테러와 화학·생물 무기

---

34   라임 공작 기간에 600여 종의 열쇠가 발견되었다. 경찰이 14개월 동안 6,000여 곳의 차고와 가게
     를 방문해 이 열쇠를 일일이 맞추어보았다. 77곳에서 열쇠가 맞았다. 그런 곳에 폭발물이나 방사
     능 물질이 있을지 모른다는 우려에서 수색이 장기간 계속되었다.

를 사용하는 테러가 등장할 것이다. ISIS는 이미 이라크에서 화학무기를 사용했다. 기회가 오면 ISIS는 귀환하는 이슬람 전사들의 도움을 받아 유럽에서 주저하지 않고 화학무기를 사용할 것이다.

2016년 세계 50여 개국 지도자들이 참석한 워싱턴 '핵 안보 정상회의'에서 데이비스 캐머런(David Cameron) 영국 총리는 ISIS가 핵물질을 획득할 위험성이 이제는 "현실적으로 너무 커졌다"라고 경고했다. 오바마 미국 대통령도 말했다. "테러 단체가 핵무기를 획득해 사용할 위험은 세계 안보에 대한 최대 위협의 하나다. … 이런 미치광이들이 핵폭탄이나 핵물질을 입수하면, 최대한의 인명 살상을 위해 사용할 것이 틀림없다." 빈 라덴이 9·11 공격 당시 '더러운' 방사능 폭탄을 보유했었다면, 당시 그것을 사용했을 것이 거의 확실하다.

윈스턴 처칠은 "더 멀리 돌아볼수록 더 멀리 내다볼 수 있다"라고 적었다. 그의 금언은 21세기 대테러 활동을 이해하는 하나의 열쇠다. 9·11 이후 저급 기술을 사용한 테러 공격의 단기적 경험보다 매우 장기적인 관점이 다가오는 테러범들의 WMD 사용에 대해 더 큰 통찰을 제공할 것이다. 모든 인간 발명품의 세계적 확산(전에는 느렸고 지금은 빠르다)은 지난 수천 년 동안 변함없는 상수였다. WMD는 이 역사의 철칙에 첫 예외가 되지는 않을 것이다. 이제 문제는 미래의 (아마도 이슬람교도인) 테러 단체가 WMD를 사용할 것인지 여부가 아니라 언제 WMD를 사용할 것인가 하는 것이다.

해외정보 활동은 평시보다 공개 출처 정보가 적은 전시나 주요 국제 위기 시에 가장 긴요한 것임을 스스로 입증했다. 정보는 제2차 세계대전을 단축했고 쿠바 미사일 위기가 제3차 세계대전으로 비화하는 것을 막았다. 쿠바 미사일 위기 이후, 동서 양 진영에서 상대방의 핵 타격력의 강도와 배치에 관해 서로 가지고 있던 정보는 냉전을 안정시키는 필수요소가 되었다. 이렇게 중요한 정보는 종종 당연시되었다. 미국과 영국의 정보기관이 소련의 WMD에 관해 잘 알았듯이 사담 후세인의 WMD에 관해서도 잘 알았더라면, 2003년의 이라크 전은 없었을 것이다. 아이젠하워가 깨달았듯이, 적이 '가지고 있지 않은' 것에 대한 정보도 종종 적이 가지고 있는 것에 대한 정보만큼 중요하다.

좋은 정보가 기습을 감소시키기는 해도 기습을 막을 수는 없다. 최고의 전략정보가 있더라도 때때로 우리는 미래를 바오로 사도가 천국을 언뜻 보았듯이 '유리를 통해 침침하게' 볼 수 있을 뿐이다. 과거의 경험에 비추어 볼 때, 정보분석관들은 20세기에 선배들이 그랬듯이 21세기 국제관계의 전개에서 깜짝 놀라는 일이 자주 있을 것이다. 1914년 8월 전쟁 도중에 러시아가 유럽에서 가장 권위주의적인 왕정에서 세계에서 가장 혁명적인 체제로 전환될 것으로 예측한 사람은 아무도 없었다. 양차 대전 사이의 나치주의 등장은 전시 볼셰비즘의 승리만큼이나 예측할 수 없었다. 독일 바이마르공화국 주재 영국 대사를 지낸 애버넌(Abernon) 경은 1929년 두 권짜리 회고록을 출간했는데, 히틀러에 대해 언급한 것은 히틀러가 1924년 감옥에서 6개월을 보낸 후 '망각 속으로 사라졌다'라는 각주뿐이었다. 그러나 1936년 영국의 화이트홀에서는 MI5의 잭 커리(Jack Curry)—독일 대사관 내 스파이의 영향을 강하게 받아 장기 역사적 관점을 가진 정보관이었다—가 처음으로 히틀러의 아주 온건한 현행 수사(修辭)보다『나의 투쟁(Mein Kampf)』(1925~27년 두 권으로 출간된 히틀러의 자서전_옮긴이)이 히틀러의 영토 야욕을 더 잘 보여준다고 주장했다. "『나의 투쟁』은 정치인이 집권하면 폐기하는 종류의 무책임한 서술이 단연코 아니다." 커리의 주장은 MI5 부장 버논 켈(Vernon Kell) 경을 설득했지만 연이은 영국 정부를 설득하지는 못했다.[35] 그러나 제2차 세계대전이 끝날 무렵, 켈의 후임 부장인 데이비드 페트리(David

---

35   MI5는 유화정책이 히틀러의 영토 야욕을 감소시키기보다는 고무하고 있음을 보여주는 정보보고서를 거듭 생산했지만, 전전의 영국 정부에 아무런 영향을 미치지 못했다.

Petrie) 경이 나치 독일에 대한 커리의 비범한 통찰력을 보고 그에게 '장래 지침이 될' MI5의 비공개 역사를 집필하도록 위촉했다.

유능한 선의의 정책결정자들과 정보관들이 커리와 달리, 과거 경험의 중요성을 파악하지 못함으로써 심각한 장애를 겪은 사례가 정보 역사에 가득하다. 제1차 세계대전 발발 시, 우드로 윌슨은 미국 역사상 가장 좋은 교육을 받은 대통령이었을 것이다. 허버트 애스퀴스 영국 수상은 옥스퍼드대학교에서 우등상과 장학금을 받았다. 그들이 정보의 활용에 실패한 것은 능력이 부족했기 때문이 아니라 정보의 역사적 역할을 무시한 데서 비롯되었다. 영국이 신호정보(SIGINT)에서 세계 선두를 달릴 때, 애스퀴스는 18세기 피트(Pitt) 부자(父子)와 달리 신호정보에 사실상 아무런 관심을 보이지 않았다. 윌슨 대통령은 영국의 신호정보 성공에는 자신의 극비 전문 일부를 해독한 것도 포함된다는 사실을 전혀 생각지 못한 것이 거의 확실하다.

현재의 세계 지도자들 가운데, 확실한 역사적 관심이 전혀 없거나 거의 없는 지도자를 찾기란 어렵지 않다. 그러나 학계에서는 늦었어도 발전의 조짐이 보인다. 반세기 전만 해도 제임스 본드가 세계적으로 인기가 있었음에도 정보 역사와 당대의 정보학이 거의 존재하지 않았다. 오늘날에는 그런 과목을 가르치는 대학교가 대서양 양편에서 소수지만 늘고 있다. 정보의 장기 역사에 관해 더 많이 발굴할수록, 정책결정자나 정보실무자들이 정보 역사를 무시하기가 그만큼 더 어려워질 것이다.

감사의 말

/

나는 1967년부터 선임연구원으로 재직한 케임브리지대 코퍼스 크리스티 칼리지(Corpus Christi College)와 그해 나를 조교수(나중에 현대사 정교수로)로 임명한 케임브리지대 역사 교수단에 가장 큰 빚을 지고 있다. 정보 역사 과목이 아직 학계 일부의 회의론을 불러일으키던 시기에, 나는 이들의 지원에 힘입어 정보 역사를 가르치는 첫 케임브리지대 학자가 될 수 있었다.

지난 20년 동안 학기 중 매주 금요일 코퍼스 크리스티에서 '케임브리지 정보 세미나'가 열렸다. 내가 이 책을 집필하는 동안 그 세미나는 끊임없이 나에게 영감을 준 원천이었다. 대부분 학자인 세미나 참석자들 가운데는 전직 정보관리들도 있는데, 특히 서방 정보기관뿐 아니라 러시아 해외정보기관과 모사드 수장 출신도 있다. 매번 세미나 전에 필자와 다른 주관자들이 모여 차를 마시는 '올드 콤비네이션(Old Combination)' 방에는 그림이 하나 걸려 있다. 그 그림은 코퍼스 크리스티 칼리지 출신의 위대한 작가 크리스토퍼 말로(Christopher Marlowe)의 유일한 동시대 초상화라고 널리 알려져 있다. 말로는 학생일 때 엘리자베스 1세 시대의 정보기관에 채용되었다. 그의 초상화는 우리에게 장기적 관점의 중요성을 끊임없이 상기시켜 준다. 엘리자베스 1세가 심각한 암살 음모와 스페인의 임박한 침공 위협에 직면해 있을 때, 스파이활동과 암호해독에서 나온 정보는 영국의 후속 역사상 그 어느 때보다 중요했다.

이 책에서 다룬 3,000년의 기간과 넓은 지리적 범위로 인해, 찾기 힘든 정보 출처를 추적할 때면 친구들과 학계 동료들의 지원이 요긴했다. 내가 박사과정 학생(지금보다 그때가 더 힘들었다)으로서 프랑스 관료제를 조사할 때, 파리 친구들의 도움이 없었다면 나는 결코 프랑스 신호정보(SIGINT) 파일에 접근하지 못했을 것이다. 그 파일은 내가 정보 역사에 관심을 가지게 된 계기였으며, 이 책에도 인용되어 있다. 나의 감사를 받아야 할 사람들 일부가 슬프게도 고인이 되었다. 블레츨리 파크에서 근무했던 베테랑들은 케임브리지 뉴넘(Newnham) 지역의 우리 이웃이었고 은퇴한 소련 스파이도 그 옆 거리에 살았었는데, 지금은 모두 세상을 떠났다. 그러나 이 책은 그들의 인터뷰에 의지하고 있다. 냉전 말기 필자는 올레그 고르디예프스키(Oleg Gordievsky)와 긴밀하게(3년 동안은 비밀리에) 협업하는 큰 특전을 누렸다. 그는 10년 동안 KGB 내에서 서방의 주요 스파이로 활동한 후, 1985년 용감하게 모스크바에서 탈출했다. 1992년 필자는 하버드대 국가안보 초빙교수—비턴 마이클 카넵(Beton Michael Kaneb) 교수—로 임명되었고 미국에서 다른 연구 기회도 가질 수 있었다. 이러한 경험은 이 책에서 미국 정보활동의 장기적 해석을 형성하는 데 도움이 되었다. 1995년 나는 전직 KGB 아카이브 담당관 바실리 미트로킨(Vasili Mitrokhin)과 협업을 시작했는데, 이 협업은 4년 뒤 우리의 첫 번째 책이 출간될 때까지 대외적으로 공개되지 않았다. 미트로킨이 KGB 아카이브에서 밀반출한 자료를 두고 FBI는 "종래 우리가 여러 출처에서 받은 정보 중에서 가장 완전하고 포괄적인 정보"라고 일컬었다. 현재 이 정보는 케임브리지대 '처칠 칼리지 아카이브 센터'에서 연구자들이 열람할 수 있다. 미트로킨 아카이브는 보안부(MI5)의 아카이브와 특별히 대비된다. 나는 2003년부터 2010년까지 MI5의 최초의(지금까지는 유일한) 공식 사가(史家)로서 MI5의 아카이브를 열람했으며 그 백년사에서 폭넓게 인용했다.

이 책을 집필하는 동안 나를 도와준 모든 이들을 일일이 거명해 감사드릴 지면이 없는 점이 아쉽다. 그러나 나는 리처드 올드리치(Richard Aldrich) 교수 등 수십 명에게 깊이 감사한다. 그들은 질의에 답변하거나 텍스트 일부에 대해 논평했으며, 또는 자신들의 박사학위 논문 지도를 나에게 맡김으로써 정보에 대한 나의 이해를 크게 넓혀주었다.

정보에 관한 나의 이전 저서들과 마찬가지로, 펭귄출판사의 편집자 스튜어트 프로핏(Stuart Proffitt)과 나의 저작권 대리인 빌 해밀턴(Bill Hamilton)의 기량과 지원이 불가결했다. 교열을 담당한 마크 핸즐리(Mark Handsley) 역시 나에게 큰 행운이었다. 물론, 남아 있는 오류는 모두 내 책임이다. 독자들이 친절하게도 그런 오류를 지적해 주면 고맙겠다.

나는 스완 헬레닉(Swan Hellenic) 유람선 여행에서 강의하고 BBC 라디오와 TV 프로그램에 출연함으로써 이 책에 나온 일부 장소를 탐사할 기회가 생겼는데, 이를 아주 소중하게 활용했다. 모방할 수 없는 유람선 '미네르바' 호에 승선해 여행하면서 러시아 아르한겔스크(Archangel) 항, 요르단 느보(Nebo)산, 베네치아 총독궁의 정보실 등 다양한 장소를 탐사했다. 엘친 시대에 BBC는 과거 KGB 본부였으며 오늘날에는 연방보안부(FSB) 본부인 루비안카(Lubyanka)에서 인터뷰를 진행하고 싶은 나의 야망을 실현시켜 주었다. 나는 함께 작업한 BBC 프로듀서들, 특히 이안 벨(Ian Bell)에게서 많이 배웠다. BBC 제4 라디오의 연례 시리즈 '만약의 문제(What If?)'에서 함께 일한 10년 동안, 이안 벨은 최근 역사뿐 아니라 고대사와 중세사에 관한 프로그램도 진행하도록 나를 격려했다. 이런 일은 현대사 학자에게 드문 특전이었다.

내가 정보 역사를 가르친 케임브리지대 학생들은 크리스토퍼 말로와 엘리자베스 1세 시대의 잉글랜드로 거슬러 올라가는 긴 역사적 혈통을 가지고 있다. 나는 이 책을 집필하는 동안 학교 청중들과 이야기함으로써 훨씬 더 어린 학생들도 정보를 공감한다는 것을 깨닫게 되었다. 2015년 나는 BBC TV 프로그램 〈블루 피터(Blue Peter)〉의 페트라(PETRA) 공작에서 심판을 맡았다. 그 프로그램의 목적은 8~14세 어린이들 가운데 영국 최고의 잠재적 스파이를 찾아내는 것이었다. 주말 최종 후보자들에게 주어진 첫 번째 임무는 맨체스터 미술관 안에서 나중에 말로의 초상화(코퍼스 크리스티에 있는 원본의 사본)로 판명된 신비의 그림을 추적해 지목하는 것이었다. 세 명의 입상자—10세 두 명과 13세 한 명—가 런던의 MI5 본부에서 MI5 부장으로부터 인증서를 받았다(그러나 채용되지는 않았다). 그 본부에는 처음으로 TV 카메라 반입이 허용되었다.

이 책을 집필하는 동안 끊임없이 나의 힘이 되어 준 우리 집의 일곱 손주에게 이 책을 헌정한다.

2018년 3월
크리스토퍼 앤드루

지은이
크리스토퍼 앤드루(Christopher Andrew)

근현대사를 전공한 케임브리지대 명예교수로서, 사학과 교수단장과 코퍼스 크리스티 칼리지(Corpus Christi College) 학장을 역임했으며, 현재 케임브리지 정보학 세미나를 정기적으로 주재하면서 ≪정보·테러 연구 저널(Journal of Intelligence and Terrorism Studies)≫의 편집인으로 활동하고 있다. 서방으로 망명한 구소련 스파이들과 공동으로 작업해 『KGB 내부 이야기(KGB The Inside Story)』 등 다수의 KGB 관련 문헌을 생산했다. 영국의 국내정보기관인 보안부(MI5)의 공식 사가로서 그 백년사를 다룬 『왕국의 방위(The Defence of the Realm)』를 집필했다. BBC 라디오와 TV 방송에서 다수의 역사 다큐멘터리 프로그램을 진행했다.

옮긴이
박동철

서울대학교 국제경제학과를 졸업하고 미국 오하이오대학교에서 경제학 석사 학위를 받았다. 주EU대표부 일등서기관, 이스라엘 및 파키스탄 주재 참사관을 지냈고, 현재는 정보평론연구소를 운영하면서 연구와 집필 활동에 종사하고 있다. 『트럼프의 미국 우선주의』의 해제를 달았다. 옮긴 책으로 『글로벌 트렌드 2040』, 『정보 분석의 혁신』, 『인도의 전략적 부상』, 『포스너가 본 신자유주의의 위기』, 『창조산업: 이론과 실무』, 『미래의 초석, 네덜란드 교육』 등 10여 권이 있다.

스파이 세계사 제III권
모세부터 9·11까지 정보활동 3000년의 역사

지은이 ı 크리스토퍼 앤드루
옮긴이 ı 박동철
펴낸이 ı 김종수   펴낸곳 ı 한울엠플러스(주)   편집 ı 신순남
초판 1쇄 인쇄 ı 2021년 8월 30일   초판 1쇄 발행 ı 2021년 9월 15일

주소 ı 10881 경기도 파주시 광인사길 153 한울시소빌딩 3층   전화 ı 031-955-0655
팩스 ı 031-955-0656   홈페이지 ı www.hanulmplus.kr   등록번호 ı 제406-2015-000143호

Printed in Korea.
ISBN 978-89-460-8112-3 04900
        978-89-460-8109-3(세트)